HAMEL, DAS REVOLUTIONÄRE UNTERNEHMEN

GARY HAMEL,
DAS REVOLU‧TIONÄRE UNTER‧NEHMEN

Wer Regeln bricht, gewinnt
Aus dem Amerikanischen von Anita Krätzer

Die amerikanische Originalausgabe erschien 2000 unter dem Titel
Leading the Revolution bei *Harvard Business School Press.*

2. Auflage 2001

Der Econ Verlag ist ein Unternehmen
der Econ Ullstein List Verlag GmbH & Co. KG, München

ISBN 3-430-13907-4

© 2000 by Gary Hamel
© für die deutsche Asugabe 2001 by Econ Ullstein List Verlag GmbH & Co. KG, München
Lektorat: Petra Sternecker
Alle Rechte vorbehalten. Printed in Germany
Gesetzt aus der Sabon 10,5 pt bei Design-Typo-Print GmbH
Druck und Bindearbeiten: Clausen & Bosse, Leck

DAS REVOLUTIONÄRE UNTERNEHMEN

Vorwort   7

I   FÜR DIE REVOLUTION BEREIT SEIN
1. Das Ende des Fortschritts   11
2. Steigende Erwartungen, sinkende Renditen   43

II   DIE REVOLUTION ENTDECKEN
3. Geschäftskonzept-Innovation   75
4. Seien Sie Ihr eigener Visionär   139

III   DIE REVOLUTION ENTFACHEN
5. Unternehmensrebellen   173
6. Los, revoltieren Sie!   217

IV   DIE REVOLUTION FORTFÜHREN
7. Ergraute Revolutionäre   241
8. Innovationsregeln entwickeln   279
9. Die Neue Innovation als Lösung   319

Anmerkungen   363
Danksagung   365
Register   369
Bildnachweise   383

*Dieses Buch ist Professor Paul Hamel gewidmet.
Niemand lehrte mich mehr.
Niemanden schätze ich mehr.
Es ist das größte Glück für mich,
sein Sohn zu sein.*

VORWORT

Wenn Sie sich auf die Reise durch dieses Buch begeben wollen, haben Sie das Recht, etwas über sein Entstehen und seinen Zweck zu erfahren. Der Grundstein wurde 1983 gelegt. Damals verließ ich gerade die Universität von Michigan, um meine Laufbahn als Dozent an der London Business School zu beginnen. Kurz vor meiner Abreise nahm mich ein wohlmeinender Professor zur Seite. Er gab mir folgenden Rat: „Gary, wenn Sie in der akademischen Welt etwas werden wollen, dann verbringen Sie die ersten Jahre Ihrer Karriere damit, eine bereits etablierte Theorie weiterzuentwickeln. Finden Sie ein allgemein anerkanntes Paradigma und setzen Sie es in einen neuen Zusammenhang." Er fuhr fort: „Der nächste Schritt besteht darin, eine Reihe von Artikeln für angesehene Zeitschriften zu verfassen." Dies, so versicherte er mir, sei der sicherste Weg, um Inhaber eines Lehrstuhls zu werden. „Wenn Sie genug graue Haare auf ihrem Kopf haben, können Sie in neue Gefilde aufbrechen. Dann haben Sie sich das Recht erworben, eine neue Theorie zu entwickeln."

Ein weiser Rat – wenn sich meine Ambitionen auf den Erwerb eines Lehrstuhls beschränkt hätten. Aber ich wollte mehr: Ich wollte das damals in Unternehmen herrschende deterministische Strategieverständnis in Frage stellen; eine Sichtweise, die keinen Raum für Leidenschaft, Ehrgeiz, Kreativität und Erfindungsgeist ließ. Mitte der Achtzigerjahre wurde das Feld der Unternehmensstrategie von den Industrieökonomen bestimmt. Ihrer Meinung nach fand der Wettbewerb innerhalb genau definierter Branchengrenzen statt. Und von den Konkurrenten nahmen sie an, dass sie sich eher gleichen als voneinander unterscheiden würden; dass sie in einem fest umrissenen Gebiet ihre Kräfte in einem endlosen Spiel von Angriff und Gegenschlag miteinander messen würden. Coca-Cola gegen Pepsi im Bereich der Soft Drinks, Kodak gegen Fuji bei Filmen für Fotoapparate, Kimberly-Clark gegen Procter & Gamble bei Wegwerfwindeln. – Diese Fälle bestimmten damals die Strategielehrpläne an den meisten Business Schools.

Aber für mich war bereits deutlich erkennbar, dass ein abstrakter und deterministischer strategischer Ansatz unvollständig, wenn nicht überholt war. Deregulierung, Globalisierung, Privatisierung und neue Technologien ließen Branchengrenzen so bedeutungslos werden wie die Grenzen auf dem Balkan. Zudem bezweifelte ich, dass sich Wettbewerbsergebnisse allein mit der ursprünglichen Marktposition eines Unternehmens oder mit dessen vorhandenen Wettbewerbsvorteilen erklären ließen. Als ich genauer nachzuforschen begann, stellte ich denn auch fest, dass die erfolgreichsten Unternehmen nicht von dem Gedanken an ihre Mitbewerber besessen waren; vielmehr ließen sie sich von einer wirklich hervorragenden Vision leiten. Ausschlaggebend war weniger, wie sie sich gegenüber einem traditionellen Konkurrenten positionierten, sondern vielmehr die Kreativität, mit der sie ihre Kernkompetenzen einsetzten, um sich völlig neue Märkte zu erschließen.

Aus diesem Grund schlug ich den Rat meines Professors in den Wind. Und ich verwarf den blutleeren und deterministischen Ansatz der Volkswirtschaftler zur Erklärung von Erfolgen und Misserfolgen im Wettbewerb.

Wenn ich jemals als Managementdenker und Autor Erfolg gehabt haben sollte, dann auf Grund dieser Entscheidung. Hätte ich ein Jahrzehnt damit verbracht, alte Theorien aufzuarbeiten, wäre *Competing for the Future* (dt. *Wettlauf um die Zukunft*) nie geschrieben und Begriffe wie „strategische Intention", „Kernkompetenz" oder „Branchenprognose" wären nie in die Managementlexika aufgenommen worden. Ja, ich habe ein paar Artikel in rein wissenschaftlichen Zeitschriften veröffentlicht. Aber den größten Teil meiner Energie investierte ich in Beiträge für die Zeitschrift *Harvard Business Review*, die sich an Manager, nicht an Wissenschaftler wendet.

Ich wollte nicht auf den Konzepten anderer Leute aufbauen. Ich wollte neue Konzepte entwickeln – und zwar anwendbare. Für einen jungen Assistenzprofessor war dies ein gefährlicher Weg. Aber es war einer, den ich unbedingt gehen musste.

1993, als ich gerade dabei war, *Competing for the Future* zu schreiben, zog ich mitten ins Silicon Valley. Ich gab die Universität zwar nicht ganz auf (ich wurde an der London Business School Gastprofessor und übernahm später eine Teilzeitstelle an der Harvard Business School), aber ich reduzierte meine Verpflichtungen an der Business School auf etwa zwölf Tage im Jahr. Ich war zunehmend frustriert von den langen Zeiträumen, die zwischen der Entwicklung eines theoretischen Konzepts und seiner praktischen Umsetzung verstrichen. Sicher, viele lesen die Zeitschrift *Harvard Business Review*. Aber leiten sie daraus irgendwelche *konkreten Handlungen* ab? Fühlen sie sich genötigt, etwas zu *tun*? Und wissen sie, wo sie ansetzen müssen?

Mich interessierte es nicht mehr, in erster Linie faszinierende Artikel zu schreiben. Dafür wuchs meine Ambition, Unternehmen konkret dabei zu unterstützen, neue Managementpraktiken zu entwickeln, die für den Erfolg in der New Economy entscheidend sein würden. Meine Vorbilder waren nicht länger Peter Drucker, Tom Peters, Michael Porter und andere Managementgurus, auch wenn mich ihre tief greifenden Einsichten immer wieder beeindrucken. An ihre Stelle als Leitfiguren traten nun Joseph M. Juran und W. Edwards Deming, die Pioniere der Qualitätsbewegung. Diese Männer sind mehr als Gurus – sie sind Schöpfer. Sie ersannen die Instrumente und Methoden, mit deren Hilfe sich Qualität zur allgegenwärtigen Kompetenz entwickelte.

Ich habe es geliebt, MBA-Studenten zu unterrichten, und ich genoss die intellektuelle Anregung durch die Business School. Aber mir war klar, dass ich mehr sein wollte als ein Theoretiker in seinem Elfenbeinturm, dass ich Unternehmen praktisch dabei helfen wollte, radikal neue Fähigkeiten zu entwickeln. Darum flog ich im Sommer 1993, nachdem ich zehn Jahre in Großbritannien gewesen war, zurück in die USA. Ich wollte von nun an meine ganze Kraft darauf konzentrieren, Unternehmen dabei zu unterstützen, die neuen Fähigkeiten auszubilden und aufzubauen, die es ihnen ermöglichen würden, in der postindustriellen Wirtschaft zu prosperieren. Mein fraglos kühnes Ziel bestand darin, auf dem Gebiet der Innovation das zu leisten, was Deming und Juran in Bezug auf die Qualität geleistet hatten – sie von einer Art Zufallsergebnis in eine fest im Unternehmen verankerte Größe zu verwandeln.

Durch meinen Standort im Silicon Valley konnte ich die Geburt des digitalen Zeitalters aus nächster Nähe beobachten. Und Strategos, ein Unternehmen, das ich 1994 zusammen mit ein paar ähnlich ehrgeizigen Mitstreitern gegründet hatte, wurde zum Vehikel für die Entwicklung der neuen Instrumente und Methoden, Messgrößen und Prozesse, die es den Unternehmen ermöglichen sollten, zu gewohnheitsmäßigen Innovationsträgern zu werden.

Während der vergangenen sechs Jahre waren meine Kollegen und ich bei Strategos in der glücklichen Lage, mit Dutzenden von Weltklasseunternehmen zusammenzuarbeiten, angefangen mit Internet-Start-ups bis hin zu den weltgrößten Multis. Sie alle teilten eine einzige Leidenschaft: radikale Innovation zu einer fest verankerten Kompetenz werden zu lassen.

Das vorliegende Buch ist das Produkt dieser Erfahrung. Wie *Competing for the Future* (dt. *Wettlauf um die Zukunft*) zielt es darauf ab, bequeme Managementrezepte umzustoßen. Viele glauben, dass zwischen der New und der Old Economy ein unüberbrückbarer Abgrund klaffe. Die sehr unterschiedlichen Werte, mit denen sich der Dow-Jones-Index und der Nasdaq während der letzten Jahre entwickelt haben, lässt manche vermuten, dass, abgesehen von Internet-Start-ups, Unternehmen keine Chance hätten, einen ungewöhnlichen Wertzuwachs zu erzeugen, und erst recht nicht in der Lage seien, mit der nötigen Leidenschaft und missionarischen Begeisterung ans Werk zu gehen. Selbst das Magazin *Fortune* unterscheidet zuweilen allzu undifferenziert zwischen „Old Farts" und „Upstarts". Selbstverständlich gibt es eine Trennungslinie zwischen Unternehmen, die die Vergangenheit hochhalten, und solchen, die die Zukunft erfinden. Aber diese Linie verläuft nicht zwischen der alten und der neuen Wirtschaft, sondern zwischen jenen, die zu grundlegenden Innovationen fähig sind, und denen, die das nicht sind. The Home Depot, Gap, Virgin Atlantic Airways, Sephora und Starbucks sind als Unternehmen genauso innovativ gewesen wie eBay, Amazon, Yahoo!, priceline.com oder jeder andere Favorit des Silicon Valley.

Und in der Tat steht die wahre Geschichte des Silicon Valley nicht im Zeichen des „E", sondern des „I", will heißen: nicht im Zeichen des Electronic Commerce, sondern im Zeichen der Innovation und der Imagination. Was viele der E-Commerce-Unternehmen von anderen abhebt, ist nicht ihre technische Überlegenheit (keines von ihnen verfügt über milliardenschwere F&E-Budgets), sondern ihr Ideenreichtum. Sie sind jung, ehrgeizig und frei von jeder Tradition. Es ist eher die Stärke von „I" als von „E", die in der Wirtschaft des 21. Jahrhunderts Gewinner von Verlierern scheidet.

Zudem haben Unternehmen wie Nokia, Enron oder Charles Schwab bewiesen, dass sie in der Lage sind, sich und ihre Branchen ständig neu zu erfinden. Trotzdem gibt es Leute, die weiterhin behaupten: „Große Unternehmen sind nicht innovationsfähig." Aber sie sind es, und ein paar von ihnen handeln auch danach. In diesem Buch werde ich Ihnen erzählen, wie sie das machen. Umgekehrt gibt es viele Menschen, die glauben, dass kleine Unternehmen automatisch kreativer seien. Einige neu gegründete Firmen sind tatsächlich kreativ, aber die meisten sind es nicht. – Genau darum scheitern 90 Prozent aller Firmengründungen. Und selbst jene, die von einer Welle der E-Phorie nach oben gespült wurden, werden auf den Felsen der Bedeutungslosigkeit stranden, wenn sie nicht lernen, wie sie sich selbst wieder und wieder komplett neu orientieren. Das vorliegende Buch wendet sich deshalb ebenso an sie wie an die greisen Überlebenden des Industriezeitalters.

In diesem Buch geht es um Innovation. – Nicht im üblichen Sinn neuer Produkte und neuer Technologie, sondern im Sinn radikal neuer Geschäftsmodelle. Es beginnt mit einer Erläuterung des Imperativs der Revolution: Die Herrschaft der reinen Wachstumslehre ist zu Ende, und nur Unternehmen mit der Fähigkeit, ihre Branche zu revolutionieren, werden in der New Economy prosperieren.

Es folgt ein detaillierter Vorschlag, was *Sie* tun können, um die Revolution in Ihrem eigenen Unternehmen ins Rollen zu bringen. Schließlich wird in diesem Buch ein ausführlicher Maßnahmenkatalog beschrieben, wie man Innovation zu einem ebenso verbreiteten und selbstverständlichen Anspruch wie Qualität oder Service machen kann. Mein wichtigstes Argument ist in der Tat, dass radikale Innovation *den* entscheidenden Wettbewerbsvorteil im neuen Jahrtausend darstellt.

Dieses Buch wurde für all die Menschen geschrieben, die etwas bewegen wollen – in ihrer Welt und in ihrem Unternehmen. Es ist ein Manifest *und* ein Leitfaden. Es ist ein Buch für diejenigen, die sich weigern, sich dem Zynismus eines Dilbert zu beugen. Es ist ein Buch für alle, die glauben, dass die Zukunft etwas ist, das man schafft, nicht etwas, das einem widerfährt. Es ist ein Buch für jene, die Leidenschaft ebenso wichtig finden wie Gewinn. Es wendet sich an Leute, die der Meinung sind, dass die Managementpraktiken des Industriezeitalters in einer postindustriellen Welt eine Belastung darstellen. Es ist ein Buch für alle, die sich weigern zu glauben, etablierte Unternehmen seien nicht innovationsfähig. Dieses Buch richtet sich sowohl an diejenigen, die es müde sind, immer auf Sicherheit zu setzen, wie auch an jene, die ihre Träume nicht auf dem Altar allgemein akzeptierter Weisheiten opfern wollen. Es ist ein Buch für Menschen, denen so viel an ihren Kunden, ihren Kollegen und ihrem eigenen Vermächtnis liegt, dass sie sich einfach nicht vorstellen können, die Revolution nicht anzuführen.

1
Das Ende des Fortschritts

Das Zeitalter des Fortschritts ist beendet
Die Zeit des Fortschritts begann mit der Renaissance, erreichte während der Aufklärung ihren üppigen Höhepunkt, gewann im Industriezeitalter eine robuste Reife und neigt sich zu Beginn des 21. Jahrhunderts ihrem Ende entgegen. Zahllose Jahrtausende hindurch hatte es bis dahin keinen Fortschritt gegeben, nur Kreisbewegungen. Die Jahreszeiten wechselten. Generationen wuchsen heran und verschwanden wieder. Das Leben wurde nicht besser, es wiederholte sich lediglich nach einem endlosen, vertrauten Muster. Es gab keine Zukunft, weil sich Zukunft und Vergangenheit nicht voneinander unterschieden.

Dann bildete sich der unerschütterliche Glaube heraus, dass Fortschritt nicht nur möglich, sondern unvermeidlich sei: Die Lebenserwartung würde steigen, der materielle Komfort würde sich um ein Vielfaches erhöhen, das Wissen würde sich erweitern. Es gab nichts, was sich nicht noch verbessern ließ. Die rationale Analyse und die deduktiven Verfahren der Wissenschaft konnten auf jedes Problem angewandt werden: von der Entwicklung eines perfekteren Staatenbunds über die Zerlegung des Atoms bis zur Produktion von Halbleitern mit unbegreiflich komplexen Strukturen und einer makellosen Qualität.

Während des vergangenen Jahrhunderts wusste man den Fortschritt nicht einfach nur zu schätzen, man betete ihn an. Genug zu essen auf dem Teller? Pah! Wie wär's mit zwei Wagen in jeder Garage? Aber der Fortschritt ist heute nicht mehr ganz so verlockend wie einst. Man wird das nagende Gefühl nicht los, dass die Menschheit zwar auch weiterhin ihren Lebensstandard verbessert, aber damit nicht zwangsläufig immer bessere Absichten verfolgt hat. Zwei durch moderne Waffen unendlich brutal gewordene Weltkriege; die Bedrohung durch einen biologischen und nuklearen Terrorismus; vergiftete Flüsse und kahl geschlagene Wälder; Megastädte, in denen es von entwurzelter Landbevölkerung wimmelt; Workaholics von Tokio bis San José, die ihre Gesundheit und ihre Familien auf dem Altar des Wohlstands geopfert haben: Der Fortschritt hat seinen Preis.

Das Zeitalter des Fortschritts hatte voller Hoffnungen begonnen – und endet nun in Angst. Das Leben wird nicht länger vom sanften Wechsel der Jahreszeiten bestimmt, sondern vom sich überstürzenden Tempo der „Internet-Zeit", die das Leben in Hundejahren misst.

Das Zeitalter des Fortschritts hatte voller Ho

Das Zeitalter des Fortschritts war ein strenger Lehrmeister – insbesondere in den letzten Jahren. Überall auf der Welt wurden die Beschäftigten in das Joch kontinuierlicher Verbesserung gezwungen. Mit glasigen Augen haben sie das Mantra wiederholt: schneller, besser, billiger – um sich schließlich in einer Situation wiederzufinden, in der sie härter und immer härter arbeiten mussten und immer weniger dafür bekamen. Dies ist die Vergeltung dafür, dass sie das Downsizing, das Outsourcing und die Restrukturierung überlebt haben, die die Belegschaften der Unternehmen des Industriezeitalters so dramatisch reduziert hatten.

Kein Wunder, dass *Das Dilbert-Prinzip* zu den bestverkauften Business-Büchern aller Zeiten gehört. Humor dient hier als Mittel, die Angst zu verdrängen und auf die Verhältnisse mit Zynismus zu reagieren. Und die Ausprägung des Fortschritts gegen Ende des 20. Jahrhunderts hat uns in der Tat zynisch werden lassen: Uns war die Erlösung von der Langeweile versprochen worden – wir bekamen die Fabrik der Angestellten. Uns war ein gewisser Grad an Selbstbestimmung versprochen worden – wir bekamen stapelweise Hochglanzbroschüren über die Unternehmenspolitik. Man versprach uns das Gefühl, zur Verwirklichung eines lohnenden Ziels beizutragen – wir erhielten die Tyrannei der Quartalsergebnisse. Uns lockte das Versprechen der aktiven Beteiligung – was wir bekamen, waren endlose Meetings, deren Form die wesentlichen Inhalte regelmäßig zu Brei zermalmte. Statt des versprochenen Ventils für unsere Kreativität bekamen wir das Reengineering. Wir wurden ständig als „Mitarbeiter" bezeichnet, aber wir waren ebenso entbehrlich wie verschlissene Maschinen. Tja, unsere Rücken sind gerader geworden – das Zeitalter des Fortschritts hat die physische Belastung reduziert –, aber unser Geist ist betäubt, und wir sind mit unseren Gedanken überall, nur nicht bei der Arbeit.

DAS ZEITALTER DER REVOLUTION

Wir stehen heute an der Schwelle zu einem neuen Zeitalter – dem Zeitalter der Revolution. Eigentlich ist uns klar, dass das neue Zeitalter bereits angebrochen ist. Aber von unserem Gefühl her sind wir nicht sicher, ob uns das gefällt. Schließlich ist uns bewusst, dass es ein Zeitalter des Umbruchs und der Unruhe sein wird, in dem Vermögenswerte in Sekundenschnelle aufgebaut und zerstört werden können. Denn auch der Wandel an sich hat sich verändert. Er vollzieht sich nicht länger schrittweise, und er bewegt sich nicht mehr in eine bestimmte Richtung.

Im 21. Jahrhundert geschehen Veränderungen diskontinuierlich, abrupt, umsturzartig. In einer einzigen Generation sind die Kosten für die Dekodierung

ngen begonnen – und endet nun in Angst.

eines menschlichen Gens von mehreren Millionen US-Dollar auf rund hundert US-Dollar gesunken. Die Kosten für das Speichern eines Megabyte an Datenmaterial haben sich von vielen hundert US-Dollar auf fast nichts reduziert. Globale Kapitalströme sind zu reißenden Fluten geworden, die die Souveränität der nationalen Wirtschaft unterspülen. Die Allgegenwart des Internets hat geografische Entfernungen bedeutungslos werden lassen. Der pure Kapitalismus hat alle konkurrierenden Ideologien bezwungen, und eine riesige Welle der Deregulierung und Privatisierung hat den Globus überschwemmt.

Nicht, dass sich die Dinge im Zeitalter des Fortschritts nicht geändert hätten; das taten sie. Alte Firmen verschwanden – erinnern Sie sich noch an American Motors oder Eastern Airlines? –, und neue Unternehmen sind aufgetaucht. Aber, um eine Metapher aus der Evolutionstheorie zu verwenden: Es war eine Welt des stufenweisen Gleichgewichts, in der sich Veränderungen schrittweise vollzogen und nur selten völlig neue Lebensformen hervorbrachten. Heute leben wir in einer Welt, in der es nur noch Stufen und kein Gleichgewicht mehr gibt. Wir erleben ein Zeitalter, in dem explosionsartig neue, miteinander konkurrierende Lebensformen entstehen. Ein Unternehmen, das sich langsam entwickelt, befindet sich in diesem neuen Zeitalter bereits auf dem Weg in den Untergang.

Die neue industrielle Ordnung

Das Zeitalter des Fortschritts hat eine Welt der Industriegiganten hervorgebracht: Mitsubishi, ABB, Citigroup, General Electric, Daimler-

Chrysler, DuPont und ihresgleichen. Diese Unternehmen haben sich die Disziplinen des Fortschritts zu Nutze gemacht: exakte Planung, kontinuierliche Verbesserung, statistische Prozesskontrolle, Six-Sigma, Reengineering und ERP (Enterprise Resource Planning). Jahrzehnt um Jahrzehnt konzentrierten sie sich ausschließlich darauf, ihre Leistung zu steigern. Falls ihnen einmal eine Veränderung in ihrem Umfeld entgangen sein sollte, blieb ihnen genug Zeit, das Versäumte nachzuholen. Durch die Vorteile der Pfründeherrschaft – ein globaler Vertrieb, angesehene Marken, ein großes Reservoir an Talenten, Cashflow – genossen sie den Luxus, Zeit zu haben. Obwohl beispielsweise Apple Computer schon früh in das Geschäft mit Mikrocomputern einstieg, gelang es IBM in kürzester Zeit, Apple seine Führungsposition streitig zu machen, indem es seine weltweite Vertriebsstärke für den PC-Bereich einsetzte. In einer Welt des diskontinuierlichen Wandels jedoch findet ein Unternehmen, das auf dem Weg eine entscheidende Abbiegung verpasst, möglicherweise nie mehr den Anschluss. Folgende Beispiele veranschaulichen dies:

- Zwischen 1994 und 1999 stieg die Zahl der weltweit verkauften Mobiltelefone sprunghaft von 26 Millionen auf fast 300 Millionen an. Gleichzeitig vollzog sich der Wandel von der analogen zur digitalen Kommunikationstechnologie. Motorola, bis 1997 Weltführer im Mobiltelefongeschäft, verpasste die Umstellung auf die digitale schnurlose Technologie gerade mal um ein oder zwei Jahre. In diesem kurzen Zeitraum wurde Nokia, ein bis dahin unbekanntes, am Rand des nördlichen Polarkreises angesiedeltes Unternehmen, weltweit zur neuen Nummer eins. Noch ein Jahrzehnt zuvor hatte Nokia Schneereifen und Gummistiefel hergestellt, nun gehörte es plötzlich zu Europas Hightechfirmen mit dem schnellsten Wachstum. Motorola wird enorme Kräfte aufbieten müssen, wenn es sich seine Spitzenstellung zurückerobern will.

- Möchten Sie eine tolle Portalseite im Internet aufbauen? Dafür ist es leider zu spät. Wenn Sie nicht wie Sony oder Bertelsmann auf die entsprechenden Pfründe zurückgreifen können und trotzdem ein paar Millionen Online-Nutzer gewinnen wollen, dann werden Sie einen Scheck über Zillionen US-Dollar ausstellen und einem Youngster um die zwanzig überreichen müssen, der ein Goldesel-Unternehmen leitet. Oder vielleicht haben Sie Glück, und Yahoo! kauft Ihr Unternehmen.

- In den letzten Jahren bekam Nike eine schmerzhafte Lektion über das sich wandelnde Interesse von 14-Jährigen erteilt. Sie bedrängen ihre Eltern nicht mehr, 100 US-Dollar für ein Paar Air Jordans hinzublättern. Für sie ist Michael Jordan bloß noch ein alter Knacker, der ein abgehalftertes Basketballteam anführt. Die Turnschuhe ihrer Wahl sind – zumindest im Augenblick – Vans und Airwalks.

- In den Neunzigerjahren lieferte SAP, das seinen Sitz im deutschen Walldorf hat, den Beweis, dass ein europäisches Unternehmen im Bereich der Betriebssoftware erfolgreich mit Größen wie Oracle oder Computer Associates konkurrieren kann. Tatsächlich haben Tausende von Unternehmen die R/3-Software von SAP installiert, die ihnen bei der Integration interner Vorgänge wie Einkauf, Buchführung oder Produktion hilft. Aber als die Unternehmen damit begannen, das Internet zu nutzen, um eine Verbindung mit Lieferanten und Kunden herzustellen, war nichts von SAP zu sehen. In wenigen Monaten zogen Ariba, i2 Technologies, Siebel Systems und eine Hand voll neuer B2B-Spezialisten an SAP vorbei, um in dem interessantesten neuen Softwaremarkt der Computerwelt die Führungspositionen abzustecken.

Nie war der Besitz von Pfründen weniger wert.

Im Zeitalter der Revolution kommen und gehen die Chancen mit Lichtgeschwindigkeit: Ein Wimpernschlag zu spät – und Sie haben ein Milliarden-Dollar-Geschäft verpasst. Und nie war der Besitz von Pfründen weniger wert. Schumpeters Wind der kreativen Destruktion ist zum Hurrikan geworden. Neuartige Stürme fegen die Befestigungsanlagen hinweg, die einst den Status quo schützten. Die wirtschaftliche Integration hat abgeschirmte Märkte geöffnet. Die Deregulierung hat bequeme Monopolstellungen zerschlagen. Das Internet hat feste Firmensitze zu einer Belastung werden lassen. Und Risikokapitalgeber lassen Millionen von US-Dollar in Terroristen-Trainingscamps für Branchenrebellen fließen.

Compaq, Novell, Westinghouse, DEC, TWA, Kodak, Kmart, Nissan – diese und 100 weitere etablierte Unternehmen mussten in einer Welt, in der alles drunter und drüber geht, um den Erhalt ihrer Bedeutung kämpfen. Genauso, wie das Zeitalter der Aufklärung die Autorität der herrschenden Religion in weltlichen Fragen untergrub, wird das Zeitalter der Revolution die Autorität der industriellen Pfründebesitzer dieser Welt in wirtschaftlichen Fragen untergraben.

Folgende Fakten belegen dies: Amerikaner über 40 erinnern sich möglicherweise noch an die Main Street – jene bescheidene Reihe von Geschäften, deren Inhaber freundliche Leute waren, die wussten, wie die Kinder ihrer Kunden hießen, und alle Bedürfnisse befriedigten. All das ist heute verschwunden. Die Main Street wurde vor Jahrzehnten durch kaum unterscheidbare Ladenstraßen ersetzt, die mit Sears begannen und mit J. C. Penney endeten und dazwischen eine Reihe von Fachgeschäften wie B. Dalton und KB Toys beherbergten. In einem unbemerkten Augenblick wurden diese kleinstädtischen Ladenstraßen dann von der Bedeutungslosigkeit des Einzelhandels verschlungen. Nach und nach erdrückten

Supermärkte wie Toys „R" Us, The Home Depot oder Staples die Einzelfachgeschäfte, die einst die Lebensader der Ladenstraßen bildeten, und Wal-Mart ersetzte Sears als Amerikas größten Einzelhändler.

Aber wie hoch ist die Wahrscheinlichkeit, dass mit Wal-Mart und Toys „R" Us das Ende der Einzelhandelsrevolution erreicht ist? Sie geht gegen null. Die Konsumenten werden nicht den Rest ihres Lebens damit verbringen, durch die seelenlosen Schluchten von Wal-Mart zu marschieren, um ein paar Mark für einen Hammer zu sparen. Woolworth hat die Main Street nie ganz verlassen. Sears ist in der Ladenstraße stecken geblieben. Und all jene „Big-Box"-Händler in den Städten, denen es im Moment noch gut geht, werden sich eines Tages auf der falschen Seite der Revolution wiederfinden, die das Internet möglich macht. Mit nur ein oder zwei Ausnahmen gibt es keinen Marktführer in der Offline-Welt des Einzelhandels, der in seinem Segment auch online führt. Die meisten der Oldline-Unternehmen waren einfach nicht schnell genug. Sie waren für die Revolution nicht bereit.

Die Erfahrung von AOL im Vereinigten Königreich zeigt, dass selbst Unternehmen, die mit dem Internet entstanden, gegenüber revolutionären neuen Geschäftskonzepten verwundbar sind. Freeserve, eine Tochter von Dixons, dem führenden Elektronikeinzelhändler Großbritanniens, richtete im September 1998 einen kostenlosen Internetzugang ein. 15 Monate später hatte es 1,5 Millionen Nutzer gewonnen und AOL UK als größten Internetzugangs-Provider Großbritanniens von seinem Platz verdrängt. Die Innovation von Freeserve bestand darin, Surfern einen kostenlosen Internetzugang zur Verfügung zu stellen und dafür einen geringen Prozentsatz der Einnahmen zu beanspruchen, die durch die Kosten für die Telefonverbindungen jedes Nutzers entstanden. (Im Vereinigten Königreich werden alle Ortsgespräche im Minutentakt berechnet.) Am Ende des ersten Tages seines Börsengangs wurde der Wert von Freeserve auf 2,07 Milliarden britische Pfund geschätzt, und im Februar 2000 betrug sein Wert bereits mehr als acht Milliarden Pfund, etwa das Zweieinhalbfache von British Airways. AOL, das die Tragfähigkeit des Freeserve-Modells bezweifelt hatte, war nun gezwungen nachzuziehen und verkündete, es werde ebenfalls einen kostenlosen Internetzugangs-Service anbieten.[1] Ob sich Freeserve tatsächlich seiner Bewertung entsprechend entwickeln wird, ist dabei völlig unerheblich. Unbestreitbar ist, dass Revolutionäre wie AOL gegenüber radikal neuen Geschäftsmodellen ebenso verwundbar sind wie kraftlose Greise, und dass Geschwindigkeit kein Ersatz für neue Geschäftskonzepte ist, die mit bestehenden Regeln brechen. Wenn Ihr Unternehmen älter als einen Tag ist, dann gehört es bereits zum Establishment!

Sie können das als „New Economy", als „digitale Wirtschaft" oder als „postindustrielle Wirtschaft" bezeichnen, aber es ist mehr. Der Zusammenbruch des Kommunismus hat uns eine neue *Welt*ordnung beschert. Der Zusammenbruch der alten Pfründeherrschaft schenkt uns eine neue *Wirtschafts*ordnung. In der neuen Wirtschaftsordnung verlaufen die

Schlachtlinien nicht zwischen Regionen und Ländern. Es kämpfen nicht länger Japan gegen die Vereinigten Staaten gegen die Europäische Union gegen die Entwicklungsländer. Heute konkurrieren die Rebellen gegen das Establishment, die Revolutionäre gegen den Landadel. 100-jährige Firmen mit angesehenen Marken sind genauso gefährdet wie die Internet-Favoriten von gestern.

Royal Dutch/Shell gehört zu den ersten Erdölunternehmen der Welt, und seine Geschichte ist so alt wie die Industrie. Aber eines Tages erwachte Shell mit der Erkenntnis, dass ein Supermarkt, Tesco, zum größten Benzineinzelhändler in Großbritannien geworden war, einem der traditionellen Märkte von Shell.

Wie geht man damit um? Da haben Sie nun jahrzehntelang viele 100 Millionen Pfund ausgegeben, um die Konsumenten davon zu überzeugen, dass Ihr Markenbenzin besser ist als das der Typen nebenan, und plötzlich wird es als Lockangebot zusammen mit Milch und Eiern verkauft.

Starbucks ist zu Amerikas führender Kaffeemarke geworden und hat von allen Einzelhändlern der Vereinigten Staaten die treueste Kundschaft. Der durchschnittliche Starbucks-Kunde besucht einen Laden 18-mal pro Monat! (Sie müssen Ihre eigene legale Droge auf den Markt bringen – Koffein ist bereits besetzt.) Also stellen Sie sich all die Produktmanager vor, die in der Nestlé-Zentrale im Schweizer Vevey sitzen und Nescafé vertreiben, den Kaffee mit den weltweit besten Verkaufszahlen. Glauben Sie, dass sie sich je gefragt haben, wie sie Busfahrer und Lehrer dazu verführen können, sich ewig lange anzustellen, um drei US-Dollar für einen Café latte zu bezahlen? Nein? Worüber haben sie sich dann den Kopf zerbrochen? Über die Farbe der Dosen, die in die Supermarktregale gestellt werden sollten? Oder darüber, wie sie Procter & Gamble aus dem Feld schlagen könnten?

Als Erstes werden die Revolutionäre Ihre Märkte und Ihre Kunden übernehmen.

Die führenden Unternehmen einer Branche verwechseln häufig traditionelle Konkurrenten mit dem Feind. Gehen Sie zu irgendeinem großen Telekommunikationsunternehmen. Nehmen Sie sich dessen strategischen Plan von 1990 vor und suchen Sie nach irgendeiner Erwähnung von Qwest, WorldCom, Level 3, Global Crossing, Cisco, Williams oder Enron. Sie werden keine finden. Aber Anfang 2000 gab es in den Vereinigten Staaten bereits 3000 registrierte Telekommunikationsnetz-Betreiber. Noch ein Jahrzehnt zuvor hatte es nur 200 gegeben – und zwar *weltweit*![2] Gehen Sie zu irgendeinem Lebensmitteleinzelhändler und bitten Sie ihn darum, seinen strategischen Plan von vor ein paar Jahren einsehen zu dürfen. Ich wette, dass Bechtel dort kein einziges Mal als möglicher Mitbewerber genannt wird. Aber die größte Baufirma der Welt hilft Webvan,

Als Nächstes werden sie Ihre besten Mitarbeiter abwerben.

einem Start-up-Unternehmen, eine neue Vertriebsinfrastruktur zur Unterstützung der Hauslieferung von online bestellten Lebensmitteln aufzubauen.

Eines muss Ihnen klar sein: Wen auch immer Sie für Ihre Konkurrenten halten, sie sind es nicht. Branchenrevolutionäre werden jeden Schutzreflex, jedes Zögern seitens der Oligarchie für sich nutzen. Jeder Versuch, sich zu ducken, zurückzuweichen und sich neu zu gruppieren oder sich abzukoppeln, wird als Chance ergriffen werden, um an Boden zu gewinnen.

Als Erstes werden die Revolutionäre Ihre Märkte und Ihre Kunden übernehmen. Der Ausgangspunkt von Southwest Airlines mag Texas gewesen sein, aber die Fluggesellschaft beschränkt ihre Flüge nicht mehr auf den Südwesten der USA. Amazon.com mag als Buchhändler begonnen haben, aber jetzt verkauft es Ihnen alles, vom Spiel- bis zum Werkzeug. Als Nächstes werden die Revolutionäre Ihre besten Mitarbeiter abwer-

Schließlich werden sie sich Ihr Vermögen einverleiben.

ben. Die Zahl der Führungskräfte im Silicon Valley, die einst für AT & T, Apple, Xerox, Andersen Consulting und andere angesehene, aber schwerfällige Unternehmen gearbeitet haben, geht in die Tausende. Und rechnen Sie nicht damit, viele jener aufgeweckten jungen Absolventen der Harvard Business School einstellen zu können. Von einem der letzten Abschlussjahrgänge mit 880 MBAs planten 340 die Gründung eines eigenen Unternehmens oder den Eintritt in die Welt des Venture Capital, eine Zahl, die sich innerhalb von vier Jahren verdreifacht hat.[3] Die Konkurrenten von morgen stellen bereits die besten Leute ein. Schließlich werden sie sich Ihr Vermögen einverleiben.

Wie unerwartet kam es, dass eBay, ein Internet-Auktionsunternehmen, Butterfield & Butterfield erwarb, das drittgrößte Auktionshaus in den Vereinigten Staaten. Und welche Überraschung war es, als das noch junge Unternehmen Vodafone Mannesmann kaufte, eines der ältesten und stolzesten Unternehmen Deutschlands. Wie merkwürdig, dass AOL – das Unternehmen, das auch all jenen einen mühelosen Zugang zum Internet verschaffte, die Berührungsängste mit der Technik haben – eine „Fusion zwischen Gleichen" mit Time Warner eingehen sollte, einem Unternehmen mit einem fünffach höheren Ertrag als AOL. Die Aufrührer donnern nicht länger an das Tor – sie essen von Ihrem besten Porzellan. Die alte Garde muss gegen die Avantgarde antreten, die Oligarchie gegen die Revolutionäre, die Macht des Establishments gegen die Macht der Fantasie. Und Sie wissen, wie Sie sich entscheiden müssen.

Um es auf den Punkt zu bringen: Für einen rebellischen Newcomer, der darauf versessen ist, das Branchendogma zu kippen, hat es nie eine bessere Zeit gegeben. Softbank, Ariba, Starbucks, Level 3, Amazon.com, Freeserve, IKEA – diese und Hunderte andere sind die neuen Revolutionäre. Nicht alle von ihnen werden überleben, aber ihr bisheriger Erfolg ist ein Beweis für die Verletzbarkeit der Pfründebesitzer.

Einzige Grenze: die eigene Vorstellungskraft

Jedes Zeitalter hat seine eigene Mischung aus Chance und Risiko, und das Zeitalter der Revolution bietet viel von beidem. Aber es gibt gute Gründe, eher hoffnungsvoll als ängstlich zu sein, weil uns das Zeitalter der Revolution eine in der Geschichte der Menschheit noch nie da gewesene Chance bietet. Zum ersten Mal können wir uns von unserer Fantasie aus zurückarbeiten, statt von unserer Vergangenheit aus vorwärts zu gehen. Die Menschen haben sich schon immer danach gesehnt, andere Welten zu erforschen, den Zerfallsprozess des Alterns umzukehren, Entfernungen zu überwinden, ihre Umwelt zu gestalten, ihre destruktiven Stimmungen zu besiegen und an all dem Wissen teilzuhaben, das auf diesem Planeten existieren könnte. Mit dem Mars Pathfinder, der Züchtung von menschlichem Gewebe, Videokonferenzen, virtueller Realität, stimulierenden Präparaten und Internet-Portalen haben wir begonnen, jeden dieser zeitlosen Träume Wirklichkeit werden zu lassen. Und tatsächlich ist die Kluft zwischen Vorstellbarem und Erreichbarem nie kleiner gewesen.

Wir haben weniger das Ende der Geschichte erreicht, wie Francis Fukuyama behauptet; wir haben vielmehr die Fähigkeit entwickelt, die Geschichte zu unterbrechen – der linearen Extrapolation des Gewesenen zu entkommen. Im Zeitalter des Fortschritts war die Zukunft besser als die Vergangenheit. Im Zeitalter der Revolution wird die Zukunft anders als die Vergangenheit sein und vielleicht unendlich viel besser.

Unser Erbe ist nicht länger unser Schicksal. Heutzutage werden uns nur noch durch unser Vorstellungsvermögen Grenzen gesetzt. Aber die, die sich eine neue Wirklichkeit vorstellen können, waren gegenüber jenen, die dies nicht können, stets in der Minderheit. Jedem Leonardo da Vinci, Jonas Salk oder Charles Babbage stehen Zehntausende gegenüber, deren Fantasie nicht über die herkömmlichen Denkschablonen hinausreicht. Obwohl es nichts gibt, was nicht vorstellbar wäre, gibt es nur wenige, denen es gelingt, sich aus den Restriktionen einer linearen Welt zu befreien. Wie ein lange in Gefangenschaft gehaltener Elefant, der sich plötzlich in einer ungewohnten Umgebung wiederfindet, erkennen die meisten Menschen die sich eröffnenden Möglichkeiten nicht, wenn wir der Tretmühle des Fortschritts entrinnen. Aber Individuen und Unternehmen, die unfähig sind, sich aus der Anziehungskraft der Vergangenheit zu befreien, werden von der Zukunft ausgeschlossen sein.

Um die Chancen vollständig zu erkennen, die uns durch das neue Zeitalter geboten werden, muss jeder von uns sowohl zum Träumer als auch zum Macher werden. Im Zeitalter des Fortschritts waren Träume oft wenig mehr als Fantasien. Heute sind sie in bislang unbekanntem Maß Türen zu neuen Realitäten. Und unser kollektives Ich – unser Unternehmen – muss ebenfalls lernen zu träumen. In vielen Unternehmen hat es ein massives Defizit an kollektiver Vorstellungskraft gegeben. Wie sonst lässt sich die Tatsache erklären, dass so viele Unternehmen von der Zukunft kalt erwischt wurden?

ERFOLG IM ZEITALTER DER REVOLUTION

Irgendwo da draußen existiert eine Kugel, auf der der Name Ihres Unternehmens steht. Irgendwo da draußen gibt es einen Konkurrenten, noch ungeboren und unbekannt, der dafür sorgen wird, dass Ihre Strategie veraltet. Sie können der Kugel nicht ausweichen. Sie müssen als Erster schießen. Sie müssen die Innovatoren an Innovation übertreffen. Diejenigen, die sich auf ihr bewährtes Schwert verlassen, werden von denjenigen erschossen werden, die das nicht tun.

Wenn Bill Gates sagt: „Microsoft ist immer zwei Jahre vom Misserfolg entfernt", dann verteidigt er sich nicht ein weiteres Mal gegen den Vorwurf, ein Monopolist zu sein. Er weiß, dass nicht nur die Produktlebenszyklen schrumpfen. Auch die Strategielebenszyklen werden kürzer. Ein geradezu atemberaubendes Veränderungstempo sorgt dafür, dass jedes Geschäftskonzept, wie brillant es auch sein mag, schon in kürzester Zeit nicht mehr wirtschaftlich ist. Der Unterschied zwischen einem Anführer und einem Nachzügler bemisst sich nicht mehr in Jahrzehnten, sondern in Jahren und manchmal in Monaten. In der heutigen Zeit muss ein Unternehmen fähig sein, seine Strategie nicht bloß einmal in zehn Jahren neu zu erfinden, weil es gerade mitten in einer Krise steckt und einen CEO gegen einen anderen austauscht, sondern kontinuierlich Jahr für Jahr.

Gates hat die Wettbewerbsrealität des neuen Zeitalters begriffen.

In einer nichtlinearen Welt erzeugen nur nichtlineare Ideen neue Werte.

Gates ist nicht der einzige Unternehmensführer, der um die Dynamik der neuen Wirtschaftsordnung weiß. Im Rahmen einer von mir entwickelten Gallup-Umfrage[4] wurde 500 CEOs die Frage gestellt: „Wer hat die Veränderungen in Ihrer Branche während der vergangenen zehn Jahre am besten zu nutzen gewusst – Neueinsteiger, herkömmliche Konkurrenten oder Ihr eigenes Unternehmen?" In den meisten Fällen lautete die Antwort: Neueinsteiger. Als Nächstes wurde gefragt, ob diese Neulinge „durch eine bessere Umsetzung" oder „durch eine Veränderung der Spielregeln" gewonnen hätten. Ganze 62 Prozent der CEOs erwiderte, dass die Neueinsteiger Erfolg gehabt hätten, indem sie die Spielregeln änderten.

Aber wie oft haben Sie schon einen Firmenchef oder einen Bereichsleiter sagen hören: „Unser wirkliches Problem ist die Umsetzung"? Oder, noch schlimmer, sie erzählen den Leuten: „Strategie ist der einfache Teil, das Problem beginnt bei der Umsetzung." So ein Blödsinn! Solche Binsenwahrheiten werden gern von Führungskräften zum Besten gegeben, die Angst haben einzugestehen, dass ihre Strategien hoffnungslos veraltet sind, von Führungskräften, denen es am liebsten wäre, wenn ihre Mitarbeiter damit aufhören würden, unbequeme Fragen zu stellen und stattdessen an ihre Arbeit zurückkehren. Eine Strategie ist nur dann einfach, wenn Sie sich mit einer Strategie zufrieden geben, die von der Strategie eines anderen Unternehmens abgeleitet wurde. Strategie ist alles andere als einfach, wenn Ihr Ziel darin besteht, der Urheber wirtschaftlichen Wandels zu sein. Aber ein solches Ziel ist auch ausgesprochen lohnend. Was könnte befriedigender sein, als die Zukunft zu prägen?

Ein CEO drückte das mir gegenüber so aus: „Früher verbrachte ich gewöhnlich den größten Teil meiner Zeit damit, mir über das *Wie* den Kopf zu zerbrechen – in welcher Weise wir die Dinge taten, wie wir was anwendeten, wie effizient wir waren. Jetzt widme ich einen Großteil meiner Zeit dem *Was* – welche Chancen zu ergreifen, welche Partnerschaften zu bilden, welche Technologien zu fördern, welche Experimente einzugehen sind." Der springende Punkt, um den es hier geht, ist ganz einfach. Zu dem Zeitpunkt, an dem ein Unternehmen die letzten fünf Prozent an Effizienz aus dem *Wie* herausgepresst hat, wird jemand anderes bereits ein neues *Was* erfunden haben. Im Zeitalter der Revolution steckt der Schlüssel zum Erfolg in den Erfindungen neuer Ziele.

Nichtlineare Weiterentwicklung

Die herausragende Leistung des Industriezeitalters bestand im Streben nach kontinuierlicher Verbesserung. Sie bleibt die weltliche Religion der meisten Manager. Ihre erste Inkarnation erschien in Gestalt des von Frederick Winslow Taylor entwickelten wissenschaftlichen Managements. Zu seinen vielen Abkömmlingen gehören das japanische Konzept des Kaizen sowie die angeblich so modernen Ideen des Reengineering und der Unternehmensressourcenplanung (ERP) aus den Neunzigerjahren. Taylor ist der geistige Pate jedes Managers und Beraters, der jemals versucht hat, einen betrieblichen Prozess zu beschreiben, zu messen und zu rationalisieren.

Lernende Unternehmen und Wissensmanagement sind unmittelbare Verwandte der kontinuierlichen Verbesserung. Bei diesen Konzepten geht es eher darum zu optimieren als zu verändern. Die letzte Errungenschaft der Ära des Fortschritts bestand darin, Wissen in eine Ware zu verwandeln. Heute kann man Wissen nach Belieben kaufen – von Beratern, die Best Practices feilbieten, von dem Personal, das Sie gerade Ihrem Konkurrenten weggeschnappt haben, und von all jenen Unternehmen, die darauf hoffen, dass Sie alles outsourcen. Aber im Zeitalter der Revolution produziert nicht das Wissen neue Werte; das tun vielmehr Einblicke – Einblicke in Chancen für eine *dis*kontinuierliche Innovation. Entdeckung heißt der Weg, Einblick das Ziel. Sie müssen Ihr eigener Visionär werden.

In einer nichtlinearen Welt erzeugen nur nichtlineare Ideen neue Werte. Bereits vor langer Zeit haben die meisten Unternehmen trotz aufeinander aufbauender Verbesserungsprogramme den Punkt rückläufiger Renditen erreicht. Das Konzept der kontinuierlichen Verbesserung stammt noch aus dem Industriezeitalter, und wenn es auch besser ist als gar keine Entwicklung, so ist es doch im Zeitalter der Revolution nur von marginalem Nutzen. Der einzige Weg, um dem gnadenlosen Hyperwettbewerb zu entkommen, der nach und nach die Gewinnspannen aller Branchen drastisch hat schrumpfen lassen, besteht in radikaler, nichtlinearer Innovation. Die nichtlineare Innovation verlangt von einem Unternehmen, sich von den Fesseln der Vergangenheit zu befreien und sich zur Befriedigung der Kundenbedürfnisse völlig neue Lösungen auszudenken.

In *Competing for the Future*[5] haben C. K. Prahalad und ich zwischen Zähler-Management (Rendite) und Nenner-Management (Kapital, Personal und Investitionen) unterschieden. Wir nahmen uns Firmen vor, die ihre finanzwirtschaftlichen Kennzahlen ausschließlich darauf konzentriert hatten, den Nenner zu reduzieren – wir bezeichneten dies als „Unternehmens-Magersucht". Wir argumentierten, dass Downsizing nicht der einzige Weg sei, um Effizienzsteigerungen zu erzielen. Wenn es gelänge, den Zähler auf einer mehr oder weniger fixen Basis, bestehend aus Investment und Personal, auszubauen, wäre es ebenfalls möglich, Produktivität zu steigern.

Nun, bei zahlreichen Unternehmen ist diese Botschaft angekommen. Obwohl das Downsizing ungebremst fortgesetzt wurde und 1999 in großen US-amerikanischen Unternehmen zu über 675 000 Stellenstreichungen geführt hat, gibt es nur wenige CEOs, die sich nicht den Kopf darüber zerbrochen haben, wie sie den Umsatz steigern könnten. Aber Wachstum lässt sich nicht so leicht erreichen. Im Sommer 1999 kündigte Procter & Gamble an, weltweit 15 000 Mitarbeiter zu entlassen, und setzte die Investoren davon in Kenntnis, dass den Gewinnen möglicherweise Kosten in Höhe von 1,9 Milliarden US-Dollar gegenüberstehen würden. Und dabei hatte sich P&G 1995 selbst das ehrgeizige Ziel gesetzt, seinen Umsatz bis 2005 auf 70 Milliarden US-Dollar zu verdoppeln. Dies hätte eine jährliche Wachstumsrate von zehn Prozent erfordert. 1999 war P&G weit davon entfernt, dieses Tempo vorzulegen.[6] Anfang 2000 gab die Unilever AG, der anglo-niederländische Konkurrent von P&G, bekannt, durch eine mit der Streichung von 25 000 Stellen und der Schließung von ganzen 100 Fabriken verbundene Umstrukturierung fünf Milliarden US-Dollar einsparen zu wollen. Ironischerweise bezeichnete Antony Burgmans, Co-Chairman des Konzerns, die massiven Einschnitte als Maßnahmen zur „Beschleunigung der Wachstumsrate bei Unilever"[7]. Aber klar doch. Ich wette, dass es mehr darum ging, die seit langem leidenden Anleger davon zu überzeugen, dass das Topmanagement in der Unternehmenszentrale nicht eingeschlafen war.

P&G und Unilever stehen mit ihren Wachstumsproblemen nicht alleine da. Es ist nicht leicht, mit einer Strategie, die auf „mehr desselben" zielt, Wachstum zu erzeugen. Einige Jahre lang konnte McDonald's in den Vereinigten Staaten ein steiles Wachstum verzeichnen. Das Unternehmen führte ein neues System der Zubereitung ein, das die „Extra-für-Sie-produzierten" Hamburger vom Grill sogar noch schneller fertigzustellen versprach. Wird das McDonald's helfen, die Wachstumsprobleme zu bewältigen? Das könnte sein. Aber möglicherweise sollte sich McDonald's besser fragen, ob die Amerikaner nicht bereits die Obergrenze ihres Hamburger-Verzehrs erreicht haben. Möglicherweise haben die Amerikaner auch ihr Cholesterinlimit erreicht.

Mittels einer kürzlich durchgeführten Umfrage quer durch 20 Branchen stellte ich fest, dass lediglich elf Prozent der befragten Unternehmen fähig waren, ihren Umsatz im Lauf eines Jahrzehnts doppelt so schnell wie der Branchendurchschnitt wachsen zu lassen. Und nur sieben Prozent war es gelungen, die Renditen ihrer Aktionäre auf das Doppelte des Branchenüblichen anzuheben. Die Botschaft ist klar: Wenn nichtlineare Innovation fehlt, dann wird das den Branchen zum Verhängnis!

Die Herausforderung lautet nicht Zähler *gegen* Nenner, nicht Wachstum *gegen* Verschlankung. Wachstum ist *nicht* das Gegenmittel zur Kostenreduktion. Schließlich spielen Umsatz und Kosten für die Gewinnsteigerung gleichermaßen eine wichtige Rolle. Heute dreht sich die entscheidende Streitfrage um lineare versus nichtlineare Innovation – egal, ob die Herausforderung in außerordentlich steigendem Wachstum oder massiver Kostenreduktion besteht.

Wie hat es Dell geschafft, seine Waren mehr als fünf- oder sechsmal schneller umzuschlagen als Compaq? Dies war nicht das Ergebnis von Reengineering, es war nichtlineare Innovation. Warum ist Online-Banking unvermeidlich? Weil eine Transaktion via Internet schätzungsweise nur ein Prozent der Kosten verursacht, die bei derselben Transaktion durch einen Bankangestellten in einer Bankfiliale entstehen. Wenn Sie die Kosten eines Produkts oder einer Dienstleistung um 99 Prozent reduzieren, können Sie sicher sein, dass Sie die Branche in die Luft jagen werden.

Wenn Sie hingegen versuchen, eine Umsatzsteigerung oder eine Kostenreduktion durch ein geradliniges, einseitiges Vorgehen zu erzielen, werden Sie sich bald mit einer „Innovationslücke" gegenüber Mitbewerbern konfrontiert sehen, die es geschafft haben, mit den Konventionen zu brechen und grundlegende Veränderungen zu erzielen. Die Welt unterteilt sich zunehmend in zwei Arten von Unternehmen: Jene, die über eine kontinuierliche Verbesserung nicht hinauskommen; und jene, die den Sprung zu einer radikalen Innovation vollzogen haben.

Innovative Geschäftskonzepte

Branchenrevolutionäre machen ihr gesamtes Geschäftskonzept zum Ausgangspunkt für Innovationen, statt sich dabei auf ein Produkt oder eine Dienstleistung zu beschränken. Sie sind sich bewusst, dass sich der Wettbewerb nicht länger bei Produkten oder Dienstleistungen abspielt, sondern in Bezug auf konkurrierende Geschäftskonzepte. Ein paar Beispiele sollen dies veranschaulichen:

- Die Nutzung des Internets zum Telefonieren basiert auf einem gänzlich anderen Geschäftskonzept als dafür vorgesehene Sprachnetze, die andere Voraussetzungen, Technologien und Preise erfordern.

- Der Versicherungsabschluss via Internet basiert auf einem radikal anderen Geschäftsmodell als der Abschluss in den realen Räumen einer physisch vorhandenen Agentur; im Internet können Sie die Policen sofort vergleichen, um sicherzugehen, dass Sie auch wirklich den günstigsten Preis bekommen.

- Während der letzten beiden Jahrzehnte haben die etablierten US-amerikanischen Banken fast die Hälfte ihres Geschäftsanteils mit Finanzanlagen der privaten Haushalte an Neulinge wie Fidelity oder Charles Schwab verloren. Die traditionellen Banker betrachteten ihre Kunden als Sparer; die Anbieter offener Investmentfonds wussten, dass wir zugleich auch Investoren sind.

- IKEA vertritt ein Massenmarkt-Geschäftsmodell für den Verkauf erschwinglicher Wohnungseinrichtungen, das sich von dem Konzept herkömmlicher Möbelgeschäfte erheblich unterscheidet. Erstens kann man die Möbel gleich mit nach Hause nehmen. Zweitens bekommt man ein tolles Design zu Niedrigstpreisen.

Branchenrevolutionäre basteln nicht an d
Sie jagen alte Geschäftsmodelle in die Lu

- Die Strategie von Hotmail zur Gewinnung von Online-Nutzern – das kostenlose Anbieten einer Mailbox – unterschied sich wesentlich von den ersten Ansätzen AOLs zur Kundengewinnung: die Welt mit Disketten zu pflastern, mit denen man sich via Internet bei AOL anmelden konnte. 18 Monate nach seinem Start konnte Hotmail zehn Millionen Nutzer verbuchen; Mitte 1999 hatte es 40 Millionen Kunden gegenüber 18 Millionen AOL-Kunden aufzuweisen. Schließlich wurde Hotmail von Microsoft aufgekauft.

- Die Stellensuche mittels Monster.com, wo Anfang 2000 über 350 000 Stellenangebote aufgelistet waren, lässt sich mit dem Durchsehen der unübersichtlichen Stellenanzeigen Ihrer Lokalzeitung nicht vergleichen. Vor allem können Sie nach freien Stellen im ganzen Land suchen.

- Der außerordentlich erfolgreiche DirecTV-Service von Hughes basiert auf einem Geschäftsmodell, das in der herkömmlichen Welt der Sendeübertragungen keine Parallelen kennt: Es werden Hunderte von Kanälen, Programmmenüs sowie Pay-per-view und weiteres angeboten.

- Das Downloaden der Barenaked Ladys (das ist eine Popgruppe) aus dem Internet über MP3 lässt sich in keiner Weise mit dem Kauf einer Musikaufnahme bei Tower Records oder in einem der Großkaufhäuser von Virgin vergleichen. Zudem können Sie das Hilfsprogramm von napster.com herunterladen, das Sie bei der Suche nach irgendeiner Musikaufnahme Ihrer Wahl im Web unterstützt. Mit einem Hochgeschwindigkeitsmodem können Sie sich Ihre eigenen CDs schneller brennen, als die Fahrt in das nächste Musikgeschäft dauern würde.

- AllAdvantage.com stellt die Werbung auf den Kopf: Wenn Sie das kleine Fenster mit der Werbung neben dem Browser auf Ihrem Computer installieren, bekommen Sie 50 Cent pro Stunde, während Sie surfen. Für den Konsum von Werbung Geld zu bekommen – was für ein tolles Konzept! In Zukunft wird jeder von uns erwarten, stets eine Gegenleistung zu erhalten, wenn er sich der Mühe unterzieht, Werbung anzuschauen.

- Wenn Sie zum Einkaufen gehen, verfügen Sie über all die Kaufkraft von – nun, Ihrer Person. Wenn Sie über mercata.com einkaufen, verfügen Sie über die Kaufkraft von allen, die das Gleiche kaufen wie Sie. Je mehr Leute eine bestimmte Ware kaufen, desto niedriger ist der Preis. Es werden vorübergehende Einkaufsgemeinschaften gebildet. Ein weiteres radikal neues Geschäftskonzept.

- Die Nasdaq stellt das traditionelle Börsenparkett durch neue „elektronische Kommunikationsnetzwerke" wie Instinet in Frage. Sie bieten einen 24-Stunden-Handel und niedrigere Spannen an.

Branchenrevolutionäre basteln

nicht an den Gewinnspannen herum. Sie jagen alte Geschäftsmodelle in die Luft und entwickeln neue. Zwar werden nicht alle der hier erwähnten Unternehmen das nächste Jahrzehnt überleben, sehr wahrscheinlich aber die neuen Geschäftskonzepte, die sie erfunden haben. Alle liefern Beispiele für innovative Geschäftsideen, die mit den traditionellen Regeln des Wettbewerbs brechen.

Aber in den meisten Unternehmen gibt es nur wenige Personen, die wissen, wie man völlig neue Geschäftskonzepte entwickelt oder radikale Annäherungen an bestehende Modelle vornimmt. In der Mehrzahl der Unternehmen wird der Ruf nach „mehr Innovation" als Forderung nach neuen Produkten oder neuer Gestaltung alter Produkte verstanden. In diesem Sinn haben die meisten Menschen ein sehr eingeschränktes Verständnis von Innovation. Es krankt an etwas, das ich zuweilen als das „Double-Stuf-Oreo"-Phänomen bezeichne. Bei Nabisco bedeutet Innovation, die Füllung zwischen zwei Schokoladenkeksen gegenüber der üblichen Menge zu verdoppeln. Verstehen Sie mich nicht falsch. Oreos sind leckere Kekse, und Double Stuf Oreos schmecken sogar noch besser. Aber das ist kein innovatives Geschäftskonzept. Es ist vielmehr eine lineare, auf eine einzige *Komponente* des Geschäftsmodells fixierte Innovation.

Um es noch einmal ganz klar zu sagen: Produktinnovation ist noch immer wichtig. Als es Clorox nach Jahren des Herumexperimentierens gelang, ein nach Zitrone duftendes Bleichmittel herzustellen, konnte ein zweistelliges Wachstum in diesem Bereich erzielt werden. Und jeder, der sich schon mal mit dem Mach3 von Gillette rasiert hat, weiß, warum dieses Produkt eine Spitzenbewertung verdient. Aber ein produktfixiertes Innovationsverständnis ist äußerst begrenzt. Ich bin nicht sicher, ob der Kaffee von Starbucks wirklich besser ist als das, was ich in jedem beliebigen Feinkostgeschäft kaufen kann. Aber er wird im Rahmen eines Geschäftsmodells angeboten, das sich deutlich von anderen unterscheidet – einem, das den Kaffee mit Geselligkeit und Theater verbindet.

Für viele ist Innovation in erster Linie eine Frage der Technik, und das trifft in vielen Fällen auch zu. Es gibt allerdings zahlreiche Fälle von innovativen Geschäftsideen, bei denen Technologie keine Rolle spielt – denken Sie nur an IKEA, Old Navy, Virgin Atlantic und viele andere Innovatoren, die samt und sonders keine Technologiepioniere sind. Die Technologie selbst, besonders die Informationstechnologie, ist dabei allen zugänglich. Die Frage ist nur, ob Sie diese Technologie in herausragender Weise anwenden können. Die meisten Unternehmen haben sich auf ein technologisches Wettrüsten eingelassen. Man ist gezwungen, mit dem ständig steigenden IT-Budget seiner Mitbewerber gleichzuziehen. Vermutlich wird das auch für die meisten Milliardenunternehmen gelten, die jetzt ihr Geld für eine netzbezogene Technologie ausgeben. Der größte Teil dieser Investitionen wird sich eher auf alte, webgestützte Geschäftsmodelle konzentrieren als auf die Entwicklung radikal neuer Geschäftsideen mit Hilfe des Internets. Es wird jedoch ein paar Unternehmen geben, die – wie Wal-Mart oder Fed-

Ex in den Achtziger- und Neunzigerjahren – neue Technologie einsetzen, um grundlegend neue Entwicklungswege einzuschlagen. Neben diesen neuen Varianten von Dell Computer oder Amazon.com, die damit am Markt erfolgreich sind, wird es Hunderte anderer geben, die Millionen in das endlose Spiel gegenseitiger Aufholjagden investieren. Um die Informationstechnologie in eine *Geheim*waffe zu verwandeln, muss man fähig sein, sich schlagende neue Geschäftsmodelle auszudenken – eine Fähigkeit, die nur wenige Unternehmenschefs besitzen. Wenn die Technologie nicht nur ein großer Gleichmacher sein soll, dann müssen die CEOs eben zu CIOs werden, zu Chief Imagination Officers.

> Die meisten Menschen haben ein sehr eingeschränktes Verständnis von Innovation. Sie kranken an etwas, das ich zuweilen als „Double-Stuf-Oreo"-Phänomen bezeichne.

Firmenlenker und effizienzbesessene Berater verbrachten die Neunzigerjahre damit, methodisch über Geschäftsprozesse nachzudenken. Die auf eine Integration von Beschaffung, Prozess-Reengineering, Unternehmensressourcenplanung und Customer-Relationship-Management zielenden Initiativen zerstörten vorhandene Funktionsabläufe und führten über organisationsbezogene Aspekte hinaus. Aber sie waren nur selten wirklich radikal, und viele berührten nur eine einzelne Komponente oder nur einen bestimmten Prozess im Gesamtgeschäftsmodell des Unternehmens. Innovative Geschäftsmodelle sind sowohl radikal *als auch* systemisch. (Vgl. die Abbildung: „Über eine kontinuierliche Verbesserung hinaus".)

Im Zeitalter der Revolution müssen wir unseren Horizont erweitern. Es ist erheblich mehr möglich als der bloße Ausbau von Produktlinien und IT-gestützten Geschäftsprozessen. Der Spielraum für Innovationen war nie größer. Wir müssen nur das erforderliche Bewusstsein entwickeln, um ihn ausschöpfen zu können.

Den Kern der Branchenrevolution bilden mutige neue Geschäftskon-

ÜBER EINE KONTINUIERLICHE VERBESSERUNG HINAUS

	Komponente	System
Radikal	Nichtlineare Innovation	Innovative Geschäftskonzepte
Inkrementell	Kontinuierliche Verbesserung	Verbesserung der Unternehmensabläufe

zepte. Es ist diese Art von systemischer Innovation, die für Pfründebesitzer das größte Risiko darstellt, weil eine Reaktion das Agieren auf breiter Front notwendig macht, ein Agieren, das alte Geschäftskonzepte häufig untergräbt. Man denke nur an den vergeblichen Versuch von Compaq Computer, das auftragsbezogene Direktverkaufsmodell von Dell nachzuahmen. Während Dell ein kühnes neues Geschäftsmodell schuf, spielte Compaq den Leichenfledderer, indem es die Digital Equipment Corporation aufkaufte – einen in den letzten Zügen liegenden Computerhersteller, der einst selbst Branchenrevolutionär gewesen war. Schließlich wurde Compaqs CEO Eckhard Pfeiffer gefeuert. Dies war das zweite Mal, dass ein CEO von Compaq vor die Tür gesetzt wurde, während das Unternehmen versuchte, auf seinem Weg in die Zukunft eine scharfe Kurve zu nehmen. Was für eine teure – und demütigende – Art, Strategien zu ändern!

Innovative Geschäftskonzepte werden im Zeitalter der Revolution der entscheidende Wettbewerbsvorteil sein. Die Erneuerung von Geschäftskonzepten beinhaltet dabei die Fähigkeit, bestehende Geschäftsmodelle völlig neu zu überdenken – und zwar so, dass für die Kunden ein neuer Nutzen entsteht, die Konkurrenten mit bösen Überraschungen konfrontiert werden und die Investoren neue Vermögenswerte erhalten.

Neueinsteiger können angesichts ihrer enormen Ressourcennachteile nur mit innovativen Geschäftskonzepten erfolgreich sein. Für Pfründebesitzer bilden derartige Innovationen die einzige Möglichkeit, ihre Anwartschaft auf den Erfolg zu erneuern.

Neue Vermögenswerte

Mit jeder Falte im Stoff der Geschichte werden neue Vermögenswerte geschaffen und alte zerstört. Das wird sich auch jetzt nicht ändern, da das Zeitalter des Fortschritts von dem der Revolution abgelöst wird. Die Frage ist allerdings: Wer wird die neuen Werte schaffen, und wer wird die alten verprassen? Die Revolutionäre haben sich bereits den Zugriff auf ausreichende Vermögenswerte verschafft, um alle Potentaten dieser Welt mehrfach auslösen zu können. Mit einem Eigenkapital, das sich um die 90

Wer wird die neuen Werte schaffen, und wer wird die alten verprass

Milliarden US-Dollar bewegt, ist Bill Gates, der Microsoft als gigantischen Hebel eingesetzt hat, um die Computerindustrie aus den Angeln zu heben, der reichste Mann der Menschheitsgeschichte. Und Michael Dell ist als Leiter eines Unternehmens, dessen Marktkapitalisierung 1999 mehr als doppelt so hoch war wie das des größten US-Automobilherstellers, an der Wall Street ein dickerer Fisch als Jack Smith, der Chairman von General Motors. Und der Wert von Wal-Mart liegt mehr als das 14-fache über dem von Sears, Roebuck und J. C. Penney zusammengenommen.

Heutzutage sind die Unternehmen davon besessen, ihre Aktionäre zufrieden zu stellen. Spin-offs, Entfusionierungen, Aktienrückkäufe, Tracking-Stocks, Effizienzprogramme – all diese Maßnahmen setzen Kapital frei, aber sie schaffen keine neuen Vermögenswerte. Megafusionen tun dies ebenso wenig. Diese Strategien erzeugen keine neuen Werte, weil sie keine neuen Märkte, keine neuen Kunden und keinen neuen Geldzufluss entstehen lassen.

Das Geschäft der Branchenrevolutionäre hingegen besteht darin, neue Vermögenswerte zu schaffen. Sie werden sie nicht bei Versteckspielen mit den Anlegern ertappen. Sehen Sie sich das Kurswachstum an, das einige erfolgreiche Revolutionäre während des letzten Jahrzehnts aufweisen – Unternehmen wie Charles Schwab, The Home Depot, Gap Inc., Yahoo!, Amazon.com, eBay, Dell Computer und andere. Stellen Sie sich nun die Frage, ob irgendeines der Verbesserungsprogramme, der Financial-Engineering-Projekte, denkbare Firmenübernahmen oder der Einsatz von Creative-Earnings-Managementtechniken Ihrem Unternehmen diese Art von Aufwärtstrend ermöglichen. Ersparen Sie sich die Mühe, nach einer Antwort zu suchen. Ich versichere Ihnen: Sie tun es nicht. Wenn Sie im Zeitalter der Revolution prosperieren wollen, müssen Sie schon etwas mehr tun als noch etwas mehr Kapital aus den Strategien von gestern zu pressen. Sie müssen sämtliche Mitarbeiter in Ihrem Unternehmen, von der Basis bis zur Spitze, dazu bringen, mit jeder Faser die Herausforderung anzunehmen, mehr als einen gerechten Anteil an den Chancen von morgen zu bekommen. Revolutionäre setzen kein Kapital frei, sie lassen Vermögenswerte entstehen. Sie beschränken sich nicht darauf, etwas Altes zu bewahren, sie bauen etwas Neues auf.

ERFORDERLICHE FÄHIGKEITEN

Den Kern innovativer Geschäftsmodelle bildet die Fähigkeit, neue Wertschöpfungsstrategien zu entwickeln – Strategien, die so revolutionär sind wie die Zeit, in der wir leben. Dies wirft eine Frage auf, die Sie sich möglicherweise schon selbst gestellt haben: Woher kommen die neuen Wertschöpfungsstrategien? Die Vertreter der Strategie-Entwicklungsbranche – all jene salbungsvoll daherkommenden Berater, selbst ernannten Gurus und auf die linke Gehirnhälfte setzenden Planer – können hierauf keine Antwort geben. Sie haben alle eine Strategie parat, sobald sie eine sehen – Schaut her! 22 „Gewinnzonen"! – aber sie können nicht sagen, wie neue Strategien entstehen. Sie verfügen über keine Theorie für die Entwicklung von Strategien, geschweige denn über irgendwelche Einsichten darüber, wie man die grundlegende Fähigkeit zur Entwicklung innovativer Strategien fördern kann. Vielleicht sollte ja ein Generalmanager, der nach einer neuen Strategie dürstet, um elf Uhr abends ein höllisch scharfes Currygericht essen und darauf hoffen, dass es ihm dank der daraufhin unvermeidlich auftretenden Verdauungsstörung gelingt, eine strategische Erkenntnis zu gewinnen.

Aber möglicherweise entstehen Strategien auch durch den jährlichen Planungsprozess – das altbekannte Ritual, das in fast jedem Unternehmen stattfindet.

Werfen Sie einmal einen genauen Blick auf den Planungsprozess in Ihrem eigenen Unternehmen. Welche Adjektive würden ihn am treffendsten charakterisieren? Jene, die in der nachstehenden Abbildung unter A oder unter B aufgelistet sind? Wenn Ihr Unternehmen nicht wirklich außergewöhnlich ist, werden Sie vermutlich zugeben müssen, dass die unter A aufgeführten Eigenschaften eher zutreffen als die unter B.

A	B
Schematisch	Kreativ
Reduzierend	Umfassend
Extrapolierend	Schöpferisch
Elitär	Offen
Einfach	Anspruchsvoll

Die Auffassung, Strategie sei „einfach", beruht auf der fälschlichen Annahme, strategische Planung habe etwas mit der Erzeugung von Strategien zu tun. Natürlich erscheint Strategie einfach, wenn die mögliche Perspektive, der Umfang der Bemühungen und das erwartete Maß an intellektueller Anstrengung durch den Planungsprozess eng begrenzt sind und man damit alles andere als eine Revolution anstrebt.

Wenn man Planern die Verantwortung für die Entwicklung von Strategien überträgt, dann ist das so, als würde man einen Maurer bitten, Michelangelos *Pietà* zu erschaffen. Jedes Unternehmen, das glaubt, Planung lasse revolutionäre Strategien entstehen, wird irgendwann feststellen, dass es in den Grenzen linearen Wachstumsdenkens gefangen ist, während von festgefahrenen Denkmustern befreite Neueinsteiger draußen erfolgreich Rebellionen anführen. Wenn Ihr Ziel darin besteht, neue Strategien zu entwickeln, spielt es keine Rolle, ob Sie nackt um ein Lagerfeuer tanzen oder zu noch einem dieser beinahe sakrosankten Planungsmeetings gehen.

Kein Wunder, dass man inzwischen in vielen Unternehmen von strategischer Planung nur noch wenig hält. Wie oft hat sie irgendwelche radikalen, wertschöpfenden Einsichten hervorgebracht? Man braucht sich nicht zu wundern, dass das Thema Unternehmensstrategie fast zur reinen Geschäftemacherei verkümmert ist und Beratungsunternehmen immer weniger „strategisch" und dafür immer mehr „implementierend" arbeiten.

Also gut, vielleicht kommen revolutionäre Strategien von „Visionären" wie Bill Gates (Microsoft), Ted Turner (CNN), Anita Roddick (The Body Shop), Rupert Murdoch (News Corp), Andy Grove (Intel), Jeff Bezos (Amazon.com), Howard Schultz (Starbucks), Mickey Drexler (Gap) oder Michael Dell (Dell Computer). Viele, wenn nicht die meisten Branchenrevolutionen haben ihren Ursprung in der Vision eines einzelnen Individuums, das am Ende häufig zum Chef eines Unternehmens wird. Aber die Vision von heute ist häufig die intellektuelle Zwangsjacke von morgen. Allzu oft klettert ein Unternehmen bis zum Rand des Scheinwerferlichts, das dessen Visionär hochstrahlt, um dann abzustürzen und in Flammen aufzugehen.

Erinnern Sie sich nur an Apple Computer, wo Steve Jobs, Inbegriff verpasster Chancen, alle Bestrebungen im Keim erstickte, eine Lizenz für das Betriebssystem von Macintosh an andere Unternehmen zu vergeben. Erstaunlicherweise bekam Jobs, nachdem er aus dem von ihm mitaufgebauten Unternehmen gefeuert worden war, eine zweite Chance: 1997 nahm er erneut die CEO-Zügel in die Hand. Aber wie überraschend der jüngste Turnaround von Apple auch ist – das Unternehmen wird für immer eine Marginalie in der Geschichte der Computerbranche bleiben, und das hauptsächlich wegen der Kurzsichtigkeit des Unternehmensgründers. Auch Dell Computer wird ein ähnliches Geschick ereilen, wenn sein Topmanagement nicht fähig ist, dem PC-zentrierten Verständnis der Computerbranche zu entkommen. Der Großrechner wurde vom Kleincomputer übertrumpft, und dieser wiederum vom PC. DEC wurde zum zweitgrößten Computerunternehmen der Welt, als IBM zu langsam auf die Bedrohung durch die Kleincomputer reagierte, und Dell wurde zum dynamischsten Unternehmen im PC-Geschäft, als IBM, Compaq und andere zögerten, ihre Geschäftsmodelle neu zu erfinden. Ja, es wird mit größter Wahrscheinlichkeit eine Post-PC-Welt geben, und wenn sich aus der Geschichte irgendwelche Lehren ableiten lassen, dann werden Dell Computer, Microsoft und die anderen gegenwärtigen Branchenführer Zaungäste dieser neuen Welt sein.

Visionäre bleiben nicht für immer Visionäre. Nur wenige sind in der Lage, eine zweite Vision zu entwickeln. Aber noch schlimmer ist, dass die Gefolgsleute eines Visionärs von dessen Blick in die Zukunft abhängig werden und daher ihrer eigenen Verantwortung für das Aufspüren neuer Chancen nicht nachkommen. Allzu oft würgt ein verblassender Visionär, der zugleich CEO oder Chairman ist, ungewollt die Fähigkeit seines Unternehmens zur radikalen Innovation ab. Das ist der Grund, warum visionäre Unternehmen nur selten ihre ursprüngliche Strategie überleben. Das Silicon Valley, ein fruchtbarer Boden für Branchenrevolutionäre, ist zugleich ein Friedhof für Unternehmen, die lediglich eine Strategie verfolgt haben. Es gibt nur eine Hand voll Unternehmen aus dem Valley – Hewlett-Packard, Intel, Applied Materials, Cisco –, die mehr als einmal revolutionär gewesen sind.

Selbstverständlich werden die meisten Unternehmen nicht von Visionären, sondern von Verwaltern geführt. Nichts für ungut, aber der Chef Ihres Unternehmens gehört vermutlich eher zum Establishment als zu den Revolutionären. Grund genug für Sie, nicht dazusitzen und in der Hoffnung auf Ihre Firma zu starren, dass Sie plötzlich von einem Blitz unternehmerischer Brillanz geblendet werden. Verwalter hegen ein übertriebenes Vertrauen in die gelungene Ausführung ihrer Strategie und glauben, diese reiche aus, um in einer sich diskontinuierlich entwickelnden Welt erfolgreich zu sein. Verwalter sind Buchhalter, keine Seher. Visionäre Unterneh-

... visionäre Unternehmen überleben ihre ursprüngliche Strategie nur selten.

mensführer und konventionelle Apparatschiks – vermutlich wird keiner von beiden eine Quelle nachhaltiger Wertschöpfungsstrategien sein.

Möglicherweise haben sich einige von Ihnen an einer Business School die gesamte Darlegung einer Fallstudie angehört – ein 90-minütiger Striptease, in dessen Verlauf irgendein quäkender Professor ein Managementprinzip entkleidet, das in 20 Seiten farbloser Prosa eingehüllt ist. Nehmen wir mal an, die vorgetragene Fallstudie betrifft ein außerordentlich erfolgreiches Unternehmen, und der Professor befindet sich mitten in einer kunstvollen und eleganten post-hoc-Analyse:

„... sie entwickelten eine Killerapplikation, indem sie eine zerstörerische Technologie nutzten, die es ihnen ermöglichte, aus ihren einzigartigen Kernkompetenzen wachsende Renditen zu ziehen, und schufen dadurch ein neues ökonomisches System mit einem starken, neuen Gewinnpool."

Haben Sie während dieses Geschwätzes vielleicht schon mal gedacht: „Moment mal, war dieser Erfolg das Ergebnis messerscharfen strategischen Denkens, oder war es reines, plattes Glück?" Glück oder Voraussicht? Wie entsteht eine Strategie? Das ist eine verdammt gute Frage.

Betrachten Sie die Entstehungsgeschichte von drei revolutionären Strategien:

Anita Roddick musste sich mit ihren Töchtern allein durchschlagen, als ihr Mann ihr Haus im englischen Littlehampton verließ, um sich seinen Lebenstraum zu erfüllen und von Buenos Aires nach New York zu reiten. Um ihre Kinder ernähren zu können, eröffnete Anita in der Nähe von Brighton ein kleines Kosmetikgeschäft und füllte billige Plastikflaschen mit flüssigen Naturpflegeprodukten. Aus dieser Saat wuchs The Body Shop, ein Unternehmen, das 1998 Einnahmen in Höhe von einer Milliarde US-Dollar verbuchte.

Mike Harper, der ehrgeizige CEO von ConAgra Inc., erlitt unmittelbar vor seinem 58. Geburtstag einen Herzinfarkt. Als Mike nach einem langen Aufenthalt auf der Intensivstation das Krankenhaus verließ, hatte er den Vorsatz gefasst, seine Ernährungsgewohnheiten zu ändern. Der neu-

erdings gesundheitsbewusste CEO forderte die Mitarbeiter seines Unternehmens auf, eine Produktlinie mit gesunden und zugleich schmackhaften Nahrungsmitteln zu entwickeln. Das Ergebnis war Healthy Choice – gehaltvolle, tiefgefrorene Mahlzeiten, die schnell zum Marktführer in diesem Segment wurden. Die Marke Healthy Choice umfasst inzwischen über 300 Produkte – von Frühstückscerealien über Snacks und Feinkost-Sandwichfleisch bis zur Eiscreme – und erbrachte 1999 einen Umsatz von über 15 Milliarden US-Dollar.[8]

Was haben die Pez-Spender – diese kleinen Plastikboxen zur Portionierung von Süßigkeiten – mit einem der weltweit heißesten Internet-Start-up-Unternehmen zu tun? Viel. Fragen Sie nur Pierre Omidyar. Seine Verlobte war eine passionierte Pez-Sammlerin. Wie, überlegte Pierre, konnte er seiner Partnerin dabei helfen, ihrem leidenschaftlichen Hobby nachzugehen? Die Antwort lautete: Durch eine online kommunizierende Gemeinschaft, innerhalb derer Pez-Fans ihre eigenartigen Sammelstücke kaufen und verkaufen konnten. Pierres Idee entwickelte sich zu eBay, der ersten Auktionsseite im Web, auf der über zwei Millionen Mitglieder täglich rund eine Million Gebote platzieren. Als Gründer von eBay wird Pierre nachgesagt, er habe alles – von den nach Rubriken unterteilten Anzeigen kleiner Regionalzeitungen bis zu den pompösen Gepflogenheiten der international führenden Auktionshäuser – verändert.[9]

Glück oder weise Voraussicht? Wie entstehen radikal neue Geschäftskonzepte? Hier die Antwort: Neue Geschäftskonzepte sind immer, immer Produkte einer glücklichen Voraussicht. Das ist die Wahrheit. Die Grundeinsicht entsteht nicht durch irgendeinen dirigistischen Planungsprozess; sie entspringt einer Mischung aus Zufälligkeiten, Wünschen, Neugier, Ehrgeiz und Mangel. Aber letztlich muss auch eine gewisse Portion an weiser Voraussicht vorhanden sein, ein Gespür dafür, wo neue Geldquellen liegen. Innovative Geschäftskonzepte entstehen also immer zur einen Hälfte durch Zufall und zur anderen Hälfte durch eine genau durchdachte Vision.

Wenn das Erfolgspotenzial eines Unternehmens im Zeitalter der Revolution von dessen Fähigkeit abhängt, den Sinn seines zweck- und zielgerichteten Wirkens völlig neu zu durchdenken und ständig neue Träume und Bestimmungen für sich zu entwickeln, dann haben wir ein ernstes Problem. Wie können wir die Wahrscheinlichkeit erhöhen, dass in unseren Unternehmen radikal neue Wertschöpfungsstrategien entstehen? Können wir glückliche Zufälle in Fähigkeit verwandeln?

Die Qualitätsbewegung liefert hier eine nützliche Analogie. Wenn Sie vor 30 Jahren jemanden gefragt hätten: „Wie entsteht Qualität?", dann hätte man Ihnen geantwortet: „Durch den Handwerker." Oder vielleicht auch: „Durch den Kontrolleur am Ende der Fertigungsstraße." Qualität entstand durch den Typen mit den magischen Händen bei Rolls-Royce, der Wochen damit verbrachte, einen Kotflügel um eine hölzerne Form zu hämmern, oder durch die Kontrolleure, die in weißen Kitteln am Ende der

Fertigungsstraße von Mercedes-Benz standen. Dann tauchte W. Edwards Deming auf und sagte: „Wir müssen Qualität institutionalisieren – sie muss zur Aufgabe jedes Einzelnen werden. Der Arbeiter da hinten im Werk mit zehn Jahren formeller Ausbildung und Schmiere unter seinen Fingernägeln, er ist für Qualität verantwortlich." Man vergisst leicht, wie radikal diese Vorstellung war. Die Manager der Automobilindustrie in Detroit sagten: „Sie wollen uns wohl auf den Arm nehmen! Diese Kerle sind Saboteure!"

Viele Unternehmen haben ein Jahrzehnt oder mehr gebraucht, um Qualität als Kompetenz zu begreifen und zu verinnerlichen. Aber die Herausforderung heißt nicht länger Qualität. Das Thema ist vom Tisch. Sie heißt auch nicht Time-to-Market oder Supply-Chain-Management und noch nicht einmal E-Commerce. Die heutige Herausforderung besteht darin, eine grundlegende Fähigkeit zur Schaffung innovativer Geschäftskonzepte aufzubauen – eine Fähigkeit, die völlig neue Geschäftskonzepte entstehen lässt und alte von Grund auf neu auslegt.

Wir müssen ebenso wie Deming, Juran und die anderen frühen Führer der Qualitätsbewegung ein *neues* Verfahren entwickeln. Wenn Sie 1955 eine Qualitätsbewertung hätten vornehmen wollen, wie wären Sie dann vorgegangen? Die Antwort ist schwierig. Es existierte noch kein Deming-Preis, keine ISO 9000. Aber das focht die Pioniere nicht an. Sie erfanden neue Praktiken, die sich aus einem veränderten philosophischen Fundament herleiteten. Ebenso wie sie müssen wir nach mehr als der „Best Practice" trachten, denn das meiste, was gegenwärtig als bester Innovationsansatz durchgeht, hat seine Wurzeln im Zeitalter des Fortschritts; für das Zeitalter der Revolution ist es einfach nicht gut genug.

Die unternehmensweite Kompetenz zu radikaler Innovation zu entwickeln, ist eine ebenso schwierige Aufgabe wie der Aufbau eines Unternehmens, das durchgängig von einem Qualitätsanspruch durchdrungen ist – und diesmal bleiben zu ihrer Erfüllung keine zehn Jahre Zeit. So viel Zeit werden Sie auch nicht brauchen, wenn Sie bereit sind, sich die bleischweren Schuhe der Verweigerung von den Füßen zu reißen; wenn Sie bereit sind, all die nutzlosen Managementtheorien zu vergessen, die Sie im vergangenen Zeitalter des Fortschritts in sich aufgesaugt haben; wenn Sie willens sind, die Wände Ihrer Dilbert-Zelle zu überwinden und die Verantwortung für mehr als nur Ihren „Job" zu tragen.

Die Rolle des Aktivisten

Ob das, was Sie gerade in Händen halten, nur Standardware oder eine bahnbrechende Erfindung ist, hängt von Ihnen ab. Man hat Ihnen erklärt, Veränderungen müssten von ganz oben ausgehen. – Das ist Unsinn. Wie oft führte die Monarchie eine Revolution an? Nelson Mandela, Václav

Wie können Sie die Wahrscheinlichkeit erhöhen, dass in Ihrem Unternehmen radikal neue Wertschöpfungsstrategien entstehen?

Havel, Thomas Paine, Mahatma Gandhi, Martin Luther King: Besaßen sie politische Macht? Dennoch veränderte jeder von ihnen den Lauf der Geschichte, und zwar durch Leidenschaft, nicht durch Macht.

Die Mehrheit von uns investiert mehr Lebensenergie in die Arbeit als in die Familie, in Überzeugungen oder in die Gemeinschaft. Aber meist ist der aus der Arbeit gezogene emotionale Gewinn ziemlich mager. Den nomadisch lebenden Israeliten gebot Gott, an einem von sieben Tagen zu ruhen. Aber er befahl nicht, dass die übrigen sechs Tage ohne Sinn sein sollten. Welches Gesetz besagt, dass man dem Wettbewerb seine Hoffnung opfern muss? Wenn man seine Lebensenergie schon in etwas fließen lässt, warum sollte das ein Abflussrohr und kein Kelch sein? Für uns alle steht unser Verständnis von Sinn- und Leistungserfüllung, unser Anspruch, im Leben etwas zu erreichen, auf dem Spiel – und das ist mehr als genug.

Dabei gab es noch nie einen günstigeren Zeitpunkt, um Aktivist zu werden:

- Intranets und unternehmensweite E-Mails lassen etwas entstehen, das einer *Informationsdemokratie* nahe kommt. Die herrschaftssichernden Informationsschranken im Unternehmen sind durchlässiger geworden denn je.
- Die Führungsetage weiß, dass sie Engagement nicht befehlen kann, weil die Generation, die jetzt ins Arbeitsleben eintritt, eine größere *Aversion* gegenüber Autorität empfindet als ihre Vorgänger.
- Es ist allgemein klar, dass wir in einer so komplexen und unsicheren Welt leben, dass autoritäre, auf Kontrolle setzende Unternehmen scheitern müssen.
- Geistiges Kapital nimmt gegenüber physischem Kapital an Wert zu; daher sind es die Mitarbeiter, die zu den eigentlichen „Kapitalisten" werden.
- Millionen von Beschäftigten sind heutzutage zugleich auch Aktionäre – sie sind Zulieferer *und* Inhaber.

Rund um den Globus verändern Aktivisten die Gestalt von Unternehmen. Bei Sony fordert ein Ingenieur der mittleren Ebene das Topmanagement auf, seine Vorurteile gegenüber dem Geschäft mit Videospielen aufzugeben. „Wir produzieren kein Spielzeug!" protestieren die Topmanager. Er drängt, legt Entwürfe vor und schmiedet Pläne. Trotz aller Hürden überredet er Sony, die Playstation zu entwickeln – eine phänomenal erfolgreiche Konsole, die 1998 über 40 Prozent der Gewinne von Sony einbrachte. Er drängt weiter. Schließlich richtet Sony einen Geschäftsbereich für Computer-Entertainment ein und verschreibt sich dem Ziel, den Computer zu mehr als einer seelenlosen Betriebsmaschine zu machen.

Anfang der Neunzigerjahre schließen sich ein ins Web vernarrter Computerexperte und ein tüftelnder Marktstratege bei IBM zusammen. Sie schwärmen davon, IBM zum schlagkräftigen und kompetenten Internetakteur zu machen. Sie richten heimlich ein Labor ein und beginnen, Websoftware zu entwickeln. In aller Stille betreiben sie Lobbyarbeit, die eine facettenreiche und weit verstreute Gruppe von Web-Fanatikern in eine mächtige Interessengruppe aus Internetbefürwortern verwandelt. Ihr an der Basis ansetzendes Engagement wird zum Fundament für IBMs Auftritt als E-Business-Unternehmen.

Also erzählen Sie mir nicht, es sei unmöglich. Fragen Sie sich nur, ob Sie den Mumm haben, die Revolution anzuführen.

Träumen, entwickeln, erforschen, erfinden, voranschreiten, entwerfen: Beschreiben diese Worte, was Sie tun? Wenn nicht, dann sind Sie bereits bedeutungslos geworden, und Ihr Unternehmen wird es wahrscheinlich noch werden. Das Zeitalter der Revolution erfordert keine gehorsamen Soldaten, die sich alle gemeinsam auf den Feind stürzen, sondern Guerillakämpfer, die hoch motiviert und weitgehend selbständig agieren. Also Schluss mit Dilbert, dem greinenden kleinen Wiesel. Wann hat er seinen Kopf das letzte Mal aus seiner Einzelzelle herausgestreckt? Wann hat er sich das letzte Mal gewehrt? Wann hat er zum letzten Mal wirklich für eine Idee *gekämpft*? Er ist ein *Waschlappen*. Er hat verdient, was er bekommt. Das Zeitalter der Revolution braucht Revolutionäre. Wenn Sie sich

Guerillakämpfer, die hoch motiviert und weitgehend selbständig agieren.

wie ein unmündiger Zögling Ihres Unternehmens verhalten, werden Sie das letztlich auch. Sowohl Sie als auch Ihr Unternehmen werden damit verlieren. Wenn Sie sich also immer noch wie ein Höfling oder ein Kofferträger verhalten und sich den Vorurteilen der Topmanager beugen, wenn Sie deren übergroßes Ego hätscheln und sich den Kopf darüber zerbrechen, was diese hören *wollen* und Sie bei all dem schon Schwielen an den Knien haben – dann hören Sie auf damit! Sie berauben sich und Ihr Unternehmen einer Zukunft, die es wert ist, gelebt zu werden. Keine Ausflüchte. Keine Angst. Wenn Sie ein Aktivist werden, dann muss dies alles mehr für Sie bedeuten als T-Shirt-Slogans.

In der neuen industriellen Ordnung heißt der Kampf nicht Demokratie gegen Totalitarismus oder Globalismus gegen Nationalgefühl. Er findet zwischen Innovation und Bestehendem statt. Ralph Waldo Emerson drückte es treffend aus: „Es gibt immer zwei Parteien – die Partei der Vergangenheit und die Partei der Zukunft, das Establishment und die Bewegung." Auf welcher Seite stehen *Sie*?

DAS NEUE INNOVATIONSSYSTEM

Im Zeitalter der Revolution erleben wir nicht nur einen Wettbewerb zwischen Geschäftsmodellen, sondern auch zwischen Innovationssystemen. Umfangreiche wissenschaftliche Forschung durch die Technokraten in den Laboratorien, scheinbar kaum zu lösende Probleme, Jahre intensiver Entwicklung, Momente der Eingebung, riskante Markteinstiege, Bell Labs, Sarnoff Labs, Watson Labs: Dies war das Innovationssystem des Industriezeitalters. Es schritt gemessen und langsam voran: Gewehr anlegen, Gewehr anlegen, Gewehr anlegen, Gewehr anlegen; zielen, zielen, zielen; Feuer! Es bescherte uns die Compactdisc, Medikamente zur Absenkung des Cholesterinspiegels im Blut, die Boeing 747, den TGV, die Glasfaser, Spracherkennungssysteme, Brennstoffzellen, Kevlar, Flüssigkristall-Displays und vieles andere mehr. Unternehmen, die mutig und kapitalkräftig genug waren, um sich den Unwägbarkeiten wissenschaftlicher Forschung mit Haut und Haaren zu verschreiben, konnten immense Reichtümer anhäufen. Vom Anfang des 20. Jahrhunderts bis in die Fünfzigerjahre hatte die Wissenschaft als Entwicklungsmechanismus neuer Werte keinen Rivalen.

In den Nachkriegsjahren entstand ein zweites Innovationssystem – eines, das zunächst die Konsumgesellschaft schuf und sich dann von ihr ernährte. Seine Helden waren Coca-Cola, Procter & Gamble, Unilever, Nestlé und Kellogg. Obwohl diese Unternehmen und ihre vielen Mitbewerber in die Forschung und Entwicklung investierten, bestand ihr Geschäft eher in der Erzeugung von Bedürfnissen als im Erzielen wissenschaftlicher Durchbrüche. In einer Welt, die nicht länger unter Kapazitätsengpässen litt, lautete die Herausforderung: Wie bringe ich die Konsumenten dazu, *meine* spezifische Seifenpulver-, Erdnussbutter- oder Soft-Drink-Marke zu kaufen? Als Innovationsträger fungierten dabei eher Marketingspezialisten als Wissenschaftler. Sie waren grenzenlos erfinderisch im Einsatz von Werbung, die uns jene Geschichten vermittelte, die wir über uns selbst hören wollten. An der Spitze von Maslows Bedürfnishierarchie standen plötzlich Shampoo und Zahnpasta. Jedes Jahr wurden Tausende gleich aussehender Produkte auf den Markt gebracht, die sich nur durch ihre Werbung voneinander unterschieden. Von den Fünfzigerjahren bis in die Neunzigerjahre war das Marketing für Konsumgüter die Bühne der Innovation. Die besten und hellsten Köpfe wollten nicht mehr Wissenschaftler, sondern Produktmanager sein.

Die neue Wirtschaftsordnung ist das Produkt eines ganz anderen Innovationstyps. Er beruht weder auf dem langsamen Erwerb von wissenschaftlichen Erkenntnissen noch auf dem atemlosen Werberummel der Madison Avenue, sondern vielmehr auf Sprüngen der menschlichen Vorstellungskraft. In diesem Bereich ist es fast gleichgültig, mit welchen Mitteln man anfangs ausgestattet ist. Innovationsträger beginnen meist mit leeren Taschen. Die Messung auf der Zeitskala für Entwicklungen erfolgt in Wochen, nicht in Jahren. Kunden werden zu Ko-Entwicklern – vorausgesetzt, es gibt eine Echtzeit-Rückmeldung in einer endlosen Schleife von Versuch und Anpassung, Versuch und Anpassung. – Feuer, Feuer, Feuer, Feuer; erneut zielen; Feuer, Feuer, Feuer! Es bleibt keine Zeit für das „Anlegen". Das Ziel ist nicht ein Patent oder eine neue Werbekampagne, sondern ein radikal neues Geschäftskonzept. Die Innovationsträger in diesem Bereich können ebenso gut Studienabbrecher, promovierte Philosophen oder Betriebswirtschaftler sein. Sie sind weder Wissenschaftler noch Produktmanager, sondern Unternehmer. Charles Handy bezeichnet sie als „die neuen Alchimisten"[10]. Sie sind Individuen mit der Fähigkeit, aus nichts etwas zu schaffen. Dabei kämpfen sie allerdings nicht gegen die Natur, sondern gegen die Hegemonie etablierter Praktiken.

Das Ganze gleicht eher Silicon Valley als einem Unternehmenslabor oder dem Team zur Kundenbetreuung. Im Silicon Valley gibt es keinen CEO, der Gelder an konkurrierende Projekte verteilt. Es gibt keine Marktforscher, die sich durch Berge ethnographischer Daten wühlen. Stattdessen gibt es Tausende neuer Geschäftsideen, die auf dem inzwischen entstandenen offenen Markt für innovative Geschäftskonzepte konkurrieren. Diejenigen, die etwas taugen, ziehen Talente und Kapital an, so wie eine Blume das Interesse der Bienen weckt. F&E und Marketing für Konsumgüter bleiben zwar Wege zur Wertschöpfung, aber sie stellen nicht mehr die einzigen Möglichkeiten dar, noch nicht einmal die lohnendsten. Mit Anbruch des neuen Millenniums ist die Revolution der Wirtschaft zur Super-Schnellstraße ins Eldorado geworden, und nirgends gibt es anteilsmäßig mehr Revolutionäre als im Silicon Valley. Innerhalb des neuen Innovationssystems ist dieser Name zur Metapher für entfesselte Fantasie, hemmungsloses Experimentieren und das völlige Fehlen von Nostalgie geworden. Jedes Unternehmen, das im Zeitalter der Revolution gedeihen will, wird lernen müssen, in seiner eigenen Organisation die gleiche einzigartige Atmosphäre entstehen zu lassen, die dort herrscht.

Die Forschung ist ein Elefant, der einen Baumstamm den steilen Abhang zur wissenschaftlichen Analyse emporzieht. Marketing für Konsumgüter impliziert das Bild eines trainierten Seehunds – ein Konsument, dem beigebracht wurde, auf die Anreize und Schmeicheleien cleverer Marketingleute zu reagieren. Das neue Innovationssystem ist eine Gazelle, die wieder und wieder über das hohe Gras des Bewährten springt. Cisco, Yahoo!, Amazon.com, Sycamore Networks, Red Hat, CMGI – diese und Tausende anderer Wirtschaftsrevolutionäre sind Kinder dieses neuen Systems. Aber wenn sie mehr als einmal erfolgreich sein wollen, müssen sie zugleich auch seine Studenten werden. Ergraute Pfründebesitzer und pickelige Neulinge müssen sich gleichermaßen zu einer neuen Innovationsagenda bekennen, der auf den beiden vorangegangenen aufbaut – und weit, weit über sie hinausgeht.

DIE NEUE INNOVATIONSAGENDA

Kontinuierliche Verbesserung	und	nichtlineare Innovation
Produkt- und Prozessinnovation	und	Geschäftskonzeptinnovation
„Freisetzung" von Werten	und	Wertschöpfung
Glück	und	Fähigkeit
Visionäre	und	Aktivisten
Wissenschaftler, Marketingfachleute	und	Silicon Valley

Diejenigen, die sich dieser neuen Agenda verschreiben, werden bald entdecken, dass das Zeitalter der Revolution auch das der Chancen ist. Ebenso wie das Amerika des 19. Jahrhunderts seine Grenzen all jenen öffnete, die an die Möglichkeit eines besseren Lebens glaubten, öffnet das 21. Jahrhundert seine Tore all jenen, die an die Möglichkeit eines Neuanfangs glauben. Es heißt die Enteigneten und Unzufriedenen willkommen. Und genauso wie die amerikanische Revolution das Ende des Feudalismus als politisches System besiegelte, wird das Zeitalter der Revolution dem Unternehmensfeudalismus ein Ende bereiten. Die Privilegien der industriellen Oligarchie, die Vorrechte hirntoter Senior Vice Presidents, die ehrfurchtsvolle Befolgung bestehender Unternehmenskonventionen – all dies wird hinweggefegt werden.

Im Zeitalter der Revolution ist es völlig egal, ob Sie der Unternehmensboss oder ein neu eingestellter Verwaltungsassistent sind, ob Sie in den hehren Hallen der Konzernzentralen oder in irgendeinem abgelegenen Kaff arbeiten, ob Sie einen Pensionärsrabatt erhalten oder sich noch damit abmühen müssen, Ihr Stipendium zurückzuzahlen. Nie zuvor hat es eine solche Chancengleichheit auf dem Markt gegeben.

Werden Sie sich die neue Innovationsagenda zu Eigen machen? Liegt Ihnen genug an Ihrem Unternehmen, Ihren Kollegen und Ihnen selbst, um die Verantwortung dafür zu übernehmen, dass Ihr Unternehmen revolutionsbereit wird? Wenn Sie das tun, haben Sie die Chance, den Prozess der institutionellen Entropie umzukehren, der so viele Unternehmen ihrer Zukunft beraubt. Dann können Sie die steigende Flut der Entfremdung abwenden, die immer mehr Individuen das Gefühl nimmt, etwas Gelungenes und Sinnvolles zu tun. Dann können Sie zum Steuermann Ihres eigenen Schicksals werden. Sie können der Zukunft ins Auge sehen und sagen:

Ich bin nicht länger ein Gefangener der Vergangenheit.

Alles, was Ich mir vorstellen kann, kann Ich auch erreichen.

Ich bin nicht länger ein Vasall in einer unpersönlichen Bürokratie.

Ich bin ein Aktivist, kein Schmarotzer.

Ich gehöre beim Marsch zum Erfolg nicht länger zum Fussvolk.

Ich bin ein Revolutionär.

Steigende Erwartungen, sinkende Renditen

Die Rolle der Aktionäre

In Amerika, Großbritannien und in den Niederlanden regieren sie mit eiserner Faust. Sie bringen selbstzufriedene Firmenchefs in Deutschland, Frankreich und Italien zur Strecke. Und sie konfrontieren Japans gebieterische Unternehmensführer mit ziemlich taktlosen Fragen.

Das ist nichts Neues. Ihr Unternehmen kniet bereits vor dem Altar der Aktionärsrenditen und hat sein Innerstes nach außen gekehrt, um die Anleger zufrieden zu stellen. Es wurde Umstrukturierungs-, Reengineering- und Umschichtungsprozessen unterzogen. Es hat Programme zur Unternehmensressourcenplanung und zum Customer-Relationship-Management in Gang gesetzt. Ihr Unternehmen hat seine eigenen Aktien zurückgekauft, eine oder zwei große Firmenübernahmen getätigt und Bereiche ausgelagert, die nicht die geforderten Leistungen brachten. Möglicherweise hat es sogar einen Tracking Stock angelegt, um von dem Wachstumspotenzial einer E-Commerce-Tochter zu profitieren. Aber es wird mehr tun müssen, viel mehr, um während des nächsten Jahrzehnts den Rachen der nimmersatten Aktionäre stopfen zu können.

Möglicherweise arbeiten Sie für eines dieser viel versprechenden jungen Unternehmen, das millionenschwere Erträge erwirtschaftet und einen Börsenwert von mehreren Milliarden aufweist. So etwas ist prima. Aber es wäre dumm von Ihnen, das Internetfieber der Investoren mit einem grundsoliden Geschäftskonzept zu verwechseln.

Die New Economy braucht zweifellos auch neue Bewertungsmaßstäbe. Unternehmen können schneller als je zuvor wachsen, weil sie immer weniger auf tatsächlich vorhandenes Kapital angewiesen sind. Aber über kurz oder lang muss die Gewinnentwicklung Ihres Unternehmens seiner Bewertung entsprechen. Deshalb sollten Sie sich lieber vergewissern, dass Ihr Unternehmen über ein Geschäftskonzept verfügt, das dieses indirekte Versprechen auch einlösen kann. Wenn dies nicht der Fall ist, würde ich lieber mit dessen weiterer Verpfändung aufhören, bei der man so tut, als stünden den Aktienoptionen millionenschwere Werte gegenüber.

Wenn Sie unter 30 sind, erinnern Sie sich möglicherweise nicht mehr daran, dass die PC-Industrie Dutzende „viel versprechender" Unternehmen entstehen ließ – etwa Osborn, Kaypro, Commodore oder AST Research. Aber nur eines von ihnen – Dell – war die ganzen Neunzigerjahre hindurch ein Wertschöpfungs-Superstar, und selbst sein Aktienkurs befand sich 1999 meist auf hohem Niveau. Stellen Sie sich also die Frage, ob Ihr Unternehmen das Schicksal von Kaypro oder von Dell teilen wird. Werden Sie in die Höhen von Yahoo!, AOL und Amazon.com aufsteigen oder werden Sie wie all jene Unternehmen hinweggefegt werden, die es nicht geschafft haben, die Schwächen ihres maroder werdenden Geschäftskonzepts zu erkennen und auszumerzen? Um es deutlich zu sagen: In der New Economy gibt es sogar noch mehr schlecht durchdachte, nachahmende und letztlich unökonomische Geschäftskonzepte als in der alten. Und selbst die besten von ihnen unterliegen innerhalb des Verwesungsgeruch verbreitenden Internetumfelds einem raschen Verfall. Wenn Sie nicht über außergewöhnliche Fähigkeiten zur *fortwährenden* Innovation verfügen, dann wird die euphorische E-Business-Welle, auf der Ihr Unternehmen gegenwärtig schwimmt, irgendwann in sich zusammenfallen.

DIE REVOLUTION DER STEIGENDEN ERWARTUNGEN

Jedes Jahr schrauben die Investoren die Ansprüche höher. Lesen Sie einen Geschäftsbericht von vor zehn Jahren und Sie werden höchstwahrscheinlich auf einen Unternehmenschef stoßen, der damit prahlt, dass die Vorjahresergebnisse übertroffen wurden. Am Anfang mussten Sie lediglich sich selbst antreiben. Dann begannen die Investoren mehr zu fordern: „Uns interessiert nicht, wie Sie sich das abgerungen haben. Wir wollen wissen, wie Sie gegenüber den Besten der Branche abschneiden." Damit wurde die Latte um etliche Zentimeter höher gehängt. Jedes diversifizierte Industrieunternehmen wurde gezwungen, den von General Electric gesetzten Standards zu genügen. Von jedem Einzelhändler wurde erwartet, dass er die von Wal-Mart erzielte Rendite ebenfalls erwirtschaftete. Und jedes Softwarehaus wurde nach den von Microsoft vorgegebenen Maßstäben bewertet. Nabelschau war out; Financial Benchmarking war in.

Schließlich wurde die Messlatte noch ein Stück höher gehängt. Die Investoren sagten: „Moment mal. Es mag ja sein, dass Sie im Verhältnis zu den vergleichbaren Konkurrenten eine ganz ordentliche Leistung erbringen. Aber wie sieht es mit dem absoluten Wertschöpfungsstandard aus? Erwirtschaften Sie tatsächlich mehr als Ihre Kapitalkosten?" Erstaunlicherweise war die Vorstellung, dass ein Unternehmen seine Kapitalkosten wieder einspielen sollte, für viele Führungskräfte etwas völlig Neues. Die meisten hatten Finance 101 ganz klar verschlafen. Deshalb begannen Manager überall auf dem Planeten, eifrig alle Projekte zu streichen, die nicht sofort einen positiven Nettogewinn abzuwerfen versprachen. J. C. Penney, Toys „R" Us, Siemens und ein Dutzend weiterer Unternehmen unterzogen sich einer EVA-Diät nach Leistungskennzahlen. Die Investoren sagten: „Bringt eure Aktiva zum Schwitzen."

Mit steigenden Ansprüchen und schwindender Geduld der Investoren wuchs der Druck auf die Unternehmensführer. John Akers (IBM), Kay Whitmore (Kodak), Roger Smith (General Motors), Bob Allen (AT&T), Gil Amelio (Apple Computer), Eckhard Pfeiffer (Compaq), Doug Ivester (Coca-Cola) und Dutzende weitere wurden gefeuert oder schlichen sich von dannen, weil die Investoren nicht länger bereit waren, sich mit leeren Versprechungen abspeisen zu lassen. Die Botschaft dieses Aderlasses wurde von den Überlebenden wohl vernommen: „Bringt Leistung, oder seht, wo ihr bleibt!"

Heutzutage haben die Investoren einen unstillbaren Hunger auf immer höhere Renditen. Cisco, Charles Schwab, AOL, Lucent, Amazon.com, Gap, Yahoo!, Dell und Microsoft – keines dieser Unternehmen ist älter als eine Firmengeneration. Dennoch belief sich ihr gemeinsamer Marktwert Anfang 2000 auf fast eineinhalb Billionen US-Dollar; das sind fast zehn Prozent des Gesamtmarktwerts aller in den USA registrierten Unternehmen. Diese Unternehmen waren die Börsenstars der Neunzigerjahre. Aber die Latte wird schon wieder höher gehängt, und wenn die Geschichte Recht behält, ist es höchst unwahrscheinlich, dass auch diese neuen Superstars ihre Leistung wiederholen können. Mit ihnen sind neue Wertschöpfer nachgewachsen, deren atemberaubende Renditen erneut die Maßstäbe für die Erwartungen der Investoren in die Höhe schrauben: CMGI, Akamai, Ariba, eBay, JDS Uniphase, COLT Telecom Group oder Sycamore Networks bilden nur eine kleine Auswahl jener aus dem Nichts aufgetauchter Senkrechtstarter, die das neue Jahrtausend mit einem Marktwert von über 15 Milliarden US-Dollar begonnen haben. Sicher, einige dieser Unternehmen werden abstürzen und in Flammen aufgehen, aber ihre gigantischen Renditen, wie flüchtig sie auch sein mögen, haben die Begehrlichkeiten der Investoren weiter entfacht.

Es gibt keine Witwen und Waisen mehr. In der entstehenden New Economy will sich jeder Investor ein Stück vom greifbar nahen, milliardenschweren Wertschöpfungskuchen sichern. Vergessen Sie den normalen Hochsprung. Die Investoren erwarten von Ihnen, dass Sie den Stabhochsprung beherrschen. Sie zerbrechen sich nicht länger den Kopf darüber, ob Sie Ihre Kapitalkosten einspielen. Und es interessiert sie auch nicht, wie Sie sich gegenüber Ihren ebenso wenig imposanten Mitbewerbern schlagen. Stattdessen fragen sie Sie, ob Sie es schaffen werden, das Pantheon der Wertschöpfungs-Superstars zu erreichen. Millionen von Investoren, die auf ihren steuerfreien IRAs (Individual Retirements Arrangements) und ihren 401 (k)-Ruhestandsrücklagen hocken, sind darauf versessen, alles aus dem Markt herauszuholen. Wenn Sie den Aktionären außergewöhnliche Renditen bieten können, sind Sie ein Gott. Wenn nicht, sind Sie ein Penner.

Ich kann Ihre Ausflüchte schon hören. „Das ist für Amazon.com oder Cisco ja gut und schön", wenden Sie ein, „aber wir sind in einer reifen Branche tätig. Wir sind kein Start-up-Unternehmen. Wir sind nicht irgendein Internet-Komet." Das lasse ich nicht gelten. Unternehmen, die Werte schaffen, gibt es in allen Größen; sie kommen in allen Branchen vor, und häufig müssen sie die bremsende Wirkung von Tradition und Althergebrachtem überwinden. Werfen Sie einen Blick auf jene Unternehmen, die in den Neunzigerjahren Rekordrenditen eingefahren haben, und Sie werden Firmen wie Gap, Harley-Davidson, SunAmerica, Clear Channel, The Home Depot, Progressive Insurance oder Merrill Lynch darunter finden – das sind wohl kaum Hightech-Shooting-Stars.

Es ist nicht leicht, an der Börse zur Supernova zu werden, und es ist noch schwerer, eine zu bleiben. In der gleichen Zeit, in der ungeduldige Investoren jenseits aller Grenzen liegende Renditen einforderten, ist der prozentuale Anteil der Unternehmen, die überdurchschnittliche Erträge erwirtschafteten, beständig gesunken. 1999 erbrachten nur 31 Prozent der S&P-500-Unternehmen eine über dem Durchschnitt liegende Gesamtrendite für die Aktionäre. Das war der zweitniedrigste Prozentsatz der Dekade. (1998 hatten lediglich 29 Prozent der S&P-500-Unternehmen eine überdurchschnittliche Performance gezeigt.) 1992 waren es noch 58 Prozent gewesen. Um es auf den Punkt zu bringen: 1999 haben sieben von zehn Unternehmen ein *unterdurchschnittliches* Ergebnis erzielt. Definitionsgemäß überschritten 50 Prozent der S&P-500-Unternehmen den *Median*, aber weniger als eines von dreien übertraf den *arithmetischen Mittelwert*. Die Diskrepanz zwischen dem Median und dem Durchschnitt ist ein Beweis dafür, dass wenige hervorragende Leistungsvirtuosen alle übrigen einfach aus dem Feld schlagen. Und vielleicht in diesem Zusammenhang noch

Einer stets wachsenden Zahl mittelmäßiger Unternehmen steht eine ständig schrumpfende Zahl von wirklich starken Leistungsträgern gegenüber.

überraschender: Nur zehn Prozent der Nasdaq-Aktien lagen 1999 über dem Marktdurchschnitt.

Die brutale Wahrheit lautet: Einer stets wachsenden Zahl mittelmäßiger Unternehmen steht eine ständig schrumpfende Zahl von wirklich starken Leistungsträgern gegenüber. Es gibt eine einfache Erklärung für diese Leistungskluft: Unternehmen, die die letzten zehn Jahre damit verbracht haben, das letzte Tröpfchen an Effizienzsteigerung aus verbrauchten, alten Geschäftsmodellen herauszupressen, haben jetzt den Punkt erreicht, an dem ihre Erträge rückläufig sind. Ihre Strategien lassen sich kaum noch von denen ihrer Mitbewerber unterscheiden. Und da sich die Aufmerksamkeit ihres Topmanagements auf interne Prozessabläufe und Systeme konzentriert, bieten sie unorthodoxen Innovatoren eine große Angriffsfläche. Nur wenige Unternehmen haben die breite Masse, die sich um ihre eigene Mittelmäßigkeit dreht, hinter sich lassen können. Nur wenige Unternehmen haben erfolgreich völlig neue Geschäftsmodelle ersonnen oder bestehende grundlegend neu überdacht. Sie sind jetzt die neuen Sterne am Investoren-Himmel.

Es ist unmöglich, den steigenden Erwartungen der Anleger ohne eine wirklich *neue* Form der Wertschöpfung gerecht zu werden. Dafür muss man Wege beschreiten, die von den Mitbewerbern noch nicht besetzt sind oder nicht besetzt werden können. Diese Art der Innovation gibt es bei immer den selben schlappen alten Beratungsunternehmen, derer sich auch Ihre Konkurrenten bedienen, nicht „von der Stange" zu kaufen. Cisco, The Home Depot, Pfizer, Charles Schwab, Yahoo! und die meisten anderen Unternehmen, die die Investoren in Begeisterung versetzt haben, sind echte Innovationsträger. Sie haben neue Branchen geschaffen, neue Produkte, neue Dienstleistungen und vor allem neue Geschäftsmodelle.

Verwaltung versus Unternehmertum, Optimierung versus Innovation – dies sind die fundamentalen Unterschiede zwischen der mittelmäßigen Mehrheit und der hervorragenden Minderheit. Verwalter putzen Großmutters Silber. Sie polieren das Vermögen und die Fähigkeiten, die sie von Unternehmern geerbt haben, die sich seit langem zur Ruhe gesetzt haben oder bereits tot sind. Aber die Investoren der New Economy wollen keine Verwalter; sie wollen unternehmerische *Helden*. Verwalter sind darauf fixiert, Anlegervermögen freizusetzen. Unternehmer sind darauf erpicht, *neue* Werte zu schaffen. Sie wissen, dass man die Investoren beständig mit neuen wertschöpfenden Leistungen überraschen muss. Es gibt keine Lorbeeren, auf denen man sich ausruhen kann.

AN DIE GRENZEN MÖGLICHER RENDITEN STOSSEN

Die längste Haussephase in der Geschichte hat Anlegern wie Managern außergewöhnlich hohe Gewinne eingebracht. Aber es gibt ernst zu nehmende Hinweise darauf, dass viele der von den Unternehmen in den

Neunzigerjahren angewendeten Taktiken in der nächsten Dekade nicht mehr greifen werden. Einfach ausgedrückt: Viele der Unternehmensprogramme und Initiativen, die die Aktienkurse unaufhörlich in die Höhe getrieben haben, erreichen jetzt den Punkt sinkender Renditen. Wenn Sie dies bezweifeln, dann beantworten Sie folgende Fragen:

- Wie viel an Kosteneinsparungen kann Ihr Unternehmen aus seinem gegenwärtigen Geschäftsmodell noch herauspressen? Arbeiten Sie und Ihre Kollegen immer härter und härter, und die Effizienzgewinne sinken trotzdem?

- Welche Einnahmesteigerungen kann Ihr Unternehmen seinem gegenwärtigen Geschäftsmodell abringen? Bezahlt Ihr Unternehmen für den Ausbau seiner Marktanteile immer mehr?

- Wie lange noch kann Ihr Unternehmen seinen Aktienkurs durch Aktienrückkäufe, Spin-offs und andere Formen des Financial Engineering stützen? Stößt das Topmanagement an die Grenzen seiner Möglichkeiten, den Aktienkurs nach oben zu treiben, ohne wirklich *neue* Werte zu schaffen?

- Welche zusätzlichen Größenvorteile kann Ihr Unternehmen durch Fusionen und Übernahmen erzielen? Beginnen die Integrationskosten die durch eine drastische Reduktion der gemeinsamen Overheadkosten erreichten Einsparungen zu übersteigen?

- Wie stark unterscheiden sich die Strategien der vier oder fünf größten Mitbewerber Ihrer Branche von der Strategie Ihres Unternehmens? Wird es immer schwieriger, Ihr Unternehmen gegenüber seinen Konkurrenten abzugrenzen?

Wenn Sie mehr als zweimal „nicht sehr" und „ja" geantwortet haben, dann wird Ihr Unternehmen möglicherweise bald den Punkt abnehmender Erträge erreichen. Wenn Sie nicht bereit sind, dieser Tatsache ins Auge zu sehen, dann sind Sie auch nicht motiviert, die neue Innovationsagenda zu übernehmen. Also lassen Sie uns einen Blick auf die Beweise werfen.

Kurzsichtige Kostenreduktion – Wie man einen Stein zum Bluten bringt

Während des vergangenen Jahrzehnts hat sich der Druck auf das Management intensiviert, einen Automatismus kontinuierlicher Gewinnsteigerung zu schaffen. Dieser Druck ließ unzählige Initiativen entstehen, die auf eine Reduktion der Overhead-, Arbeits- und Materialkosten sowie auf eine verbesserte Kapitalnutzung zielten. Outsourcing, Six-Sigma-Programme, Reengineering, Umstrukturierungen, Unternehmensressourcenplanung und Downsizing sind Beispiele für derartige Maßnahmen zur Effizienzsteigerung. In der zweiten Hälfte der Neunzigerjahre bescherte dieser zielstrebige Angriff auf vorhandene Ineffizienzen der Mehrheit der S&P-500-Unternehmen über Jahre zweistellige Gewinnzuwächse. In vielen Fällen war es tatsächlich so, dass die Gewinnsteigerungen die Einnahmesteigerungen weit hinter sich ließen.

Gewinne können ein oder zwei Jahre lang oder vielleicht sogar noch länger erheblich schneller wachsen als die Einnahmen. Wir können dieses Phänomen häufig bei angeschlagenen Unternehmen beobachten wie etwa im Fall von IBM, General Motors oder Sears, Roebuck. Zu füllig gewordene Unternehmen unterziehen sich einer Radikalkur. Das Personal wird drastisch reduziert, Vermögenswerte werden verkauft und Kosten gekürzt. Während die Einnahmen weiterhin nur schleppend steigen, verbessern sich damit die Gewinnspannen schnell. Aber es gibt schließlich eine Grenze für den Gewinn, den selbst das bestgeführte, effizienteste Unternehmen aus irgendeinem fixen Einnahmebetrag herauspressen kann.

Wachstum ist die Punktetabelle, nicht das Spiel.

Deshalb ist gegenüber jedem Unternehmen, das seine Gewinne erheblich schneller als seine Einnahmen steigen lässt, stets Misstrauen angebracht. Das gilt ganz besonders dann, wenn dies über mehrere Jahre hinweg der Fall ist. Dazu ein paar Beispiele: Zwischen 1994 und 1999 betrug die Kennzahl für das über dem Einnahmezuwachs liegende Wachstum des Reingewinns für Unisys 196, für Adobe Systems 53, für Eastman Kodak 39, für Northrop-Grumman 38, für Marriott International 26, für AMR (die Mutter von American Airlines) 19 und für Xerox 10. Angesichts dessen stellt sich die Frage: Wie lange kann ein Unternehmen seine Gewinne zehn- oder 38- oder 52-mal schneller als seine Einnahmen steigen lassen? Die Antwort lautet: Nicht allzu lange. Wenn das Gewinnwachstum in Ihrem Unternehmen die Einnahmesteigerung über Jahre hinweg um mehr als das Fünffache übersteigt, dann ist Ihre Kernstrategie vermutlich bereits gestorben. In solch einem Fall wird ein cleverer CEO seine Aktienoptionen schleunigst zu Geld machen und zusehen, dass er das sinkende Schiff verlässt.

Während in Japan und Kontinentaleuropa bei weitem noch nicht alle Möglichkeiten der Kostensenkung ausgeschöpft sind, haben viele US-amerikanische und britische Unternehmen bereits den Punkt erreicht, an dem ihre Erträge im Rahmen ihrer Rationalisierungsprogramme zu schrumpfen beginnen. 1999 lag die durchschnittliche Gewinnspanne der S&P-500-Dienstleistungsunternehmen aus dem Nichtfinanzbereich bei 15,7 Prozent. Fünf Jahre zuvor hatte die durchschnittliche Gewinnspanne eben dieser Unternehmen ebenfalls bei 15,7 Prozent gelegen. Tatsächlich schwankte diese Zahl zwischen 1994 und 1999 um nie mehr als 1,3 Prozentpunkte. Wie stark der Beitrag auch gewesen sein mag, den Downsizing, Unternehmensressourcenplanung und andere Effizienzprogramme zur Kostensenkung leisteten – diese Maßnahmen haben in jüngster Zeit nicht sonderlich dazu beigetragen, die Gewinnspanne zu erhöhen. Der Großteil der Kosteneinsparungen wurde direkt an die Kunden weitergegeben, und weitere gegebenenfalls erforderliche Kosteneinsparungen werden das Gewinnwachstum kaum beschleunigen.

Das heißt nicht, dass Unternehmen aufhören sollten, eifrig nach Einsparungsmöglichkeiten zu suchen; aber es lässt darauf schließen, dass die traditionellen Geschäftsmodelle nicht mehr viel hergeben. Diese Unternehmen brauchen keine weiteren Kostenreduktionen, sondern radikale Innovationen und neue Geschäftskonzepte. Selbst wenn sich ein Unternehmen sein gesamtes Fett absaugen lässt, kann man aus einem Sumoringer noch lange keinen graziösen Leichtathleten machen.

Mangelnde Nachhaltigkeit steigender Einnahmen – eine Fahrt im Leerlauf

Ein Downsizingprozess ist eine schmerzliche Erfahrung. Viele der Rationalisierungssüchtigen von einst sind mittlerweile auf Wachstum erpicht. Das ist ein wichtiges Ziel, aber es besteht dabei immer die Gefahr, die Punktetabelle mit dem eigentlichen Spiel zu verwechseln. Wachstum ist die Punktetabelle, nicht das Spiel. Einträgliches Wachstum gründet sich auf Innovation. Wer sich mehr auf das Wachstum als auf die Entwicklung eines innovativen Geschäftskonzepts konzentriert, wird eher Vermögenswerte vernichten als schaffen. Das hat einen einfachen Grund: Ab einem bestimmten Punkt ist es genauso schwierig, einem maroden Geschäftsmodell zusätzliche Einnahmesteigerungen abzupressen, wie ihm noch mehr Kosteneinsparungen abzuringen. Ohne radikale Erneuerung kann blinde Wachstumsgläubigkeit Unternehmen dazu verführen, sich in sinnlosen Schlachten um Marktanteile zu erschöpfen oder exorbitant hohe Summen für die Gewinnung neuer Kunden auszugeben. Das Ergebnis einer solchen Wachstumsbesessenheit sind häufig höhere Einnahmen, die allerdings nicht zu einer Steigerung des Gewinns führen. Dies scheint bei vielen Start-up-Unternehmen der Internetbranche der Fall zu sein. Ein derartiges Wachstum ist nicht nachhaltig. Kehren wir das zuvor beschriebene Verhältnis um und sehen uns an, was es bedeutet, wenn das Einnahmewachstum über dem des Gewinns liegt. Wenn das Verhältnis von Einnahmewachstum zu Gewinnwachstum über mehrere Quartale hinweg höher als 5:1 liegt, dann ist das ein Indiz für einen beginnenden Auflösungsprozess der Strategie oder – wenn es sich um ein Start-up-Unternehmen handelt – dafür, dass noch keine tragfähige Strategie gefunden wurde.

Zwischen 1994 und 1999 betrug die Kennzahl für den über dem Gewinnwachstum liegenden Einnahmezuwachs für Albertson's 90, für

Duke Energy 12, für Hasbro 11, für Cooper Tire & Rubber 10 und für Disney 8. Die Kennzahl vieler Unternehmen war sogar negativ. Die Einnahmen von Compaq Computer lagen fünf Jahre lang oben bei 250 Prozent, die Gewinne hingegen unten bei 34 Prozent. Und obwohl Coca-Cola seine Zuwachsraten bei den Einnahmen um einen Spitzenwert von 140 Prozent anheben konnte, konnte das Unternehmen lediglich ein Endergebnis von 15 Prozent ausweisen.

Unternehmen, die Einnahmezuwächse nur erzielen können, indem sie „Werte verschenken", weil sie einen fast völligen Gewinnverzicht üben, fahren im Leerlauf – der Motor arbeitet auf Hochtouren, aber es geht kaum vorwärts. Natürlich gibt es Zeiten geringerer Gewinne, in denen ein Unternehmen gerade seine Strategie ausbaut und sich seine Anlaufkosten amortisieren. Sie werden in den Anfangsjahren keine immensen Gewinne einfahren, wenn Sie erst ein digitales, satellitengestütztes Übertragungssystem, ein großes optisches Telekommunikations-Netzwerk oder einen gigantischen Online-Einzelhandel aufbauen müssen. Aber bei einem bereits bestehenden Geschäftsmodell ist es ein sicheres Indiz für einen Strategieverfall, wenn sich die Kennzahl von Gewinnwachstum gegenüber Einnahmewachstum verschlechtert. Man riecht es vielleicht noch nicht, aber die Strategie ist mit Sicherheit bereits tot.

Bei vielen anderen Unternehmen hingegen bestand in diesem Zeitraum ein recht ausgewogenes Verhältnis zwischen Einnahme- und Gewinnwachstum. Zwischen 1994 und 1999 betrug die Kennzahl für QUALCOMM 1.349 zu 1.222 Prozent oder 1,1. Solectron wies ein Verhältnis von 476 zu 429 Prozent auf, ebenfalls 1,1. Merck hatte ein Verhältnis von 1,2 und Wal-Mart von 0,9. Zwar ist ein einigermaßen ausgewogenes Verhältnis sicher noch kein Beweis dafür, dass eine Strategie gesund ist; ein starkes Ungleichgewicht jedoch lässt vermuten, dass die Strategie in ihren letzten Zügen liegt.

Mangelnde Nachhaltigkeit wachsender Anlegerrenditen – die Grenzen des Financial Engineering

Es ist in Mode gekommen, im Zusammenhang mit Anlegervermögen von „Freisetzung" zu sprechen. Eine aussagekräftige Metapher. Man nimmt an, dass Werte bereits vorhanden sind – bereits geschaffen wurden – und mit ein wenig kreativem Financial Engineering den Aktionären zur Verfügung gestellt werden können.

Um Anlegervermögen freizusetzen, steigt man aus schlechten Geschäften aus – wie es Jack Welch tat, als er GE übernahm. Man gliedert möglicherweise unrentable Unternehmen aus. Denken Sie nur an die jüngsten Bestrebungen zur Ausgliederung und Entfusionierung von 3M (Imation), Hewlett-Packard (Agilent Technologies), AT&T (Lucent Technologies und AT&T Wireless) und anderen Unternehmen des alten

Wirtschaftssystems. Man versucht, über das Outsourcing unflexible und teure Vermögenswerte auf jemand anderen abzuwälzen. Natürlich gibt es eine Grenze für die Anzahl unrentabler Geschäftsbereiche, die ein Unternehmen aufgeben, und die Zahl der Vermögenswerte, die es abstoßen kann. Es überrascht nicht, dass sich Unternehmenschefs nach ein paar Umstrukturierungsrunden dem Rückkauf von Aktien als noch leichterem Mittel zuwenden, um die Aktienkurse aufzublähen.

Aktienrückkäufe gehören zu den einfachsten und vielleicht auch einfältigsten Möglichkeiten, Anlegervermögen feizusetzen. Fällt Ihnen plötzlich nichts mehr ein? Sind keine unwiderstehlichen Investitionschancen in Sicht? Kein Problem! Nehmen Sie das durch das gegenwärtige Geschäftsmodell verdiente Geld und geben Sie es an die Aktionäre zurück. Wir sollten uns nicht darüber wundern, dass in der jüngsten Zeit Rekordrückkäufe zu beobachten waren (vgl. dazu das Schaubild: „Aktienrück-

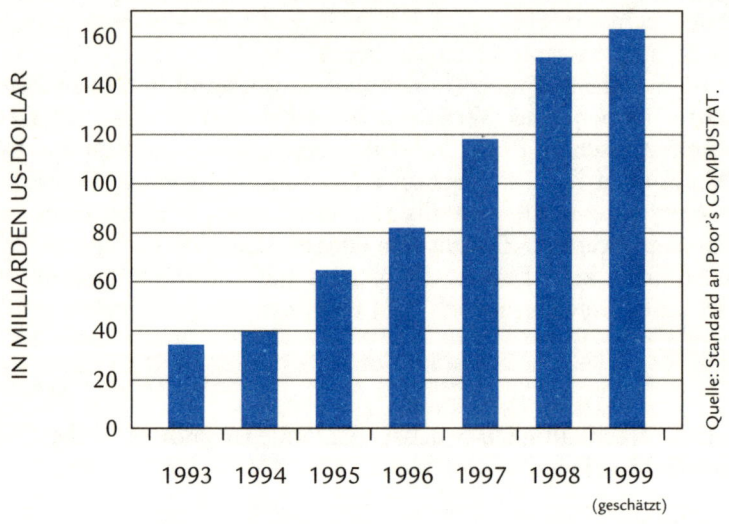

käufe durch die S&P-500-Unternehmen"). Schließlich hat niemand auf dieser Welt eine kürzere Zeitperspektive als ein 60-jähriger CEO mit einem Haufen Aktienoptionen, der die Bank noch vor seinem ersten Herzinfarkt erreichen will. Und es gibt nichts, was den Aktienpreis schneller in die Höhe treiben könnte als ein Rückkauf der eigenen Aktien. Es ist folglich wenig erstaunlich, dass die Zahl der Aktienrückkäufe angesichts der wachsenden Zahl an Optionen, die sich in den Händen des Topmanagements von Amerikas größten Unternehmen befinden, rasch angestiegen ist.

RÜCKKAUF-SPITZENREITER: KUMULATIVE JÄHRLICHE RÜCKKÄUFE IN PROZENT DER MARKTKAPITALISIERUNG 1994–1999

US Airways	66	Dow Chemical	31
Times Mirror	60	R. R. Donnelley & Sons	31
W. R. Grace & Co.	57	General Motors	30
Tandy	53	Union Carbide	30
Reebok International	44	Autodesk	30
Knight-Ridder	43	DuPont	26
Ryder System	40	AMR	26
PG&E	39	Phelps Dodge	25
ITT Industries	39	Sunoco	25
Liz Claiborne	36	Nordstrom	24
Cooper Industries	34	Deluxe	23
Adobe Systems	34	Hershey Foods	22
Hercules	33	Delta Air Lines	22
Maytag	32	Textron	22
IBM	31	Allstate	21

Quelle: Standard and Poor's COMPUSTAT; Berechnungen durch Strategos.

Wenn Downsizing die Blitzdiät für aufgeblähte Unternehmen gewesen ist, dann sind Aktienrückkäufe zum sofort wirkenden Heilmittel gegen das Syndrom des langsamen Wachstums geworden. Von 1994 bis 1999 kauften so unterschiedliche Unternehmen wie DuPont, IBM, PG&E, Maytag, The Limited, US Airways, Times Mirror, Tandy und Bear, Stearns Aktien im Wert von über 25 Prozent ihrer durchschnittlichen Börsenkapitalisierung zurück (vgl. dazu die Tabelle: „Rückkauf-Spitzenreiter"). Rückkäufe sind eine Möglichkeit, Anleger trotz eines offenkundigen Mangels an klaren Wachstumsaussichten zu belohnen. Tatsächlich betrug die durchschnittliche Steigerungsrate der Gesamteinnahmen bei den 50 Rückkauf-Spitzenreitern zwischen 1994 und 1999 lumpige vier Prozent. Die entsprechende Rate lag für die S&P-500-Unternehmen bei 13 Prozent, und die 50 Unternehmen mit dem schnellsten Wachstum brachten es auf eine durchschnittliche Einnahmesteigerung von 50 Prozent pro Jahr.

„Hallo", scheinen die Rückkauf-Manager zu rufen, „wir wissen nicht, was wir mit dem Geld machen sollen. Nehmen Sie es und sehen Sie, ob Sie nicht irgendwelche besseren Anlagemöglichkeiten finden können." Natürlich ist dies genau das, was Unternehmenschefs, denen neue Strategieideen fehlen, tun sollten! Aber es bringt nicht mehr Wirkung als der direkte Verkauf von Vermögenswerten.

Es gibt Dutzende und Aberdutzende von Unternehmen, die ihren Anlegern während der letzten Jahre satte Renditen beschert, aber in der gleichen Zeit nur einen geringen oder gar keinen Zuwachs ihres Marktwerts erzielt haben. (Einige von ihnen sind in der Tabelle „Wachstum der Anlegerrenditen im Vergleich zum Wachstum der Marktkapitalisierung" aufgeführt.) Diese Unternehmen haben kaum neue Werte geschaffen.

WACHSTUM DER ANLEGERRENDITEN IM VERGLEICH ZUM WACHSTUM DER MARKTKAPITALISIERUNG 1994-1999

	Anlegerrenditen 1994–1999 (auf Jahresbasis umgerechnet)	Wachstum der Marktkapitalisierung 1994–1999 (auf Jahresbasis umgerechnet)	Differenz
W. R. Grace & Co.	18,3	(31,2)	49,5
Dun & Bradstreet	12,9	(15,4)	28,3
Times Mirror	27,2	(2,3)	24,9
Fortune Brands	9,2	(7,4)	16,6
Philip Morris	8,5	(6,4)	14,9

Quelle: Standard and Poor's COMPUSTAT.

Wenn das Wachstum der Anlegerrenditen beträchtlich über dem Wachstum des Marktwerts einer Firma liegt (also der Aktienkurs schneller als der allgemeine Unternehmenswert steigt), dann können Sie sicher sein, dass irgendwo finanziell gemauschelt wird. Das ist grundsätzlich kein Problem, allerdings sollte man diese Form des Financial Engineering nicht mit radikaler Innovation verwechseln. Ein Unternehmen, das sich in hohem Maß auf Sell-offs, Spin-offs oder Rückkäufe stützt, um seine Aktienkurse hoch zu treiben, gibt zu – wie unbeabsichtigt auch immer –, dass seine Strategie schlachtreif ist.

Entfusionierungen, Spin-offs, Aktienrückkäufe und andere Maßnahmen zur Freisetzung von Anlegervermögen haben eingebaute Grenzen: Ab einem bestimmten Punkt gibt es keine Werte mehr, die freigesetzt werden können. Die Freisetzung von Anlegervermögen ist eine weit geringere Herausforderung als die Schaffung *neuer* Vermögenswerte. Verwalter setzen Werte frei, Unternehmer schaffen Werte.

Mangelnde Nachhaltigkeit von Konsolidierungsbestrebungen – Wenn größer werden nicht genügt

Es gibt noch eine weitere Alternative für Manager, die alle Möglichkeiten der internen Kostensenkung ausgeschöpft haben und blind gegenüber grundlegend neuen Wachstumschancen sind: die Megafusionen. In der

Hoffnung, einen zeitweiligen Aufschub im Hinblick auf die Gesetzmäßigkeit sinkender Renditen erzielen zu können, haben Unternehmen im Rekordtempo fusioniert und akquiriert. Der Wert der 1998 bekannt gegebenen Fusionen und Übernahmen belief sich weltweit auf fast zweieinhalb Billionen US-Dollar (vgl. dazu das Schaubild „Wert der bekannt gegebenen Fusionen und Übernahmen weltweit"). Allein in den USA summierten sich die bekannt gegebenen Fusions- und Übernahmeaktivitäten auf über 1,7 Billionen US-Dollar; das entspricht etwa 14 Prozent des Wertes aller in den USA registrierten Unternehmen. Und 1999 betrug der Wert der bekannt gegebenen Fusionen drei Billionen US-Dollar. Wenn man sie von ihrer Größenordnung her betrachtet, wurden 19 der 20 umfangreichsten Fusionen in der gesamten Wirtschaftsgeschichte im Lauf der letzten 18 Monate des 20. Jahrhunderts verkündet. Diese überhitzte Fusionsaktivität, an der praktisch jedes Unternehmen beteiligt war, hat dazu beigetragen, die Aktienkurse noch einmal höher zu treiben. Aber leider stoßen auch Fusionen an ihre natürliche Grenze. Denn wenn das gegenwärtige Tempo beibehalten würde, dann bestünde die amerikanische Wirtschaft in sieben oder acht Jahren weiterer Fusionsmanie schließlich nur noch aus einem einzigen Riesenunternehmen!

Wenn man in den letzten Jahren ein Finanzmagazin aufgeschlagen hat, hatte man jedes Mal das Gefühl, in den Jurassic Park versetzt worden zu sein. Wohin man auch blickte, überall sah man sich paarende Dinosaurier: Exxon und Mobil, BP und Amoco, Travelers Group und Citicorp, Norwest und Wells Fargo, AT&T und TCI, Daimler-Benz und Chrysler, Bell Atlantic

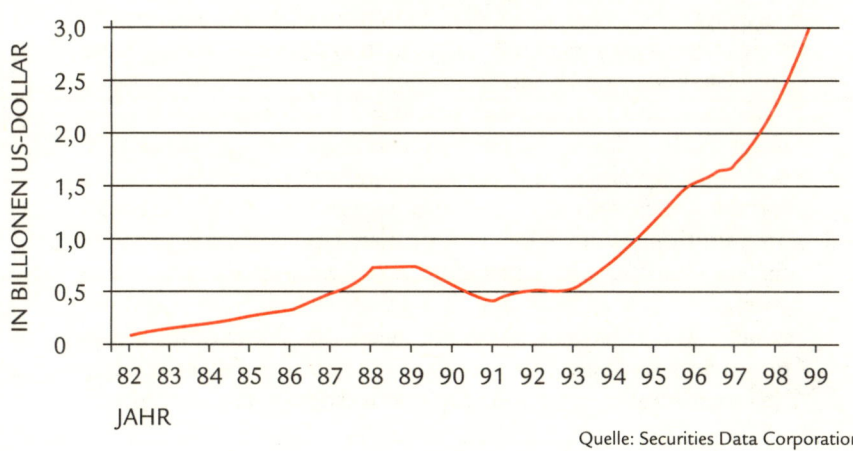

WERT DER BEKANNT GEGEBENEN FUSIONEN UND ÜBERNAHMEN WELTWEIT

Quelle: Securities Data Corporation.

Aktienoptionen: Der bombensichere Tipp des Topmanagements

Über 50 Prozent der Topmanager in den größten Unternehmen der USA beziehen einen bedeutenden Anteil ihres Salärs über Aktienoptionen. Eine Zuteilung von Aktienoptionen im Wert von 100 Millionen US-Dollar ist denn auch nichts Ungewöhnliches. Ein paar Manager haben in einem einzigen Jahr allein dadurch fast eine halbe Milliarde US-Dollar eingefahren, dass sie ihre aufgelaufenen Aktienoptionen eingelöst haben. Und dabei handelt es sich nicht etwa um gierige, junge CEOs, die neue Vermögen aufbauen wollen, sondern um etablierte Verwalter, die alteingesessene Unternehmen leiten. Während die Theorie allerdings davon ausging, dass Manager, die Aktienoptionen besitzen, sogar noch härter für die Schaffung neuer Werte arbeiteten, sieht die Realität ganz anders aus.

Da der größte Teil ihres Vermögens in Aktienoptionen gebunden ist, können Topmanager den eigenen Aktienbestand kaum diversifizieren. Folglich ist es ihnen nicht ohne weiteres möglich, das Risiko aufzufangen, das der Besitz eines beträchtlichen Anteils an einem einzigen Unternehmen in sich birgt. Aus diesem Grund ist es nur allzu verständlich, dass sich die an Optionen reichen Manager tendenziell sogar noch konservativer und kurzsichtiger verhalten als der durchschnittliche Investor, der die Freiheit hat, sein Geld bei vielen Unternehmen gleichzeitig anzulegen. Da so viel von ihrem Nettovermögen in einer einzigen Aktie angelegt ist, und sie in wenigen Jahren aus dem Berufsleben ausscheiden werden, ist bei älteren Managern davon auszugehen, dass sie eher risikoarme Strategien bevorzugen, um den Aktienkurs hoch zu treiben. Es ist sicherer, seine eigenen Aktien zurückzukaufen, als auf neue Geschäftskonzepte zu setzen.

Die meisten Optionspläne orientieren sich dabei auch nicht an der Performance, die ein Unternehmen im Verhältnis zum S&P 500 oder einem anderen Index aufweist. Laut *Wall Street Journal* waren von den 209 umfangreichen Zuteilungen an Aktienoptionen, die 1998 von großen Unternehmen gewährt wurden, nur 36 auf irgendeine Art leistungsbezogen.[a] Ein Manager konnte also eine unterdurchschnittliche Leistung bringen und trotzdem kassieren, weil der Aktienkurs seines Unternehmens stieg. Noch schwerer wiegt die Tatsache, dass Optionen häufig einfach angepasst werden, wenn die Aktien

> unter den Ausübungskurs fallen – eine Möglichkeit, die außenstehenden Investoren, denen das Wasser dank des Missmanagements der Unternehmen vielleicht bis zum Hals reicht, nicht offen steht. Selbst das *Wall Street Journal*, das nicht gerade dafür bekannt ist, betuchten Managern ihre Bezüge zu missgönnen, konnte nicht umhin, den Schluss zu ziehen, dass „CEOs heutzutage garantiert reich werden, welche Leistung das Unternehmen auch erbringen mag". [b]
>
> Vergütungskomitees legen spezifische Aktienkurs-Hürden fest, die erst überwunden sein müssen, bevor die Optionen ausgeübt werden können. Level 3 Communications beispielsweise gewährt seinen Topmanagern Optionen, die nur ausgeübt werden können, wenn die Unternehmensaktien eine bessere Performance aufweisen als der S&P-500-Aktienindex. Und General Mills verlangt von seinen Führungskräften, dass sie die meisten der von ihnen gekauften Aktien halten, wenn sie ihre Optionen ausüben. [c]
>
> Das Gesetz der unbeabsichtigten Nebeneffekte gilt immer. Statt die Manager dazu zu bringen, sich auf eine langfristige Wertsteigerung ihrer Unternehmen zu konzentrieren, haben die Aktienoptionen viele dazu verführt, kurzfristige, singuläre, kurssteigernde Projekte zu verfolgen wie etwa Aktienrückkäufe, Spin-offs und Megafusionen. Allzu oft führen Manager ihr Unternehmen nicht im wohl überlegten langfristigen Interesse ihrer Anleger, sondern im wohl kalkulierten kurzfristigen Eigeninteresse.
>
> a) Lubin, Joann S., „Lowering the Bar", in: *Wall Street Journal*, 8. April 1999.
> b) Ebenda.
> c) Hausman, Tamar, „Predicting Pay", in: *Wall Street Journal*, 8. April 1999.

und GTE, SBC und Ameritech, Pharmacia und Upjohn. Hunderte gleichfalls nach Vereinigung strebender Unternehmen kennzeichnen das Landschaftsbild. Während einige dieser Paarungen auf echten strategischen Überlegungen fußen – globaler Marktzugang oder Branchenkonvergenz –, signalisieren manche einfach die letzten Atemzüge der auf Kostenreduzierung setzenden Firmenchefs, die darauf hoffen, durch das Zusammenwerfen von zwei schwerfälligen Pfründebesitzern eine weitere Milliarde US-Dollar an gemeinsamen Overheadkosten einsparen zu können.

Häufiger aber verlieren die Anleger durch solche Fusionen, als dass sie von ihnen profitieren. Eine 1999 durchgeführte Studie zeigt, dass von den 700 größten zwischen 1996 und 1998 erfolgten Abschlüssen tatsächlich mehr als die Hälfte zu einer Verringerung des Shareholder Value führte.[1] Diese Fusionen folgen einem vertrauten Muster: Der Aktienkurs macht angesichts der Erwartung künftiger Effizienzsteigerungen einen Sprung nach oben, das Topmanagement der übernommenen Firma wird mit Geld überhäuft und in den anschließenden Monaten machen das einer Fusion üblicherweise folgende Chaos und ständig steigende Integrationskosten fast alle der erwarteten Vorteile zunichte.

Eine jüngst innerhalb der pharmazeutischen Industrie durchgeführte Studie lässt darauf schließen, dass der Verlust von Marktanteilen zu den wichtigsten Auswirkungen einer Fusion auf die beteiligten Unternehmen zählt. Außerdem konnte durch die Studie kaum ein Beleg dafür gefunden werden, dass größere Unternehmen im Entdecken neuer Arzneimittel produktiver sind.[2] Eine kleine, aber bedeutende Anzahl an Megaabschlüssen wie beispielsweise der Kauf von NCR durch AT&T, Novells Übernahme von WordPerfect, der Erwerb von Telerate durch Dow Jones & Co. oder die Übernahme von Snapple Beverage durch Quaker Oats haben sich als monumentale Fehlschläge erwiesen. Die übernommenen Unternehmen wurden nach einer enormen Abschreibung wieder verkauft. – Wenn man zwei Betrunkene zusammenstellt, ergibt sich daraus eben noch lange keine standfeste Person.

Wenn der Fusionswelle, die über den Planeten hereingebrochen ist, eine sekundäre Logik zu Grunde liegt, dann ist es die einfache Arithmetik der Oligopolie: Verringert man die Wettbewerbsintensität in einer Branche, indem man die Zahl der unabhängigen Konkurrenten reduziert, werden die Gewinne voraussichtlich steigen. Die Vermutung liegt nahe, dass diese Logik Ausgangsbasis für eine Reihe von Abschlüssen im Telekommunikationsbereich war, etwa dem zwischen SBC und Ameritech. Die industrielle Oligarchie liebt die Oligopolie: gerade noch genug Wettbewerb, um ein direktes Eingreifen der Regierung zu verhindern, aber nicht genug, um die fetten Pfründe zu gefährden.

Firmenchefs werden oft mit folgenden Rechtfertigungen für ihre Fusionspläne zitiert: „Um überhaupt Geld verdienen zu können, muss man Marktführer sein." oder: „Nur die Größten werden überleben." Diese Denkweise ist höchst trügerisch. Selbstverständlich gibt es Netzwerkeffekte und Größenvorteile, die kleinere Wettbewerber benachteiligen. Aber die Größe macht ein Unternehmen nicht gegen Innovationen immun, die alle bestehenden Regeln aushebeln. Hierzu ein Beispiel: Trotz ihres späten Starts und ihrer geringen Größe haben Neueinsteiger ins Telekommunikationsgeschäft wie Qwest, Williams Communications oder Level 3 Fiberoptiknetzwerke aufgebaut, die ebenso weit reichend sind wie jene von AT&T, Sprint und MCI WorldCom, und das zu einem Bruchteil des Investitionsbetrags.

> **Masse bietet keinen Schutz gegen den Angriff neuer revolutionärer Mitbewerber.**

Die Breitbandkapazität könnte in den ersten fünf Jahren des neuen Jahrtausends in den USA ohne weiteres auf das 200-fache ansteigen. Die Aktiva und Einnahmen von AT&T stellen die der technisch innovativen Start-up-Unternehmen zwar in den Schatten, aber es steht keineswegs fest, dass die Größe und Reichweite von AT&T das Unternehmen allein schon zu einem schlagkräftigen Konkurrenten macht. Die Tatsache, dass man eine noch größere Bank wird, hilft einem nicht dabei, sich gegen Unternehmen wie Charles Schwab oder E*TRADE zu verteidigen. Ebenso wenig ist der weltgrößte physische Buchladen gegen Angriffe durch den weltgrößten virtuellen Buchladen gefeit. Es gibt keine Garantie dafür, dass Wal-Mart, Amerikas größter Einzelhändler, zum größten Online-Händler wird.

Auf jede Aktion gibt es eine gleichwertige Reaktion des Gegners. Während die Pfründebesitzer danach streben, die Konzentration industrieller Macht zu erhöhen, suchen Neueinsteiger nach Wegen, sie zu schwächen. Während die Dinosaurier fusionieren, rasen die Senkrechtstarter in Richtung Zukunft. Masse bietet keinen Schutz gegen den Angriff neuer, revolutionärer Mitbewerber. Außerdem ist es schwierig, sich zu paaren und gleichzeitig zu rennen. Die Denkweise in manchen fusionsbesessenen Führungsetagen scheint in die folgende Richtung zu gehen: „Wenn wir wirklich ganz, ganz große Dinosaurier werden, dann können wir möglicherweise die Eiszeit überleben." – Keine Chance. Schauen Sie sich um. Die Dinosaurier sind ausgestorben.

Tatsächlich liegt die Korrelation zwischen Unternehmensgröße (gemessen an den durchschnittlichen Einnahmen während der letzten drei Jahre) und Rentabilität (gemessen an den durchschnittlichen Gewinnspannen im selben Zeitraum) für die regelmäßig in Ranglisten veröffentlichten 1000 erfolgreichsten Unternehmen in den USA bei gerade mal 0,004 – ob sie nun für drei, fünf oder zehn Jahre ermittelt wurde. Ein Ergebnis, das man nicht gerade als statistisch signifikant bezeichnen kann.[3] Einfach ausgedrückt: Nichts spricht dafür, dass ein Unternehmen allein schon durch seine Größe rentabler wird. Es besteht keine eindeutige Beziehung zwischen Größe und dem Maß an Vorstellungskraft, das neue Wertschöpfungsstrategien hervorbringt. Selbstverständlich ist Größe mit Vorteilen verbunden, aber im Zeitalter der Revolution werden diese Vorteile häufig durch Nachteile aufgewogen – mangelnde Flexibilität, interne Rangeleien und Trägheit.

Als letztes Argument für viele Megafusionen wird der angebliche „Synergieeffekt" ins Feld geführt – ein Wort, bei dem Investoren schleunigst die Flucht ergreifen sollten. Als sein Unternehmen NCR erwarb, verkündete der CEO von AT&T 1991 Folgendes: „Ich bin mir absolut sicher, das AT&T und NCR gemeinsam ein Wachstums- und Erfolgsniveau erlangen werden, das wir getrennt voneinander nicht erreichen könnten. Wir haben eine Zukunft vor uns, in der sich alle Erwartungen erfüllen werden." Und dies sagte der CEO von AT&T 1995, als NCR wieder ausgegliedert und Anlegern übergeben wurde: „Die Komplexität des Versuchs, diese unterschiedlichen Geschäftsfelder zu steuern, begann die Vorteile der Integration zu übersteigen. Die Welt hat sich verändert. Die Märkte haben sich verändert." Was Sie nicht sagen, Sherlock Holmes. Das ist die Folge des Zeitalters der Revolution – dieser ganze verdammte Wandel. Also gehen Sie lieber sehr bedacht vor, wenn Sie den Jahresabschluss mit Milliarden von US-Dollar belasten, die mit Blick auf so etwas Flüchtiges wie „Synergie" in Sachanlagen investiert werden.

Selbstverständlich sprechen CEOs nicht mehr von Synergie. Sie haben ein neues Wort gefunden, um weiter Ausdehnungsexzesse zu rechtfertigen: „Konvergenz". Es begründet offenbar auch die Logik von AT&T und dessen Kaufsucht in Bezug auf Kabelfernsehunternehmen – und möglicherweise werden die Investoren diesmal die Konsequenzen ziehen, aber darauf kann man nicht unbedingt setzen.

Oh ja, in den kommenden Jahren wird es noch viel mehr Megaabschlüsse geben, vor allem in Europa, wo es nach wie vor Dutzende kleiner nationaler Spitzenunternehmen gibt. Und es trifft auch zu, dass ein gut durchdachtes Verkaufs- und Übernahmeprogramm bei der Revitalisierung der Kernstrategie eines Unternehmens eine entscheidende Rolle spielen kann. Dies war zum Beispiel bei Cable & Wireless der Fall, einem ehemals kleinen und schwerfälligen Telekommunikationsunternehmen in Großbritannien, das einige seiner einst gepriesenen Sprachnetzwerke abstieß und sich dafür in ein prosperierendes Datenübertragungsnetzwerk einkaufte. Aber keine noch so brillant konzipierte Übernahme oder Fusion allein wird ein Unternehmen in den Rang eines Wertschöpfungs-Superstars befördern. Interessanterweise ist Nokia am Ende des Jahrtausends Europas wertvollstes Unternehmen geworden und hat BP Amoco zurückgedrängt. Während Nokia eine Reihe von kleinen, zielgerichteten Übernahmen getätigt hat und in ein Dutzend strategischer Partnerschaften eingebunden ist, hat es bisher alle Megaabschlüsse vermieden. Zugleich wird es regelmäßig als eines der innovativsten Unternehmen Europas eingestuft. Wie lange Nokia seinen Spitzenplatz behaupten wird, lässt sich nicht sagen. Aber ich fordere jeden auf, mir eine Megafusion zu nennen, die den Anlegern so viel Gewinn gebracht hat wie das Unternehmen Nokia in seiner jetzigen Form.

Die zentrale Frage, die man jedem fusionsfreudigen Firmenchef stellen sollte, lautet nicht, ob ein Abschluss Kosteneinsparungen einbringen wird, und auch nicht, ob er zu Größenvorteilen führt, nicht einmal, ob sich ein „Konvergenznutzen" daraus ziehen lässt. Die wesentliche Frage heißt: Worin besteht bei all dem die Erneuerung des Geschäftskonzepts, und warum kann sie nicht durch flexiblere Mittel als durch eine groß angelegte Fusion erzielt werden? Im Zeitalter der Revolution sind derartige Maßnahmen kein Ersatz für eine radikale Neuerung. Und die Vergrößerung eines Unternehmens ist kein Ersatz für die tatsächliche Schaffung neuer Werte durch innovative Geschäftskonzepte. Während Fusio-

Allzu häufig wird ein neu entwickeltes erfolgreiches Geschäftsmodell zum zentralen Geschäftsmodell von Unternehmen gemacht, die nicht kreativ genug sind, sich ein eigenes auszudenken.

nen in den Neunzigerjahren die Aktienmärkte rund um den Globus gestützt haben, kann man darauf wetten, dass sie im neuen Jahrtausend keinesfalls der sicherste Weg zur Wertschöpfung sein werden.

Strategische Konvergenz – die Grenzen von Best Practice

In einer jüngst von MCI finanzierten und von Gallup durchgeführten Umfrage interviewte ich über 500 CEOs dazu, ob ihrer Einschätzung nach die Strategien ihrer wichtigsten Mitbewerber ähnlicher oder unterschiedlicher geworden seien. Die meisten sagten: ähnlicher. Das ist keine gute Nachricht. Erinnern Sie sich noch an Economics 101 und die Idee des „perfekten Wettbewerbs", wonach jeder in einer Branche der gleichen Strategie folgt und über ähnliche Ressourcen verfügt? Sie erinnern sich möglicherweise auch an die Ergebnisse aus dem Lehrbuch: Jedes Unternehmen erzeugt gerade genug Gewinn, um überleben zu können, und nicht mehr. Damit wird das unternehmerische Gegenstück zur Subsistenzwirtschaft beschrieben – und das unvermeidliche Ergebnis konvergenter Strategien.

In fast jeder Branche neigen Unternehmen dazu, ihre Strategien an irgendeiner vom Branchendogma diktierten „zentralen Tendenz" auszurichten. Strategien nähern sich an, weil Erfolgsrezepte sklavisch imitiert werden. Hallo, all ihr Führungskräfte aus der Computerindustrie, die ihr versucht habt, Dells Geschäftsmodell des Zusammenbaus auf Bestellung zu imitieren, hebt eure Hände! All ihr Autobauer, die ihr zwei Jahrzehnte mit dem Versuch verbracht habt, Toyotas schlankes Fertigungsmodell nachzuahmen, gebt es zu! All ihr Kaufhausleiter, die ihr Wal-Mart als Fallstudie für euer Logistikmanagement verwendet habt, macht schon, gesteht es ein!

Selbstverständlich ist nichts gegen Imitation einzuwenden, solange Sie in anderen Geschäftsfeldern eine eigene Strategie vorweisen können. Aber allzu häufig wird ein neu entwickeltes erfolgreiches Geschäftsmodell zum zentralen Geschäftsmodell von Unternehmen gemacht, die nicht kreativ genug sind, sich ein eigenes auszudenken.

Eine ständig wachsende Armee eifriger junger Berater unterstützt und fördert die strategische Konvergenz und überträgt die „Best Practices" von den Führenden auf die Nachzügler. Wenn Ihnen irgendein großes Beratungsunternehmen ins Ohr flüstert: „Wir verfügen über ein wirklich tiefes Verständnis Ihrer Branche", drückt es damit einfach aus: „Wir werden Sie mit den gleichen dogmatischen Überzeugungen infizieren, mit denen wir auch alle anderen in Ihrer Branche angesteckt haben." Die Herausforderung, irgendeine Form von Differenzierung gegenüber den Mitbewerbern zu bewahren, steigt proportional zu der Zahl der Berater, die ihre Managementweisheiten rund um den Globus verbreiten.

Ein weiterer Trend, der in erheblichem Maß zur strategischen Konvergenz beigetragen hat, war das Outsourcing. Da die Unternehmen immer stärker outsourcen, wird der Spielraum für eine Abgrenzung gegenüber der Konkurrenz immer kleiner. Dell Computer hat aus gutem Grund auf ein Outsourcing seiner zentralen IT-Prozesse verzichtet und ist kein Freund von einseitigen ERP-Lösungen. Das Geschäftsmodell von Dell basiert auf der Schaffung einzigartiger, IT-spezifischer *Vorteile*. Das kann nicht so ohne weiteres durch Standardlösungen erreicht werden. Der branchenweite Business-to-Business-Austausch, wie er zum Beispiel Ford, General Motors und DaimlerChrysler vorschwebt, wird ein weiterer Konvergenzfaktor sein.

Führungskräfte, die einen großen Teil ihrer Zeit damit verbringen, dieselben Fachmessen zu besuchen, dieselben Branchenmagazine zu lesen und denselben E-Business-Schwadroneuren zuzuhören, beschleunigen das Tempo der strategischen Konvergenz noch. Schließlich nähern sich die Strategien aneinander an, weil jeder die Branche auf die gleiche Weise definiert, die gleichen Strukturierungskriterien verwendet, über die gleichen Kanäle verkauft, die gleiche Dienstleistungspolitik übernimmt und so weiter. Tatsächlich wird eine „Branche" typischerweise einfach über die Unternehmen definiert, die mit dem gleichen Geschäftsmodell arbeiten.

Im Bereich der Luftfahrtindustrie sind die Strategien der US-amerikanischen Gesellschaften United und Delta praktisch identisch – zumindest aus der Sicht der Kunden. Wenn wir letzte Nacht, während alle schliefen, wahllos 100 Topmanager jeder dieser Fluggesellschaften genommen und gegen die Führungsspitze ihrer Mitbewerber ausgetauscht hätten – glauben Sie, dies hätte zu irgendeiner spürbaren Veränderung Ihrer Flugerfahrungen geführt? Trotz insgesamt belebter Wirtschaft lag die Umsatzrendite der amerikanischen Luftfahrtindustrie 1998 bei mageren fünf Prozent. Bei der nächsten Flaute werden wir Zeugen eines neuen brancheninternen Kannibalismus sein, weil kaum voneinander unterscheidbare Konkurrenten versuchen, sich gegenseitig die Kunden abzujagen. Natürlich werden die Schnäppchenjäger unter den Fluggästen dem Spektakel kräftig applaudieren, bei dem sich die Fluggesellschaften gegenseitig in Stücke reißen, aber die Investoren finden das möglicherweise nicht ganz so lustig.

Oder denken Sie an die Kaufhäuser. Die Ergebnisse von May Department Stores, Federated Department Stores, J. C. Penney, Sears und Dillard's lagen in den letzten Jahren alle unter dem S&P-500-Index. Kein Wunder: Die Ausstattung der Geschäfte, die Auswahl der Waren und die Servicepolitik weisen eine ermüdende Eintönigkeit auf. Die herausragenden Spitzenverdiener der Branche sind dagegen Wal-Mart, Gap, Best Buy und die Läden von Dayton Hudson's Target.

Das Kreditkartenwesen ist ein weiterer Bereich, in dem sich die Strategien lustlos angeglichen haben. Hier nur ein paar Indikatoren:

- Die Zahl der an amerikanische Haushalte verschickten Direct-Mailings stieg von 2,4 Milliarden im Jahr 1994 auf 3,4 Milliarden im Jahr 1998, während die Antwortrate gleichzeitig von 1,6 Prozent auf 1,2 Prozent fiel.
- Der Kurs in Form jährlicher Ausschüttungen und Zinsen ist zum wichtigsten Werbe- und Differenzierungsinstrument geworden.
- Der Branchen-ROA (Return on Assets) fiel von 4,1 Prozent im Jahr 1993 auf 2,9 Prozent im Jahr 1998.
- Drei Kreditkartenunternehmen beherrschen 48 Prozent des amerikanischen Visakarten-Marktes, und zehn Unternehmen kontrollieren 76 Prozent des Weltmarkts.

Fällt Ihnen in Bezug auf das Kreditkartengeschäft der letzten Jahre spontan irgendein bahnbrechender Innovationsträger ein? Nein? Das ist der Grund, warum sich die führenden Unternehmen der Branche auch in unrentablen Werbeschlachten erschöpfen.

Im Allgemeinen verfolgen werterzeugende Spitzenunternehmen hochgradig differenzierte Strategien. Selbstverständlich setzen sie sich mit ihren Konkurrenten auseinander, aber sie verfügen über einzigartige Fähigkeiten, Aktivposten, Bewertungsanalysen und Marktpositionierungen. Sie merken den Unterschied, ob sie mit Virgin Atlantic oder United fliegen. Und Old Navy werden Sie nicht mit der Bekleidungsabteilung von J. C. Penney verwechseln. Wenn sich eine Strategie nicht von anderen unterscheidet, ist sie tot. Bernie Ebbers, der Rebell, der WorldCom aufgebaut und dann MCI übernommen hat, verabscheut Konvergenzen. Während eines Treffens mit Analysten wurde er gefragt, ober er sich ins Kabelfernsehgeschäft einkaufen wolle, weil Michael Armstrong dies für AT&T getan habe. Ebbers antwortete: „Wir werden nichts von dem tun, was er macht."[4]

Also, woran können Sie feststellen, ob Ihre Strategie der eines anderen Unternehmens gleicht? Nun, wenn die Steigerung der Einnahmen Ihres Unternehmens, seine Investitionsrentabilität, seine Gewinnspanne oder sein Kurs-Gewinn-Verhältnis weitgehend dem Branchendurchschnitt entsprechen, dann können Sie darauf wetten, dass die Strategien konvergieren. Werfen Sie einmal einen Blick auf die Performance der führenden US-amerikanischen Fluggesellschaft während eines Zeitraums von zehn Jahren (vgl. dazu die Tabelle: „Finanzielle Schlüsselindikatoren ausgewählter US-amerikanischer Fluggesellschaften"). Wer besitzt hier Ihrer Meinung nach die eigenständigste Strategie? Der Gewinn von Southwest wuchs fast doppelt so schnell wie der Branchendurchschnitt; dasselbe gilt für die Einnahmen. Das Unternehmen weist zudem bei weitem die gesündeste Gewinnspanne auf. Es ist also nicht verwunderlich, dass sich Southwest auch strategisch am stärksten von seinen Mitbewerbern abhebt.

Southwest meinte dazu: „Wenn wir die Kunden wie Vieh behandeln wollten, könnten wir ebenso gut ein Geschäftsmodell für Viehtransporte entwickeln – keine Platzreservierungen, keine Mahlzeiten, keine komfortablen Lounges und keine Unterhaltung während des Fluges." Die Luftfahrtbranche bildet keine Ausnahme. Eine Konvergenz der Strategien bewirkt tendenziell eine Annäherung der Gewinnspannen, die sich um einen relativ niedrigen Durchschnittswert bewegen.

FINANZIELLE SCHLÜSSELINDIKATOREN AUSGEWÄHLTER AMERIKANISCHER FLUGGESELLSCHAFTEN 1989–1999

	Durchschnittliche Gewinnspanne 1990–1999	Gesamtwachstum des jährlichen Nettogewinns 1989–1999	Gesamtwachstum der jährlichen Einnahmen 1989–1999
AMR (American Airlines)	6,1	3,7	5,4
Northwest	4,9	16,2	4,6
Delta Air Lines	4,2	9,1	6,2
UAL (United Airlines)	3,4	14,3	6,3
Southwest	**11,6**	**20,8**	**16,7**

Quelle: Standard and Poor's COMPUSTAT

Ohne eine radikale Erneuerung muss ein Unternehmen ein enormes Maß an Ressourcen aufbieten, um ein klitzekleines Ergebnis an Differenzierung zu erreichen: Die Summen, die ausgegeben werden, um für nicht unterscheidbare Soft Drinks zu werben; die Legionen an Telekommunikationsanbietern, die sich darum bemühen, Kunden dazu zu bewegen, für Ferngespräche von einer mittelmäßigen Telefongesellschaft zu einer anderen zu wechseln; die Millionen „kostenloser" Flugkilometer, die von Fluggesellschaften vergeben werden, um ihre Kunden zu überreden, ihnen trotz eines durchgängig schlechten Service „treu" zu bleiben; die Marketing-Investitionen, die erforderlich sind, um die Aufmerksamkeit von Investoren für irgendeinen der über 3500 offenen Investmentfonds zu gewinnen, die den Anlegern in den USA zur Verfügung stehen; die für die Produktion eines halben Dutzend gleich aussehender Fernsehzeitschriften ausgegebenen Mittel; die „Anreize", die Automobilunternehmen finanzieren müssen, um nahezu identische Wagen über die Händler an die Kunden zu bringen – all dies sind lediglich ein paar Beispiele für die Sinnlosigkeit starr kopierter Strategien, die zu hohen Kosten führen und nur geringe Wirkung haben.

In welchem Verhältnis stehen die Abgrenzungsbemühungen gegenüber Mitbewerbern zu den Investitionen Ihres Unternehmens? Sind Sie in einem

Investitionswettrüsten mit anderen Unternehmen gefangen, die im Wesentlichen die gleichen Strategien verfolgen, oder sind Sie der Strategiekonvergenz entkommen und haben eine „Geheimwaffe" zur Differenzierung gegenüber ihren Konkurrenten entwickelt? Hier ein paar mögliche Fragen, die Sie sich dazu stellen sollten:

1. *Haben wir die Erwartungen der Kunden durch andere definieren lassen?* Sears, Roebuck ließ Wal-Mart und Target die Maßstäbe der Kunden darüber, was preiswert sei, bestimmen. Target ging noch einen Schritt weiter und hat ein Einkaufsumfeld geschaffen, das erheblich einladender war als die Lagerhausatmosphäre von Wal-Mart. Der Lohn: treue Kunden für Target aus allen Bereichen des sozioökonomischen Spektrums.

2. *Schätzen uns die Mitbewerber eher als Regelbefolger oder Regelbrecher ein?* Als AT&T seine „Digital-One-Rate"-Gebühren für schnurlose Telefone vorstellte, wurde es – welch Überraschung – zum Regelbrecher. Ein Einheitstarif pro Minute und keine Aufschläge für Ferngespräche wirbelten die gesamte Branche auf. Wenn AT&T zum Regelbrecher werden kann, dann ist klar, dass der Rest der Branche hirntot sein muss.

3. *Hat sich unsere Strategie in den letzten zwei Jahren (für Internetunternehmen sind zwei Monate anzusetzen) in irgendeiner Weise wesentlich verändert?* Noch präziser: Haben wir irgendwelche neuen Kompetenzen aufgebaut? Haben wir neue Märkte erschlossen? Haben wir mögliche neue Grundlagen für Wettbewerbsvorteile geschaffen? Hat sich die Zusammensetzung unserer Einnahmen oder Gewinne nennenswert verändert? Hat sich die Zusammensetzung unserer Kunden verändert?

4. *Wurde unser Preis- oder Kostenvorteil in irgendeiner Form abgebaut?* Der Qualitätsvorsprung, den Nissan einst vor Amerikas Automobilbauern genossen hat, wurde weitgehend eingeholt, und das unelegante Styling seiner Wagen lässt Toyotas oder Hondas im Vergleich dazu sehr reizvoll wirken. Nissan geriet ins Schleudern und bat Peugeot um Hilfe. Von einem *französischen* Autobauer gerettet zu werden – wenn *das* nicht peinlich ist!

5. *Ist es für uns schwieriger geworden, internationale Spitzentalente zu gewinnen?* Wenn Sie nicht glauben, dass die besten Leute für die vitalsten Unternehmen arbeiten, dann fragen Sie mal irgendjemanden bei Cisco. Ein leitender Vizepräsident schätzte, dass der durchschnittliche IQ bei Cisco um ganze zehn Punkte höher liegt als bei der Konkurrenz. Das ist möglicherweise ein wenig übertrieben, aber Cisco hat einen beträchtlichen Wettbewerbsvorteil, wenn das auch nur in Teilen stimmt. Natürlich können kluge Menschen dumme Dinge

tun. Aber in einer Wirtschaft, in der die Mitarbeiter das Kapital darstellen, ist die Fähigkeit, die besten von ihnen an Ihr Unternehmen zu binden, ein gutes Indiz für deren Glauben an Ihre Zukunft.

Im Verlauf des vergangenen Jahrzehnts haben umfangreiche Effizienzprogramme, Aktienrückkäufe und ein überhitzter Übernahmemarkt die Aktienkurse höher und höher getrieben. Außerdem haben die Unternehmen immer härter gearbeitet, um ihrem bestehenden Kundenkreis höhere Einnahmen abzupressen. Und sie haben Legionen von Beratern beschäftigt, um von ihnen im Sinn von „Best Practices" zu lernen. Daran ist an sich nichts auszusetzen, aber allzu häufig waren diese Bemühungen nichts weiter als lebensverlängernde Maßnahmen für bereits hirntote Strategien. Mit einem Blick auf den Monitor am Bett des Patienten, der die Aktienkurse zeigte, konnte sich das Topmanagement bislang davon überzeugen, dass seine Strategie noch am Leben war. In den nächsten Jahren wird es allerdings immer schwieriger werden, diese Fiktion aufrechtzuerhalten. Die durchschnittlichen Kurs-Gewinn-Verhältnisse, die sich dank einer Investitionswelle der in die Jahre gekommenen Baby-Boomer-Generation innerhalb der letzten Dekade verdoppelt haben, die wachsende Zahl der an kurzfristigen Gewinnen orientierten Tagesspekulanten, der allgemeine Aufwertungseffekt durch die in den Himmel schießenden Kurse der Internetaktien werden im kommenden Jahrzehnt wohl kaum erneut für eine Wertverdoppelung sorgen können. Zu Beginn des neuen Jahrhunderts lag der Wert der US-amerikanischen Aktien bei 172 Prozent des Gesamtertrags der US-Wirtschaft. Damit war ein doppelt so hohes Niveau erreicht worden als vor dem Kurssturz 1987.

Es mag sich um eine neue Form der Wirtschaft handeln, aber die Bäume wachsen noch immer nicht in den Himmel. Ebenso wenig kann das Tempo der Fusionen und Übernahmen, die in den letzten Jahren zu beobachten waren, noch unendlich lange fortgesetzt werden. Und da viele Unternehmen bereits so knochendürr wie Calista Flockhart sind, gibt es nur noch wenig Spielraum für bedeutende Kostensenkungen.

EHRLICH WÄHRT AM LÄNGSTEN

Wenn Sie der Sackgasse rückläufiger Renditen entkommen wollen, dann müssen Sie zunächst einmal eingestehen, dass Ihrer gegenwärtigen Strategie, Ihrem über alles geliebten Geschäftsmodell möglicherweise die Luft ausgeht. Früher oder später kommt jedes Geschäftsmodell an den Punkt sinkender Erträge. Heutzutage ist dies meist früher als später der Fall.

Immer härter zu arbeiten, um eine verbrauchte Strategie effizienter zu machen, ist letztlich sinnlos. Denken Sie an all die Topmanager, die all die deprimierend mittelmäßigen Unternehmen leiten. Wie viele von ihnen sind dazu bereit, sich vor ihre Aktionäre oder ihre Mitarbeiter zu stellen und einzugestehen, was längst offensichtlich ist: „Unser Geschäftsmodell

Früher oder später kommt jedes Geschäftsmodell an den Punkt sinkender Erträge. Heutzutage ist dies meist früher als später der Fall.

ist am Ende."?

Eine Stammesweisheit der Dakota-Indianer lautet: „Wenn du merkst, dass du auf einem toten Pferd sitzt, dann steig lieber ab." Natürlich gibt es auch noch Alternativen. Sie können die Reiter austauschen. Sie können einen Ausschuss zur Untersuchung des toten Pferdes ins Leben rufen. Sie können Benchmarking darüber betreiben, wie andere Unternehmen tote Pferde reiten. Sie können erklären, dass es billiger ist, ein totes Pferd zu füttern. Sie können mehrere tote Pferde gleichzeitig anschirren. Aber nachdem Sie all diese Dinge versucht haben, bleibt Ihnen schließlich doch nichts anderes übrig, als abzusteigen.

Die Versuchung, auf dem toten Pferd sitzen zu bleiben, kann manchmal überwältigend sein. Hierzu ein aktuelles Beispiel: Innerhalb von sechs Monaten sank der Prozentsatz der Teenager, die Nike als „coole" Marke bezeichneten, von 52 Prozent auf 40 Prozent.[5] Wenn Teenager bereits T-Shirts mit der Aufschrift tragen: „Just Don't Do It", ist es ein bisschen spät, um mit der Wiederbelebung Ihrer Marke zu beginnen. Man muss lange bevor das Pferd strauchelt mit der Suche nach neuen Wertschöpfungsstrategien beginnen.

Die heutigen Börsenfavoriten würden gut daran tun, sich an Toys „R" Us, Compaq Computer, Novell und Dutzende anderer Senkrechtstarter zu erinnern, die auf den Boden der Tatsachen stürzten, als ihre sterbenden Strategien der Gravitationskraft nichts mehr entgegenzusetzen hatten. Wenn Sie glauben, dass Ihr bestehendes Geschäftsmodell für alle Zeiten Gewinne hervorbringen wird, oder wenn Sie nicht den Mut haben einzugestehen, dass dies nicht der Fall sein kann, dann verfügen Sie kaum über den nötigen Ansporn, nach neuen Wertschöpfungschancen zu suchen, geschweige denn, sich zur neuen Innovationsagenda zu bekennen.

Einer Schätzung des technischen Leiters von Sun Microsystems zufolge veralten jedes Jahr 20 Prozent des internen Technikwissens seines Unternehmens.[6] Kein Wunder, dass sich Sun als Unternehmen auf einer niemals endenden Jagd nach immer neuen Strategien begreift. Die führenden Fernsehsender der USA, verstaubte Relikte in einer Ära des Satelliten-TV mit 500 Kanälen, waren gegenüber den Risiken eines Strategiezerfalls alles andere als wachsam. Es waren die nicht traditionellen Sender wie MTV oder Comedy Central, die neue provokative Shows kreiert haben (wobei man kaum sagen kann, dass „South Park" die Kunst der Fernsehprogrammgestaltung wirklich vorangebracht hat). Vor 20 Jahren glichen die Fernsehprogramme ein wenig dem Magazin *Time* – ein breites Themenspektrum und seicht, eben für jeden etwas. Jetzt gleicht das Fernsehangebot einem neun Meter langen Zeitschriftenregal mit lauter Spezialmagazinen: The Classic Movie Channel,

The Golf Channel, Animal Planet, MTV und Dutzende andere. Das Fernsehen hat sich in Hunderte winziger Einzelmärkte aufgesplittert. Und am Horizont taucht bereits das Full-Video-Webcasting auf, die uneingeschränkte Videoübertragung im weltweiten Netz, die das Fernsehen in ein Medium verwandeln wird, das jedes beliebige Programm zu jedem beliebigen Zeitpunkt zur Verfügung stellt. In dem Zeitraum von 1993 bis 1994 hatten die drei führenden Sender eine Zuschauerquote von 61 Prozent. In der Zeit von 1998 bis 1999 war diese Quote bereits auf 43 Prozent gesunken.[7] Dazu Robert A. Iger, vormals Chef von ABC und heutiger Disney-Präsident: „Wir hatten uns an die Vorstellung gewöhnt, es bestünde die Möglichkeit, diesen Zerfallsprozess aufhalten zu können. Das war dumm von uns. Er ist nicht aufzuhalten. Wenn Sie den Kunden eine immer größere Auswahl anbieten, dann treffen sie eine größere Auswahl."[8] Leugnen ist tragisch. Zögern ist tödlich.

Es gibt fundierte Belege dafür, dass weltbewegende Strategien selten auch nur ein Jahrzehnt überdauern. Bezweifeln Sie das? Dann beantworten Sie folgende Frage: Wie vielen der im S&P-500-Index berücksichtigten Unternehmen ist es gelungen, ihren Anlegern während des letzten Jahrzehnts über mehr als fünf Jahre hinweg Renditen im oberen Viertel zu bescheren? Die Antwort lautet: elf. Und nicht eines der S&P-500-Unternehmen konnte in mehr als sieben Jahren der letzten Dekade Renditen dieser Größenordnung erzielen. Wenn wir die letzten 15 Jahre in drei Fünfjahres-Abschnitte unterteilen, stellen wir fest, dass während der ersten Phase 24 Unternehmen aus der Liste der 100 am höchsten bewerteten Firmen gestrichen wurden. 26 schieden in der zweiten und ganze 41 in der dritten und letzten Fünfjahres-Phase aus. Erfolg war nie ein flüchtigerer Weggenosse als heute. Lassen Sie sich von niemandem etwas anderes einreden.

Warum setzen sich nur so wenige Unternehmen durch? Weil viele sich nicht dazu überwinden können, sich ernsthaft von veralteten Geschäftsmodellen zu verabschieden. Um *neue* Werte zu schaffen, muss ein Unternehmen bereit sein, sich – zumindest teilweise – von seiner aktuellen Strategie zu trennen, bevor es untergeht. Gap verkaufte zunächst Levi-Jeans und ein bunt zusammengewürfeltes Sortiment an Teenagerkleidung in den üblichen Kaufhäusern, um dann dazu überzugehen, ein betont cooles Markenangebot zu führen, das in wirklich fetzigen Läden verkauft wird. Cisco entwickelte sich von einem Router-Einzelanbieter zum Lieferanten kompletter digitaler Kommunikationslösungen für seine Kunden. Harley-Davidson versorgte zunächst gesellschaftsabtrünnige Marodeure mit Motorrädern, um dann neue Lifestyle-Rezepte an schüttere Möchtegern-Bösebuben zu verkaufen, die mit ihrer Midlifecrisis zu kämpfen haben. Unternehmen, die neue Werte schaffen, werden nicht einfach nur besser; sie werden anders – grundlegend anders.

Im Zeitalter der Revolution ist die Zukunft nicht das Echo der Vergangenheit. Das ist zwar jedem Manager theoretisch klar. Aber es ist doch etwas ganz anderes, sich vor das Unternehmen und die Investoren zu stellen und den Mut aufzubringen, den Dämon des Niedergangs beim Namen zu nennen. Wobei die Investoren und Mitarbeiter meist klug genug sind zu wissen, dass sich jedes Unternehmen früher oder später von seiner Strategie verabschieden muss.

Ohne die klare Erkenntnis, dass der Niedergang bereits begonnen hat, gibt es kaum eine Motivation zu grundlegenden strategischen Veränderungen. Sie und alle anderen Unternehmensangehörigen müssen daher unbedingt wachsam nach Anzeichen Ausschau halten, nach denen sich das Geschäftsmodell Ihres Unternehmens seinem Verfallsdatum zu nähern beginnt. – Es sei denn, Sie sind darauf erpicht, eine komplette Kehrtwendung zu managen.

> Vergessen Sie nie, dass Unternehmen, die heute schlecht abschneiden, zu den ehemals erfolgreichen gehören, die die Tatsache eines Strategieverfalls einfach zu lange geleugnet haben.

Beginnen Sie also mit der Wahrheit. Führungskräfte müssen zu schonungsloser Offenheit bereit sein, was den tatsächlichen Umfang betrifft, in dem ihre derzeitige Strategie abstirbt. Als die Aktienindizes 1999 immer steiler nach oben schnellten, fiel die Mehrheit der im S&P-500-Index enthaltenen Werte. Wenn Sie zu den 256 Unternehmensführern gehören, deren Aktienkurse *gefallen sind*, dann müssen Sie der Wahrheit ins Auge sehen: Keine noch so große Wachstumsgläubigkeit wird das Problem Ihres Unternehmens lösen.

Ein Blick auf die Geschichte zeigt allerdings, dass das Topmanagement eine außerordentlich stark ausgeprägte Fähigkeit zur Verdrängung besitzt. Die meisten Spitzenmanager sind in einer Welt aufgewachsen, in der die Branchengrenzen für alle Zeiten festgeschrieben zu sein schienen, in der Geschäftsmodelle in Würde alt werden konnten und in der der Besitz wirtschaftlicher Pfründe häufig einen überwältigenden Wettbewerbsvorteil darstellte.

Diese Welt existiert nicht mehr. Vergessen Sie sie. Jeder, der nicht in der Lage ist, diese Tatsache zu erkennen, bringt den künftigen Erfolg ihres oder seines Unternehmens ernsthaft in Gefahr. In jedem Unternehmen gibt es eine Anzahl von Lügen, an die sich Manager und Beschäftigte klammern, um sich nicht mit dem Umstand auseinander setzen zu müssen, dass ihre Geschäftsstrategie auf wackeligen Beinen steht. Wie ein Alkoholiker, der behauptet, er trinke nur in Gesellschaft, vertreten Manager oft die Überzeugung, ihr totes Geschäftsmodell schlafe nur. Hier sind einige der am meisten verbreiteten Lügen:

„Es ist alles nur eine Frage der Umsetzung."
„Es ist ein Organisationsproblem."
„Wir müssen einfach nur klare Schwerpunkte setzen."

„Es liegt an den Regulatoren."
„Unsere Konkurrenten verhalten sich irrational."
„Wir befinden uns in einer Übergangsphase."
„Alle verlieren Geld."
„Die Marktentwicklung in Asien/Europa/Lateinamerika war schlecht."
„Wir investieren langfristig."
„Die Anleger begreifen unsere Strategie nicht."

Manchmal kreisen Unternehmensangehörige jahrelang um eine tote Strategie, bevor sie eingestehen, dass sie gestorben und in den Strategiehimmel aufgestiegen ist.

Und welche kleinen Lügen kursieren in Ihrem Unternehmen? Neulich ist mir die Imagebroschüre eines der größten Versicherungsunternehmen der USA in die Hände gefallen. Darin wurde der CEO mit den Worten zitiert: „Versicherungen sind etwas sehr Komplexes. Ich glaube, dass die Leute immer Versicherungsvertreter brauchen werden." Das ist mindestens eine mittelgroße Lüge. InsWeb.com, Quotesmith.com und eine große Anzahl neuer Infomediäre im Versicherungsbereich können sich ohne weiteres eine Welt ohne Versicherungsvertreter vorstellen. Ebenso geht es jedem, der auf diesem Weg bereits eine Versicherung abgeschlossen hat. Oh ja, für die Regulierung von Schadensfällen brauchen wir möglicherweise noch einige Zeit lang Versicherungsvertreter – aber für den Verkauf von Versicherungen? Wiegen Sie sich nicht allzu sehr in Sicherheit. Jedes Geschäftsmodell ist im Zerfall begriffen, während wir hier miteinander kommunizieren.

Wenn Sie die Revolution anführen wollen, müssen Sie Ihre Effizienzprogramme auf Anzeichen rückläufiger Erträge durchforsten, auf Belege für die mangelnde Nachhaltigkeit von Umsatzsteigerungen oder eine schleichende Konvergenz. Hand aufs Herz: Hat sich Ihre „Unternehmensstrategie" bislang primär um finanzielle Konsolidierung und Megaabschlüsse gedreht statt um die Erneuerung Ihres Geschäftskonzepts? Wollen Sie die vorhandenen Risse Ihres zerfallenden Geschäftsmodells unter dem Deckmantel des E-Business verbergen? Sie müssen den Mut zur Offenheit darüber aufbringen, dass jeder Erfolg in einer sich ständig verändernden Welt etwas Zerbrechliches darstellt. Vergessen Sie nie, dass Unternehmen, die heute schlecht abschneiden, zu den ehemals erfolgreichen gehören, die die Tatsache des Strategieverfalls einfach zu lange geleugnet haben.

Die entscheidende Frage lautet: Was ist erforderlich, damit *Ihr* Unternehmen sich selbst neu erfindet? Bedarf es dazu erst des Erfolgs eines Konkurrenten, der einen so klaren und unmissverständlichen Vergleichsmaßstab setzt, dass Sie gezwungen werden, sich zu bewegen? Das war zum Beispiel der Impuls, den Merrill Lynch benötigte, um sich dem Online-Handel zu öffnen. Wenn Sie allerdings warten, bis Ihnen ein Konkurrent eine 08/15-Lösung serviert, werden Sie selbst am Ende vermutlich etwas höchst Fantasieloses produzieren. Brauchen Sie eine direkte und sofortige Krise –

eine so unmittelbare Bedrohung, dass Sie den Bankrott schon riechen können? Das war erforderlich, um Bewegung ins amerikanische Luftfahrtgeschäft zu bringen. Die Gesetzgeber in Washington schenkten den Klagerufen amerikanischer Fluggäste mehr Beachtung als manche Fluggesellschaften. Sie wissen also spätestens dann, dass Sie ein Problem haben, wenn Washington Ihren Kunden gegenüber aufmerksamer ist als Sie selbst. Aber sollte es wirklich der Androhung durch den Gesetzgeber bedürfen, um Fluggesellschaften dazu zu bringen, ihren Passagieren die Wahrheit über verspätete und stornierte Flüge zu erzählen? Für den Fall, dass Ihnen eine solche Drohung bereits ins Ohr geflüstert wird, ist es unwahrscheinlich, dass Sie ohne Blessuren davonkommen. Vielleicht reicht es auch einfach aus, dass Sie ein Gespür für die enormen Chancen entwickeln, die das Zeitalter der Revolution bietet, um sich und Ihr Unternehmen für die Möglichkeiten einer radikalen Erneuerung begeistern zu können?

Im Zeitalter der Revolution muss jedes Unternehmen zu einem Chancen ortenden Flugobjekt werden, dessen Steuerungssystem alles anpeilt, was möglich ist – und nicht nur das, was bereits erreicht wurde. Eine schonungslose Ehrlichkeit im Hinblick auf den Strategieverfall und das Engagement für die Erschließung *neuer* Möglichkeiten der Wertschöpfung bilden dabei die Grundlagen für eine strategische Erneuerung. Allerdings können Sie nicht zum Branchenrevolutionär werden, ohne einen Blick für das Unkonventionelle zu entwickeln. Ihnen wird der Mut fehlen, das Vertraute auch nur in Teilen aufzugeben, wenn Sie die Verheißung des Neuen nicht in Ihren Eingeweiden *spüren*. Und natürlich können Sie keine radikal neuen Geschäftskonzepte entwickeln beziehungsweise alten neues Leben einhauchen, ohne zuvor begriffen zu haben, was das überhaupt ist. Deshalb werden wir uns dieser Frage im nächsten Kapitel zuwenden.

s ist erforderlich, damit *Ihr* Unternehmen sich selbst neu erfindet?

Geschäfts-konzept-Innovation

Können Sie über neue Produkte und Dienstleistungen hinausdenken
und sich völlig neue Geschäfts*konzepte* vorstellen – und zwar solche, die verborgene Kundenbedürfnisse auf unkonventionelle Art befriedigen? Sind für Sie unkonventionelle Möglichkeiten zur Belebung bestehender Geschäftskonzepte denkbar? Sind Sie fähig, nichtlineare Wege zu beschreiten?

In den meisten Unternehmen gibt es nur wenige Menschen, die ganzheitlich und konkret über neue Geschäftskonzepte nachdenken oder sich eine radikale Neuregelung bestehender Geschäftsmodelle vorstellen können. Das ist der Grund, warum so viele großartige Ideen wirkungslos verpuffen. Jemand hat plötzlich den Ansatz einer Idee, aber er weiß nicht, wie er ein voll entwickeltes Geschäftsmodell daraus machen soll. Darum müssen sich auch so viele Unternehmen mit dem Problem der strategischen Konvergenz herumschlagen. Sie sind in einer eindimensionalen Sichtweise von Innovation gefangen, und ihnen fallen keine neuen Möglichkeiten für eine umfassende Differenzierung bestehender Geschäftsmodelle ein.

Können Sie sich eine Welt vorstellen, in der jedes Mal, wenn Sie den Telefonhörer abheben oder eine Verbindung ins Internet herstellen, ein kleiner Infobot eine Online-Auktion in Echtzeit durchführt, um denjenigen Provider zu bestimmen, der Ihre Bits zum niedrigstmöglichen Preis transportieren wird? Statt Ihren Telekommunikations-Provider alle paar Jahre einmal zu wechseln, um ein günstigeres Angebot zu nutzen, könnten Sie dies täglich ein Dutzend Mal tun. Und Ihr neuer Infomediär würde Ihnen

Wenn Sie und Ihr Unternehmen es Geschäftskonzepte nicht zur Meistergrößeren Vorstellungskraft den Reich-

dafür eine einzige Sammelrechnung präsentieren. Wird das geschehen? Wer weiß? Aber wenn Sie und Ihr Unternehmen es beim Ersinnen derartiger innovativer Geschäftskonzepte nicht zur Meisterschaft bringen, werden andere mit einer größeren Vorstellungskraft den Reichtum von morgen abschöpfen.

Es gibt nicht mehr als gerade mal eine Hand voll Unternehmen, die damit begonnen haben, ein Innovationssystem mit dem Ziel zu entwickeln, einen stetigen Strom neuer Geschäftskonzepte oder modifizierter Regeln innerhalb bestehender Geschäftsmodelle hervorzubringen. In den folgenden Kapiteln werden Ihnen einige Einzelpersonen und Unternehmen begegnen, die zu wahren Meistern der Geschäftskonzept-Innovation geworden sind. Aber zunächst ein paar Übungen zum ganzheitlichen Denken in Bezug auf Geschäftskonzepte. Überlegen wir einmal, was sein *könnte*. Stellen wir uns als Einstieg ein radikal neues Geschäftskonzept vor: eine *Cyber-Business-School*.

DIE CYBER-BUSINESS-SCHOOL

Angenommen, Sie wären jemand, der sich mitten im Aufbau seiner Karriere befindet und gern eine Business School besuchen würde. Aber die Aussicht, dass Sie damit das Leben Ihrer Familie durcheinander bringen und Ihre Karriere zwei Jahre lang auf Eis legen müssten, während Sie eine Spitzeneinrichtung dieser Art besuchen, behagt Ihnen nicht. Oder Sie können sich die exorbitant hohen Gebühren einfach nicht leisten, die diese Institutionen im efeuumrankten Gemäuer verlangen. Insofern stellt sich die Frage, ob die Art des Erwerbs einer betriebswirtschaftlichen Ausbildung im Lauf der nächsten zehn Jahre nicht ebenso eine dramatische Veränderung erfahren könnte, wie sie bereits auf dem Gebiet des Buchhandels (Amazon.com), des Aktienhandels (E*TRADE) oder der Informationssuche/-vermittlung (Yahoo!) stattgefunden hat. – Darauf können Sie wetten.

Lassen Sie uns ein kleines gedankliches Experiment durchführen, durch das die sprunghafte Innovation deutlich wird, mit der die alten Geschäftsmodelle im Zeitalter der Revolution zerstört werden. Beginnen wir mit den charakteristischen Merkmalen einer typischen Top-Business-School:

> beim Ersinnen derartiger innovativer schaft bringen, werden andere mit einer um von morgen abschöpfen.

- *Geografisch definiert*: Der Lehrkörper und die Studenten wohnen im Umkreis von rund 30 Kilometern zum Campus.
- *Hohe Aufnahmehürden*: Zu den Aufnahmebedingungen gehören ein hervorragender Notendurchschnitt und das Erreichen von über 90 Prozent der Punkte in der Aufnahmeprüfung für das Managementstudium – für Studienanfänger. Im Schnitt wird nicht einmal einer von fünf Bewerbern aufgenommen.
- *Lernen in Klassenzimmern*: Der typische Unterrichtsrahmen besteht aus einem Dozenten, 80 Studenten und einer schlecht kopierten Fallstudie.
- *Wenige „Stars"*: 20 Prozent des Lehrkörpers gelten international als „Gurus", für den Rest trifft das nicht zu. Stars verdienen satte 90 Prozent ihres Einkommens durch externe Lehrtätigkeiten und durch die Beratung von Unternehmen.
- *Egalitäre Gehaltsstruktur*: „Stars" bekommen üblicherweise nicht mehr als das Dreifache dessen, was ein neu eingestellter Assistenzprofessor verdient.
- *Veröffentliche oder stirb*: Um befördert zu werden, müssen junge Mitglieder des Lehrkörpers ihre Publikationen auf einen eng begrenzten Fachbereich beschränken. Ihre Fachkollegen begutachten ihre Forschungsarbeit. Der Lehrkörper ist generell nicht bereit, interdisziplinär zu forschen und zu lehren.
- *Junge Klientel*: Das Kernprogramm für den MBA-Abschluss besuchen College-Absolventen, die meist zwischen 25 und 30 Jahre alt sind und über drei oder vier Jahre Berufserfahrung verfügen.
- *Anzahl der Studenten*: Top-Business-Schools nehmen pro Jahr mehrere 100 bis etwa maximal 1000 MBA-Studenten auf.

- *Hohe Studiengebühren*: Die Gebühren können sich auf rund 20 000 US-Dollar pro Jahr oder sogar noch mehr belaufen.

- *Unflexibles Lehrprogramm*: Die Ausbildung zum MBA umfasst zwei Jahre intensiven internatartigen Studiums mit 20 Wochenstunden zeitlich genau festgelegter Unterrichtseinheiten in bestimmten Klassenverbänden.

- *Wissenschaftliche Forschung*: Das unausgesprochene Ziel des Lehrkörpers besteht darin, „ein Maximum an Seiten in Zeitschriften zu veröffentlichen, die von einem Minimum an Leuten gelesen werden". Der größte Teil der Forschungsarbeit findet nie eine praktische Anwendung. Und selbst dem besten Lehrkörper fällt es schwer, dem Dekan Forschungsgelder aus den Rippen zu leiern.

Die zehn führenden Business Schools in den USA entlassen jährlich weniger als 7500 MBA-Absolventen. Wie groß ist die unbefriedigte Nachfrage nach einer qualitativ hochwertigen betriebswirtschaftlichen Ausbildung in einer Welt, in der sechs Milliarden Menschen leben? Die überwiegende Mehrheit der Möchtegern-Studenten in diesem Bereich wird mit einer zweitklassigen Ausbildung abgespeist oder erhält überhaupt keine. Im Zuge der Ausbreitung der Marktwirtschaft in Osteuropa, Asien, Lateinamerika und auf dem indischen Subkontinent wird die Nachfrage nach einer Managementausbildung steil ansteigen. Wenn diese Nachfrage nicht befriedigt wird, könnte das in einigen Teilen der Welt zu einer Verlangsamung der wirtschaftlichen Entwicklung führen.

Existiert der erforderliche Spielraum, den ein neues Geschäftsmodell für die betriebswirtschaftliche Ausbildung benötigt? – Na klar, es gibt Riesenflächen.

Stellen Sie sich vor, Paul Allen, der Mitbegründer von Microsoft, oder George Soros, der weltweit agierende Finanzmann, würde beschließen, eine Cyber-Business-School zu gründen – geben wir ihr den Namen „Global Leadership Academy", GLA. Der erste Schritt bestünde darin, jeder der zehn führenden Business Schools zwei oder drei Starprofessoren wegzuschnappen und rund zehn der intelligentesten Vertreter erfolgreicher Beratungsgesellschaften abzuwerben – am besten jene, die bahnbrechende Bücher geschrieben haben.

Die Lehrkräfte finden die GLA reizvoll, weil sie ihnen die Chance bietet, weltweit neue Maßstäbe im Bereich Managementqualität zu setzen – was schwierig ist, wenn sich der Vertriebskanal auf ein paar 100 27-Jährige pro Jahr beschränkt. Außerdem erhalten die Lehrkräfte Aktien des neuen Unternehmens sowie ein garantiertes Einkommen von einer Million US-Dollar pro Jahr. Das neue Unternehmen kann sich diese Gehälter leisten, weil es auf einem Wirtschaftsmodell basiert, das sich von dem der physisch existierenden Business Schools grundlegend unterscheidet. Statt einen Professor 80 Studenten unterrichten zu lassen, stellt die

GLA einen Professor vor 100 000 Studenten – per Live-Satellitenübertragungen und Webcasts.

Die GLA baut gleichzeitig ein globales Netzwerk lokaler Tutoren auf, das mit untergeordneten Universitäten verbunden ist. Diese Tutoren treffen sich dann und wann mit den Studenten und unterstützen zuweilen Diskussionen von Fallbeispielen und Vorlesungen online. Die Studenten können ihre Erkenntnisse zudem in speziell auf ihre Bedürfnisse zugeschnittenen Chat-Räumen austauschen.

Auch die Zulassungsbedingungen der GLA unterscheiden sich von denen traditioneller Business Schools. Um sich einschreiben zu können, muss die Bewerberin oder der Bewerber lediglich Empfehlungsschreiben von drei Personen beibringen, die keine Familienangehörigen sind. Der erste Brief sollte die erfolgreiche Bewältigung von besonderen Widrigkeiten oder eines persönlichen Schicksalsschlags beschreiben – etwa die Überwindung einer Drogensucht oder die Mithilfe beim Großziehen jüngerer Geschwister nach dem Tod eines Elternteils. Der zweite Brief sollte den Bewerber in einer Führungsrolle darstellen, wie unbedeutend sie auch gewesen sein mag. Und der dritte sollte erläutern, welchen Beitrag der Studienanwärter für die Gesellschaft geleistet hat.

Neue Geschäftsmodelle sind mehr als ein *Ersatz* für das bereits Vorhandene. Sie eröffnen völlig neue Möglichkeiten.

Die Kosten der GLA sind weitgehend unabhängig von der Anzahl der durch sie betreuten Studenten. Selbstverständlich möchte sie so viele „Kunden" wie möglich gewinnen, damit sich ihre fixen Investitionskosten in die online angebotenen Kurse und die Gehälter des Lehrkörpers besser amortisieren. Aber auch wenn die Aufnahmebedingungen möglicherweise recht „lasch" wirken, so ist doch das Abschlussexamen anspruchsvoll. Diejenigen, die es bestehen, bekommen einen akademischen Abschluss von der GLA. Denjenigen, die durchfallen, wird ein Zertifikat zugestellt, in dem ihre spezifischen Lernleistungen beschrieben werden. Die GLA verlangt von ihren Studenten eine Grundgebühr von lediglich 2000 US-Dollar pro Jahr, unabhängig davon, wie schnell sie das Lehrprogramm absolvieren. Engagierte Studenten können das Programm in drei Jahren bewältigen.

In einigen der herkömmlichen Business Schools erhalten die Studenten eine begrenzte Anzahl an „Punkten", die sie beim Zulassungsverfahren für die Klassen mit den beliebtesten Lehrkräften einsetzen können. Bei der GLA gibt es keine überfüllten Kurse. Jeder Student lernt von den Besten. Die Elite-Lehrkräfte beaufsichtigen die Entwicklung der Internetstudienpläne und halten Schlüsselvorlesungen.

Die GLA schafft das traditionelle, fachbezogene MBA-Programm ab und entscheidet sich stattdessen für einen problemorientierten Lehrplan. In den Kursen werden interdisziplinäre Themen wie „Nutzen strategischer Allianzen", „Freisetzung von Innovation", „Entwicklung digitaler Strategien", „Erschließung globaler Kapitalmärkte" oder „Mitarbeiter der Generation X begeistern" behandelt.

Bei einem Bruttogewinn von 50 Prozent ist die GLA in der Lage, um jedes Mitglied des Lehrkörpers ein erstklassiges Forschungsteam aufzubauen. Da sie von der Belastung befreit sind, die gleichen Inhalte mehrfach vermitteln zu müssen, und da ihnen zudem ein Kader erstklassiger Forscher zur Verfügung steht, steigern die Lehrkräfte ihre wissenschaftliche Produktivität erheblich.

Auch wenn die GLA keine 100-jährige Geschichte wie die renommierten Universitäten vorweisen kann, zieht die Chance, bei den besten Köpfen der Welt zu studieren, eine Flut von Studenten an. Das gemeinsame „Markenzeichen" des Lehrkörpers überstrahlt schon bald das Renommee jeder Offline-Universität.

Der rasche Erfolg der GLA erstaunt die traditionellen Business Schools. Aber anders als die Fernlehrgänge der ersten Generation, wie sie von der Duke University und anderen Bildungsinstitutionen eingeführt wurden, bietet die GLA ihren Studenten die besten Lehrkräfte aus der ganzen Welt, nicht nur solche, die bereit sind, in der Nähe einer bestimmten Universität zu wohnen. Die betriebswirtschaftliche Ausbildung ähnelt dabei immer mehr dem Bereich Investment Banking oder Basketball, in dem die Stars Stargehälter beziehen.

Herkömmliche Business Schools, die der GLA nachzueifern versuchen, stehen vor einem schier unüberwindlichen Gewirr aus Problemen:

- Wie können Lehrkräfte von „konkurrierenden" Business Schools abgeworben werden?

- Wie kann man mit den Spannungen umgehen, die entstehen, wenn einem Mitglied des Lehrkörpers das Zehn- oder 20-fache von dem bezahlt wird, was eine andere Lehrkraft derselben Einrichtung verdient?

- Woher soll man angesichts der Gesamtstruktur, die mit der Aufrechterhaltung einer realen Institution einhergeht, das Geld für Starhonorare nehmen?

- Wie können die formellen Strukturen aufgebrochen werden, die verhindern, dass ein problemorientierter Lehrplan erstellt wird?

- Wie rechtfertigt man die hohen Studiengebühren, wenn Studenten für bis zu 90 Prozent niedrigere Beiträge bei den besten Lehrkräften der Welt studieren können?

Nach drei Jahren des Zauderns und Debattierens schließen sich Harvard, Wharton, Michigan, Northwestern und die London Business School zusammen und gründen ihre eigene virtuelle Business School. Aber interne Zwistigkeiten sowie das Problem, eine aus fünf Institutionen bestehende Kooperation zu steuern, behindern ihre Bemühungen. Oxford, Cambridge und andere Universitäten, die noch immer darum kämpfen, Business Schools für die Old Economy aufzubauen, geben einfach auf.

Eine unangefochten führende Business School im Cyberspace. – Wird dieses neue Geschäftsmodell Wirklichkeit werden? Zweifellos. Neue Geschäftsmodelle beinhalten mehr als umwälzende *Technologien*; sie implizieren vollständig neue Geschäftskonzepte. Sie sind mehr als ein *Ersatz* für das bereits Vorhandene. Sie eröffnen völlig neue Möglichkeiten.

INNOVATIVE GESCHÄFTSKONZEPTE

In der New Economy hat die Analyse möglicher Innovationen nicht ein Produkt oder eine Technologie zum Gegenstand, sondern ein Geschäftskonzept. Geschäftskonzepte und Geschäftsmodelle setzen sich aus denselben Bausteinen zusammen – ein Geschäftsmodell ist nichts anderes als ein in die Praxis umgesetztes Geschäftskonzept. Eine wirklich *innovative Entwicklung auf diesem Gebiet* umfasst die Fähigkeit, sich völlig neue Konzepte oder völlig neue Wege der Differenzierung bestehender Geschäftsmodelle vorstellen zu können. Die Erneuerung von Geschäftskonzepten ist damit der Schlüssel zur Erschließung neuer Wertschöpfungsmög-lichkeiten. Der Wettbewerb in einem breit gefächerten Bereich – seien es die Finanzdienstleistungen, die Kommunikation, die Unterhaltung, der Verlagsbereich, die Erziehung, die Energie oder irgendein anderes Feld – findet nicht zwischen Produkten oder Unternehmen statt, sondern zwischen Geschäftsmodellen.

Neue Geschäftsmodelle lassen die bisherigen Ansätze manchmal veralten. So kann man sich beispielsweise problemlos Telefonate über das Internet vorstellen, die auf Paketvermittlung basieren und die über feste Leitungen vermittelte Telefonate weitgehend verdrängen werden. Häufiger jedoch zerschlagen die neuen Geschäftsmodelle die alten nicht, sondern saugen vielmehr die Kundennachfrage ab und verringern dadurch nach und nach das Gewinnpotenzial des herkömmlichen Modells. Sears hat immer noch eine Eisenwarenabteilung, und Craftsman ist eine tolle Marke, aber The Home Depot hat sich einen riesigen Anteil der steigenden Nachfrage auf dem Heimwerkermarkt gesichert. Die digitale Fotografie wird den Handel mit Filmen nicht mit einem Schlag auslöschen, aber sie wird ihn möglicherweise drastisch zurechtstutzen, indem sie einen bedeutenden Teil der Nachfrage an sich reißt.

Ziel innovativer Geschäftskonzepte ist es, eine größere strategische Vielfalt in eine Branche oder ein Wettbewerbsfeld zu bringen. Wenn dies

> *Wann haben Sie das letzte Mal den Atem angehalten, als Sie durch die Kosmetikabteilung eines großen Kaufhauses gegangen sind?*

geschieht, und wenn die Kunden diese Vielfalt zu schätzen wissen, dann verschiebt sich die Verteilung des Wertschöpfungspotenzials häufig dramatisch zu Gunsten des Innovationsträgers. Es ist nicht zuerst der Wert, der die „Migration" innerhalb der Branchen und über sie hinaus verursacht, sondern der Ort der Innovation.

Manchmal sitzen die Unternehmen eines bestimmten Branchenbereichs untätig herum, während ihre Strategien konvergieren und zur gleichen Zeit irgendein radikaler Einsteiger an anderer Stelle ein neues Geschäftsmodell entwickelt und damit eine sprudelnde neue Geldquelle erschließt. Beispielsweise konnte Wal-Mart seinen Lieferanten auf Grund seiner Verhandlungsmacht viele finanzielle Zugeständnisse abpressen, aber es wäre nur in Teilen richtig zu sagen, der Wert sei zu Wal-Mart „gewandert". Der eigentliche Vorgang bestand darin, dass Wal-Mart etwas gelang, was nur wenige seiner Lieferanten oder Konkurrenten schafften: Ein völlig neues und überaus anziehendes Geschäftskonzept zu erfinden – den außerordentlich effizienten Hypermarkt mit „Dauerniedrigpreisen".

Geschäftskonzept-Innovation ist *Meta*innovation: Sie verändert innerhalb einer Branche oder eines bestimmten Marktsegments die gesamte Wettbewerbsbasis. Dem *American Heritage College Dictionary* zufolge bedeutet „Meta-": „über etwas hinausgehend" oder „umfassender". Weil innovative Geschäftskonzepte nicht linear sind, gehen sie *über* ergänzende Innovationen *hinaus*. Weil sie von Anfang an das gesamte Geschäftsmodell im Auge haben, sind sie *umfassender* als Erneuerungen, die lediglich auf Produkte oder technische Aspekte fixiert sind.

Nehmen wir beispielsweise die Kosmetikbranche. Wann haben Sie das letzte Mal den Atem angehalten, als Sie durch die Kosmetikabteilung eines großen Kaufhauses gegangen sind? Wann sind Sie das letzte Mal stehen geblieben, haben sich umgesehen und gedacht: „Das ist *wirklich cool*"? Noch nie? Das wundert mich nicht. Die Art, wie Kosmetika dort angeboten und verkauft werden, hat sich während der letzten Jahrzehnte kaum verändert. Wenn Sie zufällig in die Kosmetikabteilung eines großen Warenhauses geraten – könnten Sie dann auf Anhieb sagen, ob Sie sich bei Macy, Saks Fifth Avenue, Bloomingdale's oder bei einem ihrer Konkurrenten befinden? Wenn die Produktnamen verdeckt wären, könnten Sie dann die Auslagen von Estée Lauder sofort von der Lancôme-Verkaufstheke unterscheiden? Vermutlich nicht. Kein Wunder, dass es die Kosmetikbranche gehörig mit der Angst zu tun bekommen hat.

Lassen Sie uns einen kurzen Blick auf deren bestehendes Geschäftskonzept werfen: Die teuren Schönheitsprodukte werden fast ausschließlich in Warenhäusern mit hohem Preisniveau verkauft und tragen stolze 20 Prozent zum Gewinn dieser Häuser bei. Die Hersteller wachen eifersüchtig über die Präsentation ihrer Produkte, und für jede Marke werden eigene Verkaufstheken und eigenes Personal eingesetzt. Die häufig von den Herstellern bezahlten Verkäuferinnen und Verkäufer arbeiten auf Kommissionsbasis und verhalten sich entsprechend aufdringlich. Sie sind darauf getrimmt, den Kunden etwas zu *verkaufen*, statt sie etwas *kaufen* zu *lassen*. Wenn Sie sich einen Lippenstift in einer speziellen Schattierung kaufen wollen, müssen Sie von einer Theke zur anderen laufen und sich zu erinnern versuchen, ob jener Lipgloss von Chanel da drüben vielleicht um einen Hauch weniger rosa ist als der Lippenstift von Lancôme, den Sie gerade in der Hand halten. Viele Male haben Sie eine Verkäuferin gebeten, sich ein bestimmtes Produkt in der Vitrine ansehen zu dürfen – die meisten sind hinter Glas ausgestellt. Der Handel stützt sich außerdem oft auf Beigaben zum Kauf, ein Werbegeschenk, das Kunden zunehmend als selbstverständlich voraussetzen.

Sephora, eine in Frankreich gegründete Kosmetikkette, die vor kurzem von dem Luxusgiganten LVHM übernommen wurde, befindet sich auf globalem Expansionskurs. Warum? Weil das Unternehmen mit den Regeln der Kosmetikbranche gebrochen hat. Gehen Sie mal in ein Geschäft von Sephora – es wird Sie von den Socken hauen. Vor sich sehen Sie eine Wand, auf die Videos projiziert werden. Das Personal ist schwarz gekleidet. Jeder trägt einen schwarzen Handschuh, um die kostbaren Parfümflaschen besser zur Geltung zu bringen. Alle arbeiten für ein fixes Gehalt. Die Ausstattung der Läden ist schwarzweiß und wirkt äußerst gepflegt. Sie finden dort Bücher, Magazine und Videos über Schönheitspflege, außerdem Gedichte als Inschriften auf schimmernden Säulen und über 600 verschiedene Marken.

Aber das Tollste ist die Art, in der Sephora seine Waren präsentiert. Praktisch jedes auf der Welt vorhandene Parfüm ist in alphabetischer Ordnung an der Wand aufgereiht. Es gibt eine Lippenstifttheke mit über 365 Farbtönen, und alle Lippenstifte sind nach Farben geordnet. Produkte für die Gesichts- und Körperpflege sind eher nach Kategorie als nach Hersteller sortiert. Sie finden alles von *hip* (Urban Decay) bis *très chic* (Lancôme). Teure Markenware und Massenprodukte stehen häufig nebeneinander. Es gibt eine Duftorgel – ein mit zahlreichen Essenzen ausgestattetes Regal –, die es dem Personal ermöglicht, Ihnen zu sagen, woraus sich Ihr Parfüm im Einzelnen zusammensetzt, und Sie auf andere, ähnliche Duftnoten hinzuweisen. Alle Produkte sind offen ausgestellt. Nehmen Sie sie, probieren Sie sie aus – selbst die Lippenstifte. Es gibt keine Geschenke. Dies ist ein Schönheitstempel, und die Kunden sind die Götter.

Aber wenn Sie das alles noch nicht überzeugt, dann hören Sie sich an, was Marianne Wilson von *Chain Store Age* zu sagen hat:

> *„Durch die Intensität seiner Atmosphäre, seines Designs und seines Warenangebots schlägt das Unternehmen Sephora alle anderen Mitbewerber seiner Kategorie aus dem Feld. Und es tut dies ohne massenhafte Kaufzugaben, aggressive Verkaufsstrategien und oft hochnäsige Verkäufer, die einen großen Teil des Kosmetikeinzelhandels in den Warenhäusern charakterisieren. Was mir denn auch am meisten an*

Sephora gefallen hat, war die egalitäre Art, mit der Käufer und Waren behandelt werden."[1]

Bis zum Frühjahr 1999 hatte Sephora 20 Prozent des französischen Einzelhandelsmarkts für Kosmetik erobert. Innerhalb von 18 Monaten nach der Eröffnung seines ersten amerikanischen Geschäfts in Manhattan gab es bereits 49 zusätzliche Sephora-Läden quer über die ganzen Vereinigten Staaten verteilt. Das Unternehmen plant die Eröffnung von nicht weniger als 200 weiteren Geschäften. Myron E. Ullman III., der Architekt der internationalen Expansion des Unternehmens, hat seine eigenen Ansichten über das, worum es bei Sephora geht:

„Der Einzelhandelsverkauf ist im Wandel begriffen. Mir fällt kein einziges Einzelhandelskonzept ein, das unverändert geblieben ist und trotzdem weiterhin noch sehr gute Ergebnisse erzielt. Aus diesem Grund haben wir in Paris ein Team, das sich mit nichts anderem beschäftigt, als darüber nachzudenken, wie man die Dinge anders machen kann. Zu seinen Hauptaufgaben gehört es, dafür zu sorgen, dass unser Flaggschiff so überwältigend bleibt, dass die Leute gar nicht anders können, als unsere Läden zu betreten. Wir wollen, dass sich unsere Kunden, wenn sie die Fifth Avenue hinunterschlendern, fragen: „Soll ich ins Museum of Modern Art oder lieber zu Sephora gehen?"'

Sephora hat das typische Geschäftsmodell der Kosmetikbranche auf den Müll befördert:

	Traditionelles Modell	Modell von Sephora
Verkaufspersonal arbeitet auf Kommissionsbasis	Ja	Nein
Zugaben bei Kauf	Ja	Nein
Eine Marke pro Verkaufstresen	Ja	Nein
Hersteller überwacht Auslage	Ja	Nein
Problemloses Ausprobieren	Nein	Ja
Ungehindertes Einkaufen	Nein	Ja
Leichter Produktvergleich	Nein	Ja
Der Kunde ist König	Nein	Ja

Dies ist ohne Zweifel ein innovatives Geschäftskonzept.

Durch Sephora verlieren die Hersteller von Kosmetika Ihre Kontrolle über das Verkaufspersonal, die Produktauslagen und über den Handel – also genau die Dinge, über die sie sich am Ort des Verkaufs gegenüber den Mitbewerbern abgrenzen wollen. Das tut weh! Einige Kosmetikhersteller haben sich aus Angst, die Warenhäuser zu verprellen, geweigert, Sephora die Vertriebserlaubnis für bestimmte Produktlinien zu erteilen. Sie werden die MAC-, Bobbi-Brown- und Aveda-Produktlinien von Estée Lauder bei Sephora nicht finden. Ebenso wenig können Sie dort die Make-up-Sortimente von Chanel bekommen – zumindest im Augenblick nicht.

Die Idee der Geschäftskonzept-Innovation geht von der Prämisse aus, dass man dem Druck des Hyperwettbewerbs nur entkommen kann, wenn man ein Geschäftsmodell entwickelt, das sich von allem bisher Dagewesenen völlig unterscheidet, sodass man traditionelle Konkurrenten – zumindest zeitweise – weit hinter sich zurücklassen kann. Eine äußerst effektive Geschäftskonzept-Innovation bringt die Mitbewerber in eine verzwickte Lage, die ihnen erhebliche Bauchschmerzen bereitet: Wenn sie ihr altbewährtes Geschäftsmodell aufgeben, riskieren sie, ihr Kerngeschäft im Endspurt um den zweiten Platz in einem Spiel zu opfern, das nicht von ihnen erfunden wurde und dessen Regeln sie nicht verstehen. Aber wenn sie das neue Modell nicht übernehmen, verzichten sie auf die Zukunft. Sie sitzen also in jedem Fall in der Tinte, ob sie nun nachziehen oder nicht. – Das ist Geschäftskonzept-Innovation vom Feinsten.

Eine äußerst effektive Geschäftskonzept-Innovation bringt die Mitbewerber in eine verzwickte Lage, die ihnen erhebliche Bauchschmerzen bereitet.

Die Erneuerung von Geschäftskonzepten ist keine *Wettbewerbs*strategie im eigentlichen Sinn. Sie zielt nicht darauf, sich gegenüber der Konkurrenz zu positionieren, sondern darauf den Mitbewerbern *auszuweichen*. Diese Strategie basiert auf *Umgehung*, nicht auf *Angriff*. Der Schlüsselgedanke, der dahinter steckt: *Was sich nicht von der Konkurrenz unterscheidet, ist nicht strategisch.* Inwieweit eine solche Strategie zu überdurchschnittlichen Renditen führt, ist also im Wesentlichen eine Frage der Verschiedenartigkeit – nicht nur im Hinblick auf einen oder zwei Bereiche des Geschäftsmodells, sondern auf alle seine Komponenten.

Häufig erreicht ein innovatives Geschäftskonzept dieses erhabene Ziel nicht, aber es ist in jedem Fall anzustreben.

Die Fähigkeit, Geschäftsmodelle zunächst zu identifizieren, und dann auseinander zu nehmen und wieder zusammenzusetzen, bildet den Kern eines hochleistungsfähigen Innovationssystems. Wenn Ihr Unternehmen nicht mit radikal neuen Geschäftsmodellen experimentiert, hat seine Stunde bereits geschlagen.

Im Silicon Valley ist die Innovation von Geschäftskonzepten eine Religion. Dort weiß jeder frühreife 25-Jährige, was ein Geschäftskonzept ist, und genießt die Chance, alte Modelle auseinander zu nehmen und neue zu entwickeln. An der Stanford University wird Ingenieurstudenten sogar *beigebracht*, wie man das macht. Im Ernst!

Aber in den meisten Unternehmen außerhalb des Silicon Valley finde ich nicht eine Person unter 100, die mir erklären kann, was ein Geschäftskonzept ist – ganz zu schweigen davon, wie man ein neues ersinnt oder ein altes neu erfindet. Zudem bezweifle ich, dass Sie in Ihrem Unternehmen ein Dutzend Personen auftreiben können, die das gleiche Verständnis des dort *bestehenden* Geschäftskonzepts haben. Wie sollten sie auch, wenn sie noch nicht einmal die Elemente eines Geschäftskonzepts identifizieren können? Obwohl Berater ständig von „Geschäftsmodellen" sprechen, habe ich noch nie einen getroffen, der mir tatsächlich eine in sich schlüssige Definition dieses Begriffs liefern konnte. Es ist schwierig, ein neues Geschäftskonzept zu erfinden, wenn Sie sich nicht über seine Komponenten verständigen können. Nehmen wir uns also ein paar Minuten Zeit, um zu erfahren, wie sich ein Geschäftskonzept zusammensetzt. Dieses Wissen ist unabdingbarer Bestandteil Ihrer Ausbildung zum Branchenrevolutionär.

Die Bausteine eines Geschäftsmodells

Wenn Sie ein Branchenrevolutionär werden wollen, müssen Sie eine instinktive Fähigkeit entwickeln, Geschäftsmodelle ganzheitlich zu betrachten. Ich habe ein System entwickelt, das vollständig, aber einfach ist. Ein Geschäftskonzept besteht aus vier Hauptkomponenten:

- Kernstrategie
- Strategische Ressourcen
- Schnittstelle zum Kunden
- Wertschöpfungsnetzwerk

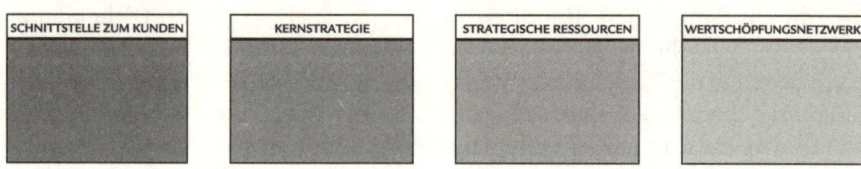

Jede dieser Komponenten hat mehrere Unterkategorien, auf die ich in diesem Kapitel später noch eingehen werde. Für jedes Element werde ich zudem ein paar Fragen vorschlagen, die Ihnen dabei helfen sollen, intensiv und zügig über die Chancen für eine Geschäftskonzept-Innovation nachzudenken. Tatsache ist, dass die meisten Unternehmen *blinde Flecken* innerhalb ihres Geschäftskonzepts haben, die sie in vielen Bereichen daran hindern, Innovationschancen wahrzunehmen. In diesem Kapitel werden wir solche blinden Flecken beseitigen.

Die vier Hauptkomponenten eines Geschäftskonzepts werden durch drei „Brücken"-Komponenten verbunden:

- Kernstrategie ← *Konfiguration* der Aktivitäten → Ressourcenbasis
- Kernstrategie ← Kunden*nutzen* → Schnittstelle zum Kunden
- Ressourcenbasis ← Unternehmens*grenzen* → Wertschöpfungsnetzwerk

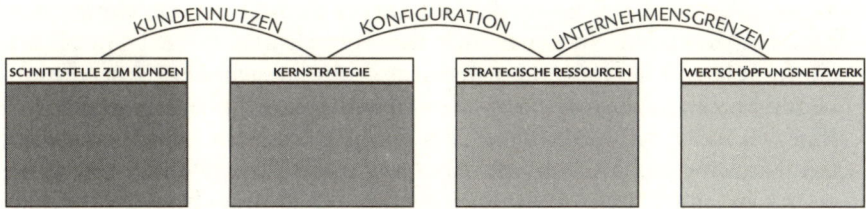

Das Gewinnpotenzial eines Geschäftsmodells basiert auf vier Faktoren:
- Effizienz
- Einzigartigkeit
- Passgenauigkeit
- Gewinnverstärker

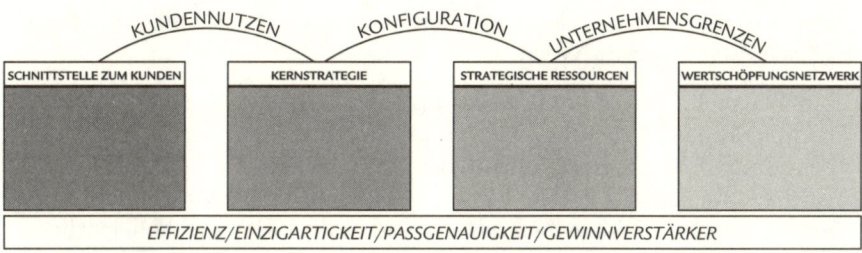

Kernstrategie

Die erste Komponente eines Geschäftskonzepts ist die *Kernstrategie*. Durch sie wird festgelegt, wie ein Unternehmen seinen Wettbewerb gestaltet. Zu den Elementen der Kernstrategie gehören die *business mission*, der Produkt-/Marktumfang und die Differenzierungsbasis.

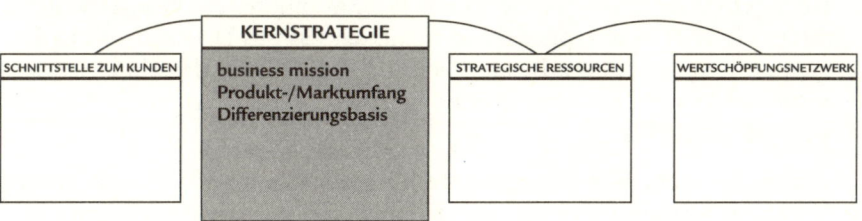

1. ***Die business mission***: Dieser Begriff umfasst das Gesamt*ziel* der Strategie, was also mit dem Geschäftsmodell erreicht werden oder was es bringen soll. Die business mission umfasst Dinge wie den „Wertschöpfungsplan", die „strategische Absicht", „große, wilde, kühne Ziele", den „Zweck" des Unternehmens und die angestrebte Gesamtleistung. Sie umfasst die Ausrichtung des Unternehmens und eine bestimmte Anzahl von Kriterien, an denen sich der Fortschritt messen lässt. Sie ist häufig relativ vage formuliert und legt grob die Sichtweise fest, die ein Unternehmen gegenüber möglichen Geschäftskonzepten einnimmt.

Eine Veränderung der business mission mündet nicht unbedingt in ein innovatives Geschäftskonzept. Aber wenn ein Unternehmen eine neue oder sehr andersartige business mission in eine Branche einbringt, die von Unternehmen mit weitgehend identischen Geschäftszielen beherrscht wird, dann könnte das tatsächlich zu einer Geschäftskonzept-Innovation führen. Dies war der Fall, als Virgin seine lifestyle-orientierte, auf Unterhaltung ausgerichtete business mission ins Luftfahrtgeschäft exportierte. Die traditionellen Luftverkehrsunternehmen gründeten sich auf business missions, die sich auf die Maximierung der operationalen Effizienz ihrer Fluggesellschaften konzentrierten. Die business mission von Virgin war dagegen auf Spaß, ein gutes Preis-Leistungs-Verhältnis und das Wohlbefinden der Kunden ausgerichtet. Jeder, der schon mal mit Virgin geflogen ist, wird den Unterschied zu anderen Fluggesellschaften bemerkt haben.

Ein Beispiel: Obwohl es Xerox lange Zeit gefiel, sich als „The Document Company" zu stilisieren, hat es seine business mission stillschweigend auf Kopiergeräte und Kopien konzentriert. Diese Definition verursachte einen blinden Fleck im Geschäftskonzept des Unternehmens, der es Hewlett-Packard ermöglichte, sich eine beherrschende Führungsposition im Geschäft mit Druckern aufzubauen. Und da die meisten Dokumente inzwischen elektronisch gespeichert werden, verwendet der Einzelne heutzutage eher seinen Drucker als einen Kopierer, um Dokumente zu reproduzieren. Nun können Sie einwerfen, dass Hewlett-Packard demnach ebenfalls als „Document Company" betrachtet werden könnte, aber die business mission von Hewlett-Packard ist wiederum eher auf das Drucken als auf das Kopieren ausgerichtet. Nachdem Xerox weit zurückgefallen war, änderte es die Zielrichtung seines Geschäftskonzepts dahingehend, dass es das Drucken von Dokumenten nun einschloss. Bedauerlich für Xerox, dass das Unternehmen nicht schon ein Jahrzehnt früher auf diese Geschäftskonzept-Innovation gekommen ist.

Fragen Sie sich: Wie lautet unsere business mission? Wie sieht unsere Unternehmensentwicklung aus: Können wir beschreiben, woher wir kommen und wohin wir gehen? Welchen Traum haben wir? Was wollen wir in der Welt verändern? Ist unser Unternehmensziel weit genug gefasst, um eine Erneuerung unseres Geschäftskonzepts zuzulassen? Sind unsere Unternehmensziele für unsere Kunden heute so wichtig, wie das möglicherweise in den vergangenen Jahren der Fall gewesen ist? Und am entscheidensten: Folgen wir einer business mission, die sich ausreichend von den Zielsetzungen anderer Unternehmen in unserer Branche unterscheidet?

Überlegung: Eine Business School, die es als ihre primäre business mission betrachtet, die auf dem Universitätsgelände untergebrachten Studenten mit akademischen Abschlüssen zu versehen, statt das Managementdefizit dieser Welt zu beseitigen, wird kaum motiviert sein, ein innovatives Geschäftskonzept zu entwickeln.

2. *Produkt-/Marktumfang*: Diese Begriffe beschreiben im weitesten Sinn *den Bereich*, in dem ein Unternehmen seinen Wettbewerb austrägt: An welche Kunden es sich wendet, in welchen Regionen es tätig ist, welche Produktsegmente es abdeckt – und wo seine Wettbewerbsfelder demnach nicht liegen. Die Art, wie ein Unternehmen seinen Produkt-/Marktumfang definiert, kann eine Quelle für Geschäftskonzept-Innovation sein, wenn sich diese Definition von der traditioneller Mitbewerber deutlich unterscheidet.

> *Gibt es Kundengruppen, die von den Unternehmen unserer Branche bisher generell ignoriert wurden?*

Ein Beispiel: Amazon.com mag als Online-Buchhändler begonnen haben, aber das Unternehmen wurde in Windeseile zum Wal-Mart des Internet und bietet heute so unterschiedliche Produkte wie Videos, Gebrauchselektronik, Gartenartikel, Werkzeug, Spielwaren und vieles andere mehr an. Amazon baut seine benutzerfreundliche Kundenschnittstelle durch Fremdfinanzierung aus und ist offenbar entschlossen, seinen Kundenstamm noch zu erweitern – zum Schaden von Web-Händlern, die sich auf nur ein Segment beschränken.

Fragen Sie sich: Könnten wir unseren Kunden etwas anbieten, dass einer „Gesamtlösung" für ihre Bedürfnisse näherkommt, indem wir die Definition unseres Produktumfangs vergrößern? Könnten wir sowohl unseren „Anteil an den Brieftaschen der Kunden" als auch unseren Marktanteil erhöhen, indem wir unser Spektrum ausdehnen? Würde es eine andere Definition unseres Aktionsradius' erlauben, einen größeren Anteil der mit unseren Produkten oder Dienstleistungen verbundenen Lebenszyklusgewinnen abzuschöpfen? Gibt es Kundengruppen, die von den Unternehmen unserer Branche bisher generell ignoriert wurden?

Überlegung: Was wäre, wenn Banken ihre Plastikkarten auch Kindern anbieten würden? Wäre es nicht toll, wenn Ihre Tochter ihre eigene Bankkarte hätte und ihr Taschengeld automatisch jeden Monat auf ihr

Bankkonto überwiesen werden würde? Über das Guthaben könnte sie mit ihrer Bankkarte verfügen. Es gäbe keine Sorgen mehr, dass sie ihr Taschengeld verliert, und keine Streitereien mehr darüber, ob Sie daran gedacht haben, ihr das Geld zu geben oder nicht. Dies ist nicht so weit hergeholt, wie Sie vielleicht denken. Web-Anbieter wie iCanBuy.com, DoughNET.com oder RocketCash.com lassen Kinder online mit der Kreditkarte von Mama oder Papa einkaufen. Keine Panik. Die Eltern bestimmen eine Obergrenze für die Ausgaben und erhalten einen Bericht darüber, was die Kinder gekauft haben.[2] Man muss sich wundern, warum Visa oder MasterCard nicht auf diese Idee gekommen sind.

3. **Differenzierungsbasis**: Dieser Aspekt beschreibt im Kern, *wie* sich ein Unternehmen im Wettbewerb verhält und – noch wichtiger –, wie es sich dabei von seinen Konkurrenten *unterscheidet*.

Ein Beispiel: Sie kennen Jonathan Ives nicht, aber Sie kennen seine Arbeit. Im Alter von 30 Jahren wurde der eigenwillige Londoner zum Leiter der Abteilung für Industriedesign von Apple Computer ernannt. Letztlich war es Ives, der den iMac geschaffen hat, die kurvenreiche, durchsichtige Maschine, die neue Maßstäbe setzte, wie ein Computer auszusehen hat. Jahrelang war der PC das hässlichste Ding in Ihrem Haushalt. Er glich einem ausgeschlachteten Roboter, aus dem überall Schnüre und Kabel hervorquollen. Und es gab ihn in nur einer Farbe, einem fürchterlich langweiligen Beige. Warum? Weil die meisten Computerhersteller von Haus aus mit der Fertigung von Industrieprodukten befasst gewesen waren. Bei ihnen arbeiteten überwiegend Ingenieure, keine Künstler. Der iMac verkaufte sich im ersten Monat nach seiner Markteinführung in einer Stückzahl von 400 000, und mit ihm kam eine völlig neue Dimension der Differenzierung in die Computerindustrie: die Ästhetik.

Fragen Sie sich: Auf welche Weise haben die Mitbewerber unserer Branche versucht, sich voneinander abzugrenzen? Gibt es andere Dimensionen der Differenzierung, die wir erkunden könnten? Bei wel-

Sie können mit einem Stück Plastik 250 US-Dollar aus einem Geldautomaten ziehen. Aber wenn Sie für ein Hotelzimmer, das 250 US-Dollar die Nacht kostet, einchecken wollen, dann machen Sie sich darauf gefasst, dass Sie bei der Anmeldung ihre gesamte Lebensgeschichte preisgeben müssen.

chen Produkt- oder Dienstleistungsangeboten gab es bisher die *geringsten* Unterschiede? Wie könnten wir die Differenzierung in einigen dieser Bereiche erhöhen? Haben wir in *jedem* Bereich unseres Geschäftsmodells intensiv nach Unterscheidungsmöglichkeiten gesucht?

Überlegung: Sie können mit einem Stück Plastik 250 US-Dollar aus einem Geldautomaten entnehmen. Aber wenn Sie für ein Hotelzimmer, das 250 US-Dollar die Nacht kostet, einchecken wollen, dann machen Sie sich darauf gefasst, dass Sie bei der Anmeldung ihre gesamte Lebensgeschichte preisgeben müssen. Das ist absurd. Aus dem Automaten entnehmen Sie Geld, aber aus dem Hotel nehmen Sie nichts mit außer vielleicht der Seife. Wenn Sie ankommen, haben Sie bereits mit einer Kreditkarte für Ihr Zimmer gebürgt, und das Hotel hat Ihren Namen in einer Datei gespeichert. Warum also müssen Sie dann noch dieses ganze Eincheck-Gequassel über sich ergehen lassen? Warum können Sie nicht Ihre Kreditkarte als Zimmerschlüssel verwenden? Wird das geschehen? Aber ja. Holiday Inn plant in der Nähe des Atlanta Airport ein neues Hotel, in dem die Kunden Ihre Kreditkarten als Zimmerschlüssel einsetzen können.³ Hallo Jungs, Geldautomaten gibt es schon seit Jahren – warum habt ihr so lange gebraucht?

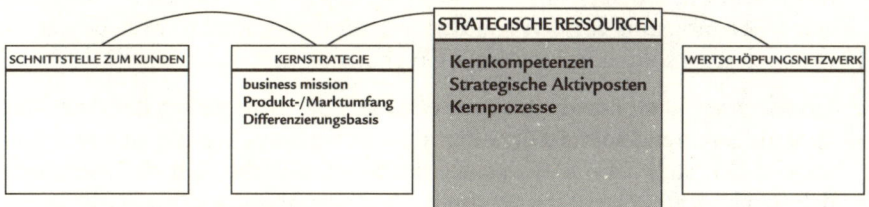

Strategische Ressourcen

Jeder Wettbewerbsvorteil, der diesen Namen verdient, basiert auf der einzigartigen Kombination firmenspezifischer Mittel und Möglichkeiten. Eine grundlegende Veränderung dieser Basis der Wettbewerbsfähigkeit kann eine Quelle für innovative Geschäftskonzepte sein. Strategische Ressourcen schließen Kernkompetenzen, strategische Aktivposten und Kernprozesse ein.

1. Kernkompetenzen: Damit ist im Wesentlichen das *Wissen* des Unternehmens gemeint. Der Begriff umfasst dabei sowohl das vorhandene Fachwissen als auch einzigartige Fähigkeiten.

Ein Beispiel: Enron, ein Unternehmen, das anfangs im Gaspipeline-Geschäft arbeitete und später zum weltweit führenden Energiehändler wurde, nutzt seine Kernkompetenzen, um das Geschäftsmodell der

Telekommunikationsbranche umzukrempeln. Enron erweiterte das Verständnis darüber, wie man eine Branche devertikalisiert und schuf hoch effiziente Märkte für das Warenangebot innerhalb des Netzwerkgeschäfts. Wenn Enron damit Erfolg hat, werden Firmen- und Privatkunden in der Lage sein, bei Bedarf jederzeit auf mehr Kapazität an Bandbreite zuzugreifen. Wollen Sie sich in Echtzeit ein Video via Glasfaserkabel reinziehen? Kein Problem. Das Enron Intelligent Network wurde entwickelt, um Benutzern die Möglichkeit zu geben, genau die Bandbreite zu kaufen, die sie benötigen, und zwar in dem Moment, in dem sie sie brauchen. Die im Rahmen des Energiegeschäfts ausgebildeten Fähigkeiten von Enron unterscheiden sich deutlich von jenen, über die traditionelle Netzwerkbetreiber wie AT&T verfügen.

Fragen Sie sich: Was sind unsere Kernkompetenzen? Wissen wir etwas, das a) einzigartig, b) für die Kunden wertvoll und c) auf neue, viel versprechende Bereiche übertragbar ist? Worin besteht der eigentliche Nutzen, den wir unseren Kunden dank unserer Kernkompetenzen bieten können? Wie könnten wir diesen Nutzen auf neue Art oder in einem neuen Umfeld einsetzen? Was könnten unsere Kernkompetenzen bewirken, wenn wir sie in Branchen einsetzten, in denen die Mitbewerber über ganz andere Fähigkeiten verfügen? Gibt es Fertigkeiten, die wir gegenwärtig nicht besitzen, die aber unsere traditionellen Qualifikationen im Rahmen einer Gesamtlösung für den Kunden untergraben könnten? Welche neuen Kompetenzen sollten wir unserem Geschäftskonzept hinzufügen?

Überlegung: Die Fertigkeiten, die eBay bei der Umsetzung der Aufgabe anwendet, einen Online-Direkthandel für Verbraucher aufzubauen, unterscheiden sich sehr von den Kenntnissen, auf die sich das Geschäft der nach Kategorien unterteilten Anzeigenabteilung einer Zeitung stützt. Eine Zeitung wäre kaum im Stande, landesweite Auktionen in Echtzeit durchzuführen. Wenn innovative Geschäftskonzepte die Kompetenzbasis einer Branche verändern, bringt das für die traditionellen Akteure ganz erhebliche Nachteile, was natürlich das Ziel der Sache ist.

2. *Strategische Aktivposten*: Strategische Aktivposten sind etwas, das ein Unternehmen besitzt. Bei ihnen handelt es sich also eher um Dinge als um Know-how. Zu den strategischen Aktivposten können Marken, Patente, Infrastruktur sowie rechtlich geschützte Standards, Kundendaten und alles andere gehören, was sowohl selten als auch wertvoll ist. Durch den wirksamen Einsatz seiner strategischen Aktivposten kann ein Unternehmen eine Geschäftskonzept-Innovation hervorbringen.

Ein Beispiel: Ich halte es für unwahrscheinlich, dass sich Barnes & Noble je als Online-Einzelhändler mit Amazon.com messen kann. Aber Barnes & Noble besitzt seinerseits einen strategischen Aktivposten, bei dem Amazon.com nicht mithalten kann: seine hervorragenden Einzelhandelsläden. Barnes & Noble hat dieses Potenzial eingesetzt, um seinen Kunden neue Formen des Nutzens zu bieten. Zuerst staffierte das Unternehmen seine Buchverkaufsfläche mit zahlreichen gemütlichen Sofas und weich gepolsterten Stühlen aus. Dann begann es, Dichterlesungen und musikalische Vorträge zu veranstalten. All dies hat die Läden von Barnes & Noble zu einem Freizeitziel werden lassen, zu etwas, das eher einem Gemeindezentrum oder dem klassischen Marktplatz als einem Buchladen gleicht.

Fragen Sie sich: Über welche strategischen Aktivposten verfügen wir? Könnten wir sie auf bisher nicht erprobte Weise einsetzen, um den Kunden einen neuen Nutzen zu bieten? Könnten unsere strategischen Aktiva in anderen Branchenfeldern wertvoll sein? Können wir neue Geschäftsmodelle aufbauen, die unsere strategischen Aktivposten nutzen – können wir uns also alternative Verwendungsformen für unsere strategischen Aktiva vorstellen?

Überlegung: Wenn Sie ein langweiliges altes Versorgungsunternehmen sind, wie können Sie es dann schaffen, aus dem Goldrausch der Netzwerkbetreiber Kapital zu schlagen? Unternehmen wie Williams oder Qwest setzen mit ihren „Wegerechten" einen wertvollen strategischen Aktivposten ein, um neue Kommunikationsnetzwerke aufzubauen. Wie Enron begann Williams im Pipelinegeschäft. Heute legt Williams Tausende Kilometer Glasfaserkabel durch aufgegebene Pipelines. Und der Gründer von Qwest, Philip Anschutz, kaufte vor zehn Jahren die Southern Pacific Railroad. Jetzt baut sein auf Hochgeschwindigkeitskommunikation setzendes Unternehmen ein Glasfasernetzwerk entlang des Wegerechts der Bahnlinie. Diejenigen, die sich vor über 100 Jahren dafür eingesetzt haben, diese Wegerechte eindeutig festzulegen, hätten sich niemals träumen lassen, dass sie eines Tages mit Lichtgeschwindigkeit Stimmen, Bilder und Daten transportieren würden. Welche alten strategischen Aktivposten könnte Ihr Unternehmen neu einsetzen?

3. **Kernprozesse**: Dieser Begriff beschreibt das, was die Mitarbeiter im Unternehmen tatsächlich *tun*. Kernprozesse sind das Methodenrepertoire und die Routine, die eingesetzt werden, um Input in Output zu verwandeln. Kernprozesse sind eher *Aktivitäten* als „Aktiva" oder „Fähigkeiten". Sie kommen bei der Umwandlung von Kompetenzen, Aktiva und anderen Inputs in Kundennutzen zum Einsatz. Eine grundlegende Neuerfindung eines Kernprozesses kann die Basis für die Erneuerung eines Geschäftskonzepts sein.

Beispiele: Dells System der Computerfertigung auf Bestellung ist einer der Kernprozesse des Unternehmens und ein kraftvolles Beispiel für eine Geschäftskonzept-Innovation.

Die Entdeckung von Arzneimitteln ist für jedes pharmazeutische Unternehmen ein Kernprozess. In den letzten Jahren wurde dieser Prozess durch die Bio-Informatik radikal neu erfunden. Sie ermöglicht es, Tausende und Abertausende von chemischen Verbindungen in kürzester Zeit auszuwerten.

Bei der schlanken Produktion von Toyota handelte es sich um eine Prozessinnovation, die die Automobilindustrie von Grund auf umkrempelte.

Fragen Sie sich: Was sind unsere entscheidenden Prozesse? Das heißt, welche Prozesse verschaffen den Kunden den größten Nutzen und zeichnen sich im Wettbewerb durch Einzigartigkeit aus? In welchem Tempo verbessern wir diese Prozesse? Beschleunigt oder verlangsamt sich dieses Tempo? Können wir uns einen vollkommen anderen Prozess vorstellen, der den gleichen Vorteil bieten würde? Besteht die Möglichkeit schrittweiser Funktionsverbesserungen in der Effizienz oder Effektivität unserer Prozesse? Könnten wir nichtlineare Prozessideen anderer Branchen aufgreifen? Oder umgekehrt: Könnten wir unser Prozesswissen einsetzen, um eine andere Branche zu verändern?

Wenn Sie ein langweiliges altes Versorgungsunternehmen sind, wie können Sie es dann schaffen, aus dem Goldrausch der Netzwerkbetreiber Kapital zu schlagen?

Überlegung: Haben Sie je ein Haus gebaut? Wie lange hat das gedauert? Ein Jahr? Zwei Jahre? Vor ein paar Jahren sponserte die Building Industry Association mit Sitz in San Diego einen scheinbar lächerlichen Wettkampf. Zwei Teams wurden gegeneinander aufgestellt, und jedes sollte versuchen, mit traditionellem Material in weniger als vier Stunden ein Haus zu bauen. Die Teams planten mit militärischer Präzision jede Sekunde des Bauprozesses. Sie bemühten sich, neue Technologien zu erfinden, etwa die Herstellung einer Zementmischung, die in Minutenschnelle trocknet. Sie zergliederten die Arbeit in Unteraufgaben, die parallel erledigt werden konnten. Während die eine Gruppe das Fundament legte, sollte eine andere Wandrahmen und eine weitere das Dach bauen. Die Rahmen sollten in großen Abschnitten auf das Fundament aufgestellt und dort verankert werden. Das Dach sollte mit Hilfe eines Krans auf die Wandrahmen aufgesetzt werden. Jedes Team brachte Hunderte von Bauarbeitern auf die Baustelle mit, und jedem Handwerker wurde eine genau festgelegte Rolle in einer ausgeklügelten

Nur, wenn man das Pedal bis zum Anschlag durchtritt kann man die Grenzen gegenwärtiger Prozesse überwinden.

Choreografie zugewiesen. Unglaublicherweise schaffte es ein Team, seinen Bungalow mit drei Schlafzimmern komplett mit Gartenanlage in weniger als *drei* Stunden zu bauen. Natürlich folgte der Wettbewerb einer Logik: Nur, wenn man das Pedal bis zum Anschlag durchtritt, wenn man nach dem scheinbar Unmöglichen greift, kann man die Grenzen gegenwärtiger Prozesse überwinden und neue Möglichkeiten entdecken. Aber unterstehen Sie sich, dies als Prozess-Reengineering zu bezeichnen. Es ist viel radikaler. Welche Art von Prozessinnovation würde es Ihnen erlauben, *Ihre* Branche zu verändern?

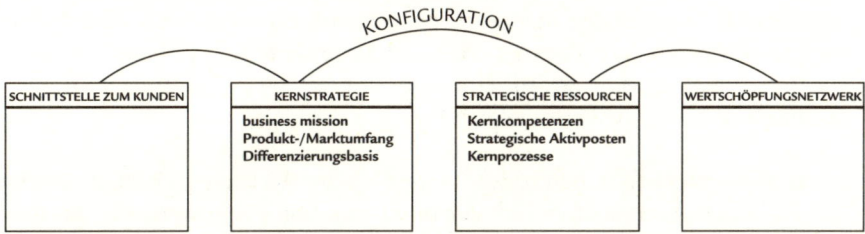

Konfiguration

Zwischen der *Kernstrategie* und den *strategischen Ressourcen* eines Unternehmens vermittelt ein Brückenelement, das ich *Konfiguration* nenne. Die Konfiguration bezieht sich auf die Einmaligkeit, mit der Fähigkeiten, Aktivposten und Prozesse zur Unterstützung einer bestimmten Strategie miteinander *verbunden* und *verknüpft* werden. Sie verweist auf das *Verbindungssystem* zwischen den verschiedenen strategischen Ressourcen sowie darauf, wie dieses System gesteuert wird. Der Begriff Konfiguration umfasst die Erkenntnis, dass großartige Strategien (und großartige Geschäftsmodelle) auf einer einzigartigen Mischung aus Fähigkeiten, Aktivposten und Prozessen basieren.

Ein Beispiel: Chrysler hat sich durch den Einsatz von „Plattform-Teams" zur Abstimmung zwischen den funktionalen Bereichen, die an der Herstellung und am Verkauf eines Autos beteiligt sind, einen beträchtlichen Wettbewerbsvorteil erworben. Die meisten Automobilunternehmen sind nach Funktionen strukturiert – Design, Technik, Produktion, Marketing und Verkauf. Die Beschäftigten sitzen in funktionsbezogenen „Silos" und fühlen sich häufig mehr ihrer Funktion als irgendeinem speziellen Produktprogramm verpflichtet. Das Ergebnis sind jede Menge Reibungsverluste, hinter dem Möglichen zurückbleibende Kompromisse und Verzögerungen in der Entwicklung. Chrysler nutzte ein neues Gebäude, um die einzelnen Spezialisten aus den verschiedenen Funktionsbereichen rund um die Fahrzeugplattformen zu vereinigen. Dabei bediente es sich einer Teamstruktur, die es das erste Mal bei der Entwicklung des aufsehenerregenden Viper-Sportwagens eingesetzt hatte.

In jedem Plattformteam sind alle Funktionen vertreten. Sie sitzen in einem Saal von der Größe eines Sportplatzes zusammen, wo jeder Mitarbeiter den anderen im Visier hat. Im Rahmen der neuen Konfiguration ist klar, dass die Verpflichtung jedes Beschäftigten in erster Linie dem Erfolg des Programms zu gelten hat, an dem sie oder er mitarbeitet, und nicht irgendeinem weit entfernten Funktionsbereichsleiter. Chryslers Mitbewerber auf dem US-amerikanischen Markt besitzen im Großen und Ganzen ein ähnliches technisches Wissen, ähnliche strategische Aktivposten und ihre Arbeit stützen sich auf ähnliche Prozesse. Aber Chrysler war der erste US-amerikanische Automobilhersteller, der all diese Komponenten in Form von grenzüberschreitenden Plattformteams verknüpft hat. Dies ist einer der Gründe dafür, warum Chrysler in den Neunzigerjahren als eines der innovativsten Automobilunternehmen der Welt bewertet wurde.

Fragen Sie sich: Wie behandeln wir die Schnittstellen zwischen unterschiedlichen Aktivposten, Wissensbereichen und Prozessen? Haben wir unsere Aktiva, Fähigkeiten und Abläufe auf einzigartige Weise kombiniert? Verbindet irgendjemand in unserer Branche oder Domäne seine strategischen Ressourcen auf unkonventionelle Art und Weise? Zieht er daraus irgendeinen Vorteil? Können wir uns völlig andere Konfigurationen vorstellen, als wir sie im Augenblick aufweisen?

Überlegung: Wenn Ihre Bank es so wie die meisten Banken handhabt, erhalten Sie regelmäßig einen Kontoauszug über die Bewegungen auf Ihrer Kreditkarte, einen anderen über Ihre Hypothekenzahlungen, einen weiteren über den Stand Ihres Girokontos, noch einen über Ihr Sparkonto oder Ihr Anlagedepot, und dann noch einen über Ihren Kredit, den Sie für den Kauf eines Wagens oder aus irgendwelchen anderen Gründen aufgenommen haben. Die Flut von Auszügen, die Sie jeden Monat erhalten, spiegelt die interne Konfiguration der meisten Banken wider: Jeder Produktbereich wird in einem eigenen Profitcenter betreut. Gleichzeitig wird hieran sichtbar, mit welchem Eifer sich die Bank von Ihnen Geld zu dem einen Satz ausleiht (zum Beispiel den Zinsen, die sie Ihnen für Ihre Spareinlagen bezahlt), um es Ihnen als Kredit zu einem weit höheren Satz wieder zurückzugeben (etwa in Form von Überziehungszinsen, die Sie für Ihr Girokonto zahlen).
Virgin Direct, der innovative Finanzdienstleistungsbereich des ausgedehnten Imperiums von Sir Richard Branson, bietet Kunden einen radikal neuen Ansatz, der auf einer völlig veränderten Konfiguration der einzelnen Abteilungen des Kreditinstituts basiert. Das Konto von Virgin One funktioniert folgendermaßen: Nehmen wir mal an, Ihre Hypothek beläuft sich auf 200 000 US-Dollar, die Sie mit acht Prozent verzinsen müssen. Nehmen wir außerdem an, dass Sie monatlich 8000 US-Dollar verdienen. Wenn Ihr Gehalt elektronisch auf Ihr Virgin-One-

Konto überwiesen wird, vermindert sich Ihre Hypothek sofort um 8000 Dollar. Wenn Sie dann im Lauf des Monats Schecks ausstellen, die von demselben Konto abgebucht werden, steigt Ihre Hypothekenschuld wieder an. Auf diese Weise verdienen Sie acht Prozent Zinsen an dem auf Ihrem Virgin-One-Konto parkenden Gehalt. Vergleichen Sie das mit dem, was Ihnen die meisten anderen Banken für das Geld auf Ihrem Girokonto geben.

Nun lassen Sie uns einmal annehmen, dass Sie während eines Urlaubs auf Tahiti mit dem Geld nur so um sich werfen und schließlich Ihr Kreditkartenkonto um 10 000 US-Dollar überzogen haben. Statt diesen Betrag über mehrere Monate abzustottern und dabei die typischen exorbitant hohen Zinsen zahlen zu müssen, die von den Kreditkartenunternehmen erhoben werden, begleichen Sie die auf Ihrer Kreditkarte auflaufende Summe über Ihr Virgin-One-Konto. Ihre Schulden steigen um 10 000 US-Dollar, aber Sie müssen dafür nur 8 Prozent Zinsen zahlen. Und wenn Sie ein paar Monate später 20 000 US-Dollar von Ihrer Großmutter erben und den Betrag auf Ihr Konto einzahlen, reduzieren sich Ihre Schulden um genau diesen Betrag, der Ihnen daher unterm Strich acht Prozent Zinsen einbringt – wie gesagt: weit mehr als das, was Sie bei einem normalen Girokonto verdienen könnten.

Die radikal neue Grundidee, auf der das Virgin-One-Konto basiert, ist folgende: Sie sind eine einzige Person mit einem einzigen Gesamtverschuldungsniveau. Ihre Bank sollte Sie daher nicht so behandeln, als litten Sie unter einer multiplen Persönlichkeitsspaltung, und sie sollte auch nicht an der Tatsache verdienen, dass ihre Organisation eine Struktur aufweist, die es unmöglich macht, Ihre Schulden und Ersparnisse auf einem einzigen Konto abzurechnen.

Schnittstelle zum Kunden

Die dritte Komponente eines Geschäftskonzepts, die *Schnittstelle zum Kunden*, weist vier Elemente auf: Ausführung und Support, Information und Einblick, Beziehungsdynamik und Preisstruktur. Das Internet hat die Art, wie Produzenten die Konsumenten erreichen, radikal verändert.

1. *Ausführung und Support*: Diese Begriffe umschreiben die Art, in der ein Unternehmen „auf den Markt" geht – Wie es seine Kunden tatsächlich erreicht, welcher Kanäle es sich bedient, welche Hilfestellungen es seinen Kunden anbietet und welches Dienstleistungsniveau es bereitstellt.

Beispiele: Webvan.com ist das jüngste Unternehmen, das den Einkauf von Lebensmitteln in den USA zu revolutionieren hofft. Webvan will ein landesweites Netz aus Verteilerzentren aufbauen, das es ihm ermöglicht, die traditionellen Supermärkte vollständig zu umgehen. Die Lebensmittel werden online bestellt, und Webvan liefert sie zu einer dem Kunden passenden Zeit aus. Webvan hat Bechtel, das weltweit führende Bauunternehmen, damit beauftragt, die Leitung von Gestaltung und Bau seiner Verteilerzentren zu übernehmen. Der Online-Anbieter behauptet, seine einzigartige Auftragsabwicklung ermögliche eine Reduktion der Lebensmitteltransporte von 50 Prozent gegenüber dem Branchendurchschnitt. Webvans erstes Verteilerzentrum, ein 30 690 Quadratmeter umfassendes Lagerhaus in Oakland, Kalifornien, ist mehr als doppelt so groß wie herkömmliche Lebensmittellager, und Webvan ist stolz auf seine Förderbänder in einer Gesamtlänge von über sechs Kilometern. Laut Webvan senkt das hohe Automatisierungsniveau die Kosten gegenüber einem Offline-Lebensmittelgeschäft um zehn Prozent. Es gibt keine Garantie dafür, dass Webvan andere Online-Lebensmitteleinzelhändler überrunden wird. Aber wer auch immer gewinnt: Die Wege, auf denen Nahrungsmittel die Kunden erreichen, verändern sich auf eine Weise, die das Leben gestresster Familien, in denen beide Partner berufstätig sind, erheblich vereinfachen wird.

Heute kaufen die meisten Verbraucher Software in eingeschweißten Verpackungen und bezahlen eine einmalige Lizenzgebühr für das Produkt. Aber eine neue Generation von „Application-Service-Providern" (ASP) will all dies ändern. Einer dieser Pioniere ist ThinkFree.com. Er ermöglicht es den Benutzern, wichtige Files im Web zu speichern und ihre Microsoft-Office-Dokumente von jedem Computer aus zu bearbeiten. Hotmail.com war einer der ersten ASPs; auf seinen kostenlosen E-Mail-Service konnte von jedem Computer und von jedem Standort aus zugegriffen werden, und man musste keine Software herunterladen, damit es funktionierte. Software als Service versus Software als Produkt ist eine grundlegend unterschiedliche Ausführungsstrategie.

Fragen Sie sich: Wie erreichen wir unsere Kunden? Was muss ein Kunde „auf sich nehmen", um unsere Produkte und Dienstleistungen kaufen zu können? In welchem Maß haben wir unser Ausführungs-

> **Die Wege, auf denen Nahrungsmittel die Kunden erreichen, verändern sich auf eine Weise, die das Leben erheblich vereinfachen wird.**

und Supportsystem eher an unserem Nutzen als an dem des Kunden ausgerichtet? Könnten wir die Ausführungs- und Supportprozesse für unsere Kunden auch beträchtlich einfacher und angenehmer gestalten? Was würde dabei herauskommen, wenn wir unseren Support und unsere Ausführungsprozesse von den Bedürfnisse der Kunden ausgehend gestalten würden – sozusagen rückwärts? Könnten wir den Suchaufwand beträchtlich reduzieren? Könnten wir die Kunden mit wirklich ehrlichen Daten für einen Warenvergleich versorgen? Haben wir im Ausführungsprozess und beim Support jedes Element beseitigt, das den Kunden verärgern könnte?

Überlegung: Der Teil des Einkommens, den US-Amerikaner heute für wohltätige Zwecke spenden, ist geringer als jemals zuvor. Wir sind derart mit unserem eigenen Leben beschäftigt, so pausenlos eingespannt, dass wir kaum noch einen Augenblick Zeit haben, irgendjemand anderem als uns selbst etwas Gutes zu tun. Könnten Geschäftskonzept-Innovationen dies ändern? Gibt es einen anderen Weg, um Spender für eine lohnende Sache zu aktivieren – einen anderen „Mechanismus der Ausführung"?

Natürlich gibt es das. Was den Impuls des Gebens erstickt, ist die Bürokratie, die zwischen dem Spender und dem Spendenempfänger steht. Wenn Sie United Way oder irgendeiner religiösen Organisation etwas spenden, dann kommt Ihr Geld zusammen mit anderen Spenden in einen gemeinsamen Topf und wird dann an Projekte rund um die Welt weitergeleitet. Sie haben nur eine vage Vorstellung davon, wohin Ihr Geld geht, und keine direkte Rückmeldung über die Veränderungen, die es bewirkt. Die meisten von uns kämen nie auf die Idee, ihre Geldanlagen blind irgendjemandem anzuvertrauen. Aber im Prinzip passiert genau das, wenn wir für wohltätige Zwecke spenden.

Wie wäre es, wenn Sie exakt die Projekte auswählen könnten, die Sie gern unterstützen würden? Was wäre, wenn Sie einen monatlichen Bericht über den Nutzen erhalten würden, der erzielt wurde? Was würde geschehen, wenn Sie sich Projekte aussuchen könnten, die genau auf den Betrag zugeschnitten wären, den Sie erübrigen könnten? – Projekte, an denen Sie nachvollziehen könnten, dass Ihr Beitrag eine entscheidende Veränderung bewirkt hat, egal, ob es sich dabei um 100, 1000 oder 100 000 US-Dollar handelt? Was würden Sie davon halten, wenn Sie problemlos ein Portfolio spezieller Wohltätigkeitsprojekte zusammenstellen könnten, die Ihren ganz persönlichen Interessen entsprächen – sei es nun die Beseitigung des Hungers, die Beendigung der Kinderarbeit, die Eindämmung der Vernichtung des Regenwalds oder die Rettung armer Seelen? Statt eines „gemeinsamen Weges" wäre es dann Ihr Weg.

Lassen Sie uns also eine Webseite mit dem Namen givemore.org einrichten. Ein kleines Team wird Wohltätigkeitsprojekte betreuen, die aus allen Teilen der Welt vorgeschlagen werden. Diese Gruppe wird von einem Kontrollteam vor Ort unterstützt. Ein Projekt könnte der Bau eines Waisenhauses in Ruanda sein, ein weiteres die Unterstützung einer Not leidenden Kirchengemeinde in Weißrussland und noch ein anderes die Unterstützung gefährdeter Jugendlicher. Jedes Projekt wird ins Internet gestellt. Sie können heutzutage zwar eine lange Liste mit Wohlfahrtseinrichtungen aus dem Web bekommen, aber Sie können nicht problemlos für spezielle Projekte spenden. Bei givemore.org enthalten die Projektlisten auch Angaben über den benötigten Spendenbetrag, den erwarteten Nutzen und die Organisationen, die das jeweilige Projekt beaufsichtigen. Das Kontrollteam vor Ort wird jedes Projekt nach einem Kosten-Nutzen-Maßstab bewerten. Sie werden außerdem erfahren, wie hoch der Anteil Ihrer Spende ist, der zur Abdeckung der Gemein- und Verwaltungskosten verbraucht wird.

Die Projekte werden durch staatliche Agenturen, Kirchengemeinden, traditionelle Wohltätigkeitsorganisationen und vertrauenswürdige Einzelpersonen im Internet vorgestellt. Interessierte Spender suchen sich online aus einem Angebot unterstützenswerter Fälle, die nach Problembereichen und der geografischen Lage geordnet sind, ein Projekt aus. Sie werden regelmäßig E-Mails über die jüngsten Fortschritte ihrer Projekte erhalten. Jedes Jahr wird givemore.org für Großspender eine Reise arrangieren, damit diese vor Ort die Verwendung ihrer Spende überprüfen können. Wenn die Spender nicht länger von der herzerwärmenden Dankbarkeit der Empfänger abgeschnitten sind, könnte die Spendenfreudigkeit nach oben schnellen. Ist dies alles nicht reine Fantasie? Stimmt, aber sie wird Wirklichkeit werden. Schwebt Ihnen ein Fantasiebild vor, wie Ihr Unternehmen seine Kundenbeziehungen neu erfinden kann?

2. *Information und Einblick*: Gemeint ist damit sämtliches Wissen, das über die Kunden gesammelt wurde und zu ihrem Nutzen eingesetzt wird – also der Informationsgehalt, der die Schnittstelle zum Kunden bestimmt. Gleichzeitig geht es hier um die Fähigkeit eines Unternehmens, aus diesen Informationen Einblicke zu gewinnen – Einblicke, die ihm dabei helfen können, neue coole Dinge für die Kunden zu tun. Außerdem schließen diese Begriffe die Informationen ein, die den Kunden vor und nach dem Kauf zur Verfügung gestellt werden.

Ein Beispiel: Können Sie sich noch daran erinnern, wie es war, wenn Sie in der schlechten alten Zeit eine Versicherung abschließen wollten? Viele Versicherungsvertreter hatten nur die Produkte eines einzigen Versicherers im Angebot. Sie mussten stundenlang herumtelefonieren, um den günstigsten Tarif herauszufinden. Der Vergleich der Policen war eine Qual. Am Ende kamen Sie zu der Überzeugung, dass die Kernkompetenzen der Versicherungsbranche in Komplexität und Konfusion bestanden. Und jetzt sehen Sie sich mal an, was Quickeninsurance.com oder Quotesmith.com zu bieten haben. Anhand einer gemeinsamen Kriterienliste können Sie sofort die Versicherungspolicen von Dutzenden von Anbietern vergleichen. Die Preise sind klar ausgewiesen. Es gibt hier keine Geheimnisse. Und mit einem einzigen Klick sind Sie drin.

Schwebt Ihnen ein Fantasiebild vor, wie Ihr Unternehmen seine Kundenbeziehungen neu erfinden kann?

Diese und andere Online-Versicherungsvermittler steigern Urteilsvermögen und Kompetenz der Verbraucher durch Informationen auf eine Weise, die die Versicherungsbranche tief greifend verändern wird. Die große Gefahr für traditionelle Versicherungsunternehmen besteht darin, dass es keine dummen Kunden mehr geben wird. Bald wird jeder Versicherungsnehmer mit objektiven Informationen darüber ausgestattet sein, welche Produkte die beste Kombination aus Deckung und Preis bieten.

Fragen Sie sich: Was wissen wir tatsächlich über unsere Kunden? Nutzen wir jede Gelegenheit, um unser Wissen über die Bedürfnisse und Wünsche unserer Kunden zu vertiefen? Erfassen wir alle für uns verfügbaren Daten? Auf welche Weise setzen wir dieses Wissen ein, um neue Formen des Kundennutzens zu schaffen? Haben wir unseren Kunden die Informationen gegeben, die sie benötigen, um eine kompetente und intelligente Kaufentscheidung treffen zu können? Welche zusätzlichen Informationen hätten die Kunden gern?

Überlegung: Ein leitender Manager einer großen Supermarktkette berichtete mir von einer Untersuchung, derzufolge ein Kunde eines Durchschnittsgeschäfts, der umsatzbezogen zum oberen Viertel gehört, pro Jahr 50-mal so viel ausgibt wie ein Kunde, der zum unteren Viertel zählt. Ersterer wohnt in der Nähe, kauft mehrmals pro Woche ein, hat eine Familie und ist ziemlich gut gestellt. Der Kunde aus dem unteren Viertel ist lediglich ein Laufkunde oder hat keine Familie und ist nicht so gut situiert.

Ich begann, über diese Daten nachzudenken. Was, wenn sie tatsächlich stimmten? In den USA gibt es in jedem Supermarkt eine Sonderkasse für Kunden, die zehn oder weniger Teile gekauft haben und dort schneller abgefertigt werden. Aber wer nutzt diese Kasse? Die Kunden, die dem unteren Viertel zuzurechnen sind. Die Kunden des oberen Viertels warten mit einem überfüllten Einkaufswagen in der Schlange. Sie sind gekommen, um mehr einzukaufen als Bier und Zigaretten. Warum, begann ich mich zu fragen, gibt es keine Sonderkasse für Kunden, die für 5000 US-Dollar oder mehr pro Jahr einkaufen? Warum gibt es für diese Käufer niemanden, der ihnen dabei hilft, ihre Lebensmittel in ihre BMWs oder Volvos einzuladen? Zwar gibt es viele Super-

> **„Für die Leute ist es eine Sache, Ihre Produkte zu kaufen. Eine ganz andere Sache ist es für sie, sich den Namen Ihres Unternehmens auf ihre Körper tätowieren zu lassen."**

märkte, die Kundenkarten anbieten, aber nur wenige scheinen die gesammelte Information zu nutzen, um ihren besten Kunden einen wirklich differenzierten Service zu bieten.

3. Beziehungsdynamik: Dieses Element des Geschäftsmodells bezieht sich auf die Form der *Interaktion* zwischen dem Anbieter und dem Kunden. Findet die Interaktion persönlich oder indirekt statt, kontinuierlich oder sporadisch? Wie leicht ist es für den Kunden, mit dem Anbieter in Kontakt zu treten? Welche Gefühle erzeugen diese Interaktionen beim Kunden? Entsteht durch das Interaktionsmuster irgendein „Loyalitätsgefühl" für das Unternehmen? Der Begriff Beziehungsdynamik umfasst die Anerkennung der Tatsache, dass es in der Interaktion zwischen Anbieter und Konsumenten neben dem geschäftlichen Aspekt immer auch emotionale Elemente gibt, die die Basis für ein hochgradig differenziertes Geschäftskonzept bilden können.

Ein Beispiel: Vermutlich gibt es auf der ganzen Welt kein Unternehmen, das härter daran arbeitet, echte Beziehungen zu seinen Kunden aufzubauen, als Harley-Davidson. Die Harley Owners Group kann mit 450 000 Mitgliedern aufwarten. Jedes Jahr sponsert Harley-Davidson eine Rallye, und ein immer wieder mit Spannung erwartetes Ereignis ist dabei ein Tattoo-Wettbewerb. Dazu ein Unternehmenssprecher: „Für die Leute ist es eine Sache, Ihre Produkte zu kaufen. Eine ganz andere Sache ist es für sie, sich den Namen Ihres Unternehmens auf ihre Körper tätowieren zu lassen." BMW baut beeindruckende Motorräder. Aber wann haben Sie das letzte Mal einen Bizeps gesehen, auf dem „Bayerische Motoren Werke" zu lesen stand?

Fragen Sie sich: Welches *Gefühl* vermitteln wir unseren Kunden? Welches Gefühlsspektrum wird bei der Kundin oder dem Kunden angesprochen, wenn sie oder er mit uns in Interaktion tritt? Haben wir in unsere Kunden investiert? Könnten wir die Erfahrungen unserer Kunden auf eine Weise verändern, die das Gefühl der Verbundenheit mit unserem Unternehmen verstärkt? In welchen Bereichen können wir die Erwartungen der Kunden übertreffen und die Hürde für Mitbewerber erhöhen? Was sind weltweit die zwölf großartigsten Erfahrungen, die Kunden geboten werden? Können wir irgendetwas davon in die Beziehungsstruktur zu unseren Kunden aufnehmen?

Überlegung: Kundenerwartungen und tatsächliche Service-Erfahrungen driften möglicherweise nirgendwo stärker auseinander als im Gesundheitswesen. Ein führender Manager aus diesem Bereich beschrieb kürzlich die aktuelle Situation in den USA wie folgt: „Gefängnisinsassen und Krankenhauspatienten haben viel gemeinsam. Beide werden exzessiven Befragungen unterworfen, ihrer üblichen Bekleidung und Besitztümer beraubt, in eine untergeordnete, abhängige Beziehung gezwungen und dürfen nur zu bestimmten Zeiten Besucher empfangen." Das Adventist Health System, eine der größten kirchlichen Krankenhausgruppen in den USA, bemüht sich, diesen bedauerlichen Zustand zu ändern. Es hat jede Phase der Patientenerfahrung untersucht und dabei verschiedene Möglichkeiten ausfindig gemacht, wie sich die zu erbringenden Dienstleistungen revolutionieren ließen. Ein paar Beispiele: Statt immer und immer wieder die gleichen Fragen beantworten zu müssen, wird den Patienten eine webgestützte „handliche Krankenakte" gegeben, die sie überall in der Klinik begleitet. Eine weitere Innovation besteht in der Aufhebung der Besuchszeiten. Familienmitglieder dürfen die Patienten rund um die Uhr besuchen, selbst in der Notaufnahme. Zwar bringt dies einige Unbequemlichkeiten für das Personal mit sich, aber die Kosten für Rechtsstreitigkeiten sanken in allen Krankenhäusern, die diese Idee verwirklicht haben, beträchtlich. Auch wenn eine Krankheit negativ verläuft, verringert sich die Wahrscheinlichkeit, dass die Familie mit dem Finger auf die anonymen Versorger im Gesundheitswesen zeigt, wenn sie anwesend war und weiß, dass die Ärzte und das Personal alles in ihrer Macht Stehende für den Patienten getan haben. Das Adventist Health System verändert die Beziehungsdynamik zwischen den Kunden des Gesundheitswesens und den Versorgern.

4. *Preisstruktur*: Im Hinblick auf die Rechnungsstellung gibt es für Sie als Anbieter mehrere Möglichkeiten: Sie können die Kunden zur Zahlung eines Produkts oder einer Dienstleistung auffordern. Sie können den Kunden etwas direkt oder indirekt über Dritte berechnen. Sie können verschiedene Komponenten bündeln oder sie einzeln in Rechnung stellen. Sie können einen niedrigen Grundtarif ansetzen oder eine Zeit- oder Entfernungsgebühr erheben. Sie können mit Festpreisen arbeiten oder ihre Preise an der jeweiligen Marktlage ausrichten. Jede dieser Wahlmöglichkeiten eröffnet Ihnen – unabhängig von den in Ihrer Branche herrschenden Traditionen – die Chance auf eine Geschäftskonzept-Innovation.

Beispiele: In den USA berechnen Anwälte ihre Honorare üblicherweise nach erbrachten Stunden. Zwar gibt es einige Anwälte, die überdurchschnittlich gut bezahlt werden und mehrere 100 US-Dollar pro Stunde verlangen, aber das zeitbezogene Preismodell setzt den Einkommensmöglichkeiten eine Obergrenze. Wilson Sonsini Goodrich & Rosati, die ihre Anwaltspraxis im Herzen des Silicon Valley haben, tauschen ihre Honorarforderungen häufig gegen eine Beteiligung an den Start-up-Unternehmen ein, für die sie tätig sind. Zum Jahreswechsel 1999 besaß die Kanzlei Aktien von 34 gerade an die Börse gegangenen Klienten im Wert von 230 Millionen US-Dollar. Das ist mehr Geld als 62 der 100 Spitzenkanzleien in den USA 1999 zusammen eingenommen haben. Wenn der unerwartete Geldsegen von 230 Millionen US-Dollar unter den 120 Partnern von Wilson Sonsini aufgeteilt werden würde, bekäme jeder 1,9 Millionen US-Dollar.[4]

Vor dem Internetzeitalter mussten Sie beim Erwerb einer CD notgedrungen alle Melodien kaufen, die der Produzent für den Musikträger ausgewählt hatte. Heutzutage hingegen können Sie von einem Online-Musikanbieter jeden Song einzeln kaufen. Fans, die die Webseite der Beastie Boys besuchen, können 40 Beastie-Songs ihrer Wahl für 19,99 US-Dollar kaufen. Die ausgewählten Titel werden auf zwei CDs gebrannt und dem treu ergebenen Popliebhaber zugeschickt.[5]

General Electric, Rolls-Royce und Pratt & Whitney, die weltweit führenden Hersteller von Flugzeugmotoren, verkaufen im eigentlichen Sinn kein Produkt mehr. Sie verkaufen „Stundenpower". Wenn eine Fluggesellschaft eine der extrem weit reichenden 777er von Boeing kauft, die 2003 auf den Markt kommen soll, erhält sie ein Paar GE-90-Motoren, die an einen Wartungsvertrag mit einem nach Flugstunden berechneten Fixpreis gekoppelt sind. Schließlich geht es den Fluggesellschaften nicht wirklich darum, Düsenmotoren zu besitzen; sie wollen eine garantierte Betriebszeit.

Früher berechneten viele Internet-Serviceprovider in den USA ihre Gebühren nach der Dauer der Verbindungen. Das hat sich inzwischen geändert. Die meisten bieten heute eine einzige monatliche Grundgebühr an, für die man beliebig lange online sein kann.

Fragen Sie sich: Was berechnen wir tatsächlich? Welches Preismodell herrscht in unserer Branche vor? Können wir damit brechen? Kennen wir wirklich die Vorstellung unserer Kunden im Hinblick auf das, was sie bezahlen? Können wir das, was wir berechnen, in bessere Übereinstimmung mit dem bringen, was für unsere Kunden tatsächlich von Wert ist? Bestraft die bestehende Preisstruktur indirekt einige unserer Kunden, während sie andere subventioniert? Können wir dies ändern?

Überlegung: Zwischen dem, was Sie berechnen, und dem, was Ihre Kunden zu bezahlen glauben, besteht häufig ein ziemlich großer Unterschied. Die Preisstruktur eines Unternehmens und die Wertstruktur eines Kunden ist nicht das Gleiche. Wenn ich ein Magazin kaufe, bezahle ich für Information oder Unterhaltung. Wenn ich einen Rasierapparat kaufe, bezahle ich für ein ordentlich rasiertes Gesicht. Ein Unternehmen, das die Wertstruktur seiner Kunden begreift – die Struktur des Wertes, der jedem empfangenen Nutzen innewohnt –, befindet sich in der wunderbaren Position, ein Preisinnovator zu sein. Wenn ich online die *New York Times* oder die *San José Mercury News* besuche, sehe ich die Texte der Reporter oder Kolumnisten, die für diese speziellen Zeitungen schreiben. Aber warum kann ich nicht eine Seite besuchen, auf der die 100 prominentesten Kolumnisten und Nachrichtenreporter zusammen mit den Titeln ihrer neuesten Geschichten oder Leitartikel aufgelistet sind? Auf diese Weise würde ich die Texte meiner Lieblingsautoren zu lesen bekommen und dafür entsprechend zahlen.

Kundennutzen

Zwischen der *Kernstrategie* und der *Schnittstelle zum Kunden* vermittelt ein weiteres Brückenelement – das eigentliche *Nutzenpaket*, das dem Kunden angeboten wird. Dieser Nutzen entspricht einer kundenbezogenen Definition der Grundbedürfnisse und -wünsche, die befriedigt werden. Nutzen ist das, was die Kernstrategie mit den Kundenbedürfnissen verbindet. Eine wichtige Komponente jedes Geschäftskonzepts ist die Entscheidung darüber, welcher Nutzen einbezogen werden soll und welcher nicht.

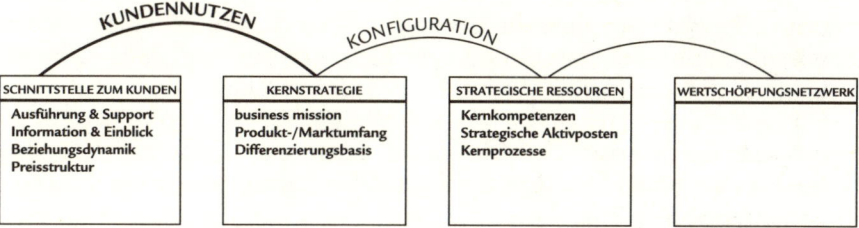

Ein Beispiel: Bisher haben Sie beim Autokauf üblicherweise ein Stück Metall und etwas Gummi erworben. Wenn Sie dagegen heutzutage eine luxuriöse Limousine erstehen, bekommen Sie nicht nur einen Wagen, sondern jede Menge zusätzlichen Nutzen geboten: einen täglichen Kundendienst-Service rund um die Uhr und an jeder Ecke; eine Kostenrückerstattung, wenn Ihre Reise durch eine Autopanne unterbrochen wird; einen Leihwagen, wenn eine größere Reparatur anfällt und eine kostenlose Autowäsche bei jeder Inspektion. Das OnStar-System von General Motors stellt Ihnen bei Bedarf 24 Stunden am Tag einen Concierge zur Verfügung, der Restaurantreservierungen vornehmen oder Sie zum nächsten Zoo leiten kann. Wenn sich Ihre Airbags öffnen, benachrichtigt OnStar automatisch den Notdienst, dem sofort Ihr Standort durchgegeben wird. Haben Sie Probleme, Ihren Wagen auf einem Flughafenparkplatz wiederzufinden? Rufen Sie von Ihrem Handy aus OnStar an, und sie lassen die Scheinwerfer Ihres Wagens aufblitzen und seine Hupe ertönen. Ihnen werden per Fernbedienung sogar die Türen geöffnet, wenn Sie so dusselig waren und Ihre Schlüssel im Wagen eingeschlossen haben. OnStar ist vielleicht kein Branchenrevolutionär, aber dieses System macht sich für die Hersteller von Luxuswagen fraglos bezahlt. Und das ist erst der Anfang. Wenn es nach den Hoffnungen der Automobilbauer geht, entwickelt sich daraus ein wahres Dienstleistungsfüllhorn, das noch lange, nachdem ein Auto gekauft wurde, einen kontinuierlichen Strom an Einnahmen sichert.

Fragen Sie sich: Welchen Nutzen bieten wir unseren Kunden tatsächlich? Gibt es zusätzliche Vorteile, die der Kunde möglicherweise zu schätzen weiß? Welches Kernbedürfnis sollten wir möglichst ansprechen? Haben wir dieses Bedürfnis breit genug definiert? Bieten wir auf der anderen Seite Nutzen, der den Kunden nicht wirklich wichtig ist? Können wir die Summe der von uns gebotenen Vorteile für die Verbraucher auf eine Weise ändern, die unsere Kunden überraschen und unsere Konkurrenten frustrieren wird? In welchem Zusammenhang wird auf das Produkt oder die Dienstleistung zugegriffen? Lassen sich aus diesem Kontext Möglichkeiten für die Erweiterung des Gesamtangebots an Nutzen ableiten?

Überlegung: Nehmen wir an, Sie wollen hinter Ihrem Haus eine Veranda bauen und suchen im Internet nach einem Baumarkt. Sie liefern ein paar Informationen über die Größe der Veranda, die Sie bauen wollen, über den Stil Ihres Hauses und über die Ihnen zur Verfügung stehende Summe. Ein virtueller Architekt präsentiert Ihnen dann ein paar Dutzend Pläne, unter denen Sie wählen können. Das Programm passt jeden Plan automatisch den Maßen des Ihnen zur Verfügung stehenden Raumes an. Sobald Sie Ihre Wahl getroffen haben, erstellt ein virtueller Bauunternehmer eine Liste aller von Ihnen für den Bau benötigten Geräte und Materialien sowie einen Bauplan. Sie können dann alle Geräte, die Sie bereits besitzen, von der Liste streichen. Ein paar Stunden später liefert Ihnen ein Lastwagen alles, was Sie darüber hinaus brauchen werden, auf einer Palette an. Von der Internetseite drucken Sie sich eine detaillierte Bauanleitung aus. Beim Kaufabschluss erhalten Sie noch eine Telefonnummer, bei der Sie anrufen können, wenn Sie beim Bau auf irgendwelche Schwierigkeiten stoßen und Hilfe brauchen. Nun, das ist ein maßgeschneidertes Nutzenpaket, und es könnte die Basis für irgendeine wirkliche Geschäftskonzept-Innovation liefern – sei es nun bei The Home Depot, Orchard Supply oder einem anderen der großen Bau- und Gartenbedarf-Einzelhändler.

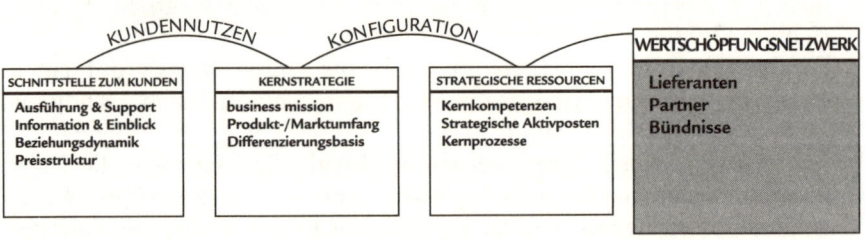

Wertschöpfungsnetzwerk

Die vierte Komponente eines Geschäftsmodells ist das *Wertschöpfungsnetzwerk*, das die Firma umgibt und deren eigene Ressourcen ergänzt und erweitert. Heute liegen viele Ressourcen, die für den Erfolg eines Unternehmens entscheidend sind, außerhalb seines direkten Einflussbereichs. Zu den Bestandteilen eines Wertschöpfungsnetzwerks gehören Lieferanten, Partner und Bündnisse. Entwicklung und Handhabung des Wertschöpfungsnetzwerks können einen entscheidenden Ausgangspunkt für eine Geschäftskonzept-Innovation liefern.

1. Lieferanten: Lieferanten sind der Wertschöpfungskette des Produzenten typischerweise vorgelagert. Ein besonderer Zugang oder eine intensive Beziehung zu den Lieferanten können zentrale Elemente eines innovativen Geschäftsmodells sein.

Ein Beispiel: Cisco konnte teilweise durch den Einsatz externer Lieferanten zum wendigsten Marktteilnehmer im Geschäft mit Kommunikationsgeräten werden. Dazu Howard Charney, Senior Vice President von Cisco: „Heutzutage kommen 50 Prozent unserer Produkte mit keiner Fabrik und keinem Mitarbeiter von Cisco mehr in Berührung. Es wird einfach auf wunderbare Weise zusammengebaut und verschickt, und der Kunde weiß noch nicht einmal, dass wir es nie angefasst haben." In zunehmendem Maß nutzen Unternehmen wie Cisco oder Nokia ihr Lieferantennetzwerk, um das Betriebskapital drastisch zu reduzieren und die Flexibilität zu erhöhen.

Fragen Sie sich: Wie effektiv nutzen wir unsere Lieferanten als Innovationsquelle? Betrachten wir sie als wesentlichen Bestandteil unseres Geschäftsmodells? Ziehen wir einen Wettbewerbsvorteil aus der Art der Verbindung zu unseren Lieferanten (Höchstgeschwindigkeit, dramatisch reduzierte Lagerhaltungskosten usw.)? Wie eng sind unsere Geschäftsziele mit denen unserer Lieferanten abgestimmt?

Ein fantasievoller Einsatz von Partnern kann der Schlüssel zu einer Branchenrevolution sein.

Überlegung: Unternehmen können heute stärker als je zuvor Aktivitäten, die nicht zu ihrem Kerngeschäft gehören, Lieferanten übertragen. Die Technologie hat die Kommunikations- und Koordinationskosten ständig sinken lassen. Branchenstandards wie GSM im Mobiltelefongeschäft haben die Schnittstellen zwischen unterschiedlichen Systemkomponenten vereinfacht. Auf Grund der enormen Größenvorteile bei der Herstellung von Massen-„Kernprodukten" wie Halbleiter können sich nachgelagerte Montagefirmen nur noch auf wenige Lieferanten verlassen. Wenn Sie die immer kürzer werdenden Produktlebenszyklen und einen Flexibilitätsbonus addieren, dann wird es offensichtlich, warum die Unternehmen immer weniger vertikal strukturiert sind. Aber jedes Unternehmen sollte sich davor hüten, Dinge auszulagern, die zu einer entscheidenden Quelle für eine Differenzierung im Wettbewerb werden könnten. Sobald Sie etwas an große IT-Unternehmen auslagern, können Sie es als mögliche Grundlage für einen Wettbewerbsvorteil vergessen.

2. *Partner*: Partner liefern üblicherweise entscheidende „Ergänzungen" für ein Endprodukt oder eine Dienstleistung. Ihre Beziehung zu den Herstellern ist stärker horizontal und weniger vertikal als die der Lieferanten. Ein fantasievoller Einsatz von Partnern kann der Schlüssel zu einer Branchenrevolution sein.

Ein Beispiel: Der Erfolg der Windows-Plattform von Microsoft ist zum großen Teil der umfassenden Unterstützung zu verdanken, die das Unternehmen seinen Partnern in der Softwareentwicklung gewährt. Dadurch, dass es unabhängigen Entwicklern leicht gemacht wird, Software für Windows zu schreiben, erhöht sich die Zahl der mit Windows laufenden Programme, was dessen Marktposition zusätzlich stärkt. Zum Support von Microsoft gehört es, unabhängigen Softwareentwicklern Tools an die Hand zu geben, die das Schreiben von Windows-

Die Angehörigen eines Bündnisses sind mehr als Partner, sie sind unmittelbar an den Chancen und Risiken der Branchenrevolution beteiligt.

kompatibler Software erleichtern, Jungunternehmen bei der Kapitalbeschaffung zu helfen und ihnen Angebote für ein gemeinsames Marketing zu unterbreiten, weltweit Dutzende von Veranstaltungen für Softwareentwickler zu organisieren und ein spezielles Internetangebot zu offerieren, über das Softwareentwickler online umfassende Hilfestellungen erhalten. 1999 gehörten über 10 000 freie Softwareentwickler zum Microsoft Developer Network.

Fragen Sie sich: Können wir die Welt als globales Kompetenzreservoir betrachten? Welche Chancen könnten sich uns eröffnen, wenn wir uns die Aktivposten und Fähigkeiten anderer Unternehmen „ausleihen" und sie mit unseren eigenen verknüpfen würden? Wie können wir durch den Einsatz von Partnern unsere Schlagkraft erhöhen? Wie können wir Partner nutzen, um flexibler zu werden, uns stärker auf unsere eigenen Kernkompetenzen zu konzentrieren, einen Wettbewerbsvorsprung aufzubauen oder unseren Kunden umfassendere Lösungen anzubieten?

Überlegung: Zahlreiche „Zulieferer" würden gern zu „Partnern" werden. Sie wollen mehr als Befehlsempfänger sein, die über den Preis um Aufträge konkurrieren. Das bedeutet: Sie müssen erstens die Verantwortung für mehr als eine geringfügige Komponente innerhalb des Gesamtprozesses übernehmen. Sie müssen also bereit sein, die Verantwortung für ein ganzes System oder Produkt zu übernehmen.

Zweitens müssen die Partner willens sein, möglicherweise das betriebswirtschaftliche Risiko mit zu tragen. Um einen Exklusivvertrag mit Boeing über die Lieferung der Düsenmotoren für eine Weiterentwicklung der 777 abzuschließen, musste beispielsweise GE wie ein Partner agieren. Das Unternehmen erklärte sich damit einverstanden, nicht weniger als die Hälfte der eine Milliarde US-Dollar zur Verfügung zu stellen, die für die Markteinführung der nach dem Vorbild der 777 gebauten Maschine benötigt wurde, und verringerte so das Entwicklungsrisiko für Boeing.

Drittens müssen künftige Partner sehr hart arbeiten, um sicherzustellen, dass sie einen Beitrag zur Differenzierung gegenüber der Konkurrenz leisten, der für den Endverbraucher wirklich von Bedeutung ist. Das heißt, sie können sich nicht auf das Verständnis ihres unmittelbaren Kunden verlassen, was die Bedürfnisse des Endverbrauchers betrifft. Sie müssen ihre eigenen Ansichten darüber entwickeln, was die Endverbraucher wirklich wollen. Wenn Sie ein Unternehmen wie Dell oder HP sind, dann ist das taiwanesische Unternehmen, das Ihre Computermonitore herstellt, ein Zulieferer. Intel ist ein Partner. Jeder Zulieferer würde gern zu „Intel Inside" werden. Dies wird aber nur dann geschehen, wenn sie aufhören, sich selbst als Lieferanten zu betrachten.

3. Bündnisse: Für die Erneuerung eines Geschäftskonzepts muss ein Unternehmen häufig mit anderen, gleich gesinnten Konkurrenten eine Koalition eingehen. Dieser Fall tritt mit besonders hoher Wahrscheinlichkeit dann ein, wenn die Investitions- oder Technologiehürden hoch sind oder wenn das Risiko besteht, in einem Kampf, bei dem es um alles oder nichts geht, am Ende als Verlierer dazustehen. Die Angehörigen eines Bündnisses sind mehr als Partner, sie sind unmittelbar an den Chancen und Risiken der Branchenrevolution beteiligt.

Ein Beispiel: Airbus Industrie, ein Konsortium aus Aerospatiale Matra (Frankreich), DaimlerChrysler Aerospace Airbus (Deutschland), Aerospace (Großbritannien) und CASA (Spanien), ist eines der erfolgreichsten Bündnisse der Welt. 1999 konnte Airbus 476 Bestellungen verbuchen, Boeing dagegen nur 391. Nachdem Lockheed nicht mehr existiert und McDonnell Douglas Boeing einverleibt wurde, ist Airbus alles, was noch bleibt, um die internationalen Fluggesellschaften vor einem Boeing-Monopol zu schützen.

Fragen Sie sich: Können wir über unsere eigenen Möglichkeiten und Märkte hinausblicken und uns eine neue Kombination von Ressourcen vorstellen, die es ermöglicht, neue Märkte und Dienstleistungen entstehen zu lassen? Können wir andere Firmen für gemeinsame Projekte hinzuziehen? Können wir ihre Ressourcen einsetzen, um die Wettbewerbsdynamik innerhalb einer Branche zu verändern? Können wir Bündnisse nutzen, um hochgradig riskante Projekte in den Bereich des Machbaren zu verlagern? Können wir ein Bündnis einsetzen, um Pfründebesitzer innerhalb der Branche in ihrer fest verankerten Position anzugreifen?

Überlegung: Business-to-Business-„Verteilerstellen" und -„Börsen" sind lediglich eine Art, Koalitionen zu bilden. Im April 2000 verkündeten elf der weltweit größten Einzelhändler, unter ihnen auch Target, Kmart, Safeway, Marks & Spencer und Tesco, die Bildung eines globalen Einkaufskonsortiums. Ihr Ziel besteht darin, eine weltweite Einzelhandelsbörse aufzubauen, die allen Einzelhändlern offen stehen soll. Interessanterweise verfügen die ursprünglich elf Mitglieder über eine gemeinsame Kaufkraft von 300 Milliarden US-Dollar pro Jahr, fast das doppelte Volumen von Wal-Mart. Sears, Carrefour, Metro, J. Sainsbury und Kroger bringen einen großen Teil ihres 200 Milliarden US-Dollar betragenden Einkaufsvolumens in ihr eigenes GlobalNetXchange ein.[6] Wie auch immer das Schicksal dieser Business-to-Business-Zusammenschlüsse letztlich aussehen mag – Sie können darauf wetten, dass sie die Verteilung der Handelsmacht innerhalb vieler Branchen radikal verändern werden. Die armen Lieferanten sind zu bemitleiden.

Über das Bündeln von Kaufkraft oder die Risikoverteilung hinaus können Bündnisse auch genutzt werden, um die strikte Grenzziehung zwischen Zusammenarbeit und Konkurrenz aufzuweichen. Beispielsweise arbeiteten mehrere Hersteller von schnurlosen Telefonen zusammen, um ein Betriebssystem für Mobiltelefone zu entwickeln, das einen Zugang zum Internet ermöglicht. Seit es bei den Kämpfen um Standards oft um alles oder nichts geht, haben Nokia, Ericsson, Motorola und andere beschlossen, bei der Entwicklung eines Betriebssystems zusammenzuarbeiten, obwohl sie auf dem Handymarkt heftig miteinander rivalisieren. Die Mitglieder dieses Bündnisses werden also eher auf anderen Gebieten konkurrieren als darum, wer das beste Betriebssystem besitzt.

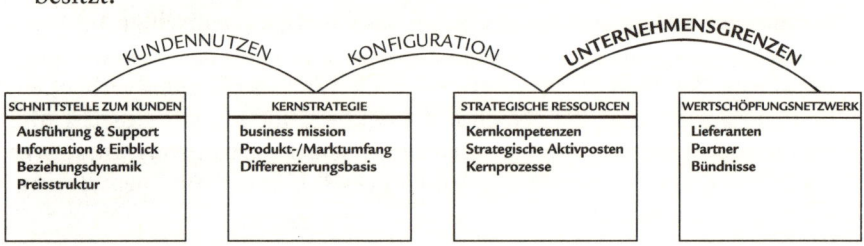

Unternehmensgrenzen

Vermittelndes Element zwischen den *strategischen Ressourcen* und dem *Wertschöpfungsnetzwerk* sind die *Grenzen* eines Unternehmens. Diese Komponente bezieht sich auf die *Entscheidung, was das Unternehmen im Endeffekt tut und in welcher Weise es das Wertschöpfungsnetzwerk nutzt.* Auch die Wahl dessen, was die Firma selbst ausführt und was sie Lieferanten, Partnern oder Bündnisangehörigen überträgt, ist also ein wichtiger Aspekt jedes Geschäftsmodells. Eine Veränderung dieser Trennungslinie ist häufig ein wichtiger Beitrag zur Erneuerung des Geschäftskonzepts.

Ein Beispiel: Das eindrucksvolle Wachstum der PC-Industrie wurde durch die innovativen grenzrelevanten Entscheidungen von IBM, Microsoft und Intel angetrieben. 20 Jahre zuvor war die Computerindustrie durch vertikal integrierte Unternehmen wie IBM, Data General oder Digital Equipment bestimmt worden. Diese Unternehmen stellten ihre eigenen Silikonchips her, entwickelten ihr eigenes rechtlich geschütztes Betriebssystem, produzierten ihre eigenen Computer und schrieben häufig auch noch das Applikationsprogramm.
Der PC mit seinen offenen Standards änderte dies alles. Microsoft lieferte das Betriebssystem, Intel die Chips, Hunderte von Lieferanten, deren Wirkungskreis von Kalifornien über Taiwan bis Irland reichte, fertigten spezielle Komponenten wie SCSI-Karten, Soundchips, Monitore und Festplatten. Tausende unabhängiger Softwareentwickler schrieben Applikationsprogramme, und Montagefirmen wie beispielsweise Dell schickten die fertigen Produkte an die Kunden und lieferten den technischen Support. Da sie nicht länger auf den Verkauf über ihre eigenen Kanäle und auf einen einzigen Markennamen beschränkt waren, erlaubte die horizontale Spezialisierung den Herstellern der einzelnen Komponenten, über die mögliche Größenordnung ihrer Produktion enorme Kostenvorteile zu realisieren. Sie gab zudem den Montagefirmen die völlige Freiheit, die allerneueste Technologie und die im Marktvergleich kostengünstigsten Komponenten in das Endprodukt einzubauen. Und es ist in der Tat kaum zu glauben, dass ein vertikal integriertes Unternehmen das Innovationstempo durchgehalten hätte, das wir während der letzten Jahrzehnte im PC-Geschäft miterlebt haben.

Fragen Sie sich: Haben wir einen kritischen Blick auf die Trennungslinie geworfen zwischen dem, was wir als Unternehmen tun und nicht tun? Gibt es eine Möglichkeit, die Branchenregeln durch eine „Devertikalisierung" unserer Branche zu verändern, wie es Microsoft im Computergeschäft oder Enron und andere im Energiegeschäft vorgemacht haben? Berücksichtigen wir explizit unterschiedliche Abgrenzungsmöglichkeiten, wenn wir über neue Geschäftskonzepte nachdenken?

Überlegung: Im Zeitalter des Fortschritts waren Unternehmen nach Hierarchien organisiert, innerhalb derer jeder Geschäftsbereich zu 100 Prozent dem Mutterunternehmen gehörte und interne Transaktionen durch irgendeine zentrale Autorität gesteuert wurden. Während diese Struktur, theoretisch zumindest, ein hohes Maß an interner Koordination ermöglichte – beispielsweise, wenn General Motors die Motoren für mehrere Modelllinien von einer einzigen Fabrik bezog –, hatte der schiere Umfang dieser Hierarchien und die Distanz des Topmanagements zum Markt zur Folge, dass die Reaktionen dieser Unternehmen langsam und träge wurden.

Die New Economy erlebt die Entwicklung einer neuen Unternehmensform. Sie stellt ein Mittelding dar zwischen der traditionellen Hierarchie mit ihrer zentralistischen Kontrolle und jenen Märkten, die keine zentrale Kontrolle kennen. *Red Herring* bezeichnet diese Unternehmen als ökonomische Netzwerke oder „EcoNets".[7] CMGI und ICG sind die Archetypen, aber es entsteht ununterbrochen eine Vielzahl weiterer Unternehmen dieser Art. Ursprünglich als „Brutkästen" für Internet-Start-ups konzipiert, entwickeln sich diese Unternehmensformen rasch zum *Keiretsu* des 21. Jahrhunderts, in dem sich Mitgliedsunternehmen aufeinander und auf die Mutter verlassen, wenn es um entscheidende Fähigkeiten, Lernprozesse im Markt, Rechtshilfe, Finanzierung, die Rekrutierung von Führungskräften und Strategieentwicklung geht. Das Mutterunternehmen agiert als Geburtshelfer, der junge Unternehmen auf den Markt kommen lässt und ihren Börsengang fördert. Aber selbst nach deren Börseneinstieg behält das Mutterunternehmen einen beträchtlichen Teil des Eigenkapitals – genug, um ein hohes Maß an Managementkontrolle zu garantieren und dafür zu sorgen, dass die Tochter fest mit dem Rest der Familie verbunden bleibt. Der Vorteil eines Börsengangs besteht darin, dass er für eine unabhängige Bewertung jedes Geschäftsbereichs sorgt und ihn mit einem Pool wertvoller Beteiligungsmöglichkeiten ausstattet, der dazu verwendet werden kann, Talente anzuziehen, Führungskräfte für ihr unternehmerisches Geschick zu belohnen und Akquisitionen zu erleichtern. Über diese Vorteile verfügen einzelne Geschäftsbereiche in einem traditionellen, hierarchisch aufgebauten Unternehmen nicht.

Ebenso wie in traditionellen Mischkonzernen hat das Unternehmensmanagement in den EcoNets keine emotionale Bindung an einzelne Geschäftsbereiche. Dies ist angesichts der bisher recht kurzen Lebenszyklen vieler Internet-Start-ups ein deutlicher Vorteil. Wenn ein Geschäftsbereich stirbt, dann ist das keine Tragödie. Im Gegensatz zu Mischkonzernen arbeiten die leitenden Manager der EcoNets jedoch hart für eine Wertschöpfung, die sowohl unternehmensübergreifend als auch zwischen einzelnen Mitgliedsunternehmen stattfindet. Kurz gesagt bemühen sich EcoNets darum, zwei grundlegende Widersprüche zu vereinbaren, die herkömmliche Unternehmen lange geplagt haben:

Wie man junge Unternehmen unterstützt, ohne sie zu unterdrücken, und wie man von Synergien profitiert, ohne einen bürokratischen Wasserkopf zu schaffen und ohne eine willkürliche Einmischung durch die Unternehmenszentrale zu begünstigen. Bisher scheint dies den EcoNets zu gelingen: Beispielsweise belohnte nur Dell seine Aktionäre in den Neunzigerjahren stattlicher als CMGI. Wenn traditionelle Unternehmen Wertschöpfung in dieser Größenordnung schaffen wollen, müssen sie beim Aufbau und der Unterstützung neuer Unternehmensbereiche die gleiche Fähigkeit wie die EcoNets entwickeln.

WERTSCHÖPFUNGSPOTENZIAL

Um Branchen zu revolutionieren, müssen Sie wissen, wie Sie jeder Komponente Ihres Geschäftsmodells innovativen Charakter verleihen können. Außerdem müssen Sie überzeugend darlegen können, wie sich mit Ihrem Geschäftsmodell *Geld machen* lässt! Wenn Sie nicht erläutern können, auf welche Weise Ihr Geschäftskonzept zu überdurchschnittlichen Gewinnen führen wird, dann sind Sie wie ein Komödiant ohne Pointe.

Bei der Bestimmung des *Wertschöpfungspotenzials* jedes Geschäftskonzepts sind vier Faktoren in Betracht zu ziehen:
- der Grad der *Effizienz* des Geschäftskonzepts im Hinblick auf den Kundennutzen,
- dessen tatsächliche *Einzigartigkeit*,
- das Maß an wechselseitiger *Passgenauigkeit* der einzelnen Elemente des Geschäftskonzepts und
- der Umfang, in dem das Geschäftskonzept von *Gewinnverstärkern* Gebrauch macht, die das Potenzial haben, überdurchschnittliche Erträge zu erzeugen.

Lassen Sie uns nun jeden dieser vier Faktoren der Reihe nach betrachten.

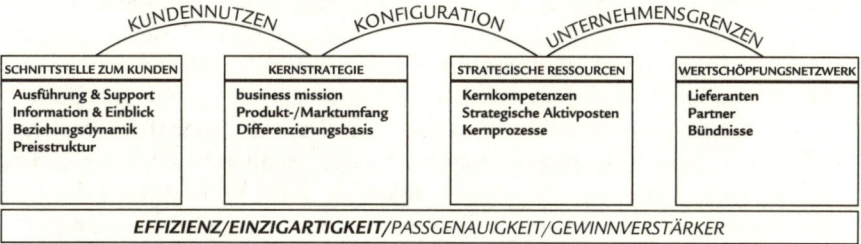

Effizienz

Um Wertschöpfung zu ermöglichen, muss ein Geschäftsmodell folgende Effizienzkriterien erfüllen: Der Wert, den Kunden dem gelieferten Nutzen beimessen, muss höher sein als die Kosten, die durch die Erzeugung dieses

Über ein effizientes Geschäftsmodell zu verfügen bedeutet *nicht unbedingt*, die niedrigsten Kosten zu haben.

Nutzens entstehen. Viele neue Geschäftskonzepte scheitern an genau diesem Punkt: Es gibt einfach keine Gewinnspanne! Viele webgestützte Geschäftsmodelle weisen eine negative Gewinnspanne auf. E-Business-Anbieter wie Buy.com sollen angeblich bei allem, was sie verkaufen, Geld verlieren, aber diese Verluste über Werbung wieder einspielen. Es gibt viele, die daran zweifeln, dass sich solch ein Modell auf Dauer trägt.

Beispiele: Die Fluggesellschaft Southwest Airlines verfolgt ein Geschäftsmodell, das kostenbewussten Fluggästen eine effizientere Nutzung von Flugreisen ermöglicht als jeder größere Mitbewerber. Mit ihrer Direktflugstruktur, ihrer nur aus 737er-Maschinen bestehenden Flotte und einer flexiblen Arbeitsweise hat Southwest von allen größeren Fluggesellschaften die niedrigsten Kosten pro Sitzplatz und Flugmeile. Trotz ihrer niedrigen Preise weist Southwest die gesündeste Gewinnspanne im Luftfahrtgeschäft auf.

Über ein effizientes Geschäftsmodell zu verfügen, bedeutet *nicht unbedingt*, dass man die niedrigsten Kosten hat. Midwest Express Airlines kann sich mit den Preisen von Southwest nicht messen, und Southwest würde niemals wie Midwest behaupten, den besten Service zu bieten. Ein Filet Mignon mit Hummer, eine Roulade mit Butter, Spinat, Mandarinensalat und ein Stück Schokoladen-Bananensplit-Kuchen – wann haben Sie so etwas das letzte Mal unterwegs gegessen? So sieht ein typisches Essen bei Midwest Express aus. Das Unternehmen gibt durchschnittlich zehn US-Dollar pro Passagier für Mahlzeiten aus, Southwest hingegen gerade mal 20 US-Cent. (Sie bekommen Erdnüsse wirklich billig, wenn Sie sie in großen Mengen einkaufen.) Midwest bietet seinen Passagieren Sitze in Zweierreihen, die zwölf Zentimeter mehr Beinfreiheit haben und zehn Zentimeter breiter sind als die üblichen Sitzgelegenheiten in einem Flugzeug. Midwest kann gesunde Gewinne aufweisen, weil sie in anderen Bereichen eine scharfe Kostenkontrolle durchführt – ihre vorwiegend aus DC-9 bestehende Luftflotte ist älter, und sie agiert von einer kostengünstigen Zentrale in Milwaukee aus. Für Preise, für die man bei American oder United einen deutlich geringeren Service erhalten würde, bietet man bei Midwest fast einen Erste-Klasse-Komfort. Kein Wunder, dass das Unternehmen von dem Magazin *Travel & Leisure* als beste Inlandsfluggesellschaft bewertet wurde. Und es überrascht ebenfalls nicht, dass seine Aktien über dem Durchschnitt der Industriewerte des Dow-Jones-Index lagen. Während Southwest weniger Service für einen erheblich niedrigeren Preis als traditionelle Fluggesellschaften bietet, wartet Midwest mit mehr Service zum etwa gleichen Preis wie der Durchschnitt auf. Beide Unternehmen verfügen über höchst effiziente Geschäftsmodelle.

Fragen Sie sich: Haben wir unsere Annahmen über den Nutzen, den unsere Kunden tatsächlich aus unseren Produkten oder Dienstleistungen ziehen, evaluiert? Kennen wir die Kosten, die uns durch das Anbieten dieses Nutzens entstehen, in allen Einzelheiten?

Einzigartigkeit

Wie wir bei unserer Erörterung der strategischen Konvergenz im zweiten Kapitel dieses Buches gesehen haben, gibt es häufig eine ganze Anzahl von Unternehmen in einer Branche, deren Geschäftsmodelle im Wesentlichen identisch sind. Je stärker die Geschäftsmodelle konvergieren, desto geringer ist die Chance, überdurchschnittliche Gewinne zu erwirtschaften. Das Ziel besteht darin, ein Geschäftsmodell zu entwickeln, das in seiner Konzeption und Ausführung einzigartig ist. Natürlich ist das Ziel nicht das Erreichen von Einzigartigkeit um ihrer selbst willen. Um Gewinne entstehen lassen zu können, muss ein Geschäftsmodell eine Einzigartigkeit aufweisen, die von den Kunden geschätzt wird.

Ein Beispiel: Broadcast.com steht für einen grundsätzlich neuen Ansatz bei der Übertragung von Radio- und Fernsehprogrammen. Es kann Inhalte auf Ihren Desktop überspielen (neulich habe ich von London aus live die Nachrichten von ITN auf meinem Laptop gesehen), und das gelingt ihm, ohne auf ein spezielles Sendenetz zurückgreifen zu müssen. Sie können Ihren Lieblingsentertainer aus dem Radio oder Fernsehen auswählen, sich seine letzten Shows herunterladen und sich diese an sämtlichen Standorten rund um die Welt zu Gemüte führen. Dies ist mit lokalen Radio- und TV-Sendern nicht zu vergleichen. Einzigartigkeit garantiert zwar noch nicht per se Rentabilität, aber es ist ein Anfang. Im Juli 1999 wurde Broadcast.com für gut vier Milliarden US-Dollar an Yahoo! verkauft. – So viel ist Einmaligkeit wert.

Fragen Sie sich: In welchem Maß weicht unser Geschäftskonzept von dem ab, was in unserer Branche oder in unserem Tätigkeitsfeld üblich ist? Wie viele Differenzierungspunkte lassen sich quer durch die Hauptkomponenten unseres Geschäftskonzepts identifizieren? Bieten diese Differenzierungspunkte unseren Kunden eine neue Art von Nutzen?

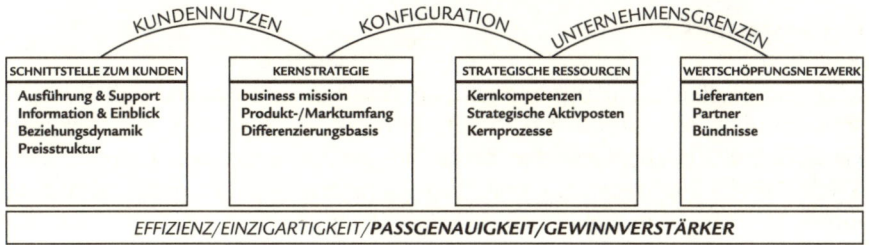

Es gibt Dutzende von Gewinnverstärkern, die die Gewinne rasant in die Höhe treiben können.

Passgenauigkeit

Das 10-Dollar-Wort für „Passgenauigkeit" ist *Blutsverwandtschaft*. Ein Geschäftskonzept erzeugt Gewinne, wenn sich all seine Elemente gegenseitig verstärken. Ein Geschäftskonzept muss in sich stimmig sein – all seine Teile müssen für dasselbe Gesamtziel zusammenwirken. Ein Unternehmen mit einer mittelmäßigen Performance ist fast definitionsgemäß ein Unternehmen, in dem die Elemente seines Geschäftsmodells gegenläufig wirken.

Ein Beispiel: Four Seasons Hotels and Resorts mit Sitz in Toronto betreibt weltweit die größte Kette an Luxushotels und bestimmt in fast 20 Ländern, was „verwöhnt werden" heißt. Der Erfolg des Unternehmens ist der Tatsache zu verdanken, dass jeder Aspekt seines Geschäftsmodells – die Lage der Immobilien, die Auswahl und Ausbildung des Personals, die Qualität der Ausstattung, das Niveau des Service und der Küche – darauf ausgerichtet ist, dass sich ein Gast wie der König von Frankreich fühlt. Nur wenige Unternehmen erreichen die Art von Stimmigkeit, die bei Four Seasons so ausgeprägt ist. Während eines Erste-Klasse-Fluges von San Francisco nach London servierte man mir zum Beispiel zu Beginn elegant eine Portion Kaviar, während man uns gegen Ende der Reise eine Plastikschale Wheatis mit abreißbarem Papierdeckel als Frühstück auftischte. Wenn das kein krasser Widerspruch ist! So verkauft man bei McDonald's Müsli, aber es entspricht kaum dem, was man erwartet, wenn man für ein Rückflugticket 10 000 US-Dollar bezahlt hat.

Fragen Sie sich: Verstärken sich alle Elemente unseres Geschäftsmodells auf positive Weise gegenseitig? Gibt es zwischen einigen Elementen unseres Geschäftsmodells Reibungsverluste? In welchen Maß ist unser Geschäftsmodell in sich stimmig? Gibt es irgendetwas, das auf unsere Kunden befremdlich wirkt?

Gewinnverstärker

Klar, Sie wollen nicht nur wissen, ob sich Ihr Geschäftsmodell lohnen, sondern ob es sich *wirklich* rentieren wird. Es gibt Dutzende von *Gewinnverstärkern*, die die Gewinne rasant in die Höhe treiben können. Der Trick dabei besteht darin, einen Weg zu finden, wie Sie einen oder zwei dieser Verstärker in Ihr Geschäftskonzept einbeziehen können. Gewinnverstärker lassen sich in vier Kategorien gruppieren:

- Wachsende Renditen
- Aussperren der Konkurrenz
- Strategische Wirtschaftlichkeit
- Strategische Flexibilität

Sie müssen sich mit jedem dieser Gewinnverstärker vertraut machen. Sie bilden den Unterschied zwischen leidlichen Gewinnen auf der einen und Renditen, die Investoren ins Schwärmen geraten lassen, auf der anderen Seite.

Die ersten beiden Kategorien, *wachsende Renditen* und *Aussperren der Konkurrenz*, sind Synonyme für ein Monopol. Die Innovation von Geschäftskonzepten impliziert letztlich den Versuch, eine zeitweilige Monopolstellung zu erreichen. Während revolutionäre Geschäftskonzepte die Tendenz aufweisen, fest verankerte Monopole zu untergraben, kann ein Geschäftskonzept mit stark monopolistischen Tendenzen häufig dem verzögerten Angriff durch Möchtegern-Rivalen trotzen, bevor es in sich zusammenfällt. Im Allgemeinen gilt: Je stärker ein Monopol ist, desto größer muss die Innovation sein, wenn man den Besitzer der Pfründe von seinem Platz verdrängen will. In diesem Sinn ist die Erneuerung eines Geschäftskonzepts als eine Suche nach Strategien zu verstehen, die gegenüber Angriffen durch weitere Geschäftskonzept-Innovationen möglichst immun sind. Alles klar? Damit Sie mich nicht missverstehen: Ich verwende das Wort „Monopol" nicht im juristischen Sinn – ich beziehe mich lediglich auf Strategien, die die Tendenz haben, sich selbst zu verstärken. Sie müssen keine ausbeuterischen Taktiken einsetzen oder zum Räuberhauptmann werden, um ein Geschäftskonzept zu entwickeln, das schließlich monopolartige Gewinne abwirft.

Volkswirtschaftler gehen von der Annahme eines uneingeschränkten, atomistischen Wettbewerbs aus. Jedes Unternehmen, das überdurchschnittliche Gewinne erzielt, ist in ihren Augen eine Anomalie. Branchenrevolutionäre gehen davon aus, dass das gesamte Ziel einer Strategie darin besteht, einen *ungleichen* Wettbewerb zu schaffen. Für sie zielt Strategie vor allem auf die Bildung von Quasi-Monopolen. Für einen Volkswirtschaftler bedeutet ein überdurchschnittlicher Gewinn ein „Versagen des Marktes". Für einen Strategen ist der Grund ein mörderisch gutes Geschäftskonzept. Das Problem für die Volkswirtschaftler besteht darin, dass es heutzutage zahlreiche Anomalien gibt. Das DOS-basierte Betriebssystem Windows von Microsoft, die Vorherrschaft Deltas auf den Flughäfen von Atlanta und Salt Lake City, die x86-Architektur von Intel und die den DVD-Disketten zu Grunde liegenden Patente sind alles Beispiele für Quasi-Monopole. Kürzlich haben Volkswirtschaftler wie W. Brian Arthur und Paul Romer entdeckt, was kluge Innovatoren schon immer wussten: einige Geschäftsmodelle haben von Natur aus eingebaute Monopolstellungen.

Die vor über 800 Jahren gegründeten Universitäten Oxford und Cambridge sind zwei der ältesten Beispiele fü „wachsende Renditen".

Wachsende Renditen

Die vor über 800 Jahren gegründeten Universitäten Oxford und Cambridge sind zwei der ältesten Beispiele für „wachsende Renditen". Ein Beweis für ihre dauerhafte Führungsposition innerhalb des akademischen Bildungssystems Großbritanniens ist der Umstand, dass man sie häufig einfach als „Oxbridge" bezeichnet, eine aus zwei Universitäten bestehende Klasse für sich, die alle anderen britischen Universitäten in den Schatten stellt.

Angenommen, Sie wären ein brillanter junger Physiker, der darauf hofft, eines Tages den Nobelpreis zu gewinnen. Wo würden Sie nach Ihrer Promotion dann wohl Ihre Forschungsarbeit fortsetzen wollen? Ganz einfach: an einer Universität, die bereits eine ganze Anzahl von Nobelpreisträgern hervorgebracht hat. Sie würden außerdem einen Zugang zu den besten Doktoranden haben wollen, die natürlich von der besten Fakultät angezogen werden. Die Besten ziehen die Besten an – dieser Circulus vitiosus hat es Oxford und Cambridge erlaubt, das britische Universitätswesen über weite Strecken des vergangenen Jahrtausends zu beherrschen. Wachsende Renditen sind eben nicht von Microsoft und W. Brian Arthur erfunden worden.

Der Begriff *wachsende Renditen* bezieht sich ganz einfach auf eine Wettbewerbssituation, in der die Reichen tendenziell immer reicher und die Armen immer ärmer werden. Er kennzeichnet einen Schwungrad-Effekt, der die Neigung hat, frühere Erfolge fortzuschreiben. Diejenigen, die einen Vorsprung haben, werden einen weiteren Vorsprung gewinnen, und die Nachzügler werden noch weiter zurückbleiben. Dauernde Bewegung kommt allerdings im Geschäftsleben fast genauso selten vor wie in der Physik, und jedes Geschäftsmodell trifft schließlich irgendwann auf einen Widerstand. Aber ein durch wachsende Renditen gekennzeichnetes Geschäftskonzept kann über einen unverschämt langen Zeitraum hinweg fette Gewinne erzeugen.

Der Begriff der wachsenden Renditen unterscheidet sich um eine Nuance von dem Begriff der steigenden Skalenerträge. In einer Branche wie der Chemieindustrie, in der die Vorteile der Massenproduktion eine signifikante Rolle spielen, müssen Sie groß sein, um gewinnen zu können. Wenn Sie in einer Branche mit wachsenden Renditen früh zu den Gewinnern gehören, dann werden Sie wahrscheinlich groß werden. Größenvorteile sind weitgehend statisch; wachsende Renditen sind dynamisch.

Um von wachsenden Renditen zu profitieren, muss sich ein Geschäftsmodell eine von drei grundlegenden Stärken zu Nutze machen: Netzwerkeffekte, positive Feedbackeffekte oder Lerneffekte.

1. Netzwerkeffekte: Einige Geschäftsmodelle profitieren von einer ungewöhnlichen Art Wertmultiplikator, der als „Netzwerkeffekt" bekannt ist. In manchen Fällen steigt der Wert eines Netzwerks quadratisch im Verhältnis zu dessen wachsender Zahl an Knotenpunkten oder Mitgliedern. Wenn Sie das Wachstum eines Geschäftsmodells abbilden, das sich den Netzwerkeffekt zu Nutze macht, erhalten Sie ein Diagramm, das der Energiekurve der Kernspaltung oder der Infektionskurve eines gefährlichen Virus ähnelt.

Beispiele: eBay ist ein klassisches Beispiel für einen Netzwerkvorteil. Sie würden sicher keine Online-Auktion besuchen, auf der lediglich ein Dutzend Gegenstände zum Verkauf angeboten werden. Aber mit der steigenden Zahl der Teilnehmer (oder Knotenpunkte) wächst die Chance, dass Sie auftreiben, was Sie haben wollen, oder dass Sie einen Käufer für das finden, was Sie nicht mehr haben wollen. Wenn Sie irgendetwas online kaufen oder verkaufen wollen, warum sollten Sie dann nicht zu eBay gehen? Mit über zweieinhalb Millionen zum Verkauf stehenden Gegenständen aus über 1600 Bereichen hat eBay die Dynamik des Netzwerkeffekts optimal genutzt.

Wo der Wert des Netzwerks eine Funktion der *Anzahl seiner Mitglieder* ist, erzielen diejenigen, die zu den Gründungsunternehmen gehören, am härtesten arbeiten und das größte Netzwerk aufbauen, wachsende Renditen. Da ihr Netzwerk größer und größer wird, haben es Späteinsteiger immer schwerer, gleichwertige Netzwerke aufzubauen, und es gibt immer geringere Anreize für die Kunden, das Netzwerk zu wechseln.

Das Geschäftsmodell von Cisco profitiert nicht direkt, aber indirekt vom Netzwerkeffekt, weil das Unternehmen einen großen Teil der digitalen Leitungen für das Internet bereitstellt. Die Ausweitung des Internet ist das Musterbeispiel eines Netzwerkeffekts: Je mehr Menschen online gehen, desto interessanter wird das Internet für Anzeigenkunden, Händler und Inhaltsprovider. Und je mehr Inhalte und kommerzielle Möglichkeiten online angeboten werden, umso größer ist wiederum der Anreiz für den Einzelnen, online zu gehen. Cisco hat sein Geschäftsmodell mit diesem Kometen verbunden. Netzwerkeffekte sind auch der Grund für den Triumph von Visa, MasterCard und American Express als wahrhaft globale Kreditkarten. Je mehr Händler diese

Karten akzeptieren, desto größer ist die Wahrscheinlichkeit, dass Sie sie bei sich tragen. Und je größer die Wahrscheinlichkeit ist, dass Sie sie bei sich tragen, umso mehr Händler werden sie voraussichtlich akzeptieren. Ein weiterer Circulus vitiosus.

Fragen Sie sich: Verfügen wir über ein Geschäftsmodell, das sich den Netzwerkeffekt zu Nutze macht? Können wir Möglichkeiten aufspüren, die dort einen Netzwerkvorteil erzeugen, wo es gegenwärtig keinen gibt? Wenn nicht, können wir dann unser Geschäftskonzept irgendwie an einen Netzwerkmultiplikator ankoppeln?

2. Positive Feedbackeffekte: Die Begriffe *positive Feedbackeffekte* und *wachsende Renditen* werden manchmal synonym verwendet, um eine Situation zu kennzeichnen, in der Erfolg wiederum Erfolg hervorbringt. Ich möchte den Ausdruck *positive Feedbackeffekte* allerdings in einem engeren Sinn verwenden, indem ich mich speziell auf die Art beziehe, in der ein Unternehmen das Feedback des Marktes einsetzt, um eine anfängliche Kluft gegenüber der Konkurrenz in einen unüberbrückbaren Abgrund zu verwandeln. Ein Unternehmen mit einem großen Bestand an Kunden und einer Methode, von den Verbrauchern ein rasches Feedback zu erhalten, ist möglicherweise im Stande, seine Produkte und Dienstleistungen schneller zu verbessern als seine Mitbewerber. Dadurch werden seine Produkte noch besser, und es gewinnt noch mehr Kunden. Auf diese Weise entsteht ein weiterer Circulus vitiosus.

Ein Beispiel: AOL hat systematisch die über seinen Kundenbestand gewonnenen Erkenntnisse eingesetzt, um den benutzerfreundlichsten Online-Service anzubieten, und war anderen bekannten Internetportalen stets um eine Nasenlänge voraus. Je besser der Inhalt und die Online-Erfahrungen bei AOL sind, desto mehr Anwender gewinnt AOL. Je mehr Anwender AOL gewinnt, umso höher sind seine Werbeeinnahmen. Je mehr Geld es durch Werbung verdient, desto mehr kann das Unternehmen in die Verbesserung und den Ausbau seines Service investieren, wodurch es wiederum mehr Benutzer gewinnt. Dieser positive Feedbackeffekt greift auch bei den Anzeigenkunden. Je mehr Benutzer es hat, umso mehr kann AOL für die Schaltung von Werbung verlangen. Je mehr es für das Schalten von Werbung verlangt, desto mehr kann AOL ausgeben, um sein Angebot zu differenzieren und anzupreisen. Je mehr es in den Aufbau und die zusätzliche Verbesserung seines Angebots investiert, umso mehr Anwender gewinnt es. Positive Feedbackeffekte bilden den Dreh- und Angelpunkt im Circulus vitiosus des Lernens von Kunden und der Optimierung.

Wirklich clevere Geschäftsmodelle sperren die Konkurre Schlüsselpositionen und

Fragen Sie sich: Wo ist das Schwungrad, das unseren Anfangserfolg weiter antreiben wird? Wo können wir einen Circulus vitiosus wachsender Renditen entstehen lassen? Wo könnten wir innerhalb unseres Geschäftsmodells positive Feedbackeffekte erzeugen? Können wir eine sehr kurze Rückmeldeschleife einrichten, die es uns erlaubt, unsere Produkte und Dienstleistungen schneller als jeder andere zu verbessern? Sollen wir unsere Produkte oder Dienstleistungen stark verbilligen oder umsonst anbieten, um dadurch positive Feedbackeffekte zu generieren, die uns in die Lage versetzen, die Konkurrenz zu übertreffen?

3. **Lerneffekte**: Immer mehr Branchen sind wissensintensiv. Ein Unternehmen, das früh Wissen anhäuft und anschließend weiterhin schneller als seine Rivalen lernt, kann sich eine fast unangreifbare Führungsposition aufbauen. Die Akkumulation von Wissen steht häufig in einem engen Zusammenhang mit der Erfahrung. (Erinnern Sie sich noch an die Erfahrungskurve der Boston Consulting Group?) Der Grundgedanke ist einfach: Die Anwendung von Wissen erzeugt neues Wissen. Dies trifft insbesondere in den Fällen zu, in denen das entscheidende Wissen sowohl komplex als auch implizit ist – komplex in dem Sinn, dass es die Verschmelzung von einigen unterschiedlichen Wissenstypen repräsentiert, und implizit insofern, als es nicht ohne weiteres nachvollziehbar ist.

Ein Beispiel: In einer Branche, die durch intensive Lerneffekte gekennzeichnet ist – gleichgültig, ob es sich nun um die Produktion von Halbleitern oder um Strategieberatung handelt –, haben es Späteinsteiger schwer, den Aufbauprozess an Wissen durch die Marktführer einzuholen – es sei denn, sie verändern die Wissensbasis der Branche. Durch Lerneffekte sicherten sich Sharp und Toshiba bei der Herstellung von Flachbildschirmen Führungspositionen. In den Anfangsjahren waren die durch die Produktion von Flachbildschirmen erzielten Renditen katastrophal niedrig. Aber ihre Beharrlichkeit zahlte sich aus. Für eine lange Zeit genossen Sharp und Toshiba quasi Monopolstellungen für eine einzige, höchst wertvolle Komponente des Laptop-Computers. Hunderte Millionen wurden investiert. Natürlich hat jedes Wissen die Tendenz, im Lauf der Zeit zum Allgemeingut zu werden: Es wird von Lieferanten, Ausrüstungsherstellern, ehemaligen Mitarbeitern oder durch das Nachvollziehen technischer Prozesse erworben und verbreitet. Weil dies geschehen ist, sind mittlerweile neue Mitbewerber in das Geschäft mit Flachbildschirmen eingestiegen.

ch das Besetzen von Marktfeldern, das Nutzen von dung von Kunden aus.

Fragen Sie sich: Welche Teile unseres Geschäftsmodells könnten einem Lernkurveneffekt unterworfen sein? Wo zählt akkumuliertes Wissensvolumen, und welchen prozentualen Anteil hat es an den Gesamtkosten? Nutzen wir jede Lernmöglichkeit optimal? Setzen wir das Gelernte in Bezug auf unsere Produkte und Dienstleistungen auf Echtzeitbasis um?

Aussperren der Konkurrenten

Wenn Sie ein Fenster finden, das Ihnen eine Chance eröffnet, dann sollten Sie schleunigst hindurchklettern und es fest hinter sich zusperren. Sie wollen die *gesamte* Beute, und Sie wollen nicht dafür kämpfen müssen. Ein widerliches Geschäft, diese Kämpferei. Es birgt immer das Risiko, dass etwas von *Ihrem* Blut vergossen wird. Aus diesem Grund sperren wirklich clevere Geschäftsmodelle die Konkurrenz durch das Besetzen von Marktfeldern, das Nutzen von Schlüsselpositionen und die Bindung von Kunden aus.

1. *Besetzung von Marktfeldern*: Wo ein großes Potenzial an wachsender Rendite vorhanden ist, kann es schon genügen, der Erste zu sein, um die Mitbewerber aus dem Ring zu werfen. Es ist großartig, wenn gleich der erste Schlag zum k.o. führt. In Branchen, die F&E-intensiv sind oder hohe Fixkosten haben, gibt es häufig keinen zweiten Platz. Sie sind entweder der Erste oder gar nicht dabei.

   Beispiele: Nehmen wir mal an, die Fix & Flink GmbH hat gerade 200 Millionen US-Dollar in die Entwicklung eines neuen Softwareprodukts gesteckt. Innerhalb des ersten Jahres, in dem sie damit auf den Markt geht, gewinnt sie fünf Millionen Kunden für ihre WormFinder-Software, die für je 250 US-Dollar verkauft wird. Das sind 1,25 Milliarden US-Dollar an Einnahmen. Mit variablen Kosten von 50 US-Dollar pro Stück (zur Abdeckung von Produktion, Vertrieb, Werbung und Verwaltung) belaufen sich die direkten Kosten von Fix & Flink auf 250 Millionen US-Dollar. Damit bleiben eine Milliarde US-Dollar übrig – eine Rendite von 400 Prozent der in Forschung und Entwicklung geflossenen Investitionen. Wenn die Fix & Flink GmbH schlau ist, wird sie wieder ein paar Hundert Millionen US-Dollar in die Forschung und Entwicklung stecken, um ihre Führungsposition auszubauen.
   Die Schneckenlangsam GmbH dagegen tritt mit zehnmonatiger Verspätung in den Markt ein und kann von ihrem Konkurrenzprodukt lediglich eine Million Stück verkaufen. Bei einem Preis von je 250 US-Dollar betragen die Nettoeinnahmen 250 Millionen US-Dollar. Und angesichts variabler Kosten von 50 US-Dollar pro Programm beträgt der Bruttogewinn von Schneckenlangsam 200 Millionen US-Dollar.

Das deckt kaum ihre eigenen Entwicklungskosten ab. Es gibt daher künftig keine Möglichkeit für sie, mit den steigenden F&E-Investitionen von Fix & Flink gleichzuziehen.

Jetzt hat die Fix & Flink GmbH die Chance zuzuschlagen. Sie senkt ihren Preis auf 150 US-Dollar. Der Markt wächst auf elf Millionen Kunden, von denen 8,5 Millionen Fix & Flink-Kunden sind. Ihre Einnahmen steigen nur langsam auf 1,275 Milliarden US-Dollar, aber sie erwirtschaftet immer noch einen sehr gesunden Bruttogewinn in Höhe von 850 Millionen US-Dollar. Unterdessen passt die Schneckenlangsam GmbH ihren Preis dem der Fix & Flink GmbH an und fährt lediglich 225 Millionen US-Dollar von eineinhalb Millionen Kunden ein. Nach Abzug der direkten Kosten in Höhe von 75 Millionen US-Dollar kann sich Schneckenlangsam bloß noch 150 Millionen US-Dollar für die weitere Forschung und Entwicklung leisten.

Es kann sein, dass der Kampf noch ein paar weitere Runden lang fortgesetzt wird, bevor das Aus kommt, aber Schneckenlangsam geht in jedem Fall zu Boden. Ein Geschäftskonzept mit einem derartigen Fixkostenmechanismus bietet den Schnellen die Chance, sich eine fast unangreifbare Position aufzubauen. Der Vorsprung, den der Vorreiter am Markt genießt, ist zwar nicht für immer festgeschrieben, aber in Branchen mit einer rapiden technologischen Entwicklung und relativ kurzen Produktlebenszyklen ist er häufig von existenzieller Bedeutung. Wenn Sie zu den Späteinsteigern gehören, bekämpfen Sie die US-Marines gewissermaßen mit Schleudern und Feuerwerkskörpern.

Für eine Vormachtstellung muss man über ein tolles Produkt, blitzschnelle Lernfähigkeit und die Bereitschaft verfügen, seinen Einsatz zu verdoppeln. Es ist witzlos, der Erste zu sein, wenn man etwas zum Verkauf anbietet, das niemand haben will, oder wenn man Ewigkeiten braucht, um auf die Anforderungen der Kunden zu reagieren. Apple mag der erste Anbieter von Computern in Handformat gewesen sein, aber der Newton war jämmerlich unausgereift, sodass er dem PalmPilot Tür und Tor offen ließ.

Johnson & Johnson schuf mit seinem bahnbrechenden koronaren Stabilisator, einem winzigen Metallrahmen, der durch Kalkablagerungen verstopfte Arterien aufstemmt, neue Maßstäbe. Drei Jahre, nachdem das Produkt 1994 auf den Markt gebracht worden war, konnte das Unternehmen Einnahmen in Höhe von einer Milliarde US-Dollar verbuchen und wies einen Marktanteil von 90 Prozent auf. Die Bruttogewinnspanne wurde auf stattliche 80 Prozent geschätzt. Aber J&J ließ das Fenster für die koronaren Feininstrumente weit offen stehen. Die allzu gierige Preispolitik des Unternehmens (1595 US-Dollar), das langsame Tempo, das es bei der Produktverbesserung vorlegte, und die wenig engagierte Art im Umgang mit den Kardiologen bot Nachfolgern wie Guidant oder Boston Scientific schließlich ein leichtes Spiel. 45 Tage nach der Markteinführung seines Konkurrenzprodukts besetz-

Riskieren wir, zum ewigen Nachzügler zu werden?

te Guidant einen Marktanteil von 70 Prozent. J&J zog sich schließlich aus dem Markt zurück. Eine Besetzung von Marktfeldern ohne eine konsequente Behauptung der Position lohnt den Aufwand nicht.

Fragen Sie sich: Riskieren wir, zum ewigen Nachzügler zu werden – so wie es 3Com in Bezug auf Cisco ist? Bietet unser Geschäftskonzept die Möglichkeit, einen Vorsprung durch den Ersteinstieg in den Markt zu erzielen? An welcher Stelle planen wir eine Besetzung von Marktfeldern, und auf welche Weise wollen wir uns diese zu Nutze machen? Wie schaffen wir es, aus unserer anfänglichen Vorreiterrolle eine stabile Führungsposition zu machen, die wir immer aufs Neue behaupten?

2. *Schlüsselpositionen*: Der legendäre Militärstratege Karl von Clausewitz bezeichnete es als „Beherrschung der höheren Lagen". Mein Kollege Peter Skarzynski spricht von „Kontrolle der Schlüsselpositionen". Die Idee ist die gleiche. Ob man im Jahr 1452 als Sultan Mehmet II. eine Festung baut, um den Bosporus zu kontrollieren, oder ob man im neuen Jahrtausend versucht, die Infrastruktur des Kabelfernsehens zu beherrschen, die das Breitband-Webcasting ermöglichen wird – die Logik ist die gleiche. Wer auch immer die Schlüsselposition innehat, sitzt am Drücker. Wenn Sie nicht bereit sind, den vollen Preis zu bezahlen, sind Sie draußen.

Beispiele: Die jahrelange Kontrolle der US-amerikanischen Telefonleitungen durch AT&T stellt eine solche Schlüsselposition dar. Es ist zwar kaum zu glauben, aber es gab eine Zeit, in der man ohne die Erlaubnis von AT&T keinerlei Zugang zum Telefonnetzwerk bekam. Vor kurzem scheinen AT&T, Microsoft und AOL gleichzeitig entdeckt zu haben, wie wichtig es ist, über eine der letzten wirklichen Schlüsselpositionen in den USA zu verfügen – die Kabelanschlüsse zu den Haushalten. Auf absehbare Zeit ist das Koaxialkabel, das den US-Bürgern Conan O'Brien und andere Größen ins Wohnzimmer bringt, eine von nur drei Breitbandverbindungen zu den Privathaushalten (die anderen beiden sind das Satellitenfernsehen und DSL: Digital Subscriber Lines, Digitalverbindungen für Abonnenten). Wie ein Kompass, der stets nach Norden zeigt, zielten die Monopolansprüche von AT&T im späten 20. Jahrhundert auf dieses Gegenstück zur Telefonleitung des frühen 20. Jahrhunderts.
AOL bereitete es einige Kopfschmerzen, dass AT&T womöglich seine neu entdeckte Schlüsselposition nutzen könnte, um den Erfolg von AOL zu behindern. In einem Katastrophenszenario zwingt AT&T AOL zur Zahlung einer Zugangsgebühr (ebenso wie eine Lebensmittelkette einem Nahrungsmittelhersteller eine „Aufstellgebühr" für die

Aufnahme neuer Produkte ins Regal berechnet). Oder noch schlimmer: AT&T verweigert AOL zu Gunsten eines von AT&T gesponserten Portals die Nutzung seiner Leitungen. Äußerungen wie die folgende aus dem Mund von AT&T-CEO Michael Armstrong sind kaum geeignet, die Befürchtungen von AOL zu beschwichtigen: „Wenn Sie die Anlagen nicht kontrollieren, dann weiß ich nicht, wie Sie Ihr Schicksal bestimmen wollen."[8] Sultan Mehmet II. hätte es nicht treffender formulieren können. Kein Wunder, dass sich AOL zu Time Warner hingezogen fühlte, einem weiteren großen Kabelfernsehbetreiber. Ironischerweise war eines der Motive für den Einstieg von AT&T ins TV-Geschäft, eine andere Schlüsselposition zu umgehen – nämlich die Kontrolle von Baby Bell über die „letzte Meile" des Telefonnetzes. Jetzt hat AT&T seine eigene „letzte Meile".

Windows von Microsoft stellt vielleicht die wirkungsvollste Schlüsselposition der Geschichte dar. Es ist praktisch unmöglich, einen PC zu bauen, eine Anwendersoftware zu schreiben oder ein Dokument zu erstellen, ohne in irgendeiner Weise einen Scheck an Microsoft zu schicken. Aber jeder von uns, der den Schlagbaum von Microsoft passiert hat, sollte für eines dankbar sein: Das Internetprotokoll (der Standard für den Transport von Datenpaketen im Internet) und HTML (der Standard für die Darstellung von Informationen im Internet) sind nicht nur offen zugänglich, sie sind Allgemeingut. Das muss Bill Gates verrückt machen. Aber er sollte froh sein, denn wenn jemand IP und HTML besitzen würde, dann wäre Bill möglicherweise nur der zweitreichste Mann auf diesem Planeten.

Schlüsselpositionen kommen in zahlreichen Formen und Größen vor: als technischer Standard, als Kontrolle über irgendeine teure Infrastruktur, als Vorzugszugang zu einem staatlichen Abnehmer oder als hervorragender Standort. Weitere Beispiele für eine Schlüsselposition wären etwa eine Kundenattraktion in einem Einkaufszentrum, Gatorades Spitzenpositionierung auf den Banden jedes Spiels der National Football League, die historisch bedingte Kontrolle des Diamantengeschäfts durch De Beer oder ein entscheidendes Patent. Ein wirklich strategisches Geschäftskonzept ermöglicht Ihnen die Beherrschung der höheren Lagen.

Fragen Sie sich: Gibt es irgendeinen Standard, irgendein Protokoll, eine Schnittstelle oder den Teil einer Infrastruktur, die wir allein besetzen könnten? Schaffen wir irgendwelche Aktivposten, die für den Erfolg anderer Unternehmen von entscheidender Bedeutung sein werden? So entscheidend, dass wir eine Nutzungsgebühr verlangen können? Sind außergewöhnliche Anlagen oder Fähigkeiten vorhanden, die wir unseren Konkurrenten gern vorenthalten würden? Können wir diese Anlagen oder Fähigkeiten in irgendeiner Weise vor einem allgemeinen Gebrauch schützen?

3. Kundenbindung: Der Ausschluss der Konkurrenz erfolgt häufig über die Kundenbindung. Und selbst wenn Sie nicht *alle* Ihre Konkurrenten aussperren können, so können Sie doch *einige* Ihrer Kunden binden – durch langfristige Zulieferverträge oder durch gesetzlich geschützte Produktdesigns, die dafür sorgen, dass sie für Aktualisierungen und Ergänzungen wiederkommen, oder durch die Herrschaft über ein lokales Monopol. Es gibt viele Wege der Kundenbindung. Aber seien Sie vorsichtig. Ein Kunde, der sich gebunden *fühlt*, ist eine besonders wütende Bestie. Sie müssen Fesseln aus Samt benutzen.

Beispiele: Die Fluggesellschaften in den USA haben es in der Kundenbindung zu wahrer Meisterschaft gebracht. Zunächst ist da die Sache mit den Gates. Die wettbewerbsscheuen Luftverkehrsgesellschaften haben sich nach der Deregulierung beeilt, ihre Kontrolle über so genannte Festungsknotenpunkte zu sichern. Während der Achtzigerjahre hatte das Justizministerium jeder Fusion von Fluggesellschaften zugestimmt, die ihm vorgelegt wurde. Das Ergebnis? Mitreisende wissen durch einen Blick auf Ihr Kofferschild für Vielflieger, das Ihr Handgepäck ziert, wo Sie wohnen – ja genau, jenes goldfarbene Emblem Ihrer Versklavung. Sie haben ein Schild der US Airways bekommen? Möglicherweise leben Sie in Pittsburgh oder Charlotte. Continental? Houston oder Newark. America West? Phoenix. TWA (armes Schwein)? St. Louis. Northwest? Detroit oder Minneapolis, vielleicht Memphis.

Festungsknotenpunkte sind äußerst erfolgreich, wie die Bindungsstrategien zeigen, und haben ein paar Mitglieder des US-Kongresses veranlasst, die Fluggesellschaften als „unregulierte Monopole" zu bezeichnen. Nur wenige Flugreisende sind dumm genug zu glauben, dass es bei der neuen Flut geplanter Semifusionen und Vereinbarungen zum gemeinsamen Marketing (American und US Airways, United und Delta, Northwest und Continental) wirklich um ein „nahtloses Reisen" geht. Es geht vielmehr um verbesserte Möglichkeiten der Kundenbindung.

Bei den Karten für Vielflieger handelt es sich um ein noch komplizierteres Handschellenmodell. Wenn Sie nicht oft genug mit Ihrem lufttüchtigen Monopolisten fliegen, werden Sie bei *jedem* Flug kurzerhand ins Zwischendeck gestopft. Sie werden auch nicht genug Flugmeilen für die zweiten Flitterwochen zusammenbekommen. Sie gehören nicht zur Kategorie Platinkreditkarte, die ein Rieseneinkommen vermuten lässt? Und Sie haben sonst nichts Hochkarätiges zu bieten? Dann brauchen Sie erst gar nicht versuchen, einen Angestellten der Fluggesellschaft um einen Gefallen zu bitten – es sei denn, Sie kommen auf Knien angerutscht oder erleiden gerade einen Herzinfarkt.

Kundenbindung ist lediglich eine fantasievolle Variante des Wortes „Kostenumschichtung". Sobald Sie erst einmal „Word" von Microsoft gekauft und gelernt haben, sich durch seine byzantinischen „Features" hindurchzuwinden, hängen Sie fest an der Angel. Für Microsoft sind

Sie mehr als ein Kunde, Sie sind eine regelmäßige Einkommensquelle. Wenn nicht jemand mit einem wirklich radikal neuen Software-Geschäftskonzept daherkommt, werden Sie noch gaaaaaaanz lange Updates von Microsoft kaufen. Und tatsächlich verdankt Microsoft mittlerweile etwa die Hälfte der Softwareeinnahmen den Updates. Wenn das keine Kundenbindung ist!

Sie können sich eher aus der Umklammerung von Philip Morris und der täglichen Nikotindosis von zwei Päckchen Zigaretten befreien als von Bill aus Redmond loszukommen. Nur Intel hat etwas aufzuweisen, das der Kundenbindung von Microsoft nahe kommt. Vor ein paar Jahren wurde Intels Mitbegründer und Chairman, Gordon Moore, gefragt, ob er sich Sorgen gemacht habe, dass die Architektur des x86-Chips seines Unternehmens durch neue Technologien wie RISC (Reduced Instruction Set Computing) verdrängt werden könnte. Seine Antwort sagte alles:

> **Gehen Sie stets behutsam bei der Kundenbindung vor. Sie ist eine tolle Sache, solange sie besteht. Aber in dem Augenblick, in dem die Handschellen abgenommen werden, springen Ihnen die Kunden womöglich an die Kehle.**

„Nein, ... wir hatten einen gewaltigen Vorteil: die gesamte Software, die die Leute gekauft hatten, arbeitete mit unseren Befehlssätzen."[9] Intel mag in vielen Dingen paranoid sein, aber eine neue Chip-Architektur, die es aus den PCs vertreibt, gehört vermutlich nicht zu seinen Ängsten. Kundenbindung? – Handschellen, Zwangsjacke und Fußeisen. Tatsächlich hat AMD nach jahrelangem Bemühen erst vor kurzem einen bedeutenden Anteil des Mikroprozessor-Marktes im Bereich der Billigcomputer besetzen können. – Und die Kunden sind froh über diese Alternative.

Der Düsentriebwerk-Deal zwischen GE und Boeing ist eine etwas angenehmere Form der Kundenbindung. Die finanzielle Unterstützung für die Entwicklung der Boeing Langstrecken-777 durch GE hatte ihren Preis: Boeing erklärte sich einverstanden, die neue 777 *ausschließlich* mit GE Motoren zu verkaufen. Festbinden ist okay, wenn der Kunde darum bittet, gefesselt zu werden.

Gehen Sie stets behutsam bei der Kundenbindung vor. Sie ist eine tolle Sache, solange sie besteht. Aber in dem Augenblick, in dem die Handschellen abgenommen werden, springen Ihnen die Kunden womöglich an die Kehle.

Fragen Sie sich: Könnte unser Geschäftskonzept die Fähigkeit oder den Wunsch der Kunden verringern, bei anderen Anbietern zu kaufen? Gibt es irgendetwas an unserem Geschäftskonzept, das unsere Kunden dazu veranlassen könnte, ihre Wahlfreiheit zu begrenzen? Wie können wir unser Schicksal noch enger an das unserer Kunden binden?

Strategische Wirtschaftlichkeit

Anders als die operationale Effizienz ist die strategische Wirtschaftlichkeit nicht das Resultat betriebsbezogener Exzellenz, sondern Konsequenz des Geschäftskonzepts selbst. Strategische Wirtschaftlichkeit hat drei Varianten: Größenvorteil, Fokus und Verbundvorteil.

1. Größenvorteil: Ein Größenvorteil kann auf vielerlei Weise für Effizienz sorgen: durch eine bessere Auslastung der Anlagen etwa oder durch eine größere Kaufkraft – der Muskelprotz, der branchenweit für Preisdisziplin sorgt – und Ähnliches. Branchenrevolutionäre bündeln häufig die Kräfte breit gefächerter Branchen in ihrem Unternehmen. Jeder Mitbewerber, der hinter dieser Konsolidierungskurve zurückbleibt und die Chance verpasst, Größenvorteile aufzubauen, bekommt ein Problem.

Beispiele: Wal-Mart hat für eine Konzentration des Main-Street-Einzelhandels gesorgt und ungeahnte Größenvorteile im Logistik- und Einkaufsbereich realisieren können. Größenvorteile sorgen tendenziell dafür, dass sich der Erfolg großer Pfründebesitzer dauerhaft fortsetzt. Revolutionäre suchen nach Branchen, die noch fragmentiert sind, oder nach bisher ungenutzten Größenvorteilen.
Stellen Sie sich vor, Sie gründen ein Unternehmen, und 16 Monate später besitzt Ihr Anteil von 29 Prozent einen Schätzwert von 315 Millionen US-Dollar. Ist das noch so eine Internetgeschichte, die einen grün vor Neid werden lässt? Nicht ganz. – Es ist die Geschichte von Brad Jacobs und dessen Vermietung von Industrieausrüstung. Jacobs begann im Mülltransportwesen. Angesichts der Konzentrationsbewegung in diesem Bereich überlegte er sich, dass es möglicherweise eine Chance gäbe, Größenvorteile in dem stark aufgefächerten Vermietungsmarkt für Luftkompressoren, Kräne, Gabelstapler, Generatoren und dergleichen zu realisieren. United Rentals hatte zunächst über 200 Unternehmen vereint. Nach seiner Fusionierung mit einem großen Konkurrenten überrundete United Rentals Hertz und wurde mit mehr als 600 Standorten zum größten Ausrüstungsvermieter des Landes.[10]

Fragen Sie sich: Bietet uns unser Geschäftsmodell die Chance, Größenvorteile aufzubauen? An welchen Punkten des Geschäftskonzepts zahlt sich Größe aus? Werden die Größenvorteile alle Verluste an Flexibilität aufwiegen?

2. Fokus: Umgekehrt kann auch ein hochgradig fokussiertes und spezialisiertes Unternehmen gegenüber Mitbewerbern mit einer breiter gefächerten Ausrichtung und einer weiter gestreuten Palette von Dienstleistungen oder Produkten von Größenvorteilen profitieren. Bei dieser Art von Fokus geht es nicht um Kosteneffizienz. Es geht vielmehr um

Effizienz im Sinn von: Lassen Sie sich durch nichts ablenken; konzentrieren Sie all Ihre Energien in eine Richtung.

Beispiele: Wie das funktioniert, zeigt sich an der kleinen Firma Granite Construction im kalifornischen Watsonville, die erfolgreich gegen Industriegiganten wie Morrison Knudsen und Bechtel konkurriert. Granite Construction baut keine Chemieanlagen und ist auch nicht an städtischen Bahnprojekten beteiligt. Aber sie pflastert fast alles, ob es sich um die Startbahn eines Flugplatzes, eine private Zufahrtsstraße oder ein Teilstück einer mehrere Bundesstaaten verbindenden Autobahn handelt. Das Auftragsvolumen betrug 1998 1,2 Milliarden US-Dollar und hatte sich damit innerhalb von fünf Jahren verdoppelt. Das Unternehmen kann auf über 30 Kiesgruben zurückgreifen, die unterschiedliche Materialien zur Fahrbahnpflasterung liefern. Außerdem stellt es seinen eigenen Fertigbeton und -asphalt her.

Der entsprechende Fokus ermöglicht es BMW, sich im Segment der Luxuswagen mit der Macht von Ford und GM zu messen und zu gewinnen. Große Unternehmen zwingen ihren unterschiedlichen Ge-

Bei dieser Art von Fokus geht es nicht um Kosteneffizienz. Es geht vielmehr um Effizienz im Sinn von: Lassen Sie sich durch nichts ablenken; konzentrieren Sie all Ihre Energien in eine Richtung.

schäftsbereichen häufig widersprüchliche und unklare Forderungen auf. Höchstwahrscheinlich war es dieser Umstand, der Cadillac zum Verhängnis wurde. – Wie sonst kann man Produkte wie den Cimmaron und den kaum weniger faden Catera erklären? Was BMW durch mangelnde Größenvorteile verliert, macht es durch sein zielstrebiges Engagement wieder wett. Gibt es irgendetwas anderes auf diesem Planeten, das so aus einem Guss gemacht ist wie ein 325i? BMW hat einen sauberen, herrlichen Ton; Lincoln und Cadillac hingegen klingen oft wie disziplinlose Orchester, die noch immer dabei sind, ihre Instrumente zu stimmen. Falls BMW schließlich von der Fusionswelle mitgerissen werden sollte, wären seine neuen Besitzer gut beraten, die bayerischen Autobauer in Ruhe ihre Geschäfte fortführen zu lassen.

Fragen Sie sich: Hat unser Geschäftskonzept einen laserartigen Fokus? Falls dies nicht der Fall ist, besteht das Risiko, dass wir uns aufreiben? Welche Vorteile würde es uns bringen, wenn wir uns stärker fokussierten? Welche Verbundvorteile würden wir durch eine stärkere Fokussierung aufgeben?

3. *Verbundvorteil*: Die grundlegende Idee hier kommt dem Gegenteil von Fokus sehr nah. Ein Unternehmen, das in einem breiten Feld von Möglichkeiten Ressourcen und Managementtalente aufbieten kann, hat möglicherweise einen Effizienzvorteil gegenüber Unternehmen, die

dazu nicht in der Lage sind. Verbundvorteile entstehen durch die gemeinsame Nutzung von Dingen über die Grenzen von Geschäftsbereichen und Ländern hinaus: Marken, Anlagen, Best Practice, gefragte Talente, IT-Infrastruktur und so weiter.

Ein Beispiel: Möglicherweise trinken Sie den Champagner Moët & Chandon oder vielleicht auch lieber Dom Perignon und Krug. Vielleicht tragen Sie eine Handtasche oder Geldbörse von Louis Vuitton bei sich oder haben eine Uhr von Tag Heuer am Arm. Ihr Parfüm stammt eventuell von Christian Dior oder Givenchy. Und es kann auch sein, dass Sie Ihr Hemd aus Soft Cotton bei Thomas Pink in der Jermyn Street erworben haben. – Kaufen Sie irgendeine dieser Marken, und Sie bereichern die gut gefüllten Schatullen von LVMH, dem weltweit führenden Luxusmarken-Unternehmen. Dessen als Modepapst bekannter Chairman Bernard Arnault ließ aus LVMH einen mehr als sieben Milliarden US-Dollar schweren High-Fashion-Moloch werden, mit dem er den beachtlichen Verbundvorteil nutzt, der sich durch die Produktion und Vermarktung von Luxusgütern erzielen lässt.

> Einige Geschäftsmodelle lassen sich naturgemäß leichter neu ausrichten als andere. – Das sind diejenigen, die im Zeitalter der Revolution fortbestehen werden.

Verbundvorteile treten in zahlreichen Varianten auf: in Form von Vertriebsmacht und Zugang zu Absatzwegen, Vorteilen beim Kauf von Werbefläche, bei der Betreibung von Hightech-Verteilerzentren oder durch die Möglichkeit, erfahrene Managementteams in erworbenen Unternehmen einzusetzen, um die Wiederbelebung elitärer, aber verstaubter Marken zu fördern. Obwohl Prada und Gucci kürzlich selbst bedeutende Erwerbungen gemacht haben, hinken sie im Rennen um den Aufbau eines schlagkräftigen De-Luxe-Unternehmens LVMH weit hinterher. Niemand in der eleganten Welt der Edelmarken zweifelt daran, dass Bernard Arnault ein Branchenrevolutionär ist.

Fragen Sie sich: Stecken in unserem Geschäftskonzept mögliche Verbundvorteile? Wenn ja, wo? Verfügen wir über irgendwelche Aktiva, die sich doppelt einsetzen lassen – Dinge, die wir in mehreren Geschäftsfeldern nutzen können? Welche Fähigkeiten könnten wir quer über alle Bereichs-, Länder- oder Projektgrenzen hinweg aufbieten?

Strategische Flexibilität

In einer sich schnell verändernden Welt mit unberechenbaren Nachfragezyklen kann man durch strategische Flexibilität höhere Gewinne erzielen, weil sie dem Unternehmen zum einen eine optimale Ausrichtung auf den Markt ermöglicht und zum anderen die Gefahr vermindert, dass es sich in chancenlose Geschäftsmodelle verstrickt. Strategische Flexibilität entsteht durch ein breit gefächertes Portfolio, betriebliche Beweglichkeit und eine niedrige Gewinnschwelle.

1. *Breit gefächertes Portfolio*: Einen Fokus zu haben, ist prima. Wenn sich aber die Welt gegen Sie stellt, fehlen Ihnen möglicherweise entsprechende Alternativen. Wenn die Geschicke Ihres Unternehmens an die Entwicklung eines einzigen Marktes gebunden sind, kann sich dies als höchst riskantes Glücksspiel erweisen. Ein Unternehmen mit einer breiten Produktpalette kann angesichts der sich blitzschnell verändernden Vorlieben der Kunden flexibler reagieren als ein stärker fokussierter Mitbewerber. Ein Portfolio kann aus Ländern, Produkten, Geschäfts- und Kompetenzfeldern oder Kundentypen bestehen. Der springende Punkt ist, dass es die Unberechenbarkeit eindämmen sollte, der Unternehmen in einer bestimmten Marktnische heute ausgesetzt sind.

Beispiele: Angesichts der nicht vorhersehbaren Entwicklung und Akzeptanz von Arzneimitteln halten es die meisten pharmazeutischen Unternehmen für erforderlich, die Entwicklung eines breit gefächerten Portfolios von Medikamenten zu betreiben. Ein umfangreiches Portfolio erhöht die Chancen, dass ein Unternehmen Jahr für Jahr sein hohes F&E-Niveau bewahren kann, statt dieses Budget durch die sich verändernde Marktgängigkeit des einen oder anderen Produkts zu gefährden. Es erhöht zudem die Chance, einen echten Verkaufsschlager zu landen.

Cisco hat von allen Betreibern im Bereich Datennetzwerke eines der umfangreichsten Portfolios. Während sich andere Unternehmen auf ein bestimmtes Segment oder eine spezielle Technologie beschränkten, erweiterte Cisco seinen Horizont und streute seine Einsätze. Es ist nicht vom Schicksal einer einzigen Technologie oder Produktlinie abhängig.

Fragen Sie sich: Was sind die Vorteile eines breit gefächerten Produkt- oder Tätigkeitsportfolios? In welcher Weise können wir unsere Einsätze innerhalb des Geschäftskonzepts absichern? Zwingt uns das bestehende Geschäftskonzept, all unsere Karten auf einem ziemlich kleinen Spieltisch zu verteilen? Bringt beispielsweise die Reduktion von Gewinnschwankungen einen positiven strategischen Nutzen?

2. *Betriebliche Beweglichkeit*: Ein Unternehmen, das im Stande ist, seine Anstrengungen blitzschnell neu auszurichten, hat eine bessere Position, um auf Veränderungen der Nachfrage zu reagieren und kann dadurch Gewinnschwankungen ausgleichen.

Ein Beispiel: Da Dell Computer nur über einen geringen Bestand an Anlagen verfügt, ist das Unternehmen in der Lage, seine Verkaufsstrategie und Produktlinie schnell zu verändern, um den sich wandelnden Marktbedingungen entsprechen zu können. Einer der leitenden Manager von Dell meinte dazu: „Wir müssen weder Steine noch Mörtel bewegen, um unsere Strategie zu ändern." Vergleichen Sie dazu die über 800 Geschäfte von Sears oder die veraltenden Produktionsanlagen von GM. Einige Geschäftsmodelle lassen sich naturgemäß leichter neu ausrichten als andere. – Das sind diejenigen, die im Zeitalter der Revolution fortbestehen werden. Vielleicht bieten webgestützte Unternehmen ein Höchstmaß an Flexibilität. Sie können eine Produktbeschreibung über Nacht ändern, ein Dutzend unterschiedlicher Werbeideen testen und haben die Daten innerhalb von 24 Stunden wieder auf dem Tisch. Oder Sie können mit unterschiedlichen Preisen experimentieren. – Es ist, als wären Geschäftskonzepte für das E-Business aus Knetmasse statt aus Stahl und Zement gemacht.

Fragen Sie sich: Wie schnell verändert sich die Nachfragefunktion in unserem Geschäftsfeld? Wäre es von Vorteil, in unsere Flexibilität zu investieren (also in Prozesse und Anlagen, die eine blitzschnelle Reaktion auf Nachfrageänderungen erlauben)? Könnten wir regelmäßig höhere Gewinne erwirtschaften, wenn wir auf Veränderungen der Nachfrage oder der Input-Erfordernisse schneller reagierten? (Sind wir beispielsweise in der Lage gewesen, die neuesten Komponenten rasch in unsere Entwürfe einzubauen?)

In Silicon Valley gibt es 25-jährige Ingenieure, die

3. *Niedrige Gewinnschwelle*: Ein Geschäftskonzept mit einer hohen Gewinnschwelle ist naturgemäß weniger flexibel als eines mit einer niedrigeren Kostendeckung. Kapitalintensität, eine große Schuldenlast, hohe Fixkosten – all diese Dinge weisen die Tendenz auf, die finanzielle Flexibilität eines Geschäftsmodells zu reduzieren. Indem Sie dies tun, verringern Sie zugleich auch die strategische Flexibilität: Diese Faktoren erschweren die Tilgung der *einen* Sache, nach deren Amortisation man sich dann einer *anderen* Sache zuwenden kann.

Ein Beispiel: Japanische Automobilunternehmen haben einige Jahrzehnte lang daran gearbeitet, den Break-even-Punkt eines Automodells zu reduzieren. Wenn es Ihnen gelingt, diesen Punkt bei 50 000 statt bei 250 000 Einheiten zu erreichen, können Sie die frei werdenden Mittel für ein breiteres Produktspektrum nutzen, das sich an kleinere Verbrauchersegmente wendet. In jüngster Zeit haben die Vorteile der strategischen Flexibilität viele Unternehmen veranlasst, ihre Geschäftsmodelle zu „entkapitalisieren".

Fragen Sie sich: Haben wir dank unseres Geschäftskonzepts eine niedrigere Gewinnschwelle als dies bei einem traditionellen Geschäftsmodell der Fall wäre? Wie könnten wir unser Geschäftsmodell so zurechtstutzen, dass unser Break-even-Punkt noch weiter heruntergesetzt wird? Was wäre der Nutzen einer niedrigeren Gewinnschwelle? Könnten wir eine niedrigere Kostendeckung nutzen, um dadurch stärker in unsere Flexibilität zu investieren oder unseren Kunden eine größere Auswahl zu bieten?

Selbstverständlich kann keiner dieser Gewinnverstärker ein katastrophales Produkt in einen Kassenschlager verwandeln. Andererseits kann ein hervorragendes Geschäftskonzept manchmal ein mittelmäßiges Produkt aufwerten. – Das war genau das, was die Apple-Fans im Hinblick auf den Erfolg von Microsoft jahrelang in Rage gebracht hat. Über ein Jahrzehnt hinweg war das Betriebssystem von Microsoft weit weniger benutzerfreundlich als das von Mac, aber die Gewinnverstärker von Microsoft sorgten für einen noch nie da gewesenen Geldregen.

Werden Sie zum Geschäftskonzept-Innovator

Es gibt zwei Gründe, warum Sie die instinktive Fähigkeit entwickeln müssen, Innovationen als Erneuerung von Geschäftskonzepten und Wettbewerb als Rivalität zwischen Geschäftsmodellen zu begreifen. (Wie bereits gesagt: Die Bausteine eines Geschäftskonzepts und eines Geschäftsmodells sind dieselben – ein Geschäftsmodell ist einfach ein in die Praxis umgesetztes Geschäftskonzept.) Der erste Grund besteht darin, dass Sie auf diese Weise eine gut durchdachte Geschäftsidee auf *Ihre eigenen* milliardenschweren Kenntnisse und Erfahrungen aufbauen können. Halb ausgegorene Ideen erhalten keine Finanzierung. Der zweite Grund ist, dass Sie damit dem Einfluss entkommen können, den das bestehende Geschäftsmodell des Unternehmens auf Ihre Vorstellungskraft und Ihre Loyalität ausübt.

…Also tun Sie so, als wären Sie wieder ein Kind mit einem riesengroßen Berg Legosteinen. chnicolor von Geschäftskonzepten träumen.

Ein erfolgreiches Geschäftsmodell erzeugt seine eigene intellektuelle Hegemonie. Erfolg verwandelt *ein* Geschäftsmodell in *das* Geschäftsmodell. In *Dealers of Lightning*[11], ein warnender Hinweis für jedes unnatürlich prosperierende Unternehmen, führt Michael Hiltzik detailliert aus, warum Xerox so jämmerlich dabei scheiterte, die Innovationen, die aus seinem Forschungszentrum in Palo Alto flossen, zu Kapital zu machen. Im Kopiergeschäft wurde Xerox pro Seite bezahlt; jede Seite wurde durch einen mechanischen Zählmechanismus erfasst. Im modernen elektronischen Büro gab es keinen mechanischen Zählmechanismus. Dadurch fiel die Jahresgebühr weg. Wie sollten die Zahlungen sichergestellt werden? Die Vorherrschaft des Preis-pro-Seite-Geschäftsmodells war so absolut, dass sie Xerox blind machte gegenüber einer mit anderen Möglichkeiten reich gefüllten Schatzkammer.

Viele der Entscheidungen, die das Geschäftsmodell Ihres Unternehmens definieren, wurden vor Jahren getroffen. Sie sind von der Logik eines anderen Zeitalters bestimmt. Im verblassenden Glanz des Erfolgs mögen sie wie etwas Unabänderliches erscheinen. Aber das sind sie nicht. Es ist Ihre Aufgabe, diese Unabänderlichkeiten wieder in Entscheidungsmöglichkeiten zu verwandeln. Das können Sie tun, indem Sie jedes Element des bestehenden Geschäftsmodells einer unvoreingenommenen Prüfung unterziehen: Welche Alternativen gibt es? Haben diese Entscheidungen noch immer einen Wert? Wie würde ein Unternehmen, das frei von unseren Vorurteilen ist, diese Sache angehen? Indem Sie das bestehende Geschäftsmodell demontieren, erzeugen Sie Freiräume, wo bisher Tradition herrschte.
  In Silicon Valley gibt es 25-jährige Ingenieure, die in Technicolor von Geschäftskonzepten träumen. Aber wenn Sie seit einem Jahrzehnt in irgendeinem funktionalen Korsett stecken oder Ihre Strategie vom Dorfältesten geerbt haben, oder wenn man Ihnen beigebracht hat, die „Best Practices" der Branche hochzuhalten, dann wird das Denken in Form von Geschäftsmodellen für Sie keineswegs selbstverständlich sein.
  Also beginnen Sie zu üben: Nehmen Sie sich die schlimmste Dienstleistungserfahrung vor, die Sie im vergangenen Jahr gemacht haben, und denken Sie über das Geschäftsmodell nach, das Ihren Erwartungen nicht entsprochen hat. Wie würden Sie es verändern – Stück für Stück? Suchen Sie sich eine Branche heraus, in der jeder in derselben Sackgasse festzustecken scheint, und erfinden Sie für eines der Unternehmen eine Befreiungsstrategie. Wählen Sie ein Unternehmen, das Ihnen am Herzen liegt – eines, von dem Sie meinen, dass es mehr Erfolg verdient hätte –, und versuchen Sie sich ein Geschäftskonzept auszumalen, das einen Durchbruch ermöglichen würde. – Ihr eigenes Gegenstück zur Cyber-Business-School.
  Der große Vorteil eines Geschäftskonzepts besteht darin, dass es sich unbegrenzt verändern lässt. Anfangs ist es nur ein Gedankengebäude. Al-

so tun Sie so, als wären Sie wieder ein Kind mit einem riesengroßen Berg Legosteinen, die es Ihnen ermöglichen, die Grundfesten des wirtschaftlichen Handels neu zu erschaffen. Dies ist nicht irgendeine sinnlose Übung. Es ist ein mentales Training für Branchenrevolutionäre.

Seien Sie Ihr eigener Visionär

HABEN SIE DEN ALLES DURCHDRINGENDEN UND UNGETRÜBTEN BLICK EINES Revolutionärs? *Wissen* Sie, was als Nächstes kommt? Ist das für Sie real, unausweichlich und dreidimensional vorstellbar? Sehen Sie *wirklich* eine radikale Chance für eine Geschäftskonzept-Innovation? Ist sie so verführerisch, dass Sie gar nicht erst auf den Gedanken kommen, sich von ihr abzuwenden?

Sind Sie in Ihrem Unternehmen jemand, der Chancen aufzeigt? Sind Sie ein Meister des Unkonventionellen? Wissen Sie, wie man den harten, ausgedörrten Boden der Ignoranz und des erstarrten Dogmatismus aufbricht, um eine Riesenchance zu nutzen? Sind Sie ein Quell strategischer Vielfalt?

Im Zeitalter der Revolution müssen Sie fähig sein, sich revolutionäre Alternativen zum Status quo vorzustellen. Wenn Sie das nicht können, werden Sie in die dicht gedrängten Reihen jener Roboter abgeschoben, die auf irgendwelche Tastaturen einhämmern.

Es gibt zu viele Menschen, denen es noch nicht gelingt, sich dem lähmenden Zugriff des Vergangenen zu entwinden; zu viele, die noch nicht völlig an der Zukunft orientiert sind; zu viele, die nicht zwischen ihrem Erbe und ihrer Bestimmung zu unterscheiden vermögen. Gehören Sie dazu? Wollen Sie etwas dagegen tun?

Sehen Sie sich um. Sehen Sie sich die Einzelpersonen und Unternehmen an, die Meisterschaft in der Geschäftskonzept-Innovation bewiesen haben. Wenn Sie das tun, werden Sie feststellen, dass eine die Regeln brechende, wertschöpfende Innovation kein Produkt der Unternehmensplanung ist. Sie entstammt normalerweise auch nicht irgendeiner Technologieabteilung des Unternehmens. Sie ist ebenso wenig das Ergebnis der Produktentwicklung. Und sie wird nur selten von einer durchorganisierten F&E-Abteilung geliefert. Innovation entsteht immer weniger durch den Sieg der Big Science (so wichtig diese auch ist, um die *physischen* Hürden auf dem Weg dorthin zu beseitigen), sondern durch den Sieg der Widerspenstigkeit (um die *mentalen* Hürden zu überspringen).

Häufig ist der gelehrte Freak Urheber des Neuen, indem er eine ganz neue Frage stellt und sie dann durch die Verwendung bereits existierender Elemente beantwortet. Das ist deshalb so, weil eine Branchenrevolution eine Innovation ist, die auf Ideen beruht. Sie entspringt dem Bewusstsein und der Seele eines Unzufriedenen, eines Träumers, eines Gewieften und ist nicht das Produkt eines kurzsichtigen Technokraten oder eines verknöcherten Planers.

VERGESSEN SIE DIE ZUKUNFT

Von Nostradamus bis Alvin Toffler waren einzelne Menschen und Organisationen seit langem darauf versessen, einen Blick in die Zukunft zu werfen. Sie alle wollten rechtzeitig vor dem gewarnt werden, „was sein wird". Aber nach meiner Erfahrung verbringen Branchenrevolutionäre wenig Zeit damit, intensiv in die Zukunft zu starren. Es gibt zwar einige Zukunftsaspekte, die höchstwahrscheinlich eintreffen werden – beispielsweise werden die Kosten für Breitband-Verbindungen sinken, während sich unsere Fähigkeit, Gene zu manipulieren, erhöhen wird –, aber ansonsten lässt sich das, was die Zukunft bringen wird, zumeist nicht vorhersagen.

1984 führte das Magazin *Economist* eine kleine Untersuchung durch[1], innerhalb derer 16 Personen über ihre Voraussagen für 1994 befragt wurden: Vier Studenten der Wirtschaftswissenschaften aus Oxford, vier Finanzminister, vier führende Manager und vier Londoner Müllmänner wurden gebeten vorherzusagen, wie in zehn Jahren der Wechselkurs zwischen Pfund und Dollar stehen und wie hoch der Ölpreis sein werde, welche Inflationsrate die OECD-Länder aufweisen und wie sich andere nicht vorhersehbare makroökonomische Umstände entwickeln würden.

Es überrascht nicht, dass sich sämtliche Voraussagen als falsch erwiesen, als das Jahr 1994 anbrach. So meinten die Befragten beispielsweise übereinstimmend, die Inflationsrate der OECD-Länder werde bei acht Prozent liegen. Tatsächlich lag sie dann bei nur vier Prozent. Stellen Sie sich vor, welchen Unterschied das macht, wenn Sie versuchen, einer langfristigen Kapitalanlage den einen oder anderen Diskontsatz zu Grunde zu legen. Interessanterweise stammten die am wenigsten zutreffenden Aussagen von den Finanzministern. Am besten lagen die Manager, die sich den ersten Platz mit den Müllmännern teilten. Aber selbst ihre Prognosen wichen so stark von der späteren Realität ab, dass sie wertlos waren.

Vor kurzem erlebte ich, wie sich der Chairman eines der führenden Hightechunternehmen der USA über einen Artikel lustig machte, der vor ein paar Jahrzehnten in *Popular Science* erschienen war und in dem vorausgesagt wurde, dass der weltweit erste, damals gerade erfundene Computer eines Tages nur noch eine statt 20 Tonnen wiegen werde. Der Unternehmenschef machte dann seine eigene Vorhersage: Innerhalb der nächsten 20 Jahre werde es möglich sein, die visuellen und akustischen Daten eines ganzen Lebens – also alle multimedialen Erfahrungen, die ein Mensch im Lauf seines Lebens macht – auf einem Gerät zu speichern, das nicht größer sein werde als eine Kreditkarte. Ich konnte nicht umhin, mich zu fragen, ob jemand diese Vorhersage in 20 Jahren nicht ebenso amüsant finden würde. Wenn es darum geht, die Zukunft vorherzusagen, ist Demut eine Tugend.

Es ist vollkommen sinnlos, eine Vorhersage darüber machen zu wollen, was *wirklich* geschehen wird. Samuel Goldwyn formulierte es einmal so: „Nur ein Dummkopf würde Vorhersagen machen – vor allem über die Zukunft." Die Unternehmen haben dies erkannt und nach Wegen gesucht, mit der Unberechenbarkeit der Zukunft angemessen umzugehen. Eine Möglichkeit besteht darin, sich auf ein ganzes Spektrum verschiedener Zukunftsszenarien vorzubereiten. Diese Technik ermöglicht es, darüber zu spekulieren, was passieren *könnte*. Das Ziel ist es,

Das Ziel ist nicht, darüber zu spekulieren, was geschehen könnte, sondern sich vorzustellen, was man selbst geschehen lassen kann.

eine Anzahl alternativer Szenarien zu entwickeln, um sich auf diese Weise vor Augen zu führen, dass die Zukunft ziemlich von dem abweichen könnte, was die Gegenwart ausmacht. Durch die Fokussierung auf wenige zentrale Unsicherheitsfaktoren – beispielsweise die weitere Entwicklung des Ölpreises, die Umweltbewegung, die globale Sicherheit – kann sich ein Unternehmen mit Hilfe der Szenario-Technik auf mehrere mögliche Varianten der Zukunft einstellen.

Diese Technik hat viele Stärken, aber sie nimmt die Zukunft naturgemäß nicht vorweg. Ihrem Ansatz nach ist sie indirekt auf die Frage gerichtet, in welcher Weise die Zukunft das *bestehende* Geschäftsmodell untergraben könnte. In diesem Sinn fördert sie eine eher defensive Haltung (was könnte jene böse, böse Zukunft uns antun?) statt eine offensive (wie können wir die Zukunft nach unserem Willen formen?). Die Szenario-Technik lässt nur wenig Raum für die Vorstellung, dass ein Unternehmen seine Umwelt vorausgreifend gestalten und die sich verändernden Umfeldbedingungen *jetzt sofort* für sich nutzen könnte. Zumindest in der Praxis ist sie häufiger auf mögliche Gefahren als auf bestehende Chancen fixiert. Sie dient eher der Verwaltung als dem zielgerichteten unternehmerischen Handeln. Unternehmen müssen mehr tun, als mögliche Zukunftsszenarien einzuüben. Schließlich ist es nicht das Ziel, darüber zu spekulieren, was *geschehen könnte*, sondern sich vorzustellen, was man selbst *geschehen lassen kann*.

Eine weitere mögliche Reaktion auf die der Zukunft innewohnenden Unwägbarkeiten besteht darin, „wacher" zu werden. Strategische Flexibilität ist in unsicheren Zeiten fraglos eine Tugend. Die Fähigkeit, Produkte, Kanäle und Fertigkeiten schnell zu verändern, entscheidet darüber, ob man seine Bedeutung in einer wankenden, aber nicht aus den Fugen geratenden Welt bewahren kann. Allerdings ist Wachsamkeit kein Ersatz für die Vision eines radikal neuen Geschäftsmodells. Wachsamkeit ist wunderbar, aber wenn ein Unternehmen nur wach ist und sonst gar nichts, wird es zum ewigen Nachzügler. Und im Zeitalter der Revolution bleibt selbst für schnelle Nachzügler nur wenig Beute übrig.

Unternehmen misslingt die Erschaffung der Zukunft nicht deshalb, weil sie sie nicht vorhersagen können, sondern weil sie nicht fähig sind, sich die Zukunft *vorzustellen*. Was ihnen fehlt, ist Neugier und Kreativität, nicht Klarheit. Es ist also außerordentlich wichtig, dass Sie den Unterschied zwischen „der Zukunft" und „dem nicht Vorstellbaren" erfassen, zwischen dem *Wissen* und der *Vorstellung* darüber, was als Nächstes kommen wird.

Unternehmen misslingt die Erschaffung der Zukunft nicht deshalb, weil sie sie nicht vorhersagen können, sondern weil sie nicht fähig sind, sich die Zukunft vorzustellen.

Wenn man von „der" Zukunft spricht, verwendet man eine falsche Bezeichnung. Es gibt nicht die eine Zukunft, die darauf wartet, wahr zu werden. Während bestimmte Zukunftsaspekte mit großer Sicherheit eintreten werden (beispielsweise, dass sich die Erde auch morgen noch um ihre eigene Achse dreht) – gibt es doch wenig an der Zukunft, was unvermeidbar wäre. IKEA müsste es nicht unbedingt geben, eBay auch nicht, Sephora ebenso wenig. Die Zukunft wird von Millionen unabhängiger Wirtschaftsakteure gestaltet. War der Kubismus in der Kunst eine zwangsläufige Erscheinung? Oder der Dekonstruktivismus in der Literatur? Möglicherweise ja, in einem kosmischen Sinn. Aber ihr Auftauchen zu einem bestimmten Zeitpunkt in der Geschichte war weit von einer konkreten Vorherbestimmung entfernt.

BETRACHTEN SIE DIE DINGE ANDERS, SEIEN SIE ANDERS

Sie können kein Revolutionär werden, wenn Sie keinen revolutionären Standpunkt einnehmen. Und diesen Standpunkt können Sie nicht bei irgendeinem langweiligen Beratungsunternehmen kaufen. Ebenso wenig können Sie ihn sich aus irgendeinem Rent-a-Guru-Angebot ausleihen. Sie müssen Ihr eigener Visionär, Ihr eigener Guru und Ihr eigener Zukunftsgestalter werden.

Über den Horizont hinausblicken, das Unkonventionelle finden, sich das Unmögliche vorstellen – Innovation entsteht durch eine neue Art der Betrachtung und des Seins. Lernen Sie, die Dinge anders zu sehen; lernen Sie, anders zu sein, und Sie werden das Andere, Neuartige entdecken. Und nicht nur das. Sie werden aus ganzem Herzen daran *glauben*. Und vielleicht, nur vielleicht, werden Sie es *erschaffen*. Wie man die Dinge betrachtet, wie man ist – das sind zwei weitere entscheidende Trainingsschritte auf Ihrem Weg zum Branchenrevolutionär.

Hören Sie, was Bill Gross zu sagen hat, der Gründer von idealab!, einer Fabrik für neue Internetunternehmen, die unter anderem CarsDirect.com, NetZero und GoTo.com hervorgebracht hat:

> *„Es ist immer besser, nach neuen Marktsegmenten Ausschau zu halten. Dann bleiben Ihnen schwerfällige Unternehmen, die ihre Strukturen und Einnahmequellen nicht schnell genug umschichten und neu ausrichten können, eine Zeit lang vom Hals und geben Ihnen die Chance, groß genug zu werden, um eine Marke aufzubauen und einen Netzwerkeffekt in Gang zu setzen. Danach haben die es schwer, Sie noch einzuholen."*

Gross ist nicht primär daran interessiert, irgendeinen anderen Sumo-Ringer aus dem Ring zu werfen. Er ist daran interessiert, Spiele zu erfinden, die außerhalb des Rings gespielt werden. Das ist das Wesen der Branchenrevolution. Ohne die umfassende Fähigkeit, sich radikal neue Geschäftskonzepte vorzustellen und sie zu skizzieren, wird ein Unternehmen nicht in der Lage sein, sich von absterbenden Strategien zu befreien.

Kennen Sie das alte englische Sprichwort: „Sie müssen bereit sein, Ihr eigenes Geschäft auszuschlachten"? Nun, wie hoch ist die Wahrscheinlichkeit, dass ein Unternehmen einen bestehenden Geschäftsbereich ausschlachtet, wenn es nicht einige unglaublich überzeugende Alternativen im Blick hat? Ich bin nicht der Meinung, dass das Problem darin bestehe, dass Unternehmen zu einer Kannibalisierung ihrer eigenen Strukturen bereit sind. Ich glaube vielmehr, dass sie nicht genug gute *Gründe* dafür haben.

Wann haben Sie sich das letzte Mal an eine gute Option geklammert, obwohl Sie eine weit bessere Möglichkeit vor Augen hatten? Es ist ganz einfach. Sie müssen ein paar ziemlich verlockende Chancen wittern, damit Sie das, was Sie gerade umklammern, loslassen. Aber es ist nicht im-

Eine neue Art, die Dinge zu betrachten, ist häufig wertvoller als bloße Intelligenz.

mer einfach, diese Chancen auszumachen. Aus diesem Grund müssen Sie lernen, die Dinge anders zu betrachten und anders zu sein.

Alan Kay, der den Personal Computer entwickelte, während er für das Forschungszentrum von Xerox in Palo Alto arbeitete, und der heute als „Ideenfinder" bei Disney agiert, ist ein Quell spritziger Aphorismen. Einer meiner liebsten lautet: „Eine Perspektive ist 80 IQ-Punkte wert." Alan weiß, dass eine neue Art, die Dinge zu betrachten, häufig wertvoller ist als bloße Intelligenz.

Impressionismus. Kubismus. Surrealismus. Postmoderne. Jede Revolution in der Kunst basierte auf einer neuen Vorstellung von der Welt. Es waren nicht die Leinwand, die Farben, die Pinsel, die sich veränderten, sondern die Art, wie ein Künstler die Welt wahrnahm. Ebenso sind es nicht die Werkzeuge, durch die sich Branchenrevolutionäre von langweiligen Pfründebesitzern unterscheiden; es ist nicht die Informationstechnologie, die sie einsetzen, noch sind es die von ihnen genutzten Prozesse oder Geräte. Vielmehr ist es ihre Fähigkeit, sich aus der Umklammerung des Vertrauten zu befreien.

Das Wesentliche an einer Strategie ist die Vielfalt. Aber es gibt keine strategische Vielfalt ohne eine vielseitige Sicht der Welt. Sehen Sie die Dinge auf andere Weise? Nehmen Sie einen Standpunkt ein, der von den Branchennormen abweicht? Ich frage das aus einem einfachen Grund: Sie müssen lernen, Ihrer Fantasie freien Lauf zu lassen, bevor Sie fähig sind, die Fantasie Ihres Unternehmens freizusetzen. Sie müssen in Ihrer Firma zu einem Händler für neue Perspektiven werden.

Wie also können wir uns selbst in der Kunst unterweisen, über das Vertraute hinaus zum wirklich Neuen zu blicken? Auf den restlichen Seiten dieses Kapitels werden verschiedene Methoden beschrieben, die Ihnen dabei helfen werden, sich vorzustellen, was sein *könnte*. Sie basieren im Wesentlichen auf zwei unterschiedlichen Kategorien: wie man süchtig nach Neuem und wie man zum Ketzer des Bestehenden wird.

WERDEN SIE SÜCHTIG NACH NEUEM

Eine ganze Menge dessen, was sich verändert, können Sie von Ihrem Sitzplatz aus einfach nicht sehen. Der Blick darauf ist Ihnen versperrt. Sie müssen sich von Ihren vier Buchstaben erheben und nach neuen Erfahrungen suchen, sich an neue Orte begeben, neue Dinge lernen, sich um den Kontakt zu neuen Menschen bemühen.

Die gefährlichsten Worte im Zeitalter der Revolution lauten: „wir müssten wissen". Wie zum Teufel wollen Sie wissen, was Sie wissen müssten?

Sie MÜSSEN vielmehr einen Weg finden, sich ständig selbst zu überraschen. Was Sie nicht wissen, aber wissen *könnten*, ist viel wichtiger als das, was Sie nicht wissen können. Sie MÜSSEN süchtig werden nach dem Neuen.

Erkennen Sie die Ver_werfungen_

Revolutionsanwärter konzentrieren sich darauf, unbesetzte Wettbewerbsfelder zu entdecken, und denken komplett anders über die Zukunft als Prognostiker und Szenario-Planer. Sie wissen, dass man nicht in die Zukunft blicken kann. Ihr Ziel ist es daher weniger, die Zukunft zu verstehen, als vielmehr die revolutionären Vorzeichen sich *bereits vollziehender* Veränderungen zu begreifen. Genauer gesagt suchen sie nach Dingen, deren *Veränderungskurve* sich verändert – nach ersten Ausschlägen, die signifikante Entwicklungen vorausahnen lassen. Wer diese sich abzeichnenden Verwerfungen nicht bemerkt, wird unsanft von denjenigen aus dem Schlaf gerissen, die aufgepasst haben. Sie halten ebenfalls nach Dingen Ausschau, die sich mit *ungewöhnlicher Geschwindigkeit* verändern. Und früher oder später wird sich das höhere Veränderungstempo auf das langsamere auswirken. Mit anderen Worten: Die Veränderungskurven unterschiedlicher Phänomene konvergieren schließlich.

Jahrelang hat die Kosmetikindustrie angenommen, dass sich Frauen nur für äußeren Glanz interessierten, dass sich ihr Selbstwertgefühl direkt proportional zum Funkeln in den Augen eines Mannes entwickele. Charlie Revson, der Gründer von Revlon, formulierte es so: „Wir verkaufen Hoffnung in Flaschen."

Als sich die Frauen ihre wirtschaftliche Unabhängigkeit erwarben, begann die Vorstellung von der weiblichen „Zuckerpuppe" mehr und mehr der Realität ihres sich verändernden Selbstverständnisses hinterherzuhinken. Diese Verschiebung nutzte The Body Shop mit seiner Botschaft, dass äußerer Glanz zwar schön sei, dass frau sich aber manchmal eben einfach selbst ein wenig verwöhnen und ihre Haut pflegen wolle. *Entwicklungsdiskrepanzen* verweisen häufig auf revolutionäre Chancen.

Hierzu eine visuelle Verdeutlichung: Stellen Sie sich vor, Sie befestigen das eine Ende eines Gummibands an einer Hardcover-Buchausgabe. Nun beginnen Sie, am anderen Ende des Gummibands zu ziehen. Langsam dehnt es sich. Das Buch bewegt sich nicht. Aber wenn Sie die Grenze der Dehnbarkeit erreichen, schnappt das Buch mit einem Ruck hoch. Die Trägheit verschwindet, wenn ein Revolutionär sagt: „Moment mal. Warum liegt dieses Ding einfach da, während sich alles andere ringsherum bewegt?"

Jahrelang war das dem Autoverkauf zu Grunde liegende Denkmodell in den Vereinigten Staaten von Indifferenz geprägt. Während Massenanbieter in anderen Branchen auf die Konzentration des Vertriebs setzten, blieb der Autoeinzelhandel ein Flickwerk aus meist örtlich begrenzten Vertriebslizenzen. Sie konnten zwar sieben Tage in der Woche rund um die Uhr den gewünschten technologischen Support für Ihren Heimcomputer erhalten, aber Ihr Auto wurde nur von 8.00 Uhr bis 17.00 Uhr gewartet, und das auch nur montags bis freitags. Während Sie in den Einkaufszentren ein Dutzend Marken verschiedener Fernsehgeräte miteinander vergleichen konnten, war kein Autohändler entsprechender Größenordnung in der Lage, das gesamte Sortiment der führenden Marken anzubieten. Allerdings haben kürzlich einige Außenseiter, überwiegend Internet-Start-ups, Überstunden gemacht, um den Autoeinzelhandel mit einem „Ruck" ins 21. Jhd. zu befördern.

Erinnern Sie sich daran, wie gering die Unterschiede bei der Formgebung von Automobilen während des letzten Jahrzehnts waren? Können Sie aus 100 Metern Entfernung einen Taurus von einem Camry und diesen von einem Accord unterscheiden? Parkplätze bieten ein Bild der Konformität. Gehen Sie dagegen mal in eine Disco in Tokio, in der sich die Dankai-Junior-Kids drängen – die rebellierenden Nachkommen von Japans Baby-Boomern. Sie sehen kunterbunt gefärbte Haare, eine aggressiv hässliche Kleidung und Modefarben, die Sie in ihrer Schrillheit geradezu anschreien. Kurz gesagt: Sie werden nichts finden, was Sie an Japans im Einheitsblau gewandete, sich zum Verwechseln ähnlich sehende Angestellten erinnert. Warum also spiegelt sich dieser neue Stil nicht im Autodesign wider?

Genau diese Frage stellte sich Yoshiki Honma, ein jungenhaft wirkender 33-jähriger Designer bei Honda. Und seine Antwort? Der Fuya-Jo, ein in der Seitenansicht halbrundes Fahrzeug, das halb Auto und halb Disco ist. Die Autositze wirken wie Barhocker mit hohen Rückenlehnen, in die Türen sind Riesenlautsprecher eingebaut, der Schalthebel gleicht einem Mikrofon, das Armaturenbrett soll an das Mischpult eines Diskjockeys erinnern, und der Kofferraum ist für das Verstauen von Skateboards und Snowboards geeignet.[2] Im Moment existiert der Fuya-Jo nur als Modell, aber er zeigt: Honda hat erkannt, dass sich die Jugendkultur während des vergangenen Jahrzehnts wesentlich schneller verändert hat als das Autodesign. Diese Abweichungen in der Entwicklung bieten solchen Unternehmen eine Chance, die den Mut haben, konformistische Gestaltungsnormen zu überwinden.

Es genügt nicht zu wissen, was sich verändert. Es muss darüber hinaus klar sein, welche Dinge sich in unterschiedlichem Tempo verändern. Denn erst dieser Vergleich zeigt die Chancen für eine Branchenrevolution auf. Die Inspiration dazu finden Sie in Trendverschiebungen und Entwicklungsdiskrepanzen.

Versuchen Sie herauszufinden, welches Muster den folgenden drei revolutionären Entwicklungen beim Angebot an Sportausrüstung zu Grunde liegt:

- Vor ein paar Jahrzehnten brachte Prince als erstes Unternehmen übergroße Tennisschläger heraus, und noch immer ist es die führende Marke der Branche. Die bratpfannengroßen Schläger haben einen tollen Weichpunkt, der dabei hilft, auch Bälle, die nicht genau die Schlägermitte treffen, zurück über das Netz zu jagen.
- Calloway erfand die „Big-Bertha"-Serie der Golfschläger, mit der Eli Calloway zum Schutzheiligen der internationalen Golfer avanciert ist. Mit einer vergrößerten Schlagfläche und einer peripheren Gewichtung erhöhen die Schläger die Aussichten ungeheuer, dass auch High-Handicap-Golfer den Ball in die Luft bekommen und zu einem geraden Flug veranlassen.
- Elan war das erste Unternehmen, das an den Seiten extrem geschwungene, „parabolische" Skier auf den Markt brachte – eine Innovation, die der Skiausrüstungsindustrie den dringend erforderlichen Auftrieb brachte. Die neuen, an den Enden breiten und in der Mitte schmalen Carving-Skier ermöglichen es selbst den unsportlichsten Skifahrern, meisterlich zu wedeln.

Welche Verschiebungen haben sich diese drei Innovationen zu Nutze gemacht? Außer der Materialtechnologie nutzten sie die Tatsache, dass die Baby-Boomer die erste Generation der Geschichte sind, die sich weigert, alt zu werden. Sie sind möglicherweise nicht mehr so reaktionsschnell wie einst, aber sie hören noch immer gern das Geräusch, das entsteht, wenn ein Tennisball auf den weichen Punkt trifft. Sie haben nicht mehr ganz denselben Schwung wie früher, aber sie haben noch immer den Ehrgeiz, den Golfball kurz und klein zu schlagen. Ihre Knie sind schon ein bisschen wackelig, aber sie wollen noch immer die Kurven nehmen wie Hermann Maier. Viagra hat aus der gleichen Art von Verwerfung Nutzen gezogen: Viele Senioren weigern sich, in Würde alt zu werden, und wollen bis zum Schluss tollen Sex haben.

erden, haben nicht aufgepasst.

Hier ein paar grundlegende Fragen für jeden Revolutionsanwärter:

- Wo und auf welche Weise erzeugt Veränderung das Potenzial für die Schaffung neuer Regeln und neuer Nischen?
- Welches Revolutionspotenzial verbirgt sich in den Dingen, die sich in *diesem Augenblick* ändern oder sich bereits verändert *haben*?
- Welche Verwerfungen könnten wir nutzen?
- Für welchen Veränderungsaspekt welcher Sache können wir ein besseres Verständnis entwickeln als jeder andere in unserer Branche?
- Welche elementare Dynamik sorgt dafür, dass unser neues Geschäftskonzept sofort brandaktuell wird?

Wenn Sie diese Fragen nicht beantworten können, besteht praktisch keine Chance für Sie oder Ihr Unternehmen, zum Branchenrevolutionär zu werden.

John Naisbitt schrieb 1984 in seinem Buch *Megatrends*, dass Informationen zur entscheidenden Quelle für den Aufbau eines Wettbewerbsvorteils werden würden und dass die „Informationsmenge" künftig keine Möglichkeit mehr biete, Geld zu verdienen. Er argumentierte, dass die Kunden eine Kombination aus „High tech" und „High touch" verlangen würden. Statt den Konsumenten Technik aufzuzwingen, würden die Unternehmen lernen, die Technik zur Verbesserung ihres Service einzusetzen. Er beschrieb eine Welt, in der Hierarchien durch Netzwerke ersetzt und Unternehmen mehr und mehr virtuell werden. Er prognostizierte auch, dass sich das Vertrauen auf die Unterstützung durch Institutionen zu Gunsten einer stärkeren Selbsthilfe verschieben werde, und zwar in allen Bereichen, vom Gesundheitswesen bis zur Altersvorsorge. Er sah eine Welt voraus, in der die Verbraucher ihre Werte mit Hilfe ihrer Brieftasche durchsetzen würden. Data-Mining, Callcenter, Support für Kunden sieben Tage die Woche rund um die Uhr, Outsourcing, Integration der Versorgungskette, Energie aus regenerativen Quellen, die Ächtung von Tierversuchen – all diese Dinge sind logische Konsequenzen der Kräfte, die Naisbitt 1984 in seinem Buch beschrieb.

Wie erfolgreich war Ihr Unternehmen in der Nutzung dieser Verwerfungen, um neue Geschäftsmodelle zu entwickeln und sich neue Quellen für den Aufbau von Wettbewerbsvorteilen zu erschließen? Wenn Ihr Unternehmen die Kurve nicht geschafft hat, dann lag das nicht daran, dass diese Trends nicht sichtbar gewesen wären; es lag daran, dass sie ignoriert worden sind.

Wenn Sie auf Verwerfungen achten, wird es wenig geben, was Sie überraschen wird. Es liegt klar auf der Hand: Menschen, die von der Zukunft überrumpelt werden, haben nicht aufgepasst. Andere Menschen sorgen unvermeidlich für das unsanfte Erwachen dieser Zeitgenossen. Die Frage lautet deshalb: PASSEN SIE AUF?

Jemand, der süchtig nach Neuem ist, jagt stets Veränderungen nach. Jede Verwerfung lässt ihn automatisch die Frage stellen: „Was hat das für Folgen?" Ich möchte dies mit Ihnen üben. Lassen Sie uns mit einer besonders enervierenden Entwicklung beginnen:

Einer kürzlich durchgeführten Studie zufolge erhält der durchschnittliche Manager der mittleren Ebene täglich 190 Mitteilungen. 52 davon per Telefon, 30 per E-Mail, 22 Voice Mails, 18 Briefe, 15 Faxe und so weiter. Ich muss Ihnen nicht sagen, dass es sich hierbei um eine ruckartige Verwerfung handelt. In früheren Zeiten erwartete jemand, der Ihnen einen Brief schrieb, Ihre Antwort nicht vor einer Woche. Wenn man Ihnen ein Fax schickte, erwartete man Ihre Reaktion am nächsten Tag. Heutzutage aber verlangt jemand, der ein E-Mail verschickt, dass man ihm innerhalb der nächsten Stunde antwortet. Aber es wird noch schlimmer. Beim Instant Messaging *wissen* die Leute, wann Sie online sind. Wenn sie Ihnen eine Nachricht schicken, erwarten sie, dass Sie Ihre aktuelle Tätigkeit unterbrechen und ihnen *unverzüglich* antworten.

Früher war es üblich, dass Sekretärinnen ihre Chefs von der Außenwelt abschotteten – bis das mittlere Management durch Rationalisierungsmaßnahmen zu Empfangsdamen und Hilfskräften für die Büroablage umfunktioniert wurde. Es kann sein, dass wir die permanente Erreichbarkeit bis zu einem Punkt getrieben haben, an dem sinnvolles Arbeiten einfach nicht mehr möglich ist.

Welch Ironie, dass in einer Welt, die von „Wissensarbeitern" bevölkert wird, praktisch keine Zeit mehr zum Nachdenken bleibt! Möglicherweise sind Sie im Stande, die Gegenwart in winzigen Zeitsplittern zu bewältigen, aber Sie können mit Sicherheit keine radikal neuen Geschäftsmodelle entwickeln, wenn Ihre Aufmerksamkeit im Minutentakt ständig von neuen Dingen in Anspruch genommen wird. Dies stellt einen Bruch innerhalb der Entwicklung dar. Können Sie hierin eine Chance erkennen? Lassen Sie uns einen Schritt weiter gehen.

Neulich sah ich einen Cartoon: Ein Vater und seine kleine Tochter gehen an einem Strand spazieren. Der Vater trägt einen Anzug mit Krawatte und hält in seiner Hand eine Aktentasche. Seine Tochter hat einen Badeanzug an. Sie zieht vergeblich am Ärmel ihres Vaters, der zu ihr sagt: „Nicht jetzt, Daddy arbeitet."

Wo arbeiten Sie derzeit *nicht*? Wir werden in einem Umfang von unserer Arbeit in Anspruch genommen, der an feudale Zeiten erinnert. Aber in der Tücke der permanenten Erreichbarkeit schlummern auch Chancen. Wie wäre es mit einem elektronischen Filter, der im Vorfeld Anrufe, E-Mails, Voice Mails und sogar Faxe begutachtet? Identifizierung von auflaufenden Anrufen? Pah! Ich will eine automatische Vorsortierung aller eingehenden Nachrichten. Alle paar Stunden soll auf meinem Computerbildschirm ein kleines Menü erscheinen, das mich darüber informiert, wer etwas von mir wollte. Ich werde meinen digitalen Sekretär darüber informieren können, mit wem ich an einem bestimmten Tag oder in einer bestimmten Woche zu kommunizieren bereit bin, und wie wichtig es ist, dass ich mit der jeweiligen Person in Kontakt trete. Ich kann ihm auch vorgeben, wann ich gestört werden möchte und wann nicht. (Stellen Sie sich vor, dass Sie beim Essen nie mehr durch den Anruf von jemandem unterbrochen werden, der Ihnen etwas verkaufen will!) Ich habe ferner die Möglichkeit, für verschiedene Tageszeiten oder bestimmte Zeiten in der Woche unterschiedliche Stufen der „Unterbrechbarkeit" einzurichten. Personen und Aufgaben, die über einer bestimmten Dringlichkeitsschwelle liegen, werden durchgelassen und können in mein Bewusstsein dringen. Personen unter dieser Schwelle können mich in dieser Zeit nicht erreichen. Ich könnte auch einigen wenigen Menschen (beispielsweise Familienangehörigen) das Privileg einräumen, jederzeit mit mir in Verbindung zu treten.

> Die meisten Angehörigen einer Branche sind auf die gleiche Weise blind. – sie achten alle auf die gleichen Dinge und sind den gleichen Dingen gegenüber unaufmerksam.

Glauben Sie mir, irgendein Revolutionär wird uns dabei helfen, die Kontrolle über unser zersplittertes Leben zurückzugewinnen. Diese Verwerfung birgt eine milliardenschwere Chance. Ist Ihnen klar, was ich meine? Fragen Sie sich immer wieder: Was verändert sich? Welche Chance ist darin enthalten? Tun Sie dies mindestens ein Dutzend Mal pro Woche. Werden Sie süchtig nach Veränderung.

Stellen Sie sich vor, welche Möglichkeiten sich eröffnen, wenn ein ganzes Unternehmen aufmerksam nach abweichenden Entwicklungen sucht. Kürzlich startete General Motors mehrere Initiativen, die das Ziel haben, das Interesse an der Zukunft zu verstärken. Eine davon bestand darin, mittels eines repräsentativen Querschnitts unterschiedlicher Personen 19 umfassende Veränderungsmomente (beispielsweise die globale Stadtkultur und die alle Bereiche durchdringende Unterhaltung) mit insgesamt über 100 nachhaltigen Verwerfungen zu identifizieren. Jeder abweichende Trend wurde durch eine visuelle Darstellung veranschaulicht, die den einzelnen Personen dabei helfen sollte, Rückschlüsse bezüglich der zu erwartenden Veränderungen zu ziehen. Ziel war es, dieses Inventar als Hintergrund für ernsthafte Strategiediskussionen zur Verfügung zu stellen. Nachdem General Motors jahrelang die Rolle des Nachzüglers eingenommen hat, lernt das Unternehmen nun, dass man solchen Verwerfungen große Aufmerksamkeit widmen muss, wenn man Veränderungen aufspüren will.

Wählen Sie Trends, die unterschätzt werden

Es gibt kein Eigentumsrecht an den Daten über die Zukunft. Was Sie über die Veränderungen in der Welt wissen können, kann auch jeder andere in Erfahrung bringen. Darum müssen Sie unbedingt dorthin blicken, wo andere nicht hinsehen. Die gute Nachricht lautet, dass die meisten Angehörigen einer Branche auf die gleiche Weise blind sind – sie achten alle auf die gleichen Dinge und sind den gleichen Dingen gegenüber unaufmerksam.

Wenn Sie beispielsweise für Shell oder Schlumberger arbeiten, wissen Sie viel über die dreidimensionale Darstellung komplexer Informationen. Komplizierte Computermodelle bilden seismografische Daten in Form detaillierter Grafiken ab. Auf diese Weise „sehen" Erdölingenieure den Untergrund. Auch die Mitarbeiter der Computeranimationsfirma Pixar sind Visualisierungsexperten.

Sprechen Sie dagegen mit dem Senior-Partner einer großen Wirtschaftsprüfungsgesellschaft. Wie viel weiß sie oder er über komplexe grafische Gestaltung? Nicht genug. Wenn Sie die finanzielle Performance eines großen internationalen Unternehmens beurteilen wollen, müssen Sie sich auf der Suche nach Widersprüchen und für die Berechnung der finanziellen Kennzahlen durch lange schwarzweiße Zahlenreihen arbeiten. Uff! Warum werden diese Informationen nicht dynamisch in drei Dimensionen abgebildet? Warum können Sie nicht virtuell über den Globus hinwegfliegen, um dann in Ihr deutsches Tochterunternehmen einzutauchen? Sehen Sie den roten Berg dort drüben? Das sind die Bestände, und sie wachsen. Sehen Sie den See dort hinten? Das ist einer jener wunderbaren „Gewinnpools", und er schrumpft stündlich. Sehen Sie all die Leute, die sich dort am Rand drängeln? Das sind unsere Mitarbeiter, die das Unternehmen verlassen, um bessere Chancen zu nutzen.

Sie haben grundsätzlich verstanden, was ich meine. Aber Ihnen sind die Details nicht klar – noch nicht. Die Chance besteht darin, dass es keine Wirtschaftsprüfungsgesellschaft sein wird, die die Darstellung von Buchführungszahlen neu erfindet – es sei denn, deren Senior-Partner beginnen, sich bei Silicon Graphics oder Pixar kundig zu machen. Aber es gibt kaum einen Zweifel daran, dass Excel eines Tages als ebenso antiquiert gelten wird wie grünes Hauptbuch-Papier.

Wenn Sie das nächste Mal zu einem Branchentreffen gehen oder eine Fachzeitschrift in die Hand nehmen, dann fragen Sie sich: Worüber spricht *niemand*? Suchen Sie nach dem, was nicht da ist. Es gibt einen Grund dafür, warum es normalerweise Außenseiter sind, die Branchen neu erfinden. Sie kommen aus einem anderen Umfeld – einem, das es ihnen erlaubt, neue Möglichkeiten wahrzunehmen. William Gibson hat es treffend formuliert: „Die Zukunft hat sich bereits ereignet, sie ist nur ungleich verteilt." Die Zukunft hat sich vielleicht noch nicht in Ihrer Branche, Ihrem Unternehmen oder Ihrem Land ereignet, aber irgendwo

WAS IST DIE GROSSE STORY, DIE ALL DIESE KLEINEN FAKTEN MITEINANDER VERBINDET?

ist sie schon eingetreten. Revolutionäre sind Experten der *Wissensarbitrage* – sie vermitteln Einsichten zwischen denen, die hip, und denjenigen, die das nicht sind, zwischen den Wissenden und den Nichtwissenden, zwischen Spitzenreitern und Nachzüglern. Also: Kümmern Sie sich um ein größeres Schlüsselloch!

Finden Sie die große Story

Suchen Sie als Nächstes nach überragenden Themen. Einer der Gründe, warum es vielen Menschen nicht gelingt, Änderungen umfassend zu würdigen, besteht darin, dass sie sich schon auf unterster Ebene in einem Dickicht aus verwirrenden, einander widersprechenden Daten verirren. Sie müssen sich die Zeit nehmen, um einen Schritt zurückzutreten und sich zu fragen: Was ist die große Story, die all diese kleinen Fakten miteinander verbindet? Werfen Sie beispielsweise einen Blick auf folgende fünf scheinbar unzusammenhängende Trends:

- In den meisten Industrieländern heiraten die Menschen erst in späteren Lebensjahren. Sie erwarten nicht mehr, schon in ihrer Schulzeit einen Ehepartner zu finden.

- Eine steigende Anzahl von Personen ist über Telearbeit beschäftigt oder arbeitet zu Hause. Heimarbeit ist einer der am schnellsten expandierenden Wirtschaftsbereiche.

- Die Zahl der allein Erziehenden ist ständig gestiegen. Sie reiben sich auf bei dem Versuch, Arbeit und Familie miteinander zu vereinbaren. Freizeit ist für sie ein rarer Luxus.

- Neue gesellschaftliche Gepflogenheiten, die das Verhalten der Menschen bei der Arbeit bestimmen, erschweren zunehmend das Entstehen romantischer Beziehungen zwischen Kollegen.

- E-Mails und das Internet verschlingen immer mehr Zeit. All die Stunden vor dem PC sind Stunden der Einsamkeit – es sei denn, virtuelle Gemeinschaften befriedigen *all* Ihre sozialen Bedürfnisse.

Können Sie hier ein gemeinsames Thema entdecken? Es ist die individuelle Isolation. Wir leben in einer Welt, in der es für die Menschen immer schwieriger wird, Zeit für soziale Kontakte zu finden. Kein Wunder, dass Internetadressen für Online-Dating wie Matchmaker.com oder eCRUSH boomen. Aber haben *Sie* dies kommen sehen?

Es ist in gewissem Maß eine Kunst, Muster in einem komplexen Datengewirr zu erkennen. Zum Teil basiert sie lediglich auf einer groben Abstraktionsfähigkeit. Aber wenn Sie je ein Scrabble-Spiel gewonnen oder ein schwieriges Puzzle zusammengesetzt haben, werden Sie diese Aufgabe lösen. Stellen Sie eine Liste mit Dingen zusammen, die Ihnen neu oder anders vorkommen. Überfliegen Sie diese Liste ab und zu, und suchen Sie nach übergeordneten Themen. Wenn es Ihnen gelingt, sich über die Baumwipfel zu erheben, werden Sie eine Perspektive haben, mit der es nur wenige andere aufnehmen können.

Verfolgen Sie die Wirkungskette

Die Welt ist ein System. An einer Stelle ändert sich etwas und beeinflusst woanders etwas. Dennoch beschränken sich die meisten Menschen auf die erste Wirkungsebene. Sie besitzen nicht die Disziplin, auch noch die Folgewirkungen zu durchdenken. Jim Taylor, der Autor von *The 500-Year Delta (dt: Futopia ... oder das Globalisierungsparadies)*, leitender Vizepräsident von Iomega und ein leidenschaftlicher Trendbeobachter, sagte voraus, dass die Industriewerte des Dow-Jones-Index 1992 bei 10 000 Punkten liegen würden. Dabei ging er folgendermaßen vor:

> *„Ich sah eine Schätzung, wie viel die Leute mit wachsendem Alter sparen würden. Jährlich würden etwa 15 Millionen Menschen ihr 50. Lebensjahr erreichen, und sie würden eine Menge Liquidität in den Markt einbringen. Deshalb sagte ich voraus, dass der Dow über 10 000 steigen werde. Wenn man einen Trend sieht, dann stellt sich die Frage: ‚Was könnte dies bedeuten?'"*

Paul Saffo, Direktor und Roy-Amara-Fellow am Institute for the Future, gibt folgenden Hinweis:

> *„Ich betrachte es als ‚Wirkungsstufen'. Erste Stufe, zweite Stufe usw. Wenn sich ein Erdbeben ereignet, haben Sie eine Reihe von Wellen, die folgen. Die erste Stufe des Autos war die pferdelose Kutsche. Die zweite Stufe war der Verkehrsstau. Die dritte Wirkungsstufe war der Umzug in die Vorstädte. Dies führte wiederum zur Schaffung riesiger Großstadtgebiete."*

Kein leitender Angestellter oder Manager sollte sich über die gegenwärtige Bücherflut zum Thema Unternehmenswerte oder „Loyalität" wundern. Das sich hierin dokumentierende Interesse an der Frage, wie man einen internen Zusammenhalt in Unternehmen schafft, ist eine Wirkung auf zweiter Stufe, die auf einer vorangegangenen Veränderung beruht: auf dem zahlenmäßig ständig schrumpfenden Verhältnis von Vorarbeitern zu Arbeitern und von Managern zu Belegschaftsmitgliedern in den Betrieben. Um dieses Problem zu meistern, benötigen die Unternehmen ein solides Wertesystem, weil sie sich zunehmend auf das Urteilsvermögen ihrer Mitarbeiter verlassen müssen. Verfolgen Sie von jetzt an immer, wenn Sie irgendwo Veränderungen bemerken, die Wirkungskette. Machen Sie es sich zur Gewohnheit, eine Reihe von „und was folgt daraus"-Fragen zu stellen. Wenn Sie lernen, dies zu tun, werden Sie immer seltener von der Zukunft überrumpelt.

Graben Sie tiefer

Manchmal muss man sich lediglich durch noch mehr Daten arbeiten, um einen eigenen Blick in die Zukunft werfen zu können. Auf der Basis eines oberflächlichen Verständnisses dessen, was sich verändert, lassen sich keine wirtschaftlichen Werte schaffen. So ist beispielsweise eine kurze Nachrichtennotiz darüber, dass einige Teenager mehr Zeit online als vor dem Fernsehen verbringen, kaum von Nutzen. Die wirkliche Frage lautet: Welche Kinder gehen online? Wohin gehen sie online? Wie viel Zeit verbringen sie an einem bestimmten Tag oder in einer bestimmten Woche online? Was finden sie online cool oder abgefahren? Und so weiter.

Faith Popcorns BrainReserve befragt jährlich 4500 Verbraucher zu 16 unterschiedlichen Produktgruppen. Zu dem Unternehmen gehört auch eine TalentBank mit 6000 über den gesamten Globus verstreuten Experten, die auf bestimmte Sachgebiete spezialisiert sind. Kein Wunder, dass Popcorn manchmal früher als andere wahrnimmt, wenn sich die tektonischen Platten bewegen – das Unternehmen gräbt tiefer.

Sie müssen ebenso perfekt auf das Zeitlose eingestimmt sein wie auf das sich ständig Verändernde.

Sie können Ihre Aufmerksamkeit möglicherweise nicht derart breit streuen, aber Sie können sich ein paar Dinge herausgreifen, um dafür ein erheblich fundierteres Verständnis zu entwickeln als Sie es gegenwärtig haben. Sei es die Genetik, die Generation Y, die Deregulierung, die Allgegenwart des Computers, der Markt für Online-Softwaredienste, die globale Revolution der Rentenfinanzierung – greifen Sie sich jedes Jahr ein paar wichtige Dinge heraus, die sich verändern, und entschließen Sie sich, an diesen Stellen tiefer zu graben.

Machen Sie sich klar, was sich *nicht* verändert

Die Grundbedürfnisse der Menschen verändern sich fast gar nicht. Gehen Sie in die Zeit von Aristoteles zurück und betrachten Sie die Wünsche der damaligen Menschen – nur wenig hat sich seither verändert. Was sich verändert, ist die Art, wie wir unsere Wünsche zu befriedigen suchen. Die Entwicklung gibt uns bessere Mittel an die Hand. Möglichkeiten bieten sich dann, wenn wir uns vorstellen, wie wir unsere tiefsten Sehnsüchte mit Hilfe neuer Mittel stillen können. Nach den Worten Jim Taylors: „Die Natur der Menschen ist das Auge des Hurrikans." Wir wollen geliebt werden, wir wollen bekannt sein, wir wollen kommunizieren, wir wollen feiern, wir wollen forschen, wir wollen lachen, wir wollen etwas wissen, wir wollen neue Perspektiven bekommen, wir wollen einige Fußstapfen im Sand der Geschichte hinterlassen. Jede Verwerfung, die es Ihnen erlaubt, eines dieser Bedürfnisse umfassender zu stillen, ist als eine im Entstehen befindliche Chance zu begreifen.

Wenn Sie eine Minute lang über die menschliche Natur nachdenken, dann sollten Sie nicht darüber erstaunt sein, dass das Internet ein Chat Room war, bevor es zum Warenhaus wurde, oder dass die Internetpornografie den Inhalts-Providern insgesamt mehr als 70 Prozent aller Einnahmen einbringt (die übrigen stammen von Spielen, Sport und Musik).[3] Wenn Sie zum Branchenrevolutionär werden wollen, müssen Sie ebenso perfekt auf das Zeitlose eingestimmt sein wie auf das sich ständig Verändernde.

Sie müssen sich auch über die im Lauf der Geschichte immer wieder auftauchenden Themen informieren. Die Geschichte kann uns viel darüber lehren, wie sich Verwerfungen durchsetzen. So machen die Fortschritte in der Genetik die Menschen beispielsweise schrittweise zu Schöpfern. Ein Blick auf die Geschichte lässt uns vermuten, dass der Kampf zwischen dem spirituellen und dem wissenschaftlichen Ansatz um den richtigen Gebrauch genetischen Wissens möglicherweise ebenso hitzig ausgetragen werden wird wie Galileos Auseinandersetzung mit der katholischen Kirche um den Platz der Menschheit im Kosmos oder Darwins Konfrontation mit den Anhängern der biblischen Schöpfungslehre.

Die Geschwindigkeit, mit der sich das Internet ausbreitete, hat die meisten Menschen überrascht. Der Erfolg des Internets selbst sollte dagegen kaum überraschen, liefert doch das Interstate-Highway-System eine fast perfekte historische Analogie. Das Automobil gab es schon etwa 50 Jahre, bevor das US-amerikanische Highway-System die Gemeinden im ganzen Land miteinander zu verbinden begann. Innerhalb eines Jahrzehnts nach dem Bau der Interstate Highways schossen Vorstädte aus dem Boden, Stadtzentren starben aus, Unternehmen bauten Bürohochhäuser auf ehemalige Kornfelder und Pendler pendelten. Es war nicht das Auto an sich, sondern die Fähigkeit, Gemeinden miteinander zu verbinden, welche die Strukturen von Arbeit und Handel veränderte.

Auch den Computer gab es schon etwa 50 Jahre, bevor das Web seinen kometenhaften Aufstieg vollzog. Bevor es das Internet gab, waren Computer Inseln enormer Rechnerleistung. Sobald sie miteinander verbunden wurden, begannen sie die Gesellschaft auf noch dramatischere Weise zu verändern, als dies die Interstate Highways geleistet hatten. Sie haben dies allerdings auf eine Art getan, die mit den zeitlosen Aspekten der menschlichen Natur völlig übereinstimmt.

Sehen Sie es, fühlen Sie es

Sie verlieben sich nicht in eine Fotografie oder in eine Zusammenfassung, Sie verlieben sich in die Erfahrung, mit jemandem zusammen zu sein. In ähnlicher Weise können Sie eine Verwerfung innerhalb der Entwicklungslinie nicht allein dadurch erfassen, dass Sie etwas darüber lesen; Sie können sie nur begreifen, indem Sie sie durchleben. Um voll und ganz zu verstehen, was sich verändert, müssen Sie von der Analyse zum Experiment wechseln. Lassen Sie mich ein paar Beispiele anführen:

Vor einigen Jahren arbeitete ich für eine große skandinavische Firma, die ihren Sitz am Rand des nördlichen Polarkreises hatte. Dieses Unternehmen war reich an brillanten Ingenieuren. Die von ihnen entwickelten Produkte waren technologisch erstklassig, aber sie sahen langweilig aus, und ihre Bedienung war zum Teil schwierig. Ich hatte eine gute Nachricht für die Ingenieure: Ich erklärte ihnen, sie müssten etwas über Lifestyle weltweit lernen, wenn sie die Absicht hätten, ihre Produkte höchst begehrenswert und unentbehrlich zu machen. Und die Ingenieure zogen los – nach Venice Beach in Kalifornien, nach Greenwich Village in New York und durch die Londoner Kings Road. Sie sahen modische Trendsetter, die die neuesten Mode-Accessoires trugen. Sie trafen Leute, die sich an jedem nur denkbaren Körperteil hatten piercen lassen. Sie sahen, wie Designer aus anderen Bereichen auf neue Art mit Farben und Formen arbeiteten. Und sie konnten keinen ihrer Mitbewerber erblicken. Wie erklären Sie „Lifestyle" per Overhead-Projektor? Auge in Auge mit der Speerspitze des Neuen, „begriffen" die Ingenieure bei ihrer Expedition, worauf es ankam. Sie kehrten zurück und entwarfen Produkte in verrückten Farben, gewagten Formen und mit verbraucherfreundlichen Eigenschaften.

Die Menschen ergreifen eine Chance nicht, weil sie sie sehen, sie ergreifen eine Chance, weil sie sie *fühlen*. Und um sie zu fühlen, müssen Sie sie erfahren. Wenn Sie jemandem in Ihrem Unternehmen etwas über Verwerfungen beibringen oder die betreffende Person einen Blick auf eine neue, wagemutige Chance werfen lassen wollen, dann müssen Sie dafür sorgen, dass der oder die Betreffende entsprechende Erfahrungen machen kann.

Um eine Vorführung vorbereiten, einen Prototyp schaffen oder vielleicht sogar eine überzeugende Geschichte erzählen zu können, müssen Sie zunächst vor Ihrem geistigen Auge ein Modell entwerfen. Dazu benötigen sie mehr als den Ansatz einer Idee. Sie müssen sie in eine Geschichte verpacken: Worin besteht ihre Bedeutung; welche Wirkung wird sie haben; wen wird sie interessieren; in welcher Weise werden sie die Leute benutzen; wie wird sie aussehen, wie schmecken und so weiter? Die Menschen haben große Schwierigkeiten, sich radikale Alternativen vorzustellen. Sie müssen eine Brücke bauen zwischen Ihrer Welt und der aller anderen.

> *Die Menschen ergreifen eine Chance nicht, weil sie sie sehen, sie ergreifen eine Chance, weil sie sie fühlen.*

158 ✱ DIE REVOLUTION ENTDECKEN

Es ist nicht immer leicht, etwas zu erschaffen, das einerseits neu und imaginär, andererseits real und greifbar ist. Aber machen Sie sich Folgendes klar: Sie brauchen nur irgendein Kind zu bitten, ein Bild vom Himmel zu zeichnen, und Sie erhalten eine sehr fantasievolle Darstellung. Wenn ein achtjähriges Kind ein Bild vom Paradies zeichnen kann, dann können Sie sich also nicht herausreden.

Entwickeln Sie eine Routine

Schwimmen Sie im Neuen. Das klingt einfach, aber der Ozean ist ein riesiger Bereich. Wie können Sie es vermeiden, in der Datenflut unterzugehen? Sie brauchen eine Routine. Ich kann Ihnen nicht sagen, wie Ihre persönliche Routine beschaffen sein sollte, aber ich kann Ihnen verraten, was einigen Leuten hilft.

John Naisbitt hat eine einfache Routine entwickelt, um die Kanten von Verwerfungen zu finden: Er liest jeden Tag mehrere Stunden lang Zeitungen aus aller Welt und sucht dabei die Dinge nach Grundmustern ab, über die immer wieder berichtet wird, die aber noch keine deutlichen Verbindungen aufweisen.

Marc Andreessen, der Erfinder des Internet-Browsers, praktiziert eine andere Routine:

„Achten Sie auf die Dinge, die sich abheben, selbst wenn sie dies nur in geringem Maß tun. Was mich beim Internet unter anderem überraschte, waren die zahlreichen Dinge, die ich bemerkt hatte, als sie noch unbedeutend waren und noch nicht kommerziell genutzt wurden, und die nun von grundlegendem Interesse sind und von Anwendern geschätzt werden. Ich war damals zwar skeptisch, aber sie haben sich in den meisten Fällen zu milliardenschweren Unternehmen entwickelt. Man sollte daher auf kleine Erfolge achten, weil sie möglicherweise zu großen Erfolgen werden."

Welche Routinen haben Sie? Wie oft greifen Sie nach einem Magazin, das Sie noch nie zuvor gelesen haben? Wie häufig besuchen Sie die Tagung einer Branche, über die Sie wenig wissen? Wie oft sind Sie mit Menschen zusammen, die deutlich anders sind als Sie? Stehen Sie an der Spitze, oder hinken Sie hinterher? Haben Sie irgendwelche Freunde im Risikokapitalbereich, die Ihnen erzählen können, was sich in den Randbereichen abspielt? Wissen Sie, welche Start-up-Firmen den Leiter für Unternehmensentwicklung in Ihrem Haus kontaktieren? Haben Sie die Börsenneueinstiege aller Internetfirmen quer über Ihr breit gefächertes Wettbewerbsfeld verfolgt? Wenn nicht, dann klinken Sie sich ein. Finden Sie die kleinen Dinge, vergrößern Sie sie in einem gedanklichen Spiel und fragen Sie sich, wenn die Sache in Ihrer Vorstellung die richtige Größe erreicht hat, welche Veränderung sie bewirken würde. Wen würde das betreffen?

Jeder von uns neigt dazu, neue, kleine Dinge zu missachten. Schenken Sie deshalb verstärkt und systematisch allem Beachtung, was neu und klein ist. Investieren Sie um Gottes Willen nicht in diese Dinge, öffnen Sie lediglich Ihr Bewusstsein für neue Möglichkeiten.

Faith Popcorns BrainReserve beschäftigt sich methodisch mit kulturellen Verschiebungen aller Art. Dazu Popcorn selbst:

> *„Wir halten die Kultur sozusagen in Blindenschrift fest, indem wir die Top Ten sämtlicher Dinge aufs Korn nehmen. Jedes Mal, wenn wir etwas Ungewöhnliches bemerken, haken wir nach. Wir suchen nach Dingen, die nicht zum Puzzle gehören. Wie kam es, dass* Touched by an Angel *zum großen Fernseherfolg wurde? Aus welchen Gründen ist der Dalai Lama auf Postern abgebildet? Beachten Sie das Ungewöhnliche.*
>
> *Wir fragen die Leute: ‚Was steht auf Ihrem Nachttisch?' Wir halten nach Kulturschnüfflern Ausschau, die alles sehen, überall hingehen. Die ständig hinter dem Allerneuesten her sind. Wir suchen nach einem Kulturjargon. Wir überprüfen die Soundtracks von Fernsehkomödien. Wir begutachten die zehn Spitzen-CDs und das, was die Künstler sagen.*
>
> *Ich beobachte für mein Leben gern, welche neuen Zwölf-Stufen-Programme auftauchen – aktuell für all jene Menschen, die nach Chat Rooms oder Online-Pornografie süchtig sind."*

Popcorn sucht nicht nach den neuesten Moden, nach kulturellen Strohfeuern, sondern nach der Spitze tief reichender Eisberge, nach Blättern, die von mächtigen, üblicherweise aber kaum wahrnehmbaren Strömungen mitgerissen werden. Die ungewöhnlichen Phänomene sind Vorboten. Wenn Sie die Sachen, die Ihnen merkwürdig vorkommen, übergehen oder abtun, haben Sie praktisch keine Chance, das Neue zu finden. Dabei ist es ebenso wichtig, sensibel für das Ungewöhnliche wie auf dem Laufenden zu sein. Welcher Club in Ihrer Stadt ist der heißeste Tipp? Sind Sie je dort gewesen? Was ist das irreste Videospiel, das es momentan gibt? Haben Sie es je gespielt? Machen Sie schon, veranstalten Sie mal eine coole kleine Jagd nach Dingen, die „in" sind.

Das eigentliche Problem ist nicht der Gegensatz zwischen der Gegenwart und der Zukunft, sondern der zwischen dem Orthodoxen und dem Heterodoxen.

Jim Taylor von Iomega verweist auf einen weiteren Aspekt:

„Ich beobachte die Entwicklung der Kunst, vor allem der Volkskunst. Sie ist ein ausgezeichneter Vorbote für gesellschaftliche Veränderungen. Nehmen wir beispielsweise die Kubisten in den Dreißigerjahren. Zunächst war es eine Kunstrichtung, dann eine Baustruktur und schließlich die Struktur der meisten Organisationen. Im Augenblick erleben wir in der Kunst die ‚Außenseiter'-Bewegung – sie erweckt den Eindruck, dass jeder ein Künstler sei.

Ich befasse mich auch mit einer Reihe von tief schürfenden Fragen: Welche große Idee existiert in der Gesellschaft, und wie wird sie sich Geltung verschaffen? Was ist die neueste Technologie, die kurz davor steht, sich durchzusetzen? Welches Organ kann seit Neuestem im Reagenzglas erzeugt werden?"

Künstler unterliegen nur wenigen Beschränkungen. Wie unter einem Vergrößerungsglas sammeln und konzentrieren sie das diffuse Licht des kulturellen Wandels. Taylor weiß dies. Er weiß auch, dass sich Ihre Chancen auf einige wirklich bedeutende Einsichten erhöhen, wenn Sie eine Reihe von Fragen entwickeln und anwenden, sobald Sie dem Unvertrauten begegnen.

Für John Seely Brown, der jahrelang das berühmte Forschungszentrum von Xerox in Palo Alto leitete, sind Reisen die bevorzugte Routine, um das Neue zu entdecken. Kürzlich unternahm er eine mehr als 12 000 Kilometer lange Motorradreise durch die USA, wobei er ausschließlich auf Seitenstraßen fuhr. Durch Hunderte von Gesprächen mit Menschen aus dem ganzen Land kam er mit Veränderungen in Berührung, die sich weitab von der Küste vollziehen. Dazu Brown selbst: „Überall, wohin man geht, hat man die Möglichkeit, etwas zu lernen. Sie müssen ständig fragen: ‚Woher kommt dies?' ... beispielsweise, wenn ein Teenager auf der Straße etwas Merkwürdiges tut. Das bedeutet, wirklich aktiv zuzuhören."

Einsichten entstehen durch neue Gespräche. In großen Unternehmen werden Strategiediskussionen allzu häufig von denselben zehn Leuten mit denselben zehn Leuten geführt, und das schon seit fünf aufeinander folgenden Jahren. Sie wissen immer schon im Voraus, was der andere sagen wird. In einem solchen Umfeld werden Sie nichts Neues lernen.

Reisen sind noch immer der schnellste Weg, um zahlreiche neue Diskussionen anzuregen. Sie haben den zusätzlichen Vorteil, den Hintergrund in den Vordergrund zu schieben: Wenn Sie an einen exotischen Ort reisen, wird Ihnen plötzlich bewusst, wie viel Sie als selbstverständlich voraussetzen und welche Alternativen es zu den Ihnen vertrauten Lebensgewohnheiten gibt. Es war seine Erfahrung mit der unerwartet warmen Atmosphäre italienischer Cafés, die Howard Schultz die Idee für Starbucks lieferte.

Vertrautheit ist der Feind. Sie verwandelt nach und nach alles in Tapeten. Reisen macht Sie zum Fremden. Es verunsichert Sie. Es beraubt Sie

Ihrer Vorurteile. Wenn Sie nicht verreisen können, dann gehen Sie in einen internationalen Zeitungsladen, und schnappen sich beispielsweise *Globe & Mail* (Toronto), *The Daily Telegraph* (London), *The South China Morning Post* (Hongkong), *The New Straits Times* (Singapur) oder irgendeine andere ausländische Zeitung, oder suchen Sie sich online eine aus. Wenn sich Ihr Verständnis dessen, was sich auf der Welt verändert, aus den üblichen Fernsehnachrichten oder einem der etablierten Wirtschaftsblätter speist, werden Sie die Zukunft verpassen.

SEIEN SIE EIN KETZER

Süchtig nach Neuem zu sein, reicht nicht. Sie müssen auch das Zeug zum Ketzer haben. Ketzer, nicht Propheten, erzeugen Revolutionen. Sie können Veränderungen grundlegend erfassen, aber Sie werden die Chance, den Wandel auf neue Art zu forcieren, nur erkennen, wenn Sie die Fesseln des Bestehenden wirklich abstreifen. Es gibt vieles, was sich Individuen einfach deshalb nicht vorstellen können, weil sie Gefangene ihres eigenen Dogmas sind. In diesem Sinn liegt die Herausforderung nicht im langfristigen, sondern im unkonventionellen Denken. Das eigentliche Problem ist nicht der Gegensatz zwischen der Gegenwart und der Zukunft, sondern der zwischen dem Orthodoxen und dem Heterodoxen.

Die große Gefahr besteht darin, das, was sich verändert, durch die Brille des bereits Vorhandenen zu betrachten. Unmittelbar nach seiner Erfindung benutzten die Leute Plastik in erster Linie als einen Ersatz für bereits vorhandene Materialien – Stahl, Holz und Leder. (Erinnern Sie sich an die Kunstlederschuhe?) Schließlich bekam Plastik die Chance, Plastik zu sein. Können Sie sich einen Hula-Hoop-Reifen, eine Compactdisk oder ein Videoband aus irgendeinem anderen Material vorstellen?

Im Zeitalter der Revolution ist die Zukunft nicht einfach ein Mehr an Vergangenheit – sie ist völlig anders als die Vergangenheit. Ob *Sie* der Vergangenheit entkommen oder nicht, ist in gewisser Hinsicht ziemlich unwichtig. Die Zukunft wird erfunden werden, ob mit Ihnen oder ohne Sie. Aber wenn Sie Neues schaffen wollen, müssen Sie Ihr bestehendes Überzeugungssystem auseinander nehmen und all das als Müll beseitigen, was nicht für immer und überall wahr ist.

Fragen Sie sich: Gegen welche Branchendogmen will Ihr Unternehmen bewusst verstoßen? Fällt Ihnen keines ein? Dann rechnen Sie nicht damit, dass die Performance Ihrer Firma über dem Branchendurchschnitt liegen wird. Branchenrevolutionäre entwickeln subversive, keine konformen Strategien. Um dies tun zu können, müssen Sie das Überzeugungssystem demontieren, das jeden Einzelnen in Ihrem Unternehmen daran hindert, in unorthodoxen Strategien zu denken.

In den meisten Unternehmen ist es praktisch unmöglich, Geschäftsmodelle neu zu entwerfen, ohne zuvor die vorherrschenden Denkmuster in Frage zu stellen. Diese mentalen Modelle entstammen dem gegenwärtigen Geschäftsmodell und verstärken es.

Ein Geschäftsmodell ist ein „Gegenstand". Das mentale Modell besteht aus einer Reihe von Überzeugungen in Bezug auf diesen „Gegenstand". Es spiegelt die „zentrale Tendenz" jener Überzeugungen wider, die die Variablen des Hauptgeschäftskonzepts ausmachen:

- Worin besteht unsere business mission?
- Welches Produkt-/Marktspektrum decken wir ab?
- Welche Differenzierungsbasis haben wir?
- Welche Kernkompetenzen sind wichtig?
- Welche strategischen Ressourcen müssen wir besitzen?
- Welche Kernprozesse sind entscheidend?
- Wie können wir unsere Ressourcen am besten konfigurieren?
- Wie gehen wir auf den Markt?
- Welche Art von Information benötigen wir, um unseren Kunden Nutzen bieten zu können?
- Welche Art von Beziehung wollen wir zu unseren Kunden haben?
- Wie kalkulieren wir unsere Produkte und Dienstleistungen?
- Welches spezielle Nutzenpaket bieten wir an?
- In welcher Weise integrieren wir unsere Lieferanten und Partner?
- Welche Gewinnverstärker können wir nutzen?

Je erfolgreicher ein Unternehmen in der Vergangenheit gewesen ist, desto tiefer hat sich dessen mentales Modell in das Bewusstsein der Agierenden eingegraben. Selbst in nur mäßig erfolgreichen Unternehmen nehmen die meisten Mitarbeiter 90 Prozent des bestehenden mentalen Modells als gegeben hin. Eine vor Jahren getroffene Wahl im Hinblick auf das Geschäftskonzept wird selten aufs Neue überprüft. Es ist aber schwierig, sich revolutionäre Strategien vorzustellen, wenn neun Zehntel Ihres Gehirns unbewusst blockiert sind. Lange zurückliegende Konzeptentscheidungen werden, wenn keine Krise eintritt, nur selten in Frage gestellt. Aber selbst in diesem Fall gelingt es meist erst einem neuen Management-Team, die alten Überzeugungen samt Wurzeln auszureißen. Sie und Ihre Kollegen müssen lernen, die bestehenden Überzeugungen darüber, „welche Art von Geschäften wir machen", „wie wir Geld verdienen", „wer unsere Kunden sind" und so weiter, systematisch auseinander zu nehmen.

Der erste Schritt auf dem Weg zum ausgebildeten Ketzer besteht in dem Eingeständnis, dass Sie in einem mentalen Modell, einem Konstrukt leben, das möglicherweise noch nicht einmal von Ihnen selbst stammt. Alan Kay hat eine wunderbare kleine Geschichte darüber erzählt, was ihn dazu gebracht hat, diese tiefe Wahrheit zu erkennen:

„Am dritten Tag einer Konferenz in einem buddhistischen Zentrum fragte ich die Anwesenden, warum sie ihre Handflächen mehrmals am Tag aneinander legen. Die Buddhisten glauben, dass die Welt eine Illusion ist, aber dass wir diese Illusion aus Effizienzgründen akzeptieren müssen. Wenn sie ihre Hände aneinander legen, dann ist das ein Semikolon, die Anerkennung, dass alles, was sich ihrer Meinung nach in diesem Augenblick ereignet, zum großen Teil ein Produkt ihrer eigenen Vorstellung ist."

Die meiste Zeit unseres Lebens akzeptieren wir die Illusion einfach – das ist schließlich die einzige Möglichkeit, ein Auto oder ein Parfüm zu verkaufen oder eine Verabredung zu treffen. Aber ab und zu müssen Sie Ihre Handflächen aneinander legen, innehalten, einen Schritt neben sich treten und überprüfen, was Sie glauben und warum Sie das tun. Und im Zeitalter der Revolution müssen Sie dies bewusster und regelmäßiger tun als je zuvor.

> **Halten Sie nach *irritierenden* Ansatzpunkten Ausschau, nach Dingen, die nicht in das gewohnte Muster passen, nach Dingen, die widersprüchlich sind.**

Sie müssen erkennen, dass die Dinge nicht das sind, was sie zu sein scheinen – und Sie müssen dies auf einer so tiefen Ebene Ihres Bewusstseins erkennen, dass Sie die Grundfesten dessen infrage stellen können, was andere als unumstößlich betrachten. Wir sind alle in Theorien und Denkmustern gefangen. Die meisten von uns verbringen ihr Leben damit, die Theorie von irgendjemand anderem aufzuarbeiten – zum Beispiel darüber, wie man eine Fluggesellschaft betreibt oder ein Magazin herausgibt oder Versicherungen verkauft. Neue Fakten werden entweder in das bestehende Gedankengebäude eingefügt oder abgelehnt. Nur ganz selten werden diese Gebäude selbst verändert.

Die Herausforderung besteht darin, die eigenen Konstrukte aufzubrechen – oder zumindest ein wenig umzubauen Um dies tun zu können, müssen Sie sich zuerst einmal eingestehen, dass Sie sich innerhalb eines Gedankengebäudes befinden. Nach Jim Taylor lässt es sich so ausdrücken: „Je stärker Sie den Informationen Ihre Aufmerksamkeit schenken, die Ihre Weltanschauung bestätigen, umso weniger lernen Sie. Die Überzeugungen davon, was wichtig ist, weisen innerhalb sämtlicher Gruppen von Menschen die Tendenz auf, zu konvergieren – unabhängig davon, was da draußen möglicherweise wirklich wichtig ist."

Das Problem der Zukunft besteht nicht darin, dass sie sich nicht vorhersagen lässt. Wenn Sie unfähig sind, die gewohnten Denkbahnen zu verlassen, wird die Zukunft Sie immer überraschen. Vielleicht kennen Sie den alten Aufkleber für die Stoßstangen: „Zweifeln Sie etwa an meiner Macht?" Nun, die Macht, die Sie am dringendsten in Frage stellen müssen, ist die Macht Ihrer *eigenen* lang gehegten Überzeugungen. Es geht eben nicht darum, die Konventionen anderer in Zweifel zu ziehen. Wir fühlen uns alle bestätigt, wenn die Welt mit unseren Vorurteilen übereinstimmt. Aber eine Bestätigung dessen, was Sie bereits glauben, ist reine Zeitverschwendung. Sie müssen nach *irritierenden* Ansatzpunkten Ausschau halten, nach Dingen, die nicht in das gewohnte Muster passen, nach Dingen, die widersprüchlich sind. Das fällt schwer, weil es Sie dazu zwingt, Ihr intellektuelles Kapital abzuschreiben: Sie müssen sich nicht nur eingestehen, dass Sie viele Dinge nicht wissen, sondern auch, dass Sie viele Dinge auf die falsche Art wissen.

Machen Sie die Dogmen sichtbar

Auf welche Weise können Sie in Ihrem Unternehmen gegenläufige Tendenzen fördern und bestehende Dogmen sichtbar machen? Ein einfaches Mittel besteht darin, sich selbst und Ihre Kollegen zu fragen: Welche zehn Dinge würde ein Kunde niemals über unser Unternehmen oder unsere Branche sagen? Beispielsweise würde ein Kunde nie sagen: „Die Fluggesellschaft behandelt ihre Kunden respekt- und würdevoll." Wenige Kunden würden jemals behaupten: „Es ist leicht, sich nach einem günstigeren Strompreis umzusehen." Noch weniger würden urteilen: „Das Bankgeschäft macht Spaß", oder: „Das Essen in den Hotels ist stets fantastisch."

Sobald Sie festgestellt haben, was Kunden nicht sagen würden, müssen Sie sich fragen, warum sie das nicht tun. Welche Glaubenslehren stecken dahinter? Welche Chancen eröffnen diese Orthodoxien irgendeinem unorthodoxen Einsteiger? Und schließlich: Was würde passieren, wenn wir diese Glaubenslehren auf den Kopf stellen würden?

Einen anderen Weg bietet die Frage: Welche zehn Überzeugungen teilen die führenden Mitbewerber dieser Branche? Fragen Sie dann: Was würde geschehen, wenn jede dieser Annahmen in ihr Gegenteil verkehrt würde? Welche neuen Chancen böten sich? In welcher Weise profitierten die Kunden davon? Selbstverständlich sind nicht alle in einer Branche herrschenden Überzeugungen dumm. Es gibt einen Unterschied zwischen einem Dogma (die Erde ist eine Scheibe) und physikalischen Leit-

> **Welche zehn Dinge würde ein Kunde niemals über Ihr Unternehmen oder Ihre Branche sagen?**

sätzen (Gegenstände fallen eher nach unten als nach oben). Es ist meist keine gute Idee, die Gesetze der Physik zu missachten. Dennoch ist vieles von dem, was Ihnen die Leute in einer Branche als gottgegeben darstellen, lediglich das Werk von Menschen. Es ist Ihre Aufgabe, Gewissheiten in Auswahlmöglichkeiten zu verwandeln.

Es ist wieder an der Zeit für eine kleine Übung. Lassen Sie uns einen Blick auf die Glaubenssätze des US-amerikanischen Gesundheitssystems werfen, das einige typische Merkmale aufweist, die beispielsweise auch für das deutsche Gesundheitswesen gelten: Die Kranken werden als Patienten, nicht als Kunden betrachtet. Die Anbieter im Gesundheitswesen fertigen Fälle ab, sie bauen keine Beziehungen auf. Das Ziel besteht eher darin, Krankheiten zu heilen, als die Gesundheit zu fördern (für Gesundheit wird man nicht bezahlt). Das Geschäft der Versicherer besteht darin, Risiken abzufangen, weniger in der Gesundheitsverbesserung der Bevölkerung. Die Organisation der gesamten Branche erfolgt rückwärts gerichtet vom Zahlenden aus, nicht von vorn, vom Konsumenten aus. Dies hat zur größten Orthodoxie von allen geführt: Die US-Amerikaner geben zu viel für die Gesundheitsversorgung aus. Wer sagt das? Im Vergleich wozu? Nehmen die Ärzte unnötige Eingriffe vor? Ja. Führen die Krankenhäuser unnötige Tests durch? Sicher. Gibt es genug Spielraum für riesige Einsparungen? Und ob. Also streichen Sie die Verschwendung. Aber bevor der Weg der Kürzungen im Gesundheitsbereich weiter beschritten werden kann, muss irgendjemand die Annahme in Frage stellen, nach der die US-amerikanischen Bürger glauben, sie wendeten zu hohe Mittel für das Gesundheitswesen auf.

Wie sollte irgendjemand sagen können, welchen Prozentsatz ihres Einkommens die in die Jahre gekommene Generation der Baby-Boomer bereit ist, für die Gesundheitsversorgung zu zahlen? Diese Frage ist ihnen nie gestellt worden. Heutzutage sind es die Arbeitgeber, die darüber entscheiden, wie viel zu viel ist, wenn es um die Gesundheitsversorgung geht. In den USA schließen die Arbeitgeber – die als Agenten auf der Einkaufsseite fungieren, aber keine Konsumenten sind – die Verträge mit den Anbietern des Gesundheitssystems und den Versicherungen ab. Stellen Sie sich vor, wir ließen Einkaufsagenten unser Toilettenpapier oder unsere Autos oder unsere Lebensmittel auswählen. Wir würden alle einlagiges Zellstoff-Toilettenpapier benutzen, speigrüne Chevy Luminas fahren und die Art von Speisen essen, die man in Großpackungen im Großhandel einkauft. Wir würden so etwas nicht akzeptieren. Warum akzeptieren wir dann Arbeitgeber, die uns vorschreiben, wie viel Gesundheitsversorgung uns zusteht? Eine gesteuerte Versorgung, die sich treffender als gesteuerte Rückvergütung beschreiben ließe, ist keine Revolution – sie ist lediglich die Version eines Gesundheitswesens mit energischer Kostensenkung. Sie hat nichts nicht Lineares. Ob wir je eine wirkliche Revolution im Gesundheitsbereich bekommen, wird davon abhängen, ob es jemals irgendjemandem gelingt, die Abrissbirne auf das aus Branchenorthodoxien errichtete Gebäude fallen zu lassen.

Hören Sie nicht auf, nach dem Warum zu fragen

Wie die Kinder spielen auch die Ketzer das endlose Spiel des „Warum" und „Was wäre, wenn ...". Was wäre beispielsweise, wenn alle Dinge auf der Welt miteinander kommunizieren könnten? Worüber würde ein Getränkeautomat sprechen wollen? „Hallo, es ist heiß, und deshalb werden meine Vorräte an Orangenlimonade in ein paar Stunden erschöpft sein." Was würde eine Benzinpumpe sagen? „Hey, du da, Jaguar XK8. Ich weiß, dass du Super-Benzin tanken musst. Genau das werde ich pumpen." Was würde ein Kühlschrank sagen? „Meine Sensoren sagen mir, dass da unten im Gemüsefach irgendetwas vergammelt."

Wayne Huizenga fragte nach dem „Warum". Vor AutoNation war noch kein größerer Autohändler an die Börse gegangen. Dazu äußerte Huizenga:

> *„Jeder einzelne Händler versicherte mir, dass Ford und General Motors und all die anderen Hersteller es nie zulassen würden, dass eine Aktiengesellschaft eine Verkaufslizenz für Neuwagen bekäme. Und ich fragte immer: ‚Warum nicht?' Ich bekam nie eine befriedigende Antwort. Also übten wir ein wenig Druck auf die Hersteller aus und verwirklichten es."*

Revolutionäre fragen einfach häufiger nach dem „Warum" als der Rest von uns.

Zelebrieren Sie Dummheit

Uns allen ist beigebracht worden, dass gute Antworten wichtiger sind als gute Fragen. Was in der ersten Schulklasse gilt, gilt erst recht, wenn Sie vor Ihren Firmenchefs oder ihrem Vorgesetzten stehen. Aber neue Fragen bilden das Herzstück jeder Geschäftskonzept-Innovation; und wenn Sie immer wieder nach dem „Warum" fragen, müssen Sie darauf gefasst sein, dass Sie ab und zu dumm wirken. Hören Sie noch einmal, was Marc Andreessen zu diesem Thema zu sagen hat:

> *„Wenn Sie sich das Ziel gesetzt haben, etwas Neues und Bedeutendes zu schaffen, dann müssen Sie etwas tun, worüber alle anderen lachen werden – das ist quasi der Test. Wenn die anderen nicht darüber lachen, und Sie nicht hin und wieder auf Ablehnung stoßen, dann handelt es sich möglicherweise um keine großartige Idee. Anders ausgedrückt: Wenn es sich um etwas handelt, bei dem alle mit den Köpfen nicken und sagen: ‚Oh ja, das macht Sinn', dann gibt es möglicherweise bereits ein Dutzend Leute, die es umsetzen."*

Nur dumme Fragen schaffen neue Reichtümer. Natürlich gibt es wirklich dumme und kluge dumme Fragen. Ich erinnere mich daran, wie ich einen leitenden Manager einer der führenden Hotelketten der USA fragte: „Warum muss jemand, der nachts um zwei eincheckt, zur selben Zeit auschecken wie jemand, der nachmittags um zwei eincheckt?" Als ich einen verblüfften Blick erntete, preschte ich weiter vor: „Warum können Sie es nicht einfach so handhaben, dass jeder zwanzig Stunden nach seiner Ankunft auschecken muss? Wenn ich um drei Uhr nachmittags ankomme, muss ich am nächsten Morgen um elf Uhr auschecken. Aber wenn ich um zehn Uhr abends ankomme, kann ich das Zimmer bis sechs Uhr abends am Tag meiner Abreise nutzen." Der Hotelier betrachtete mich voller Herablassung. „Gary", meinte er, „Sie kennen sich im Hotelgewerbe nicht aus." „Das", erwiderte ich, „ist mein relativer Vorteil." Sie stellen keine dummen Fragen, wenn Sie ein Branchenexperte sind. Ich schlug vor, er solle sich mit Hertz befassen. Wenn Sie von Hertz ein Auto mieten, dann werden Sie nicht gebeten, es nachmittags zurückzubringen. Sie bekommen es für 24 Stunden. Und Hotelbetreiber haben einen entscheidenden Vorteil, den Hertz nicht hat: Die Zimmer bewegen sich nicht. Niemand verspricht, das Zimmer in Chicago zu verlassen, und checkt dann stattdessen in Milwaukee aus!

In vielen Unternehmen wird so großer Wert darauf gelegt, „Recht" zu haben, dass für Spekulationen und Fantasie praktisch kein Platz bleibt. Aber wenn Sie darauf beharren, unumstößlich im Recht zu sein, werden Sie nie etwas Neues schaffen. So einfach ist das. Die Angst, sich zu irren, ist in vielen Unternehmen derart ausgeprägt, dass jede Idee, die nicht durch eine Unmenge von Daten abgesichert ist, automatisch suspekt wirkt. Die Ausbildung, die MBA-Studenten und Manager erhalten, verstärkt diese Tendenz. Kurs für Kurs wird die Botschaft untermauert: Die Qualität Ihrer Analyse zählt mehr als die Qualität Ihrer Vorstellungskraft. John Naisbitt erklärt dazu:

> *„Akademiker fürchten sich davor, über ihr Datenmaterial hinauszugehen. Alfred North Whitehead meinte, ein Vorschlag müsse nicht richtig sein, er müsse lediglich interessant sein. Akademiker begreifen nicht, wie befreiend es ist, nicht Recht haben zu müssen. Wenn Sie Recht haben müssen, werden Sie zum Gefangenen."*

Daher bekommen Studierende Steroide für ihre linke Gehirnhälfte, während ihre rechte Gehirnhälfte auf Nulldiät gesetzt wird. Wie absurd. Eine auf konkreten Fakten basierende Analyse kann Ihnen dabei helfen, wirklich unbrauchbare Strategien zu vermeiden, aber sie wird es Ihnen niemals ermöglichen, wirklich großartige Strategien zu finden.

In vielen Unternehmen wird so groß gelegt, „Recht" zu haben, dass fü Fantasie praktisch kein Platz bleibt

Gehen Sie ins Extrem

Nehmen Sie einen Leistungsparameter, der in Ihrer Branche wichtig ist – Zeit, Kosten, Effizienz, Qualität, Geschwindigkeit, was auch immer. Treiben Sie diesen bis ins Extrem und fragen Sie: Warum nicht? Die Randbedingungen bis an die äußerste Grenze zu treiben, ist einer von John Seely Browns Lieblingstricks, um bestehende Glaubenslehren einfach in die Luft zu jagen:

> „Meine Heuristik lautet: ‚Gehen Sie bis an die Grenze, und sehen Sie, was geschieht.' Xerox will Kopierer herstellen, die weniger laut sind. Ich habe zu unseren Leuten gesagt, dass dies keine interessante Problemstellung sei. Wenn ich Sie bitte, eine Maschine herzustellen, die gar keinen Lärm macht, dann wird es interessant. Sie meinten: ‚Das ist unmöglich.' Ich erwiderte: ‚Nicht, wenn der Kopierer keine Teile hat, die sich bewegen.' Die Frage führte zu einer radikal neuen Betrachtungsweise von Kopierern, Druckern und mechanischen Systemen. Sie werden einige radikale Produkte von Xerox zu sehen bekommen, die durch die Erforschung unmöglicher Fragen entstanden sind."

Betrachten Sie jedes Strategiegespräch als Ihre persönliche Version einer Extremsportart. Werden Sie radikal.

Finden Sie das „Und"

Revolutionäre finden einen Weg, um über Kompromisse hinwegzugehen. Sie hassen es einfach, wenn jemand sagt: Sie können A oder B haben. Zum Teufel damit. Ich will beides haben!

Das „Und" von Toyota war ein Auto, das einen günstigen Verkaufspreis *und* eine hohe Qualität hatte. Wo Mercedes-Benz und Chevrolet den Konsumenten ein entweder/oder anboten, präsentierte ihnen Toyota ein *Und*. Sehen Sie sich um. In welchen Fällen haben die Leute ein „Oder" akzeptiert, wenn sie lieber ein „Und" gehabt hätten?

Nehmen wir ein Beispiel. Es gibt viele Menschen, die glauben, dass das Erziehungssystem der USA in einer Krise steckt. Unsere Kinder leben in einer Kultur, die buchstäblich mit Unterhaltung durchtränkt ist. Die Zahl der Alternativen zu den Hausaufgaben steigt von Jahr zu Jahr. Hmmm, *South Park* oder Algebra – das ist eine hammerharte Alternative. Wenn es den Lehrern nicht gelingt, einen Weg zu finden, um das Lernen erzieherisch *und* vergnüglich zu gestalten, werden die Medienmogule die wahren Lehrer in unserem Land sein. *Edutainment* war die ursprüngliche Idee, die hinter der *Sesamstraße* stand. Kein Wunder, dass sie zu einer der beliebtesten Kindershows in der Geschichte wurde. – Sie bot ein „Und" statt eines „Oders" an.

Nach den Worten von John Naisbitt lässt sich dies folgendermaßen auf den Punkt bringen:

> *„Sie müssen lediglich mit den Paradoxien, den Widersprüchen leben, bis Sie sie begreifen. Wenn ich einen Widerspruch wahrnehme, dann suche ich gern nach etwas, das mir dabei hilft, den Widerspruch aufzulösen. Viele Menschen denken in Entweder-oder-Kategorien. Wir bekommen das Internet, und jeder sagt: ‚Also, die Zeitungen werden verschwinden.' Es geht hier aber nicht um ein Entweder-oder. Die Mischung wird sich verändern, das ist alles."*

Werden Sie jedes Mal stutzig, wenn Sie ein „Oder" hören. Suchen Sie nach neuen Lösungen, die Kompromisse unnötig machen.

Unterscheiden Sie zwischen Form und Funktion

Warum glauben die Leute, das Internet bedeute das Aus für die Zeitungen? Weil sie Zeitungen eher als *Form* (auf tote Bäume geschmierte Druckerschwärze) denn als *Funktion* betrachten (alles, was an einem Tag geschieht, filtern und auswählen, was wirklich wichtig ist). Während die Form einer Zeitung möglicherweise verschwinden könnte, wird dies im Hinblick auf ihre Funktion sicherlich nicht der Fall sein. Wenn ein Zeitungsverlag von sich selbst meint, sein Geschäft bestehe darin, riesige Druckereien zu betreiben und Zeitungspapier unter die Leute zu bringen, dann wird er eines Tages vielleicht bedeutungslos werden. Wenn er sich jedoch als Verbreiter aktueller Nachrichten betrachtet, dann wird er lernen, ebenso gut online wie offline zu existieren.

Funktion lässt sich von Form unterscheiden, indem man beispielsweise ein Verb durch ein Substantiv ersetzt. Richard Kovacevich, Leiter der Wells Fargo Bank, liefert ein Beispiel: „Die Abwicklung von Bankgeschäften ist unentbehrlich, Banken sind es nicht." Banken sind die Dinge, aus Stein und Mörtel errichtete Gebäude. Das Abwickeln von Bankgeschäften ist eine Funktion. Wenn ich im Stande bin, die Funktion von den Dingen zu trennen, dann kann ich darüber nachdenken, wie ich die Funktion in radikal anderer Weise anbieten kann.

Es gibt ein paar IT-Manager und -Technologen, die behaupten, dass sich die Computerwelt dem „Post-PC"-Zeitalter nähere. Leistungsstarke Netze, die durch potente Hub-Rechner miteinander verbunden sind, werden Millionen von Informationsempfangsgeräten mit Daten füttern. Schätzungen der International Data Corporation zufolge werden bis zum Jahr 2005 mehr Informationsempfangsgeräte – einschließlich Set-Top-Boxes, Bildschirmtelefone und Handheld-Computer – verkauft sein als PCs. Verbinden Sie dies mit Online-Providern, deren Andwendungsservice es überflüssig macht, sich außer einem Browser irgendeine Software herunterladen zu müssen, und Sie haben eine große Bedrohung für das bestehende PC-Geschäftsmodell.

Viele Mitarbeiter von Microsoft können dies nur schwer schlucken. Ihre Loyalität gilt eher der *Form* des PCs als der *Funktion* des Netzwerk-Computing. Ein leitender Vizepräsident von Microsoft hat die nächste Generation des Computing als die „PC-plus-Ära" bezeichnet. Bestenfalls ist dies ein Wunschdenken, schlimmstenfalls ist es eine Verweigerung. Es gibt kaum Zweifel daran, dass sich die Form der Datenverarbeitung etwa im Lauf der nächsten zehn Jahre dramatisch verändern wird. Jedes Unternehmen, das nicht zwischen Form und Funktion unterscheiden kann, wird in einem veralteten Formverständnis gefangen bleiben.

Beginnen Sie eine neue Art von Gespräch

In den meisten Unternehmen wird nicht zwischen der Diskussion über eine Geschäftskonzept-Innovation und dem Gespräch über die Verbesserungsmöglichkeiten der operationalen Leistung des bestehenden Geschäfts unterschieden. Daher werden für beide die gleichen Standards analytischer Genauigkeit angelegt; gleichgültig, ob es sich nun um die Rentabilität eines neuen Zubehörs für Produktionsmaschinen handelt oder um die Chance, einen völlig neuen Markt zu schaffen.

Bei GE Capital werden Strategiegespräche hingegen als „Traumsitzungen" bezeichnet. Fragen zur internen Rentabilität oder zu Performance- bzw. Leistungskennzahlen sind nicht gestattet. Niemand verwechselt sie mit Budgetgesprächen. Eine Diskussion über eine Geschäftskonzept-Innovation soll Spaß bringen, zeitlich unbegrenzt und von Neugier getragen sein. Sie führt zu einer Reihe von Hypothesen, die in Feldstudien zu überprüfen sind. Ein operationales Gespräch hingegen soll professionell und begrenzt sein und auf konkreten Daten basieren. Es endet mit der Umsetzung eines Plans. In der Tat gibt es verschiedene Möglichkeiten, um ein operationales von einem strategischen Gespräch zu unterscheiden.[4]

Operational	Strategisch
FOKUS	
Gegenwärtiger Fokus	Künftiger Fokus
Gewissheiten	Möglichkeiten
„Realistisch"	„Spielerisch"
FORM DES WISSENS	
Wissen wird bestätigt	Wissen wird entwickelt
Statische Sprache	Dynamische Sprache
Innerhalb einer Branche angesiedelt	Auf die Neuschaffung einer Branche ausgerichtet
Implizite Annahmen	Explizite Annahmen

GESPRÄCHSREGELN	
Eintreten für einen Standpunkt	Dialog
Fundiert	Hypothetisch
Auf einen Gesprächsabschluss gerichtet	Eröffnung neuer Gespräche
Fachkenntnisse erforderlich	Allgemeinwissen nötig
Entscheidungen treffen	Permanent lernen

Wenn Sie das nächste Mal darüber nachdenken, wie Sie die Welt auf den Kopf stellen können, und Sie jemand um detaillierte Fakten bittet, dann nehmen Sie sich eine Minute Zeit, um den Anwesenden den Unterschied zwischen einem Strategiegespräch und einem operationalen Gespräch zu erklären. Und danach sagen Sie ihnen, dass sie Ihnen nicht länger auf den Geist gehen sollen!

Die hier von mir beschriebenen Maßnahmen geben Ihnen verlässliche Mittel an die Hand, Chancen für eine Geschäftskonzept-Innovation zu entdecken. Aber es gibt keinen zuverlässigen, mechanistischen Prozess, durch den sich ein kühner neuer „Aha-Effekt" erzeugen ließe. Stattdessen müssen Sie das fundierte Verständnis der Geschäftskonzept-Innovation mit der wachen Neugier eines frühreifen fünfjährigen Kindes kombinieren. Die damit verbundene Herausforderung kommt in Formulierungen wie „disziplinierte Fantasie", „routinemäßige Kreativität" oder „informierte Intuition" zum Ausdruck. Sie wissen bereits, was mit diszipliniert, gut informiert und dem Befolgen einer Routine gemeint ist. Aber was ist mit der Fantasie, der Kreativität und der Intuition? Diese Eigenschaften sind Ihnen gründlich ausgetrieben worden, erst in der Schule und dann im Beruf. Trotzdem können und müssen Sie Ihre verlorene Neugier zurückgewinnen. Sie müssen lernen, erneut einen Blick zu entwickeln, der nicht durch das Bestehende getrübt wird. Was vertraut und langweilig ist, muss wunderbar und neu werden. Ziel dieses Kapitels war es, Ihnen dabei zu helfen, Ihre Unschuld wiederzuerlangen.

Umfassende Einsichten entstehen durch eine Mischung aus unerwarteten Problemen, neuen Erfahrungen, zufälligen Gesprächen und neu entdeckten Fakten. Das Ziel besteht darin, diesen Cocktail wieder und wieder zu mixen. Ja, es besteht darin, zum Mixer selbst zu *werden*: Sie und Ihr Team nehmen all die Elemente in sich auf und verbinden sie zu einem explosiven Gemisch fundierter, kreativer Einsichten. Dieses Gebot gilt nicht nur auf individueller Ebene, es ist das Gebot jeder Organisation. Kein einzelnes Individuum kann alles erfassen, was sich auf der Welt verändert. Ihr persönlicher Cocktailshaker hat nur eine begrenzte Größe.

Sie können und müssen Ihre verlorene Neugier zurückgewinnen. Lernen Sie, erneut einen Blick zu entwickeln, der nicht durch das Bestehende getrübt wird.

5 Unternehmens-rebellen

Sie begreifen das revolutionäre Gebot.
Sie haben es im Blut. Bei dem Gedanken, etwas Neues zu tun, etwas Radikales zu schaffen, geraten Sie sichtbar in Aufregung, und es ist Ihnen unmöglich, nicht darüber zu reden. Aber Ihr Chef aus dem Industriezeitalter, ein Träger des Schwarzen Gürtels, wenn es um unternehmerische Tricks geht, ist immun gegen Ihre engagierten Auftritte. Jedes Mal, wenn Sie damit beginnen, Ihre Idee vorzubringen, ernten Sie „den Blick" – Sie wissen, welchen ich meine: den Blick, der sagt: „Wer hat diesen Idioten überhaupt eingestellt?"

Also, was sollen Sie machen? Mit Ihrem Kopf gegen die Wand Ihres Büros rennen? Sich vor die Limousine des obersten Firmenchefs werfen? Abwarten, bis Ihre Zeit gekommen ist und die Schwachköpfe Ihr Genie erkennen und Sie befördern? Vorzeitig in den geistigen Ruhestand treten? An einem Seminar teilnehmen?

Gemach, gemach. Es gibt noch eine weitere Möglichkeit – einen Weg, der allzu selten beschritten wird, der steil und steinig ist, der aber eine Chance bietet. Es ist ein Weg, der Angestelltenseelen fremd, aber Tausenden vermeintlich machtlosen Individuen bekannt ist, denen es gelungen ist, die Geschichte aus ihrer gewohnten Bahn zu werfen.

Eine Frau mittleren Alters, die es mit der Marcos-Oligarchie auf den Philippinen aufnimmt. Eine Afro-Amerikanerin, die sich weigert, im hinteren Teil des Busses zu sitzen. Eine Gruppe von Müttern, die den Gesetzgeber drängen, Trunkenheit am Steuer härter zu bestrafen. Ein zwölfjähriges Kind, das eine Umweltschutzgruppe gründet, die schließlich 25 000 Mitglieder gewinnen kann. Ein tschechischer Schriftsteller, der sich gegen den Totalitarismus erhebt. Das sind Menschen, die die Welt verändert haben. Und Sie können Ihr eigenes Unternehmen nicht verändern? Jetzt machen Sie aber mal einen Punkt!

Natürlich wird Ihnen niemand die Erlaubnis dazu erteilen. Sie werden kein „Mandat" von oben bekommen. Aber Sie müssen sich entscheiden. Sind Sie ein Höfling, der vor dem Unternehmen zu Kreuze kriecht? Oder ein Rebell, der sein Unternehmen herausfordert, sich selbst neu zu erfinden? Besteht der Sinn Ihrer beruflichen Existenz darin, das übergroße Ego des Topmanagements aufzupolieren, oder darin, Ihrem Unternehmen dabei zu helfen, in einer revolutionären Welt seine Bedeutung zu behalten? Wenn Letzteres zutrifft, dann müssen Sie mehr als Ihr persönliches Gewicht in die Waagschale werfen und Ihr Unternehmen weit umfassender prägen, als Sie das gegenwärtig tun.

VOM UNTERTAN ZUM SELBSTBEWUSSTEN BÜRGER

Lassen Sie uns mit den Fakten beginnen: Große, komplizierte soziale Systeme (wie das Unternehmen, für das Sie arbeiten) werden nicht von der Spitze aus verändert. – Jedenfalls nicht, solange sie nicht kurz vor dem Zusammenbruch stehen. Nehmen Sie sich, um den Grund dafür zu durchschauen, eine Minute Zeit, und stellen Sie sich die traditionelle Pyramide der Unternehmenshierarchie vor, mit dem leitenden Management an der Spitze und den Günstlingen – Verzeihung, ich meine den werten „Mitarbeitern" – unten. Wo innerhalb der Pyramide finden Sie die geringste genetische Vielfalt? Wo treffen Sie auf Menschen, die einen Großteil ihres emotionalen Kapitals in die Vergangenheit investiert haben? Wo sitzen die Leute, die am ehesten versucht sind, die Geschichte hochzuhalten? Die Antwort auf alle drei Fragen lautet: an der Spitze.

Stellen Sie sich nun selbst folgende Frage: Wer besitzt das Monopol auf die Festlegung von Strategien und die Planung des Unternehmenskurses? Es ist dieselbe kleine Gruppe. Ist das nicht ganz schön töricht? Kein Wunder, dass es in den meisten Unternehmen so wenig Geschäftskonzept-Innovationen gibt. Kein Wunder, dass es Neueinsteiger sind, die den größten Teil der neuen Unternehmenswerte schaffen.

Die Organisationspyramide ist eine Hierarchie der Erfahrungen. Leitende Manager werden befördert, wenn sie eine ganz bestimmte Sache sehr gut machen. Aber früher oder später muss die Organisation lernen, wie man andere Sachen macht. Heutzutage verändern sich die Märkte derart schnell, dass Erfahrung unwichtig oder sogar gefährlich wird. – Mit einer alten Karte können Sie kein neues Land finden.

Wenn Sie ein leitender Manager sind, dann fragen Sie sich: Bin ich nach zwei oder drei Jahrzehnten Branchenerfahrung radikaler oder konservativer geworden? Ist meine Bereitschaft, Konventionen in Frage zu stellen, gewachsen oder gesunken? Bin ich jetzt neugieriger, als ich es im Erwachsenenleben je gewesen bin, oder ist meine Neugier geschwunden? Bin ich ein Revolutionär oder ein Reaktionär? Entspricht mein Lerntempo dem der Veränderung der Welt?

Leitende Manager haben die gleiche Chance, Radikale zu werden, wie jeder andere auch, aber es ist insgesamt schwerer für sie, weil sie mehr verlernen müssen. Werfen Sie einen Blick auf ein Unternehmen mit einer unterdurchschnittlichen Leistung, und Sie werden unweigerlich auf ein Managementteam stoßen, das der unfreiwillige Gefangene seiner eigenen unzeitgemäßen Überzeugungen ist. Wenn es um Geschäftskonzept-Innovation geht, sitzt der Flaschenhals erfahrungsgemäß am oberen Ende.

Rousseau hat einmal gesagt: „Das Gesetz ist eine wunderbare Sache für die Besitzenden und eine üble Sache für die Besitzlosen." Die andächtige Befolgung des Überkommenen ist eine wunderbare Sache für diejenigen, die an der Spitze der Unternehmen sitzen, weil das Überkommene ihre Vorrechte schützt. Es belohnt die Fertigkeiten, die sie perfektioniert, und das Wissen, das sie durch das Umsetzen des Vergangenen erworben haben. Aber das Überkommene und eine enge Reglementierung der strategiebildenden Macht ist eine üble Sache für jeden, der eine neue Zukunft aufbauen will.

> **Mit einer alten Karte können Sie kein neues Land finden.**

Wenn sich eine Geschäftskonzept-Innovation optimal entfalten soll, muss die Verantwortung für die Strategieentwicklung breit gestreut sein. Das Topmanagement muss seine Monopolstellung hierfür aufgeben. Diesem Verständnis zufolge können Sie keine Innovation des Geschäftsmodells erreichen, ohne das unternehmenspolitische Modell zu erneuern.

Jedes Unternehmen setzt sich aus vier verschiedenen Modellen zusammen (vergleichen Sie dazu die Abbildung „Gestaltungsbereiche für Geschäftskonzept-Innovation"): Die Basis bildet das „operative Modell". Es umfasst das, was die Mitarbeiter tatsächlich Tag für Tag tun – wie sie organisiert sind, welchen Aktivitäten sie nachgehen, auf welche Weise sie mit den Kunden interagieren, und welche Prozesse sie durchführen. Über dem operativen Modell befindet sich das „Geschäftsmodell". Es beinhaltet alle bewusst oder unbewusst getroffenen Entscheidungen, die von dem Unternehmen hinsichtlich der unterschiedlichen Komponenten seines Geschäftskonzepts getroffen wurden. Die nächste Stufe über dem Geschäftsmodell ist das „mentale Modell", das alle Überzeugungen der agierenden Individuen bezüglich der Erfolgsfaktoren ihrer Branche umschließt. Es handelt sich um die herrschenden Dogmen oder Glaubenslehren darüber,

GESTALTUNGSBEREICHE FÜR GESCHÄFTSKONZEPT-INNOVATION

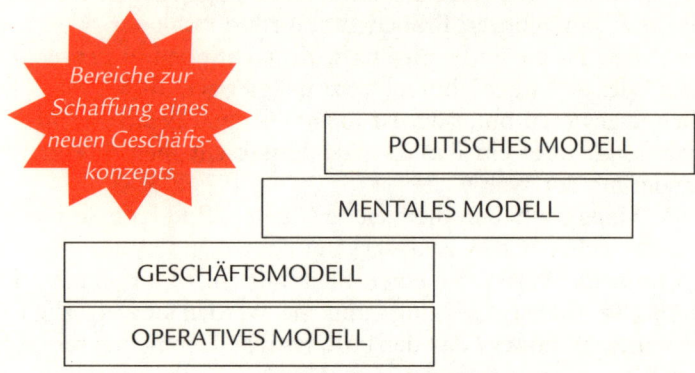

welchen Kunden gedient werden soll, was diese Kunden wollen, welche Preispolitik zu verfolgen ist, welche Organisationsform man wählen sollte, welche Distributionskanäle genutzt werden und so weiter. Und über all dem thront schließlich das „politische Modell".

Das politische Modell regelt die Verteilung der Macht in einem Unternehmen, insbesondere wenn es darum geht, einem bestimmten mentalen Modell Nachdruck zu verleihen. Also fragen Sie sich: Wer besitzt in unserem Unternehmen die Macht, eine Idee abzuwürgen und dafür zu sorgen, dass sie in der Schublade bleibt? Wer kann Sie dazu bringen, sich wie ein Schwachkopf zu fühlen, indem er einfach behauptet: „Wir haben das vor fünf Jahren probiert, und es hat nicht funktioniert"? Wer kann dafür sorgen, dass unkonventionelle Optionen außerhalb der Möglichkeiten bleiben? Wer hat das letzte Wort darüber, ob ein neues Experiment durchgeführt wird? In den meisten Unternehmen konzentriert sich diese Macht in hohem Maß an der Spitze der Organisation, und den Vorsitz führt in vielen Fällen ein Despot.

In äußerst erfolgreichen Unternehmen sind die einzelnen Modelle perfekt untereinander angeordnet – jedes passt genau auf das andere. Experten des Human Resource Managements nennen dies „Angleichung". Und diese Angleichung ist eine feine Sache – solange sich die Welt nicht verändert. Aber eine perfekte Angleichung zerstört jede Chance auf Innovation, weil sie keine abweichende Meinung duldet und keine Alternativen zulässt. Angleichung ist der Feind der Geschäftskonzept-Innovation.

In einer sich ständig sprunghaft verändernden Welt haben Geschäftsmodelle keine ewige Gültigkeit mehr. Und wenn sie zu zerfallen beginnen, ist die Versuchung groß, menschliche Energie und Humankapital in die Effizienzverbesserung des operativen Modells zu investieren. Aber eine bessere Umsetzung kann ein kollabierendes Geschäftskonzept nicht wieder funktionsfähig machen. Letztlich müssen Sie neue Geschäftskonzepte entwickeln oder diejenigen, die Sie bereits haben, neu erfinden. Es ist allerdings sinnlos, um das alte Geschäftskonzept herum Neuerungen durchzuführen, solange es Ihnen nicht gelingt, das mentale Modell Ihres Unternehmens von dessen absterbendem Kern zu trennen.

Sie müssen tief verwurzelte Überzeugungen umstülpen. Sie müssen ein Ungleichgewicht zwischen dem mentalen Modell und dem Geschäftsmodell schaffen. Genau aus diesem Grund müssen Sie lernen, ein Ketzer zu werden. Allerdings hat die Sache einen Haken. Sie können das mentale Modell Ihres Unternehmens nicht verändern, ohne zunächst das politische Modell aus dem Gleichgewicht zu bringen und die Macht der Strategiebildung zeitweise neu zu verteilen. Mit anderen Worten: Wenn die Macht der Strategieentwicklung und die Aufrechterhaltung mentaler Modelle nur auf wenige Personen beschränkt ist, dann könnte es schwer für Sie werden, sich Gehör zu verschaffen. – Wann hat Ihr Firmenchef Sie das letzte Mal eingeladen, vor der Unternehmensleitung zu sprechen? Wann hat der Vorgesetzte Ihres Vorgesetzten dem Vorstand gegenüber zuletzt darauf hingewiesen, dass das Unternehmen in Zukunft mit Ihnen rechnen sollte, wenn es darum geht, das nächste großartige Geschäftskonzept vorzulegen?

Angleichung ist eine feine Sache – solange sich die Welt nicht verändert. Aber eine perfekte Angleichung zerstört jede Chance auf Innovation, weil sie keine abweichende Meinung duldet und keine Alternativen zulässt.

Wie können Sie also die Monopolstellung des Topmanagements im Hinblick auf Strategiebildung zerstören? Nun, nicht, indem Sie eine Palastrevolution inszenieren. Auch nicht, indem Sie einen der Bereichsleiter abschießen. Sie müssen vielmehr zum Aktivisten werden. Sie müssen für eine wirksame Unterstützung der Geschäftskonzept-Innovation von Seiten der Basis sorgen. Sie müssen dazu beitragen, eine Hierarchie der Vorstellungskraft aufzubauen, in der die Einflussmöglichkeiten des Einzelnen auf Strategiebildung und Erneuerung eher nach Vorstellungskraft und Leidenschaft bemessen werden als nach formaler Position und politischer Macht.

Die gute Nachricht lautet: Regeln brechende Veränderungen können überall beginnen. Haben Sie schon mal jemanden sagen hören: „Veränderungen müssen an der Spitze beginnen?" Völliger Blödsinn. Wie oft geht die Revolution von der Monarchie aus? Haben Sie je Queen Elizabeth II. vor dem Buckingham-Palast ein Transparent mit der Aufschrift schwenken gesehen: „Wir wollen eine Republik"? Nehmen Sie Nelson Mandela, Václav Havel, Mahatma Gandhi, Susan B. Anthony, Martin Luther King

– wie oft hat ein tief greifender Wandel an der Spitze begonnen? Die Tatsache, dass die USA nur einen Bürgerkrieg haben erleiden müssen, ist im Wesentlichen den Prinzipien der durch die Verfassung abgesicherten konstitutionellen Demokratie zu verdanken. Diese Prinzipien bieten ausreichende Gelegenheit für einen Wandel, der sich von der Basis aus vollzieht. In den USA bestimmen nicht die Mitglieder des Kongresses über gesellschaftliche Veränderungen, sondern Aktivisten.

Sagen Ihnen die Namen Peter Benenson, Florence Kelly, Samuel Hopkins Adams, Irving Stowe, Sarah Brady oder Linda Carol Brown etwas? Möglicherweise nicht, aber es kann gut sein, dass Sie schon von den Früchten des Engagements dieser Personen profitiert haben. Benenson hat Amnesty International gegründet. Kelly engagierte sich im Verbraucherschutz und in der Gewerkschaft. Sie baute die National Consumer's League auf und kämpfte für eine gesetzliche Regelung der Mindestlöhne, der Kinderarbeit und der täglichen Arbeitszeit. Adams war Journalist, der Korruptionen aufdeckte und an der Durchsetzung des Pure Food and Drug Act im Jahr 1906 maßgeblich beteiligt war. Stowe half bei der Organisation von Greenpeace. Brady, deren Mann, James Brady, bei dem versuchten Attentat auf Ronald Reagan erschossen wurde, ist eine der erfolgreichsten Aktivisten in den USA, die für eine Verschärfung der Waffengesetze eintreten. Ihr Engagement trug mit zur Entstehung eines Gesetzentwurfs bei, nach dem jeder Kauf einer Schusswaffe mit einer fünftägigen Wartefrist verbunden ist. Brown war die mutige afro-amerikanische Studentin, die sich 1950 um Aufnahme in eine ausschließlich von Weißen besuchte Hochschule in Topeka, Kansas, bemühte. Sie führte den richtungweisenden Prozess „Brown gegen die Erziehungsbehörde von Topeka" vor dem obersten Bundesgericht, das die Rassentrennung an den Bildungseinrichtungen für verfassungswidrig erklärte. Diese Einzelpersonen und Tausende weniger berühmte Aktivisten ließen nicht locker, hielten Ansprachen, organisierten, schmiedeten Komplotte und Pläne und gewannen schließlich die Oberhand. Was ihnen an Macht fehlte, ersetzten sie durch Leidenschaft. Sie waren Bürger-Aktivisten.

Die Spannkraft einer demokratischen Regierung basiert nicht auf dem Prinzip: „eine Person, eine Stimme", sondern auf ihrer Fähigkeit, den Aktivisten Gehör zu verschaffen, den Unzufriedenen eine Plattform zu geben und die Energien derjenigen zu nutzen, die mit dem Status quo nicht einverstanden sind. Eine Demokratie ist ein freier Markt für die Auseinandersetzung um wichtige Angelegenheiten – ob es sich dabei nun um die Stellung der Frau, Umweltschutzfragen, das Recht auf Leben, radikale Gleichheit oder hundert andere Bewegungen handelt. Diejenigen, die diese Auseinandersetzungen initiieren und die gesellschaftliche Diskussion prägen, sind wirkliche Bürger. Der Rest besteht aus Untertanen.

Es ist ausgesprochen bedauerlich, dass die Idee der Demokratie so kraftlos geworden ist und das gesellschaftliche Verantwortungsgefühl des Einzelnen so abgenommen hat, dass sich beides häufig nur noch auf den

Slogan „eine Person, eine Stimme" reduziert. Dieses Prinzip spiegelt nicht das ganze Ideal der Demokratie wider, es bildet deren minimale Voraussetzung. Wenn Sie Ihre staatsbürgerlichen Rechte nur alle vier Jahre einmal im Wahlbüro ausüben, können Sie dann wirklich von sich behaupten, ein Staatsbürger zu sein? Und wenn Sie bereitwillig darauf verzichten, das Schicksal des Unternehmens mitzugestalten, dem Sie den größten Teil Ihrer wachen Zeit widmen – können Sie dann wirklich behaupten, irgendetwas anderes als ein Beschäftigter zu sein?

Nehmen Sie sich einen Moment Zeit, und denken Sie über den traurigen Preis nach, den die Menschheit so häufig zahlt, wenn eine Gesellschaft unfähig ist, sich selbst durch einen friedlichen Aktivismus umzugestalten, wenn es kein Überdruckventil für die Unzufriedenen und Verärgerten gibt. Genozid, Umsturz und blutige Aufstände werden dann zum einzigen Weg, die Politik zu verändern. Ist das in Unternehmen anders? Viele Unternehmen leiden jahrelang unter einer mittelmäßigen Führung, bevor die Generäle, Pardon, die Aktionäre, eine Wachablösung fordern. Statt an die Wand gestellt zu werden, treten die in Verruf geratenen Manager dann aus „persönlichen" Gründen in den vorzeitigen Ruhestand.

Die konstitutionelle Demokratie der Vereinigten Staaten hat zweieinviertel Jahrhunderte beispiellosen gesellschaftlichen und technologischen Wandels überlebt. In unserem Land und anderswo bietet sie mehr als ein Sicherheitsventil für die Unzufriedenen. Sie stellt zugleich die Mittel für eine Veränderung der Grundfesten der politischen Institutionen selbst bereit; im Fall der Vereinigten Staaten ist dies über den Gesetzgebungsprozess und schließlich über Verfassungsänderungen möglich. Wenn Unternehmen im Zeitalter der Revolution prosperieren wollen, sollten sie sich weniger an autokratischen und stärker an demokratischen Strukturen orientieren. Und wenn Sie lieber ein Unternehmensbürger als ein Untertan sein wollen, dann müssen Sie lernen, ein Aktivist zu werden.

Aktivisten sind keine Anarchisten. Sie sind vielmehr die „loyale Opposition". Ihre Loyalität gilt nicht irgendeiner bestimmten Person oder Position, sondern dem dauerhaften Erfolg ihres Unternehmens und all denen, die zu seinem Nutzen arbeiten. Sie sind Patrioten, die sich vorgenommen haben,

Aktivisten sind keine Anarchisten. Sie sind vielmehr die „loyale Opposition". Ihr Ziel besteht darin, eine Bewegung innerhalb und eine Revolution außerhalb ihres Unternehmens zu initiieren.

das Unternehmen vor Mittelmäßigkeit, kurzsichtigem Eigennutz und der Anbetung des Vergangenen zu bewahren. Sie möchten eher reformieren als zerstören. Ihr Ziel besteht darin, eine Bewegung innerhalb und eine Revolution außerhalb ihres Unternehmens zu initiieren. Dazu die Definition des Begriffs „Bewegung" nach *Webster's*: „... eine Reihe organisierter Aktivitäten durch Personen, die zur Erreichung eines Zieles zusammenarbeiten". Im Gegensatz dazu wird Revolution definiert als „Sturz einer Regierung, einer Herrschaftsform oder eines gesellschaftlichen Systems". Eine Bewegung ist das, was Sie zur Schärfung des Bewusstseins und zur Mobilisierung der Ressourcen in Ihrem Unternehmen aufbauen. Eine Revolution ist das, was Sie Ihren Wettbewerbern aufhalsen wollen.

Aktivisten sind „gemäßigte Radikale"[1]. Sie sind ihrem Unternehmen verpflichtet, aber sie sind auch einer Sache verpflichtet, die sich gegen die alles beherrschenden Werte oder Praktiken ihrer Firma wendet. Sie agieren als verantwortliche Mitglieder ihres Unternehmens, aber sie sind auch eine Quelle alternativer Ideen und Veränderungen. Sie stellen die bestehenden Verhältnisse auf zweierlei Weise in Frage: erstens durch ihre Weigerung, sich anzupassen, und zweitens durch ihre bewusst auf eine Destabilisierung des Status quo zielenden Handlungen. Sie sind Idealisten und Nonkonformisten. Aber sie sind gleichzeitig lebenstüchtige Pragmatiker, die wissen, wie sie das politische System für ihre eigenen Zwecke zurechtbiegen können. Sie sind kaltblütige Hitzköpfe.

Möglicherweise fragen Sie sich nun zwei Dinge. Erstens: Warum sollte ich mich engagieren? Warum sollte ich ein Risiko für ein Unternehmen auf mich nehmen, das mich als entbehrlich betrachtet? Zweitens: Ist es tatsächlich möglich, die Marschroute von etwas so Großem und Schwerfälligem wie einem Unternehmen zu ändern, vor allem, wenn man nicht an den Hebeln der Macht sitzt?

Seit einem Jahrzehnt erklären die Unternehmensleitungen ihren Angestellten nun schon, dass sie keinerlei Sicherheitsansprüche haben. Es gibt keine Lebensstellungen, keine Sinekuren, keine Garantien. Übernehmen Sie also selbst die Verantwortung für Ihre Karriere. Bleiben Sie am Ball. Rechtfertigen Sie Ihre Arbeit. Die Kehrseite fehlender Ansprüche ist nicht Wehrlosigkeit. Jahrelang verwechselten Unternehmen Wehrlosigkeit mit Loyalität. Aber Sie sind nicht länger wehrlos, Sie haben Wahlmöglichkeiten. In jedem Fall gibt es drei gute Gründe, warum Sie Ihren Kopf über die Brüstung hinausstrecken sollten:

Erstens: Sie haben mehr verdient als einen Gehaltsscheck und Aktienoptionen. Vielleicht erinnern Sie sich noch an folgenden bekannten Satz, der häufig John Lennon zugeschrieben wurde: „Leben ist das, was abläuft, während du gerade damit beschäftigt bist, andere Pläne zu schmieden."

Tja, es kann schon sein, dass es ein Leben nach dem Tod gibt, aber das ist keine Entschuldigung dafür, das Leben wie eine Generalprobe zu behandeln. Fragen Sie sich: Habe ich in den letzten drei Jahren etwas getan, über das ich für den Rest meines Lebens sprechen werde? Wofür arbeite ich eigentlich? Für materiellen Wohlstand, gut, aber ist das alles? Individuen werden zu Aktivisten, weil sie wissen, dass ihr Selbstwertgefühl von den Zielen bestimmt wird, denen sie dienen. Sie brauchen daher ein großartiges Ziel.

Zweitens: Das Unternehmen sind nicht „die", sondern „Sie". Hören Sie auf, über „die" zu klagen. Das dient lediglich als Entschuldigung, um Ihre Untätigkeit zu rechtfertigen. Beginnen Sie, Ihr Unternehmen als Vehikel für die Verwirklichung Ihrer Träume zu betrachten, wobei nur Sie im Mittelpunkt stehen. Das ist kein Ego-Trip, das ist die Wahrheit. Jede Organisation ist nicht mehr und nicht weniger als der kollektive Wille ihrer Mitglieder. Und Sie können diesen Willen gestalten.

Drittens: Sie sind es Ihren Freunden und Kollegen schuldig. Ihr Unternehmen hat ein Gesicht. Sie sehen es jedes Mal, wenn Sie ins Büro nebenan blicken oder mit jemandem an einem Tisch in der Cafeteria sitzen. Ebenso wie Sie haben diese Menschen die Chance verdient, auf dieser Welt etwas sehr Cooles zu bewirken. Möglicherweise fehlt ihnen Ihr Mut, aber sie sehnen sich danach, etwas zu schaffen, und sie sind bereit zu träumen. Sie engagieren sich nicht, weil Sie den Wert der Aktienoptionen der Firmenchefs hoch treiben wollen. Sie engagieren sich, um normalen Leuten die Chance zu geben, ungewöhnliche Dinge zu erreichen.

Das sind die Gründe, die ein Engagement rechtfertigen. Aber kann man etwas bewirken? Ja. Sie werden jetzt ein paar Unternehmensaktivisten begegnen, denen es gelungen ist, die Marschroute einiger der weltweit größten Unternehmen zu verändern.

JOHN PATRICK UND DAVID GROSSMAN: DER WECKRUF FÜR IBM

Erinnern Sie sich noch an die Zeit, als IBM das Paradebeispiel für Selbstgefälligkeit war? Durch zahlreiche Schichten aus ehrerbietigen Managern und unterwürfigem Personal von der realen Welt isoliert, waren IBMs Entscheider zu sehr damit beschäftigt, ihre endlosen Revierkämpfe auszufechten, um zu bemerken, dass die einst unangreifbare Führungsposition des Unternehmens um sie herum zu bröckeln begann. Das Unternehmen, das Mitte der Achtzigerjahre vier Jahre nacheinander die Spitzenposition in der von *Fortune* aufgestellten Liste der angesehensten Firmen eingenommen hatte, befand sich Anfang der Neunzigerjahre in höchster Not. Fujitsu, Digital Equipment und Compaq rissen Hardware-Grenzen ein. EDS und Andersen Consulting stahlen die Herzen führender Informationsexperten, die IBM gegenüber lange loyal gewesen waren. Intel und Microsoft zogen mit PC-Gewinnen von dannen. Die Kunden klagten über die Arroganz des Unternehmens. Ende 1994 – Lou Gerstner hatte sein erstes vollständiges Jahr als CEO absolviert – hatte IBM im Lauf der vorangegangenen drei Jahre 15 Milliarden US-Dollar an kumulativen Verlusten angehäuft, und seine Marktkapitalisierung war von stattlichen 105 auf 32 Milliarden US-Dollar gefallen. Vom grünen Tisch aus urteilende Berater waren fast einhellig der Meinung: IBM sollte zerschlagen werden.

> Wie schaffte es ein Unternehmen, das seit der Entwicklung des Großrechners jedem Computertrend hinterhergehinkt war, auf die Internetwelle aufzuspringen – eine Welle, die selbst Bill Gates und Microsoft ursprünglich verpasst hatten? Ein großer Teil des Verdienstes geht auf das Konto einer kleinen Gruppe von Aktivisten, die IBM Feuer unter seinem ziemlich breiten Hintern machten.

Trotz Gerstners früherer Versicherung, IBM benötige keine Strategie (das Letzte, was er wollte, war, eine weitere fruchtlose Diskussionsrunde im Unternehmen auszulösen), trieb IBM ruderlos im Sturm. Allerdings verwandelte sich IBM im Lauf der nächsten sieben Jahre von einem Unternehmen, das primär Computer verkaufte, in einen Anbieter von Dienstleistungen und kompletten IT-Lösungen. IBM Global Services wuchs zu einem Geschäft mit einem Volumen von 30 Millionen US-Dollar und über 135 000 Beschäftigten heran.

Gut und schön, mögen Sie sagen, aber IBM mühte sich noch immer, Andersen, CSC, EDS und zahlreiche andere IT-Dienstleistungsfirmen einzuholen. Zugegeben. Doch IBMs aktuelle Verwandlung in den weltweit führenden Anbieter von E-Business-Lösungen lässt sich nicht so leicht vom Tisch wischen. Bis Ende 1998 hatte IBM 18 000 Beratungsaufträge im Bereich E-Business abgeschlossen, und etwa ein Viertel der Einnahmen in Höhe von 82 Milliarden US-Dollar wurden im Zusammenhang mit dem Internet erwirtschaftet. Innerhalb von wenigen Jahren war IBM von einer Metapher für unternehmerische Trägheit zur ersten Adresse für jedes große Unternehmen geworden, das darauf erpicht war, internetfähig zu werden. Ist das nicht merkwürdig? Wie schaffte es ein Unternehmen, das seit der Entwicklung des Großrechners jedem Computertrend hinterhergehinkt war, auf die Internetwelle aufzuspringen – eine Welle, die selbst Bill Gates und Microsoft ursprünglich verpasst hatten? Ein großer Teil des Verdienstes geht auf das Konto einer kleinen Gruppe von Aktivisten, die IBM Feuer unter seinem ziemlich breiten Hintern machten. Hier ist ihre Geschichte:

Das erste Streichholz wurde von einem jener typisch selbstversunkenen Programmierer auf einer Anhöhe in den entlegenen Wäldern des IBM-Reiches in Ithaca, New York, entzündet. David Grossman war ein mittlerer IBM-Angestellter, der am Theoriezentrum der Cornell University arbeitete – einem unscheinbaren Gebäude, das in der südöstlichen Ecke des Komplexes versteckt lag, in dem die Ingenieurwissenschaften untergebracht waren. Da er Zugang zu einem Supercomputer hatte, der mit einer frühen Version des Internets verbunden war, gehörte Grossman zu den ersten Menschen auf der Welt, die sich den Mosaic Browser herunterluden und die grafische Welt des Web erlebten. Mit seiner schöpferischen Vorstellungskraft erkannte Grossman schon bald, welchen Wert einige interessante Anwendungen der im Entstehen begriffenen Technologie haben konnten. Aber den eigentlichen Anstoß für seinen Entschluss, IBM dabei zu helfen, an die Spitze von etwas zu treten, von dem er wusste, dass es zumindest „die nächste große Sache", wenn nicht „die allergrößte Sache" werden würde, lieferte ein Ereignis im Februar 1994, als der Boden um das Theoriezentrum schneebedeckt war: Im norwegischen Lillehammer hatten gerade die olympischen Winterspiele begonnen, und IBM war offizieller Technologie-Sponsor und trug die Verantwortung für die Lieferung aller Ergebnisdaten. Grossman verfolgte die Wettkämpfe von zu Hause aus. Er sah das IBM-Logo unten auf seinem Fernsehschirm und harrte auch während der schwärmerischen Werbespots aus, die den Beitrag des Unternehmens zu den Spielen priesen. Als er vor seiner Unix-Workstation saß und im Web surfte, bot sich ihm allerdings ein völlig anderes Bild. Eine von Sun Microsystems betriebene Internetseite zu den Olympischen Spielen bediente sich der von IBM gelieferten Rohdaten und präsentierte sie unter dem Sun-Banner. „Wenn ich es nicht besser gewusst hätte", sagt Grossman, „hätte ich gedacht, die Daten stammten von Sun. Und IBM hatte keinen Schimmer davon, was im offenen Internet passierte. Das beunruhigte mich."

Die Tatsache, dass IBMs Großkopferte keine Ahnung vom Web hatten, war nichts Neues für Grossman. Er kann sich noch daran erinnern, wie er ein paar Jahre zuvor bei IBM gelandet war und alle noch über Großrechner-Terminals arbeiteten. „Ich war schockiert. Ich kam aus einem fortschrittlichen Computerumfeld und erzählte den Leuten bei IBM, dass es da etwas gab, das Unix hieß, und ein Internet. Keiner wusste, wovon ich sprach."

Diesmal jedoch schämte er sich für IBM, und er war zugleich verärgert. Nachdem er sich in das Unternehmensverzeichnis eingeklinkt und den Namen der Marketingleiterin für das Gesamtunternehmen, Abby Kohnstamm, herausgesucht hatte, schickte Grossman ihr eine Nachricht, in der er sie darüber informierte, dass die Olympiade-Daten von IBM geklaut wurden. Ein paar Tage später rief ihn einer ihrer in Lillehammer arbeitenden Günstlinge an. Am Ende eines frustrierenden Gesprächs hatte Dave den Eindruck, dass einer von ihnen beiden auf einem anderen Planeten lebte. Der stets hartnäckige Grossman versuchte, dem Marketingverantwortlichen für die Olympiade ein paar Bildschirmaufnahmen des besagten Internetauftritts zu schicken, aber IBMs internes E-Mail-System kam nicht mit der Web-Software klar. Das hinderte die eifrige Rechtsabteilung des Unternehmens nicht daran, Sun einen Unterlassungsantrag zuzusenden, durch den die Einstellung der Website erreicht wurde.

Die meisten Angestellten an vorderster Linie hätten es dabei bewenden lassen. Aber es gab einen wichtigeren Aspekt, den die anderen IBM-Mitarbeiter nach Grossmans Ansicht übersahen: Sun war dabei, sich über ihr Mittagessen herzumachen. Nachdem alle von der Olympiade zurückgekehrt waren, fuhr er zur Unternehmenszentrale von IBM, die vier Autostunden entfernt in Armonk, New York, lag, um Kohnstamm selbst einen Eindruck vom Internet zu vermitteln.

Nachdem er angekommen war, ging Grossman mit einer Unix-Work-

Keiner wusste

station unter dem Arm in das Hauptgebäude. In seiner Programmierer-Uniform aus Khaki und einem offenen Hemd begab er sich in den dritten Stock, dem Allerheiligsten der größten Computerfirma der Welt. Grossman lieh sich von jemandem, der gerade an einem Videoprojekt gearbeitet hatte, ein T1-Kabel und legte es quer durch die Eingangshalle in einen kleinen Lagerraum, wo er es in die Rückseite seiner Workstation stöpselte. Nun war er für seine Vorführung bereit – ein Ausflug durch ein paar frühe Websites, einschließlich einer über die Rolling Stones. Während korrekt gekleidete IBM-Manager hastig ihre Runden machten, wehte Mick Jaggers Stimme aus dem Kabuff herüber.

Außer Kohnstamm waren bei jener ersten Vorführung zwei weitere Personen anwesend: Irving Wladawsky-Berger, der Leiter der Supercomputer-Abteilung, in der Grossman arbeitete, und John Patrick, der zusammen mit Wladawsky-Berger in einer Strategiekommission saß. Patrick, der seine gesamte Laufbahn bei IBM absolviert hatte und sein Leben lang ein Technikfan gewesen war, hatte das Marketing für den äußerst erfolgreichen ThinkPad Laptop geleitet. Er arbeitete im Bereich unternehmensstrategische Planung und war auf der Suche nach seinem nächsten großen Projekt. Innerhalb von Minuten hatte Grossman seine ganze Aufmerksamkeit. „Als ich zum ersten Mal das Internet sah", berichtet Patrick, „ging die Post ab. Seine Fähigkeit, farbige, interessante Grafiken einzubinden und eine Verknüpfung von Audio- und Video-Inhalten herzustellen, haute mich um."

Nicht jeder erkannte, was Patrick in jenem primitiven ersten Browser sah. Dazu Patrick:

> „Zwei Menschen können dieselbe Sache betrachten, aber ein sehr unterschiedliches Verständnis von ihrer Bedeutung haben. Als Java das erste Mal auf den Markt kam und man einen kleinen Clown auf der Internetseite tanzen sehen konnte, meinten einige Leute: ‚Na und?', während andere sagten: ‚Oh, das wird alles verändern.' Tatsache ist, dass ich immer von allem Neuen fasziniert bin. Viele Leute meinten: ‚Was ist am Internet schon dran?' Aber ich konnte sehen, dass die Leute ihre Bankgeschäfte hierüber abwickeln und Zugang zu allen Arten von Informationen bekommen würden. Ich hatte lange Zeit Online-Systeme wie CompuServe benutzt. Für jemanden, der nicht bereits Online-Systeme anwendete, war es schwerer, die Dinge zu erkennen."

Patrick und Grossman, deren Leidenschaft durch die grenzenlosen Möglichkeiten des Web entfacht war, sollten zu IBMs Internetspitzenteam werden, wobei Patrick Grossman die geschäftlichen Zusammenhänge erläuterte, und Grossman Patrick die technologischen Aspekte erklärte. Patrick agierte als Sponsor und Broker für Ressourcen. Gross-

wovon

man entwickelte enge Beziehungen zu anderen Internetbegeisterten innerhalb der ausgedehnten Entwicklungsgemeinschaft von IBM. „Das größte Problem für normale Leute wie mich", so Grossman, „bestand darin, das obere Management von IBM auf mich aufmerksam zu machen." Patrick wurde dabei zu seinem Mentor und Vermittler.

Nachdem er Grossmans Vorführung gesehen hatte, holte ihn Patrick in seine Abteilung, und schon bald schlossen sie sich mit einem weiteren Internetaktivisten bei IBM, David Singer, zusammen. Singer arbeitete als Forscher in Alameda, Kalifornien, und hatte eines der ersten Gopher-Programme geschrieben, das Informationen aus dem Web holte. Grossman und Singer begannen, ein primitives Unternehmens-Intranet aufzubauen, und Patrick veröffentlichte ein neunseitiges Manifest, in dem er das Internet pries. Unter der Überschrift „Get Connected" skizzierte er in dem Manifest sechs Möglichkeiten, wie IBM das Web optimal nutzen könne:

1. Ersetzen des Schriftverkehrs durch E-Mails.
2. Ausstattung jedes Beschäftigten mit einer E-Mail-Adresse.
3. Online-Erreichbarkeit der Topmanager für Kunden und Investoren.
4. Aufbau einer Homepage zur Verbesserung der Kommunikation mit den Kunden.
5. Genereller Aufdruck einer Internetadresse auf alles; das gesamte Marketing online veranstalten.
6. Nutzen der Homepage für den Internethandel.

Das informell per E-Mail verteilte Papier zum Thema Vernetzung stieß unter den unbotmäßigen Internetfans bei IBM auf offene Ohren. Der nächste Schritt bestand darin, eine Online-Newsgroup zu bilden, die es den im Untergrund tätigen Computerfreaks bei IBM ermöglichte, technische Neuheiten auszutauschen. „Nur sehr wenige Angehörige der höheren Etagen wussten überhaupt, dass dieses Zeug existierte", erinnert sich Grossman. In wenigen Monaten hatten sich über 300 Begeisterte dem virtuellen „Get-Connected"-Team angeschlossen. Wie Dissidenten in der alten Sowjetunion, die einen gestohlenen Vervielfältigungsapparat benutzten, setzten Patrick und Grossman das Web ein, um eine Gemeinschaft aus Internetfans aufzubauen, die IBM schließlich verändern sollte.

Da sich Patricks Gruppe zu entfalten begann, meinten einige, er solle an die Unternehmensöffentlichkeit treten und die im Entstehen begriffene Web-Initiative in ein offiziell abgesegnetes Projekt verwandeln. Patricks Vorgesetzter, Jim Canavino, war anderer Meinung. „Sie wissen", bemerkte Canavino gegenüber Patrick, „dass wir irgendeine Abteilung einrichten und Ihnen einen Titel geben könnten; aber ich glaube, das wäre eine schlechte Idee. Versuchen Sie, diese von der Basis getragene Sache so lange wie möglich am Laufen zu halten." Ziel Patricks müsse es sein, IBM zu infiltrieren und kein von der Außenwelt abgeschottetes Projektteam zu managen. Für andere bei IBM sei es leicht, eine nichts sagende Abteilung zu ignorieren, aber ein steigendes Grundwasser würde man nicht aufhalten können.

Trotzdem war sich Canavino nicht zu schade, seine Rolle als strategischer Leiter zu nutzen, um der flügge werdenden Initiative einen weiteren Anschub zu geben: Um der Gefahr vorzubeugen, dass IBM, das noch keine Website hatte, nun blitzschnell umschwenkte und Dutzende von unkoordinierten Websites entstanden, verfügte Canavino, dass niemand einen Internetauftritt ohne Patricks Zustimmung erstellen durfte. Und obwohl nur wenige bei IBM auch nur eine leise Ahnung davon hatten, wozu sich das Internet entwickeln würde, war Patrick so zum halboffiziellen Internet-Zaren des Unternehmens geworden. Ein beachtlicher Aufstieg für jemanden aus dem Stab.

Patricks Freiwilligenarmee war eine breit gefächerte Gruppe von Internetsüchtigen, von denen vielen gar nicht bewusst gewesen war, dass andere ihre Leidenschaft teilten. „Im Endeffekt", erläutert Grossman, „förderte John die Fähigkeit, das auszudrücken und zusammenzufassen, was der Einzelne tat, und öffnete zahlreiche Türen." Im Gegenzug führten die „Kids in Black" Patrick in die Kultur des Internets ein, in seine egalitären Ideale und seinen Feuerproben-Ansatz für die Entwicklung neuer Technologien.

Als die „Get-Connected"-Verschwörer zu ihrem ersten physischen Treffen zusammenkamen, erinnert sich Grossman, „lag jedem die Frage auf der Zunge: Wie wecken wir dieses Unternehmen auf?" Patrick hatte eine kleine Gruppe seiner Renegaten einschließlich Grossman in seinem Ferienhaus versammelt, das tief in den westlichen Wäldern Pennsylvanias lag. Sie schusterten einen Entwurf für eine IBM-Homepage zusammen. Der nächste Schritt bestand darin, bis zu Gerstners persönlichem Technologieberater durchzudringen, der sich bereit erklärte, Lou für eine Vorführung der möglichen Unternehmens-Website zu gewinnen.

Als Gerstner das Modell der Seite sah, lautete seine erste Frage: „Wo ist der Kauf-Button?" Gerstner lernte nicht nur schnell, sondern er erfasste die Dinge sofort. Aber Grossman und Patrick wussten, das es nicht ausreichte, den CEO zu faszinieren. Es gab Tausende anderer, denen die Internet-Religion noch nahe gebracht werden musste.

Ihre erste Chance für eine Massenbekehrung bekamen sie bei einem Treffen der 300 führenden IBM-Manager am 11. Mai 1994. Patrick hatte mit List und Tücke dafür gesorgt, dass sein Beitrag auf die Tagesordnung gesetzt wurde, und er legte seine Argumente engagiert dar. Er begann damit, den hohen Tieren von IBM ein paar andere Websites vorzuführen, die bereits im Internet standen. Dazu gehörten auch die Sites von Hew-

Jedem lag die Frage auf der Zunge:
Wie wecken wir dieses Unternehmen auf?

lett-Packard, Sun Microsystems, dem Restaurant Red Sage in Washington D.C. und eine Internetseite für Grossmans sechsjährigen Sohn Andrew. Der Punkt, um den es ging, war klar: Jeder konnte virtuell im Web präsent sein. Patrick beendete seine Vorführung mit der Bemerkung: „Ach, übrigens wird auch IBM eine Homepage haben, und so wird sie aussehen." Er führte den verblüfften Managern ein Modell von www.ibm.com vor, zur der auch ein 36,2 Sekunden dauernder Videoclip gehörte, auf dem Gerstner sagte: „Mein Name ist Lou Gerstner. Willkommen bei IBM."

Trotzdem blieben viele IBM-Oldtimer skeptisch. Patrick erzählt rückblickend: „Viele Leute fragten: ‚Wie wollen Sie damit Geld verdienen?' Ich antwortete: ‚Keine Ahnung. Alles, was ich weiß, ist, dass dies sowohl innerhalb als auch außerhalb des Unternehmens die machtvollste und wichtigste Form der Kommunikation ist, die es je gegeben hat.'"

Kurz nach dem Treffen im Mai traten Patrick und ein paar Kollegen bei einer der ersten Fachmessen von Internet World auf. Der Star der Ausstellung mit dem größten Stand war der Rivale Digital Equipment. Wie zuvor bei Grossman, wurde jetzt auch bei Patrick der Wettbewerbsehrgeiz angestachelt. Am nächsten Tag, als die Organisatoren der Messe Anzeigenflächen für die nächste Veranstaltung versteigerten, mietete Patrick für IBM das größte Display. Es kostete Zehntausende von US-Dollar. „Es war Geld, das ich nicht hatte", gesteht Patrick, „aber ich wusste, dass ich es irgendwie auftreiben würde. Wenn Sie nicht gelegentlich Ihre formellen Befugnisse überschreiten, können Sie nichts bewirken."

Jetzt, wo IBM im Netz stand, hatte Patrick ein Zentrum, um das herum er all die unterschiedlichen internetbezogenen Projekte des Unternehmens gruppieren konnte. Patrick lag dabei das interne Publikum, das er erreichen wollte, ebenso am Herzen wie die Außenwelt. Damit bot sich ihm die Chance, seine Botschaft quer durch das gesamte Unternehmen zu senden. Er schickte den leitenden Managern aller Geschäftsbereiche Briefe, in denen er sie bat, ihm alles zukommen zu lassen, was auch nur im Entferntesten mit dem Internet zu tun hatte. Sie müssten nur einen geringen Beitrag an Mitteln zur Verfügung stellen, und er werde alles koordinieren.

Es stellte sich heraus, dass bei IBM mehr Web-Technologie am Köcheln war, als selbst er es erwartet hatte. Aber nichts davon hatte eine wirkliche Marktreife erreicht. Trotzdem war Patrick im Dezember desselben Jahres in der Lage, IBMs Global Network als den weltweit größten Internet-Serviceprovider sowie einen Web-Browser zu präsentieren, der sowohl dem Navigator von Netscape als auch dem Explorer von Microsoft zuvorkam. IBM stahl allen die Show und wurde zu einem festen Bestandteil aller nachfolgenden Internet-World-Veranstaltungen.

Im Unternehmen selbst kämpfte Patrick unablässig gegen den Hang zur Engstirnigkeit und nutzte jede Gelegenheit, um zu beweisen, dass dem Internet eine unternehmensweite Bedeutung zukam und dass es nicht nur das Steckenpferd einer einzigen Abteilung war. Auf der nächsten Veranstaltung von Internet World im Juni 1995 forderte er seine Kollegen bei IBM auf, ihre lokalen Interessen außen vor zu lassen. „Am Abend vor der Show versammelte ich alle in einem Auditorium und sagte: ‚Wir sind hier, weil wir für die nächsten drei Tage das Internetteam von IBM sind. Sie sind nicht IBM Austin oder IBM Deutschland.' Das ist ein Bestandteil der Internetkultur: grenzenlos, weltweit."

Der riesige IBM-Stand weckte bei den anderen Teilnehmern der Veranstaltung viel Neugier. Wenn die Leute Patrick fragten, wem er unterstellt sei, erwiderte er: „dem Internet". Wenn sie ihn nach seiner Organisation fragten, antwortete er: „Sie sehen sie vor sich, und es gibt mehrere Hundert weitere."

Patrick war ein zäher Kämpfer und verbreitete in unzähligen Reden, die er sowohl innerhalb als auch außerhalb des Unternehmens hielt, die frohe Botschaft vom Internet. „Irgendjemand bat mich zum Beispiel, einen Vortrag über den ThinkPad zu halten", erinnert er sich, „und ich kam stattdessen aufs Internet zu sprechen. Ich nutzte den ThinkPad, um mehr über die Präsentation von Websites zu sprechen als über Power-Point-Bilder." Patrick gab auch den Medien bereitwillig Auskunft. Die IBM-Angehörigen erfuhren aus der Zeitung, was Patrick tat. Aber selbst in seinen Gesprächen mit den Journalisten blieb seine zentrale Zielgruppe in erster Linie der riesige Kreis nichtkonvertierter IBM-Leute.

Es gelang ihm einfach nicht, zu diesem Thema den Mund zu halten. Dazu Patrick: „Wenn Sie daran glauben, dann müssen Sie raus und ständig darüber reden, nicht ab und zu, sondern die ganze Zeit über. Wenn Sie wissen, dass Sie Recht haben, machen Sie einfach weiter."

Während Patrick und seine Mannschaft in jedes Treffen, in das sie sich hineinschmuggeln konnten, Internet-Handgranaten warfen, fachte Gerstner die Flammen von oben her an. Gerstners früher Glaube an die Wichtigkeit des Netzwerk-Computing passte bestens zur Logik des Internet. Da Patricks Präsentation ihn überzeugt hatte, war Gerstner stets bereit, die Webanhänger bei IBM zu fördern. Lange vor anderen Unternehmen bestand er darauf, dass IBM seine Jahres- und Vierteljahresberichte ins Internet stellte. Gerstner war auch bereit, auf der Veranstaltung Internet World eine Grundsatzrede zu halten, in der er die Wichtigkeit des Web für die Wirtschaft hervorhob. Zu diesem Zeitpunkt taten Bill Gates und andere das Internet noch als unsicheres Medium des E-Commerce für Konsumenten ab.

Patrick wurde bei IBM zum vertrauenswürdigen Vermittler zwischen den zugeknöpften Managern und den Freibeutern in T-Shirts, die fest mit der Web-Kultur verwachsen waren und nach Internetzeit lebten. Patrick hatte einen Draht zur Aristokratie des Unternehmens, und seine Botschaft war einfach und klar: „Wenn Sie das hier verpassen, verpassen Sie die Zukunft des Computing." Gleichzeitig überzeugte er Grossman und seinen Clan, dass nicht alle in der Zentrale Neandertaler waren. Grossman berichtet dazu:

„Ich war der Überzeugung, dass man in den oberen Etagen von IBM keine Ahnung hatte, dass diese Jungs nicht wussten, wie man ein Unternehmen führt. Aber eines der vielen Dinge, die mich schließlich beeindruckt haben, war, dass die Leute, die dieses Unternehmen leiten, wirklich brillante Geschäftsleute sind. Irgendwie stellten wir für sie einen Kontakt mit der Straße her. Zu wissen, wie man die Suchpfade dieser Entscheider verkürzen konnte, war dabei von zentraler Bedeutung."

Der bei voller Fahrt und in aller Öffentlichkeit von Grossman geleitete Entwicklungsprozess stand in krassem Widerspruch zur herkömmlichen Vorgehensweise bei IBM, wonach die Mitarbeiter der Entwicklungsabteilungen zur Schaffung perfekter Produkte gezwungen waren, bevor diese das Unternehmen verlassen durften. Es war der Unterschied zwischen einer Stegreifkomödie und einer sorgfältig einstudierten Broadway-Aufführung.

Als IBM schließlich eine kleine Internetgruppe einrichtete, der Patrick als leitender technischer Manager vorstand, bestand er darauf, dass das Team von der traditionellen Softwareentwicklung unabhängig blieb. Patricks Überlegung lautete: „Ich glaube, dass es von Vorteil ist, unabhängig voneinander zu bleiben, weil wir sonst beginnen müssten, zu Meetings zu gehen. Schon bald würden wir ein Teil einer anderen Organisation sein, eine Budgetkürzung würde beschlossen werden, und wir würden gehen müssen."

Viele Mitglieder von Patricks Gruppe, die noch grün hinter den Ohren war, hatten nicht einmal das Alter erreicht, um sich ein Auto mieten zu können, und viele waren jünger als seine Tochter.

Obwohl IBM jetzt eine formelle Internetorganisation besaß, lösten Patrick und Grossman ihre Koalition mit der Basis nicht auf. Im Zusammenhang mit der Sommer-Olympiade von 1996 machte die Gruppe mehrere entscheidende Erfahrungen. Patrick lieh Grossman für 18 Monate an die Marketingabteilung aus, die für die Umsetzung des Olympia-Projekts verantwortlich war. Zum ersten Mal würden die Olympischen Spiele einen Internetauftritt haben, und IBM würde ihn aufbauen. Grossman sorgte dafür, dass er mit dieser Aufgabe betraut wurde, und bat Patrick schon bald um Verstärkung. „Patrick schaffte das Kunststück, sie anzuheuern", berichtet Grossman, „und ich verwandelte mich von einem Kabelträger in Tom Sawyer und brachte andere Leute dazu, dabei zu helfen, den Zaun zu streichen." Schließlich waren über 100 IBM-Mitarbeiter in diese neue Aufgabe eingebunden.

Als Vorbereitung auf die Olympischen Spiele hatten Grossman und sein Team zunächst Websites für andere Sportveranstaltungen wie die U.S. Open von 1995 und Wimbledon entwickelt. Für die U.S. Open gab er ein paar internen Kollegen vom MIT den Auftrag, ein Programm zu schreiben, das eine Punkte-Datei mit der Website verband. „Am Ende des Sommers", erzählt Grossman, „saßen wir in einem Wohnwagen und schafften es nur mit Mühe und Not, eine Website aufrechtzuerhalten, auf die täglich eine Million Menschen losstürzten, um sich über den Punktestand zu informieren. Sie wurde quasi mit Klebestreifen zusammengehalten, aber wir lernten einiges über die Dimensionen." Es war erstaunlich, fand Grossman, dass all diese Leute nur deshalb eine Internetadresse besuchten, um den jeweiligen Punktestand zu erfahren.

Die nächste Überraschung für IBM kam Anfang 1996, als das Unternehmen von einer Flut des internationalen Interesses überschwemmt wurde, die durch eine Schachpartie zwischen dem Weltmeister Gary Kasparow und dem IBM-Supercomputer „Deep Blue" ausgelöst worden war. Die Abteilung für Unternehmensmarketing hatte Grossman zuvor gebeten, eine Website für das Spiel aufzubauen, aber er hatte zu viele andere Aufträge zu erledigen. Daher wurde eine externe Werbeagentur mit der Erstellung der Site beauftragt, die wenig mehr als ein mickriges Schachbrett abbildete. Gleich am Tag des ersten Spiels brach die Site unter dem Besucheransturm zusammen. „Keiner hatte geahnt, das dies eine so große Sache werden würde", gesteht Patrick.

Bei IBM geriet man in Panik. Grossman und ein paar der besten Web-Ingenieure von IBM sprangen ein und übernahmen die Verantwortung für den Auftritt. Sie hatten rund 36 Stunden bis zum nächsten Spiel, um die Site neu aufzubauen. Sie brachten Wladawsky-Berger dazu, einen Supercomputer im Wert von 500 000 US-Dollar vom Montageband zu holen. Die Site hielt nun dem Besucheransturm stand, aber der Vorfall erhöhte die Sorgen hinsichtlich der bevorstehenden Olympiade. Wenn IBM schon beim Betreiben einer Website für ein Schachspiel Probleme hatte, was würde dann während der Olympischen Spiele passieren? Allerdings überzeugte der Vorfall auch ein paar weitere Skeptiker davon, dass sich das Internet zu einer Riesensache entwickeln würde.

IBM musste eine Website für die Olympiade aufbauen, die allem gewachsen war. Patrick zog wieder los und bat alle Generalmanager, ihm ihre besten Leute und ihr bestes Equipment zu leihen. Er bekam nicht einen, sondern gleich drei Supercomputer. Grossmans Team wuchs schließlich auf 100 Leute an.

IBMs Lernprozess vollzog sich als Feuerprobe während des meistbeachteten Sportereignisses der Welt. Als die Olympischen Spiele beendet waren, hatte IBM die (damals) weltweit umfassendste Website aufgebaut, die, von wenigen Stilllegungen abgesehen, bis zu 17 Millionen Besuchern pro Tag standhielt. Der Inhalt der Site wurde in Server kopiert, die über vier Kontinente verteilt waren. IBM lernte sogar, ein paar Geschäfte über das Internet abzuwickeln, als eine Demo-Site für den Online-Kartenverkauf eine Flut von Kreditkartenbesitzern anzog und Bestellungen im Wert von fünf Millionen US-Dollar eingingen.

Für Patrick und Grossman waren die Olympischen Spiele allerdings lediglich eine weitere eindrucksvolle Gelegenheit, IBM die Möglichkeiten des Internet zu vermitteln. Es war gleichzeitig ein leichter Weg, um an Entwicklungsgelder zu kommen. Grossman gesteht:

> „Ich benutzte die Olympiade im Grunde als Tarnung. Ich beschaffte mir, ohne irgendjemandem etwas darüber zu sagen, Rechnerressourcen. Ich glaubte auch, dass es am schnellsten ginge, IBM zu einer Veränderung zu bewegen, wenn ich von außen nach innen arbeitete. Wenn sich IBM in Zeitungsberichten wiederfand, dann würden sich die Dinge schneller ändern, als wenn wir uns in einen internen Prozess verstrickten."

Der bei voller Fahrt und in aller Öffentlichkeit von Grossman geleitete Entwicklungsprozess stand in krassem Widerspruch zur herkömmlichen Vorgehensweise bei IBM, wonach die Mitarbeiter der Entwicklungsabteilungen zur Schaffung perfekter Produkte gezwungen waren, bevor diese das Unternehmen verlassen durften. Es war der Unterschied zwischen einer Stegreifkomödie und einer sorgfältig einstudierten Broadway-Aufführung. Aber das alte Modell eignete sich nicht fürs das Web, in dem ein Problem flächendeckend behoben werden kann, ohne Millionen von CD-ROMs mit neuer Software zu verschicken. Man lädt die Software einfach auf den Server, und jeder, der sich einklinkt, bekommt automatisch die neue Version. In der sich mit rasanter Geschwindigkeit entwickelnden Welt des Internet ist es sehr vorteilhaft, wenn man seine Sachen rasch herausbringt, schnell lernt und seine Kreationen ständig verbessert. Grossman und Patrick war schon bald klar, dass die Schaffung internetfähiger Software nach neuen Entwicklungsprinzipien verlangte. Sie fassten diese Prinzipien zusammen und teilten sie der wachsenden Web-Gemeinschaft bei IBM mit:

Fangen Sie klein an, wachsen Sie schnell.
Machen Sie die Feuerprobe.
Inhalieren Sie nicht länger (die stickige Luft der bestehenden Glaubenslehre).
Gerade genug ist gut genug.
Überspringen Sie das Plankton (beginnen Sie mit dem oberen Ende der Nahrungskette, wenn Sie Ihre Idee verkaufen wollen).
Wo auch immer Sie sein mögen, Sie sind präsent (das Net kennt keine Grenzen).
Vermeiden Sie Scheuklappen.
Gehen Sie Risiken ein, machen Sie rasch Fehler, identifizieren Sie diese ebenso schnell.
Lassen Sie sich nicht festnageln (auf irgendein Denkmuster).

Ein Großteil der von Grossman und seiner Mannschaft prototypisch entwickelten Technologie sollte später in wesentliche Branchenprodukte einfließen. So wurde beispielsweise aus der für die Olympischen Spiele entwickelten Webserver-Software ein Produkt mit dem Namen Websphere, und viel von dem, was seine Gruppe gelernt hatte, bildet die Grundlage für ein Unternehmen, das sich auf die Betreuung von Websites spezialisierte und heute schon als Host für Zehntausende von Internetauftritten fungiert.

Im Anschluss an die Olympiade konzentrierte sich die Internetgruppe darauf, unter den IBM-Mitarbeitern Anhänger zu gewinnen. Grossman, der zum technischen Leiter von Patricks Team geworden war, richtete ein Internetlabor ein, um Führungskräfte aus allen Unternehmensbereichen einzubeziehen und sie mit den Möglichkeiten, die das Web bot, experimentieren zu lassen. Die Gruppe rief ein Projekt mit dem Namen „Web Ahead" ins Leben, das der Revolutionierung interner IT-Systeme diente, die bei IBM immer eine niedrige Priorität besessen hatten. Beispielsweise nahm sich das Team das alte, über ein Terminal laufende Unternehmensverzeichnis vor und schrieb eine Java-Anwendung, die es mit einer tollen grafischen Schnittstelle und coolen Eigenschaften ausstattete. Mit ein paar Klicks konnten sich die Beschäftigten über eine Kollegin oder einen Kollegen informieren und erfahren, welche Computerkenntnisse diese besaßen. Mit einem weiteren Befehl war es möglich, jeden anderen Mitarbeiter aus dem IBM-Verzeichnis mit den gleichen Kenntnissen aufzulisten. Diese „Gelben Seiten" waren auf Anhieb im gesamten Unternehmen ein Hit.

Patrick und Grossman ließen mit ihrer Kampagne zur Infiltration der übrigen IBM-Angehörigen mit ihren Internetideen nicht locker. Die Internetgruppe besaß nur wenige offizielle Mitarbeiter, darum bettelte Patrick ständig darum, dass ihm ein paar Leute von anderen Abteilungen ausgeliehen wurden (die meisten von ihnen gehörten bereits zu seinem virtuellen Team). Sein wichtigstes Hilfsmittel war dabei die ständig wachsende Liste an Erfolgsstorys, die das Team vorweisen konnte. Die Leute konnten über Positionspapiere streiten, aber nicht über vorliegende Ergebnisse. Patrick setzte mehrfach seine gesamte Organisation aufs Spiel. Indem er dieses Risiko einging und Ergebnisse preisgab, gewann er eine Glaubwürdigkeit, die mehr wert war als jeder noch so wohlklingende Titel oder ein Megabudget. Patrick erinnert sich daran, wie er Linienmanager zur Zusammenarbeit bewog, indem sie ihre Ressourcen mit ihm teilten:

„Mir ist nie etwas verweigert worden, worum ich gebeten habe, und ich habe um vieles gebeten. Es wurde viel Überzeugungsarbeit geleistet und viel verkauft. Ich ging zum Beispiel zu einem Generalmanager und sagte: ‚Sie müssen mir ein paar Diskettenlaufwerke vom Montageband besorgen, und außerdem brauche ich Ihren Spitzeningenieur. Was Sie dadurch gewinnen, ist einzigartig. Ihr Knabe wird zu ihrer Gruppe zurückkehren, und Sie haben eine irre Geschichte zu erzählen. Es wird eine tolle PR werden. Wir werden dafür sorgen, dass Ihre Sachen im Internet funktio-

nieren.' Ich habe nie mit bekannten Namen Eindruck geschunden, aber das brauchte ich auch nicht. Außerdem ging ich eine reale Verpflichtung ein. Ich hatte 20 Leute, die an diesen Dingen arbeiteten."

Es war schwer, Patrick abzuweisen, insbesondere deshalb, weil klar war, dass sein Engagement allen IBM-Angehörigen nutzte und nicht nur den Interessen seiner eigenen kleinen Gruppe diente. Er führt weiter aus:

„Ich war keiner Produktgruppe treu. Obwohl ich ein Budget hatte, das aus der Softwareentwicklung stammte, betrachtete ich uns nicht als Teil dieser Gruppe. Wenn uns jemand anrief und um Hilfe bat, fragten wir nicht nach dem Budget-Code. Wir sagten: ‚Klar doch.' Wir sind nie für irgendeinen anderen Teil des Unternehmens eine Bedrohung gewesen. Von Anfang an hat unser Ziel darin bestanden, IBM zu helfen, sich von der International Business Machines Company zur Internet Business Machines Company zu entwickeln."

Patrick versicherte potenziellen Förderern von Anfang an, dass die Beziehungen, die er aufbaute, auf Gegenseitigkeit beruhten. Er borgte sich zwar Leute aus unterschiedlichen Geschäftsbereichen aus, aber die ganze Zeit über war praktisch auch ein Viertel seiner eigenen Leute an andere Einheiten ausgeliehen. Darüber hinaus wurden Web-Vorkämpfer regelmäßig auf feste Arbeitsplätze in allen möglichen Bereichen von IBM versetzt. Wenn das passierte, pflegte er den verbliebenen Teammitgliedern zu erklären: „Wir haben Bill nicht verloren, wir besiedeln die Netzwerk-Hardwareabteilung. Nun befindet sich dort einer von uns." Patrick half auch dabei, ein internes Programm namens „Extreme Blue" auf den Weg zu bringen, bei dem einige der gescheitesten Ingenieurstudenten mit Spitzenforschern von IBM zusammengebracht wurden. Wenn IBM diese Studenten später einstellt, werden nur ein paar von ihnen in Patricks Gruppe mitarbeiten, aber alle werden Teil seines virtuellen Netzwerks sein.

Während ihrer Internetkampagne verstießen Patrick und Grossman immer wieder gegen althergebrachte IBM-Regeln und überschritten die Grenzen ihrer Kompetenzen. Weil ihr Anliegen so durch und durch redlich und ihr Engagement für den Erfolg des Unternehmens offenkundig selbstlos war, kamen sie mit Dingen durch, die sonst häufig zum Ende der Karriere bei IBM geführt hätten. Ab und an geht Patrick in die Offensive:

„Wenn Sie glauben, in einem begrenzten Rahmen handeln zu müssen, werden Sie nie einen Durchbruch schaffen. Dies erwarte ich aber von den Leuten in meinem Team. Wenn sie zu mir kommen und sagen: ‚Wir haben's nicht geschafft, weil wir nicht die entsprechende Befugnis zum Handeln hatten', dann sage ich: ‚Das ist Quatsch.'"

trick und Grossman verstießen immer wieder gegen althergebrachte IBM-Regeln und überschritten die Grenzen ihrer Kompetenzen.

Innerhalb und außerhalb von IBM werden Patrick und Grossman heute für ihren entscheidenden Beitrag zur E-Business-Verwandlung des Unternehmens gelobt. Das außergewöhnliche Abenteuer der Aktivisten John und Dave steckt voller Lehren:

- Sie haben unermüdlich gekämpft, um ihre Botschaft zu vermitteln.
- Sie haben die Hierarchien ignoriert und sich direkt an Gerstner und seine Bevollmächtigten um Unterstützung gewandt.
- Sie haben sich Ressourcen ausgeborgt, wo immer sie welche bekommen konnten.
- Sie haben wahre Gläubige aus den weit entfernten Abteilungen des IBM-Reiches als Mitglieder ihres virtuellen Netzwerks angeworben.
- Vom Schachspiel Kasparow–Deep Blue und den Olympischen Sommerspielen bis hin zu den Gelben Seiten haben sie ihre Position und ihren Ruf aufs Spiel gesetzt, um den Nutzen neuer Technologien zu beweisen und Demonstrationsobjekte zu schaffen, die nicht Eingeweihten die Möglichkeiten des Internet anschaulich vor Augen führten.
- Die Schöpfer der „Web-Ahead"-Initiative legten die Saat für Dutzende kommerziell ausbaufähiger Produkte und Dienstleistungen, die nicht nur ihre eigenen Web-Projekte rechtfertigten, sondern auch die anderer.

Diese beiden ungleichen Helden – ein Softwarefreak und ein Karrieremensch – trugen zusammen mit einem den Wandel fördernden Firmenchef dazu bei, dass IBM die Chance bekam, etwas zu erreichen, was ihm seit Jahrzehnten nicht mehr gelungen war: sich an die Spitze zu stellen.

KEN KUTARAGI: SONYS DIGITALER REBELL

Während seiner gesamten Geschichte hat Sony stets ein großes Geschick bewiesen, atemberaubende Produkte auf den Markt zu bringen – angefangen mit einem der ersten Transistorradios der Welt über winzige Fernseher bis zum Walkman, CD-Player (zusammen mit Philips) und einem 8mm-Camcorder. Sein Erzrivale, Matsushita, mag größer sein, aber Sonys unbeirrbare Innovation hat das Unternehmen zu einem Synonym für alles Neue und Coole werden lassen. Mitte der Neunzigerjahre steckte das Unternehmen allerdings in einer tiefen Krise. Seine Gewinne waren von beachtlichen 1,3 Milliarden US-Dollar, die es 1992 verzeichnen konnte, auf einen Verlust von 3,3 Milliarden US-Dollar im Jahr 1995 gefallen. Sein Ausflug nach Hollywood hatte sich als teuer und peinlich erwiesen und 1995 zu einer Vollabschreibung von drei Milliarden US-Dollar geführt. Noch Besorgnis erregender war, dass Sony drei der größten Chancen im Bereich der Unterhaltungselektronik weitgehend verpasst hatte: die PCs, die Mobiltelefone und die Videospiele. Compaq, Dell, HP, Toshiba und ein Dutzend anderer Unternehmen hatten Sony im PC-Bereich eins auf die Nase gegeben. Motorola, Nokia und Ericsson waren mit dem größten Teil des Mobiltelefongeschäfts davongeprescht, und Nintendo und Sega hatten den Markt für Videospiele untereinander abgesteckt.

All diese neuen Märkte basierten entweder auf der digitalen Technologie oder bewegten sich mit schneller Geschwindigkeit in diese Richtung. Doch Sonys Stärke lag in der analogen Technologie, wie sie beispielsweise für Fernsehgeräte, Videokassettenrecorder und Tonbandgeräte eingesetzt wurde. Mit Ausnahme einer Hand voll über das ganze Unternehmen verstreuter Ingenieure befanden sich nur wenige Mitarbeiter von Sony auf der Höhe jener digitalen Revolution, die die analoge Technologie obsolet werden und völlig neue Geschäftsfelder emporschießen lassen sollte.

Einer der wenigen Kenner dieser Entwicklungen war der tief in einem F&E-Labor des Unternehmens vergrabene Ken Kutaragi. Ohne irgendeinen formellen Auftrag lancierte Kutaragi ein klammheimliches Projekt, das 1993 schließlich zur Einrichtung des Bereichs Computer Entertainment bei Sony führte und im folgenden Jahr die PlayStation hervorbrachte, eine Konsole für Videospiele. Weniger als fünf Jahre später war das Geschäft mit der PlayStation auf zwölf Prozent des 57 Milliarden US-Dollar betragenden Gesamtumsatzes von Sony angewachsen und auf unglaubliche 40 Prozent des drei Milliarden US-Dollar betragenden Betriebsgewinns.[2] Aber die PlayStation war mehr als nur ein erstaunlicher finanzieller Erfolg. Sie war das Sprungbrett, das Sony ins digitale Zeitalter katapultierte.

Schon von Kindesbeinen an war Kutaragi von der typischen Neugier eines Ingenieurs erfüllt gewesen. Im Alter von zehn Jahren hatte er für einen Freund einen Gitarrenverstärker gebaut. Als Teenager bastelte er dann aus alten Motorrollern Gokarts zusammen. Anders als die meisten seiner Spielgefährten wuchs er in einem Unternehmerhaushalt auf. Nach der Schule arbeitete er in der Druckerei, die sein Vater nach der Rückkehr aus dem Zweiten Weltkrieg gegründet hatte. Nachdem er 1975 seinen Abschluss an einer Hochschule für Ingenieurwesen gemacht hatte, bewarb sich Kutaragi um eine Stelle bei Sony. Wegen der Ölkrise wurde nur eine begrenzte Zahl an Leuten eingestellt, und Kutaragi war einer der 46 männlichen Universitätsabsolventen, die Sony in jenem Jahr unter Vertrag nahm.

Kutaragis erste Aufgabe bestand darin, ein Flüssigkristall-Display (LCD) für Rechenmaschinen zu entwickeln. Das Potenzial von LCDs fesselte seine Fantasie. Kutaragi erklärt:

„Ich war der Meinung, dass sie sich nicht nur für Rechenmaschinen, sondern auch für künftige Bildschirme gut eigneten. Ich baute ein sehr kleines LCD-TV-Set. Unglücklicherweise stellte Sony damals CRT-TV-Sets [CRT = cathode ray tube, Bildschirme mit Kathodenstrahlröhren]

her, so dass dieser Bereich nicht dem Mainstream entsprach. Ich war der Einzige, der sich für Flachbildschirme einsetzte, und ich war bloß ein unbedeutender Ingenieur."

Seine Mini-Fernseher, die den Sony Watchman um etwa ein Jahrzehnt vorwegnahmen, kamen über das Labor nicht hinaus. Noch immer ein Bastler, war Kutaragi von den brandneuen Mikroprozessoren begeistert, die Unternehmen wie Hitachi, Intel und NEC gerade zu produzieren begannen. Er kaufte sich Muster der ersten 4- und 8-Bit-Chips und baute ihren einfachen Befehlssatz um. Er erforschte auch die komplexen Strukturen des CP/M, eines frühen Betriebssystems für PCs. Auf der Basis dieses Wissens bastelte sich Kutaragi in seinem winzigen Labor ein Computersystem zusammen. „Es war ein nettes Spielzeug für mich", meint er rückblickend.

Kutaragis digitales Hobby erwies sich Anfang der Achtzigerjahre als nützlich, als Sony begann, einige elektromechanische Komponenten in seinen Kassetten- und Videorecordern durch digitale Mikrocontroller zu ersetzen. Seine frustrierenden Erlebnisse bei der Entwicklung eines Chips zum Messen der Lautstärke ließen Kutaragi zu der Überzeugung kommen, dass die von den Herstellern zur Verfügung gestellten Entwicklungsinstrumente unzureichend waren. Um die Chips für den Audio- und Videobereich bauen zu können, schuf er sich daher seine eigenen Hard- und Softwarewerkzeuge, die zum Standard für alle Sony-Ingenieure werden sollten.

Mitte der Achtzigerjahre war Kutaragi dann felsenfest davon überzeugt, dass die digitale Revolution unvermeidlich war. Rund um den Globus entstanden Dutzende von Unternehmen, die sich die neuen Technologien zu Nutze machen wollten, und Kutaragi begann, unternehmerischen Ehrgeiz zu entwickeln. „Ich befand mich im F&E-Bereich des Unternehmens, aber ich wollte ins Management einsteigen", erklärt er. Im Bereich F&E leitete er Teile eines Projekts zur Entwicklung der allerersten digitalen Kamera für den Konsumgütermarkt, der „Mavica". Statt mit einem Film zu arbeiten, speicherte sie die Bilder auf einer 2-Zoll-Diskette.

Während dieser Zeit kaufte Kutaragi für seine achtjährige Tochter eines von Nintendos 8-Bit-Videospielen der ersten Generation. „Sie bat mich jeden Tag, damit zu spielen", erzählt Kutaragi und gibt bereitwillig zu, dass man ihn nicht lange darum bitten musste. Aber es gab zwei Dinge am Nintendo-System, die ihn störten: Der Ton war grauenhaft, und die Spiele wurden auf Magnetband-Kassetten gespeichert. Diese Mängel ärgerten den technischen Perfektionisten Kutaragi. „Warum", fragte er sich, „arbeitet das Spiel, das solch einen hoch entwickelten 8-Bit-Prozessor hat, mit einem derart unterentwickelten magnetischen Speichersystem?"

Kutaragi war überzeugt davon, dass er Nintendos Produkt mit dem Floppy-Disk-Speichersystem, das er für die Mavica entwickelt hatte, verbessern konnte. Er spürte den einzigen Vertreter von Sony auf, der Kontakte zu Nintendo hatte. Die beiden trafen sich mit dem technischen Leiter des Spieleherstellers. Kutaragi wäre es lieber gewesen, wenn er Sony dabei hätte helfen können, ins Geschäft mit Videospielen einzusteigen, aber er konnte innerhalb des Unternehmens niemanden finden, der seine Begeisterung für digitale Unterhaltung teilte. Und so bemerkt Kutaragi im Rückblick: „Als Nintendo sein erstes 8-Bit-System herausbrachte, wurde es von niemandem bei Sony erwähnt. Sie verachteten das Produkt. Es war eine Art Snobismus. Die Leute von Sony hätten es als sehr peinlich empfunden, das Nintendo-Produkt herzustellen, weil es lediglich ein Spielzeug war."

Auf diese Weise begann Kutaragis Zusammenarbeit mit Nintendo und sein Rebellenprojekt. Am Ende entschied sich Nintendo allerdings, Kutaragis Floppy-Disk-Technik nicht einzusetzen. Aber mehrere leitende Manager von Nintendo waren von Kutaragis unorthodoxer Sichtweise sehr angetan und luden ihn 1986 zu einem externen Meeting ein, um über das bald auf den Markt kommende 16-Bit-System des Unternehmens zu sprechen. Kutaragi schlug vor, dass Nintendo bei Sony einen speziellen digitalen Audio-Chip für sein nächstes Spielesystem in Auftrag geben sollte. Der neue Chip werde den Ton des Geräts erheblich verbessern. Nintendo nahm dieses Angebot an.

Kutaragis mutiger Vorschlag stellte ihn vor ein Problem. Er war Forscher, kein Geschäftsmann und nicht autorisiert, ein Geschäft mit Nintendo abzuschließen. Was die Angelegenheit noch komplizierter machte, war die Tatsache, dass Sony mit seinen MSX-PCs gerade einen zum Scheitern verurteilten Ausflug in die Welt der 8-Bit-Rechner in Angriff genommen hatte. In der Hoffnung, eine Alternative zu Microsofts DOS-Betriebssystem zu schaffen, hatten sich mehrere japanische Unternehmen auf den MSX-Standard geeinigt. Das MSX-Projekt war so etwas wie eine heilige Kuh bei Sony, da es vom Sohn des allgemein verehrten Sony-Gründers, Akio Morita, geleitet wurde. Doch das beeindruckte Kutaragi nicht: „Ich hasse die Idee. Wir wollten den MSX verkaufen. Aber wir betrachteten den MSX als Unterkomponente des PC. Der MSX eignete sich nicht für Echtzeitgrafiken. Nintendo hatte die Bedeutung der Echtzeitunterhaltung erkannt. Die Architektur war ganz anders."

Kutaragi hielt daher seine Vereinbarung mit Nintendo geheim. Nur sein Chef, Masahiko Morizono, der Leiter des F&E-Bereichs, wusste von der sich entwickelnden Beziehung zu Nintendo. Kutaragi kommentiert: „Ich war mir im Klaren darüber, dass es abgewürgt werden würde, wenn es herauskam."

Als sich das Datum für die Markteinführung des neuen Geräts näherte, hatte Nintendo für Kutaragi eine Überraschung bereit. Der Spielehersteller wollte ein gemeinsames Statement veröffentlichen und darin für Sonys neuen Sound-Chip werben. Kutaragis Chef konnte ihn nicht länger schützen. Das Projekt würde auffliegen. Kutaragi musste die Sache beichten. Also fand er sich in der wenig beneidenswerten Lage wieder, vor einer

Gruppe wütender Topmanager zu stehen und erklären zu müssen, warum Sony einem Konkurrenten half. Kutaragi erinnert sich: „Sie waren fassungslos. Die Manager waren sehr verärgert zu erfahren, dass wir uns mit Nintendo verbündet hatten und gegen ein internes Produkt [den MSX] konkurrierten. Viele von ihnen wollten unser Projekt einstellen. Aber Ogha-san stellte sich vor uns."

Ogha-san war der damalige Präsident Norio Ogha, der spätere CEO und Chairman des Unternehmens. Ogha war von dem neuen Markt fasziniert. Schließlich erhielt Nintendo die Erlaubnis, den Chip von Sony zu benutzen, und der Erfolg des Produkts brachte Kutaragi einiges Ansehen ein – zumindest außerhalb von Sony. Als Nintendo 1989 über die Entwicklung eines 32-Bit-Systems nachzudenken begann, wollte das Unternehmen, dass sich Kutaragi daran beteiligte. Zusätzlich zu einem besseren Sound-Chip wollte Kutaragi noch immer das mit einem Magnetband ausgestattete Speichergerät ersetzen – diesmal durch ein CD-ROM-Laufwerk.

Innerhalb seines Unternehmens wurde Kutaragi misstrauisch beäugt. Wenn er seine Zusammenarbeit mit Nintendo fortsetzen wollte, würde er jemanden finden müssen, der ihm dabei half, sein Anliegen dem Topmanagement vorzutragen. Auf der Suche nach Unterstützern trat Kutaragi an Shigeo Maruyama heran, einem von Oghas Zöglingen bei Sony Music in Japan. Maruyama zeigte sich an dem Projekt interessiert, weil ein CD-gestütztes System nicht nur Spiele, sondern auch Musik wiedergeben konnte. Über Maruyama trug Kutaragi an Ogha die Bitte heran, eine engagierte Gruppe für das Nintendo-Projekt aufstellen zu dürfen. Sie sollte außerhalb des Sony Hauptgeschäfts angesiedelt sein, weil Kutaragi fürchtete, dass sein Projekt und sein Traum ohne eine Ausgliederung nicht überleben würden. Ogha, der vor Jahren die gleiche Taktik eingesetzt hatte, um den Musikbereich aufzubauen, erklärte sich einverstanden, Kutaragis flügge werdendem Geschäft einen eigenen Bereich zuzuweisen.

Für Kutaragi folgte eine Zeit großer Einsamkeit. Er fühlte sich vom übrigen Unternehmen isoliert. „Ich war ein Außenseiter", sagt er. „Niemand setzte die Technologie meines Teams für interne Projekte ein." Hier stand er nun und entwickelte Schlüsselkomponenten für Nintendos nächsten Spiele-Computer, der vermutlich Hunderte Millionen US-Dollar einbringen würde, und seine Kollegen ignorierten ihn. Kutaragi im Rückblick: „Wir arbeiteten in einem separaten Betrieb. Niemand akzeptierte unser Projekt. Das war eine sehr schwierige Zeit für mich. Ich zog mit meinem Projekt aus dem Hauptgebäude aus und siedelte in einen anderen Stadtteil Tokios über."

Als er schon dachte, es könne gar nicht mehr schlimmer kommen, stieg Nintendo 1991 dann plötzlich aus dem Vertrag aus. Dieser Gesinnungswandel kam, nachdem Kutaragi dem Projekt bereits zwei lange Jahre seines Lebens gewidmet hatte. Nintendo fürchtete, dass ein CD-ROM-Laufwerk Nintendos beherrschende Stellung bei der Produktion von Spiele-Software schwächen würde. Magnetbandkassetten benötigten längere

Vorlaufzeiten in der Produktion und waren weit teurer als CD-ROMs. Aber es war eine Technologie, die von Nintendo kontrolliert wurde, und ein CD-ROM-gestütztes Gerät, so die Befürchtung, konnte die Position des Unternehmens im Spielesoftware-Geschäft untergraben, und dort waren die wirklichen Gewinne zu erzielen.

Nach dem Scheitern seines Projekts war Kutaragi einsamer denn je. „Die Leute bei Sony hassten uns. Ich war mit Nintendo verbunden. Daher war ich heimatlos, als sie das Projekt aufgaben. Ich wies darauf hin, dass die Unterhaltung per Computer ein sehr wichtiger Zukunftsbereich für Sony sei, aber niemand stimmte mir zu."

Unbeirrt wandte er sich über Maruyama erneut an Ogha. Kutaragi berichtet: „Ich wollte Herrn Ogha davon überzeugen, dass wir Sony zu einem digitalen Unternehmen machen mussten und dass Videospiele das einzige für mich vorstellbare Projekt waren, das es uns ermöglichen würde, einen ersten Schritt in diese Richtung zu unternehmen."

Das MSX-Projekt, Japans Versuch, sein eigenes PC-Betriebssystem zu entwickeln, war kurz hochgekocht und dann in sich zusammengefallen. Kutaragi erkannte daher in den Spiele-Computern Sonys beste Chance, zu einem digitalen Unternehmen zu werden. Aber darüber hinaus wollte er, dass sich Sony zur Computer-Unterhaltung bekannte. Sony verkaufte Millionen CD-Player, und inzwischen steckten in seinen meisten Geräten aus dem Bereich der Unterhaltungselektronik digitale Komponenten, aber es verstand sich noch immer nicht als digitales Unternehmen. Die CD wurde vor allem als Ersatz für Vinylschallplatten betrachtet und weniger als Bestandteil einer beispielhaften Entwicklung, die zu einer Explosion der digitalen Medien führen sollte. Kutaragi setzte sich unermüdlich für eine Veränderung dieser Sichtweise ein. Er führt aus:

„Ich überzeugte sie davon, dass die Computer-Unterhaltung sehr wichtig für die Zukunft von Sony sein werde. Sonys Technologie basierte auf dem Analogverfahren. Das analoge Verfahren aber würde zum Ende des Jahrhunderts überholt sein, weil sich damit kein Gewinn mehr erzielen lassen werde. Die erste Phase von Sony war analog gewesen, aber für die Zukunft musste es sich zu einem digitalen, informativen Unternehmen wandeln. Niemand machte sich das klar."

Um sein Engagement für das Projekt zu unterstreichen, drohte Kutaragi, Sony zu verlassen, wenn man ihm nicht erlaubte, sein Videospiele-Projekt fortzuführen. Doch nicht nur das: Er gab ein geradezu unverschämt anmutendes Versprechen ab: Wenn das Unternehmen seine F&E-Anstrengungen finanzierte, werde er eine Plattform für Sonys künftiges Wachstum schaffen.

Als Ogha schließlich seine Zustimmung zur Fortsetzung des Projekts erteilte, tat er dies nicht nur, weil er vermeiden wollte, einen kreativen Ingenieur zu verlieren, sondern weil er sich auch darüber ärgerte, dass Nintendo aus einem Vertrag ausgestiegen war, der seine Unterschrift trug.

Damit wurden Nintendos Befürchtungen schließlich zum Startsignal für Sonys PlayStation.

Kutaragi wollte dem Projekt einen imposanten Namen geben: Sony Computer Entertainment. Dieser Name sollte seiner großen Vision entsprechen, dass die Chiptechnologie Sony eines Tages weit über die Spiele hinaustragen würde. Zunächst war Ogha nicht davon überzeugt. Kutaragi erinnert sich:

"Ich schlug Herrn Ogha den Namen vor. Ich wollte nicht, dass man den Eindruck bekam, das Projekt sei auf Spiele beschränkt; ich wollte, dass es ein anspruchsvolleres Image erhielt. Herr Ogha meinte: ‚Das ist ein sehr gewichtiger Name.' Sony Music Entertainment, das sei ein großes Geschäft, aber was sei schon Sony Computer Entertainment? Das sei kein großes Geschäft wie Sony Music oder Sony Pictures."

Aller Vorbehalte zum Trotz bekam Kutaragis Projekt den übergroßen Namen.

Kutaragi konnte sich bereits eine Möglichkeit vorstellen, langweilige Geschäftscomputer mit Spaß, persönlicher Note und Gefühl auszustatten. Es vergingen zwei Jahre der Entwicklungsarbeit, bevor Kutaragi und eine Hand voll Ingenieure die PlayStation vervollständigt hatten. Der 1-Million-Transistoren-Chip unter der Plastikabdeckung war einer der ersten Systemchips, der auf dem gleichen Stück Silikon einen 32-Bit-Prozessor, einen Grafik-Chip und eine Dekomprimierungsmaschine miteinander verband. Die Weihnachten 1994 in Japan auf den Markt gebrachte PlayStation war der erste 32-Bit-Spielecomputer, den es zu kaufen gab. Es sollte noch ganze eineinhalb Jahre dauern, bevor Nintendo sein System der nächsten Generation herausbrachte, den Nintendo 64. In einem Markt, in dem es entscheidend ist, als Erster mit dem schnellsten Produkt präsent zu sein, hatte Sony einen Coup gelandet.

Sonys gediegener Markenname und die technologische Überlegenheit des Geräts sorgten für einen Senkrechtstart der PlayStation. Der Verkauf boomte. Sony Computer Entertainment wurde ein Bereichsstatus im Unternehmen verliehen, dennoch wurde Kutaragi nicht sofort zum CEO dieses Bereichs ernannt. Stattdessen bot man ihm die Position des technischen Bereichsleiters an.

Während Nintendo dafür bekannt war, bei seinen Spiele-Designern keine Kompromisse einzugehen, verwöhnte Sony unabhängige Entwickler und machte es leicht für sie, Spiele für die PlayStation zu entwerfen. Die PlayStation wurde schon bald zum weltweit meistverkauften Spiele-Computer. Kutaragi, der einst Geächtete, wurde im März 1999 CEO des Bereichs, als sein Vorgesetzter bei Sony zum stellvertretenden Leiter Finanzen aufstieg. Am Ende seines Geschäftsjahrs 1999 hatte Sony weltweit 55 Millionen PlayStations sowie 430 Millionen Softwarekopien von Videospielen verkauft. Insgesamt fuhr Sony Computer Entertainment 6,5 Milliarden US-Dollar an Einnahmen ein – mit einer beneidenswerten Gewinnspanne von 17 Prozent, während das Gesamtunternehmen lediglich fünf

Prozent vorweisen konnte (vgl. dazu die Tabelle: „Wachstum der Einnahmen und Betriebsergebnisse von Sony Computer Entertainment in Prozent der Unternehmensgewinne").

WACHSTUM DER EINNAHMEN UND BETRIEBSERGEBNISSE VON SONY COMPUTER ENTERTAINMENT IN PROZENT DER UNTERNEHMENSGEWINNE 1995 BIS 1999 (IN MILLIARDEN YEN)

	GJ 1995	GJ 1996	GJ 1997	GJ 1998	GJ 1999
Sony Computer Entertainment: Einnahmen	35	201	408	700	760
Sony Computer Entertainment: Betriebsergebnis	–	(9)	57	117	137
Sony: Gesamtbetriebsergebnis	(167)	235	370	520	339

Kutaragi hatte sich bewährt. Frühere Kritiker priesen jetzt seinen Mut und seine Beharrlichkeit. Er hat sein Versprechen eingelöst. Die Erträge aus seinem einstigen Untergrundprojekt hielten Sony während der asiatischen Finanzkrise 1997 und 1998 über Wasser, indem sie fast die Hälfte zum Gesamtgewinn des Unternehmens beisteuerten. Und Sony Computer Entertainment ist zum zweitgrößten Geschäftsbereich der Firma geworden, der selbst Sony Music und Sony Pictures übertroffen hat; nur Sony Electronics bringt mehr ein. Als Unternehmen, das Milliarden in die Hardware-Software-Synergie gesteckt hat, lieferte Sony Computer Entertainment den Beweis dafür, dass sich Integration auszahlen kann. Sonys Softwarepartner geben manchmal bis zu 40 Millionen US-Dollar für die Entwicklung und Vermarktung eines einzigen Spieles aus. – Solche Budgets wurden bislang eher mit Kinorennern aus Hollywood in Verbindung gebracht. Mittlerweile allerdings konnte mit der Software für Videospiele mehr Umsatz gemacht werden als mit dem Verkauf von Kinokarten. Und der PC war ebenfalls nicht mehr vor Angriffen sicher: 1998 wurden mit der für spezielle Spiele-Computer hergestellten Software mehr als zwei Drittel der durch Unterhaltungssoftware erzielten Gesamteinnahmen abgedeckt. Das weitere Drittel ging auf das Konto PC-gestützter Produkte.

Aber die Ambitionen, die Kutaragi für Sony hegte, waren noch lange nicht erfüllt. Während die Verkaufszahlen für die PlayStation weiter stiegen, begann Kutaragi an seinem Entwicklungs-Meisterstück zu arbeiten, das als PlayStation 2 bekannt ist. Obwohl er jetzt Chef von Sony Computer Entertainment war, leitete er das Technikteam, das sich daranmachte, ein neues Gerät zu entwickeln. Die PlayStation 2, die mehr als nur ein Spiele-Computer ist, wird um einen als „Gefühlsmaschine" bezeichneten 128-Bit-Prozessor gebaut. Es handelt sich dabei um einen Chip, der laut Sony dreimal schneller ist als ein Pentium gleichen Kalibers. Der neue

Chip soll in der Lage sein, Bilder und Bewegungen realistischer wiederzugeben als eine Workstation von Silicon Graphics. Der gut eine Milliarde US-Dollar Entwicklungskosten teure Chip soll über genug Kapazität zur Spracherkennung verfügen und Gestalten darstellen, die bis hin zu ihrem Gesichtsausdruck gesteuert werden können. Über die PlayStation 2 sollen zudem sowohl DVD-Filme als auch alle 3000 CD-ROM Spiele, die für die ursprüngliche PlayStation entwickelt wurden, abgespielt werden können. Grafische Darstellungen sollen einem lebendigen Film gleichen, die Tonqualität soll die einer Musik-CD übertreffen, und die Rechnerkapazität soll größer sein als die eines Hochleistungs-PC. Außerdem ist das Gerät noch mit einem Internetanschluss ausgestattet, denn, so Kutaragi: „Kommunikation ist für die Menschen die großartigste aller Unterhaltungsarten. Selbst das Telefon ist eine Art von Entertainment."

Kutaragi hofft, dass die PlayStation 2 ein „Home Server" wird, der Haushalte mit allen möglichen Arten von Breitbandservice verbindet. Ein leitender Manager von Sony hat die PlayStation 2 als einen völlig neuen *dohyo* bezeichnet – das japanische Wort für Sumo-Ring. Aber selbst dieses bahnbrechende Produkt ist nur ein Schritt in Richtung auf ein noch kühneres Ziel. Dazu Kutaragi:

> *„Ich beabsichtige, eine neue Art von Entertainment zu schaffen. Musik hat eine 1000-jährige Geschichte, der Film hat eine 100-jährige Geschichte, aber der Computer ist neu. Der Mikroprozessor ist ein 30 Jahre altes Produkt, und IBM und Intel wollen ihn als erweiterte Rechenmaschine einsetzen. Sie sind auf die Produktivität im Büro fixiert, nicht auf Entertainment. Spielberg sah unsere Vorführung und meinte: ‚Wow'. Lucas glaubt, dass ihm die PlayStation 2 seinen Traum nach Hause liefern kann. Sie haben nicht erwartet, dass diese Art von Technologie noch in diesem Jahrzehnt verfügbar sein würde."*

Was Kutaragi beschreibt, ist nicht weniger als eine zukunftsweisende Mischung aus Fernsehen, Film, Computern, Musik und dem Internet. Ob es Sony tatsächlich gelingt, dies zu realisieren, bleibt abzuwarten. Aber es gibt keinen Zweifel daran, dass die PlayStation 2 mehr als bloß ein Spielecomputer ist, und ein paar Leute in der Computerwelt fragen sich, ob Sony möglicherweise Intel oder Microsoft im Visier hat.

Keine Frage: Kutaragi hätte Sony verlassen und sein eigenes Videospiel-Unternehmen gründen können. Aber dann hätte er nicht dessen beachtliche Marketingmacht, seine Produktionskapazität und seine finanziellen Mittel einsetzen können. Kutaragi sinniert:

Dupont-Roc konnte für Shell eine Welt voller Chancen jenseits der fossilen Brennstoffe sehen; eine Welt, um ein weithin sichtbarer Verfechter für die Nutzung regenerativer Energiequellen zu werden.

„Wenn ich das Ganze als Risikogeschäft außerhalb eines großen Unternehmens aufgebaut hätte, dann hätte das zwar funktioniert, aber die Antriebsgeschwindigkeit wäre nicht hoch genug gewesen. Sony verfügt über ein großes Humankapital, Geld und Produktionskapazität, aber damals hatte es keine Vision. Mein Team hatte diese Vision. Wir wollten Sonys Infrastruktur nutzen, um schneller mit unserem Produkt auf den Markt zu kommen. Wenn wir ein Unternehmen in Silicon Valley gewesen wären, hätten wir ein zweites Silicon Graphics gegründet. Aber wir wollen mehr erreichen, als nur ein weiteres Silicon Graphics zu sein."

Im Frühjahr 1999 kündigte Sony eine Umstrukturierung an, durch die Sony Computer Entertainment ins Zentrum des Unternehmens gerückt und Kutaragi in die Unternehmensleitung von Sony aufgenommen wurde. Kutaragis Odyssee vom geächteten Ingenieur zum Unternehmensmogul liefert ein Lehrstück aus dem wirklichen Leben darüber, was erforderlich ist, um ein großes Unternehmen noch größer zu machen:

- Beginnen Sie mit einer Vision, die so kühn und verführerisch ist, dass sie Ihnen die Kraft gibt, weiterzumachen, wenn andere Sie torpedieren.
- Beginnen Sie nicht mit gewaltigen Projekten. Beginnen Sie mit etwas, das Sie unmittelbar und mit Ihren eigenen Ressourcen realisieren können (wie jener erste Sound-Chip für Nintendo).
- Gehen Sie notfalls in den Untergrund, selbst um den Preis der Isolation.
- Bitten Sie nicht um Erlaubnis, bevor Sie nicht einen ersten Erfolg erzielt haben und fähig sind, richtig aufzudrehen.
- Seien Sie bereit, Ihren Arbeitsplatz für das, woran Sie glauben, zur Disposition zu stellen.
- In einer Welt, in der die meisten Menschen nicht über das nächste Geschäftsquartal hinausblicken können, zahlt sich Beharrlichkeit aus.

In seiner neuen Rolle ist Kutaragi nicht weniger entschlossen, die Welt zu verändern, als er es als einsamer Ingenieur war. Vom Exilanten zum CEO eines eigenen Unternehmensbereichs – fürwahr die Entwicklung eines Aktivisten!

und realistisch war, dass er bereit war,
widerstehlich   die Sicherheit seiner anonymen Stabstelle aufzugeben,

SHELLS RADIKALER VERFECHTER REGENERATIVER ENERGIEN

Als er sich 1993 der Planungsgruppe von Royal Dutch/Shell anschloss, war es Georges Dupont-Rocs Aufgabe, in die Zukunft zu blicken. Aber Dupont-Roc war mehr als ein seelenloser Planer, der im Kopf unterschiedliche Szenarien durchspielte. Er war ein Träumer und ein Macher. Er konnte für Shell eine Welt voller Chancen jenseits der fossilen Brennstoffe sehen; eine Welt, die so unwiderstehlich und realistisch war, dass er bereit war, die Sicherheit seiner anonymen Stabsstelle aufzugeben, um ein weithin sichtbarer Verfechter für die Nutzung regenerativer Energiequellen zu werden. Bevor er das Unternehmen wieder verließ, hatte Dupont-Roc sein ein Jahrhundert altes Unternehmen davon überzeugt, erneuerbare Energien zum fünften Zentralbereich von Shell neben Forschung und Produktion, Chemikalien, Ölprodukten und Erdgas zu machen.

Als Planungsleiter der Gruppe Energie musste Dupont-Roc „die weltweite Energieszene beobachten und langfristige Probleme erkennen, die möglicherweise Auswirkungen auf verschiedene Versorgungsquellen ha-

DIE PERSPEKTIVE DES BERICHTS VON DUPONT-ROC WAR VERWEGEN. – DER BERICHT BLICKTE NICHT NUR FÜNF ODER ZEHN, SONDERN MEHR ALS 50 JAHRE IN DIE ZUKUNFT!

ben konnten". Während er dies tat, faszinierte ihn zunehmend die Herausforderung, den Energiebedarf einer Welt mit rapide wachsender Bevölkerung auf eine Art zu befriedigen, die umweltverträglich ist und die wirtschaftliche Entwicklung nachhaltig unterstützt. Begierig, mehr zu erfahren, suchte Dupont-Roc die führenden Energieexperten aus Wissenschaft und anderen Unternehmen auf. In seinem Bestreben, ein Bild zu entwerfen, wie sich das Energiesystem der Welt entwickeln und welche Rolle regenerative Energiequellen wie Sonne, Wind und Holz dabei spielen würden, traf er entsprechende Fachleute am MIT, in Berkeley, bei Boeing und bei Mercedes-Benz. 1994 fasste er seine Erkenntnisse in einem sieben Seiten langen Bericht zusammen, der die unbescheidene Überschrift „Die Entwicklung der Weltenergiesysteme" trug.

Der Bericht blickte nicht nur fünf oder zehn, sondern mehr als 50 Jahre in die Zukunft! Selbst für eine Ölgesellschaft, die daran gewöhnt ist, Investitionen in die Erforschung von Vorkommen zu investieren, die sich erst in zehn oder 20 Jahren rechnen, war die Perspektive des Berichts von Dupont-Roc verwegen. Aber er stützte sich auf eine Fülle harter Fakten über den Fortschritt der Energie während der vergangenen 100 Jahre und ihre mögliche Bedeutung für die Zukunft.

Während des vergangenen Jahrhunderts stieg das Bruttoinlandsprodukt weltweit um durchschnittlich drei Prozent jährlich – unterstützt durch die steigende Verfügbarkeit von Energie, deren Versorgungsleistung jährlich um zwei Prozent wuchs. Während dieser Zeit nahm der weltweite Energieverbrauch jährlich in einem Umfang zu, der einer Steigerung der Energiemenge von vier auf 13 Barrel Öl pro Person entsprach. Vor dem Hintergrund dieser historischen Trends zeigte Dupont-Roc zwei mögliche Entwicklungslinien für das nächste Jahrhundert auf: Die erste, als „anhaltendes Wachstum" bezeichnete Linie basierte auf der Annahme, dass der Energieverbrauch entsprechend seiner historischen Quote weiter steigen werde. In diesem Fall würden die Menschen im Jahr 2060 pro Kopf eine 25 Barrel Öl entsprechende Energiemenge verbrauchen. Die zweite, mit „Dematerialisierung" überschriebene Alternative ging von der Annahme aus, dass sich das Energiewachstum in einem gewissen Maß vom BIP-Wachstum abkoppeln werde, weil die Informationstechnologie, die Biotechnologie und leichtere Materialien eine effizientere Energienutzung ermöglichten. In diesem Fall würden die Menschen im Jahr 2060 pro Kopf und Jahr eine 15 Barrel Öl entsprechende Energiemenge verbrauchen.

Nach Dupont-Rocs Meinung war das Szenario anhaltenden Wachstums das wahrscheinlichste. Es ging davon aus, dass die Nutzungseffizienz von Energie jährlich um ein Prozent steigen würde, wie dies auch im vergangenen Jahrhundert der Fall gewesen war. Um das Dematerialisierungs-Szenario Realität werden zu lassen, hätte die Energieeffizienz zweimal so schnell als bisher steigen müssen, was in der Vergangenheit nie länger als einige aufeinander folgende Jahre gelungen war. Und selbst wenn sich eine Tendenz zur Dematerialisierung durchsetzen sollte, würde diese in den Industrieländern beginnen und mehrere Jahrzehnte brauchen, um auch die unterentwickelten Regionen zu erfassen.

Aus welchem Blickwinkel Dupont-Roc die Daten auch betrachtete – er sah angesichts des Wachstums der Weltbevölkerung und der immer offensichtlicher werdenden Umweltgefahren durch fossile Brennstoffe keine Möglichkeit, einen Engpass in der Energieversorgung zu umgehen. Dupont-Roc erklärt: „Die Chancen für die regenerativen Energiequellen bestehen darin, die Kosten zu senken, den traditionellen Energiequellen Marktanteile wegzunehmen und sich vom kleinen Nischenanbieter zum ernst zu nehmenden Mitbewerber zu entwickeln, wie dies beim Öl zu Beginn des 20. Jahrhunderts der Fall gewesen ist."

Um seine skeptischen Kollegen zu überzeugen, zog Dupont-Roc einen eindrucksvollen Vergleich. Er wies darauf hin, dass das Öl anfangs auch ein Nischenprodukt gewesen sei, das ausschließlich für Lampen und Herde verwendet worden war. Seinem Bericht zufolge lag der Marktanteil von Öl 1890 im Verhältnis zu Kohle und Holz noch immer bei ganzen zwei Prozent, und das, obwohl der Preis dank verbesserter Raffinier- und Produktionstechniken 20 Jahre lang um jährlich acht Prozent gesunken war. Erst als Winston Churchill die British Navy von Kohle auf Öl umstellte, um die Leistungsstärke der Schiffe zu erhöhen und die Sichtbarkeit ihrer Emissionen zu verringern, begann das Erdöl zur wichtigsten Energiequelle zu werden.

Damit erinnerte Dupont-Roc seine Kollegen lediglich an etwas, das sie bereits wussten: Energiemärkte brauchen für ihre Entwicklung sehr viel Zeit. Jedes Mal, wenn der Energieverbrauch stieg, diversifizierte sich der Markt, um die wachsende Nachfrage zu befriedigen; von der Kohle führte die Entwicklung zum Öl, und vom Öl zum Gas und zur Kernenergie. War es nicht denkbar, dass regenerative Energien – sowohl aus bereits bestehenden Quellen wie Sonne und Wind als auch aus noch zu erschließenden Möglichkeiten – die nächste Stufe bildeten? Waren regenerative Energien nicht als einer jener Güterzüge der Geschichte einzuschätzen, auf den man entweder aufspringt, bevor er sein Tempo beschleunigt, oder von dem man überrollt wird? Im Rahmen des von einem anhaltenden Wachstum ausgehenden Szenarios nahm Dupont-Roc an, dass regenerative Energiequellen gegenüber Öl, Gas und anderen herkömmlichen Energieformen bis 2020 voll wettbewerbsfähig sein würden (vgl. hierzu das Schaubild „Marktanteile einzelner Energieformen 1860-2060").

Dupont-Roc erinnerte seine Kollegen daran, dass es im Frühstadium unmöglich war, genau vorauszusagen, welche Technologien schließlich den Sieg davontragen würden. Zu Beginn des Jahrhunderts sah es beispielsweise so aus, als werde der Zeppelin gegenüber dem Flugzeug das Rennen machen, und auch die Elektroautos wirkten vielversprechender als die von einem Verbrennungsmotor angetriebenen Automobile. 1899 brach ein durch Batterien betriebenes elektrisches Aluminiumauto mit 105 gestoppten Stundenkilometern den Geschwindigkeitsrekord über Land.

Auf der letzten Seite von Dupont-Rocs Bericht waren Auszüge aus einem Artikel im *Ladies' Home Journal* vom Dezember 1900 abgedruckt. Er trug die Überschrift: „Was in den nächsten 100 Jahren geschehen könnte." Unter anderem wurde darin vorausgesagt: „Es wird Luftschiffe geben, aber sie werden sich nicht erfolgreich gegen Land- und Wassertransportmittel für den Passagierverkehr behaupten können. Vor allem Militärnationen werden sie als tödliche Luftflotte beibehalten." – Nun, offensichtlich gibt es heutzutage keine Britische Luftschiffflotte.

Dupont-Roc meinte, dass die großen Zukunftstrends, wie beispielsweise der künftige Energiebedarf von zehn Milliarden Menschen, recht gut abgeschätzt werden könne. Aber die Details, also zum Beispiel welche Technologien genau diese Energiemenge liefern werden, ließen sich weit schwerer erkennen. Aus diesem Grund befürworte er für den Bereich der regenerativen Energien einen technologisch-agnostizistischen Ansatz: das Experimentieren mit allem, von der Solar- und der Windenergie über die Biomasse (Verbrennen von Holz und anderen nachwachsenden Ressourcen) bis zur Erdwärme. Ziel müsse es sein, die Möglichkeiten in einem breiten Spektrum zu nutzen.

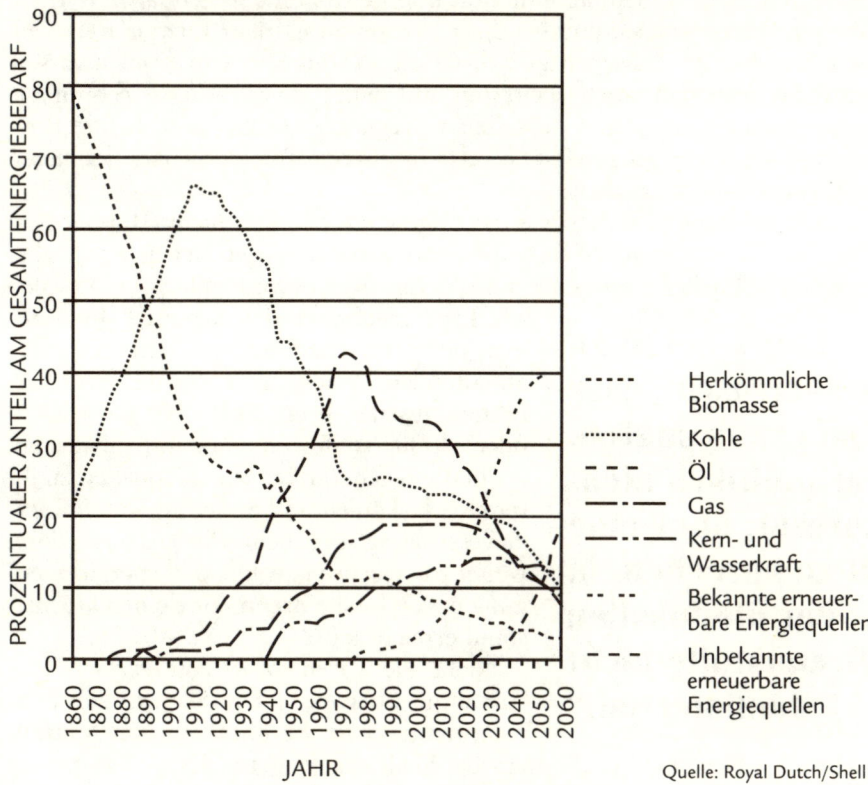

MARKTANTEILE EINZELNER ENERGIEFORMEN 1860-2060

Quelle: Royal Dutch/Shell

Dupont-Roc strebte mehr an als ein Kopfnicken der Shell-Führungsriege zur Nutzung alternativer Energiequellen. Es ging ihm um mehr als um eine PR-Kampagne zur Beruhigung der Umweltschützer. Er wollte erreichen, dass sich das Unternehmen den neuen Energieformen ohne Wenn und Aber verschrieb. Doch zunächst musste er triftige Argumente für diese erneuerbaren Energiequellen in die Waagschale werfen. Dupont-Roc führte an, dass die Kosten für die Herstellung von Solarzellen, für das Anpflanzen von Bäumen und für die Verwandlung von Wind- in elektrische Energie in ähnlichem Maß sinken würden wie die Kosten der Ölproduktion im ausgehenden 19. Jahrhundert. Sein Bericht zeigte, dass die Produktionskosten für Solarzellen während der Siebziger- und Achtzigerjahre um jährlich 15 Prozent gesunken waren und sich die Kosten für die Erzeugung von Windenergie während der Achtziger- und Anfang der Neunzigerjahre um zehn Prozent jährlich reduziert hatten. Auf einigen Märkten war Windenergie bereits wettbewerbsfähig geworden. Die Kosten für Solarzellen, versicherte Dupont-Roc, würden sich durch die Fortschritte in der Silikonverarbeitung und der Dünnfilmtechnologie sowie durch den

Anstieg der Produktionsmengen weiter reduzieren. Durch eine verbesserte Klontechnik und Genmanipulation könnten Bäume angepflanzt werden, die schneller wachsen und bei ihrer Verbrennung mehr Energie freisetzen würden. In der Zwischenzeit würde die Produktion von Kohlenwasserstoff-Brennstoffen auch weiterhin auf einer ausgereiften Technologie basieren, und die Ölgesellschaften würden gezwungen sein, tiefere Bohrungen im Meer vorzunehmen oder in älteren Ölfeldern nach kleineren Ölvorkommen zu suchen.

„Ich behauptete nicht, dass das Ölgeschäft tot sei", meint Dupont-Roc im Rückblick, „sondern dass die Produktivität in den neuen Energiebereichen schneller verbessert und deren Wettbewerbsfähigkeit auf den Märkten erhöht werden könnte." Im Rahmen des wahrscheinlichsten Szenarios eines anhaltenden Wachstums werde der Verbrauch fossiler Brennstoffe bis etwa 2020 oder 2030 weiterhin moderat ansteigen, wenn die regenerativen Energiequellen zu ihrem Recht kämen und es der gesamten Energieversorgung erlauben würden, auch dann weiter zu wachsen, wenn die Energieerzeugung durch fossile Brennstoffe einen Höchststand erreicht hätte.

> „Die Leute bei Shell waren überrascht, dass wir so etwas sagten. Es war politisch nicht korrekt, über eine Welt zu sprechen, in der die fossilen Brennstoffe nicht dominierten."

Nicht alle waren sofort von Dupont-Rocs Annahme überzeugt. Die Skepsis der Führungsmannschaft beruhte auf den enttäuschenden Ergebnissen, die man bei Shell mit früheren Experimenten im Bereich regenerativer Energiequellen erhalten hatte. In den Siebzigerjahren hatte das Unternehmen zum Beispiel ein kleines Projekt zur Nutzung von Solarenergie gegründet. Aber Mitte der Achtzigerjahre, nachdem man etwa 100 Millionen US-Dollar investiert hatte, wurde dieses Projekt eingestellt. Die Energiegewinnung durch Fotovoltaik rechnete sich einfach noch nicht. In den Achtzigerjahren experimentierte Shell im Rahmen eines Jointventure mit Gulf auch im Bereich der Kernenergie. Dieser kurze Flirt führte jedoch lediglich zu einer Totalabschreibung in Höhe von 500 Millionen US-Dollar. Alles, was bis 1994 Shells frühere Experimente überlebt hatte, war eine kleine fotovoltaische Forschungsabteilung in den Niederlanden und ein nicht sehr umfangreiches Forstwirtschaftsgeschäft mit Betrieben in Uruguay und Chile.

Unbeirrt veröffentlichte Dupont-Roc sein kurzes Strategiepapier und begann, die hoffnungsvolle Kunde von den erneuerbaren Energiequellen zu verbreiten. Er reiste von einer Betriebsgesellschaft von Shell zur nächsten und hielt innerhalb von 18 Monaten 80 Reden in 20 Ländern. Dupont-Roc kommentiert: „Die Leute bei Shell waren überrascht, dass wir so etwas sagten. Es war politisch nicht korrekt, über eine Welt zu sprechen, in der die fossilen Brennstoffe nicht dominierten." Andere vermuteten, dass es sich lediglich um eine PR-Aktion handelte. Aber jedes Mal, wenn er seine Geschichte erzählte, wurde sie überzeugender.

> *„Die Leute trugen zu meinen Geschichten bei, indem sie weitere Beispiele nannten und Erklärungen lieferten, die ich dann in mein Modell einbaute. Es hatte etwas von einer demokratischen Debatte. Die wichtigste Sache, die ich lernte, war, aufgeschlossener zu sein. Die Leute von Shell haben den Ruf, arrogant zu sein und ihren Mitmenschen Inhalte aufzuzwingen, statt sie mit ihnen auszutauschen und herauszufinden, was andere Leute zu sagen haben."*

Schließlich bekam Dupont-Roc die Chance, seinen Standpunkt dem leitenden Management von Shell zu präsentieren. Dort stieß er auf vorsichtige Zustimmung. Sein Anliegen wurde durch den ständigen Zufluss positiver Rückmeldungen seitens der Landesmanager unterstützt, die sehr angetan davon waren, dass Shell einen Dialog über neue Energiequellen führte. Die Tatsache, dass es Greenpeace gelungen war, die öffentliche Meinung gegen Pläne des Unternehmens zu mobilisieren, eine ausgediente Ölplattform in der Nordsee zu versenken, verstärkte die Dringlichkeit dieses Anliegens. Angesichts der scharfen Kritik durch die europäische Presse im Zusammenhang mit der geplanten Versenkung von Brent Spar war das Topmanagement besonders gegenüber Vorschlägen aufgeschlossen, die ihr Unternehmen umweltfreundlicher machten.

Das Leitungskomitee bat Dupont-Roc, einen Geschäftsplan vorzubereiten, in dem dargelegt wurde, wie Shell einen Zeh in die Flut von Möglichkeiten regenerativer Energiequellen tauchen konnte. Möglicherweise suchte man auch einfach nur nach irgendeinem symbolischen Zeichen, aber es war genau die Chance, die Dupont-Roc benötigte, um sein Geschäftskonzept für regenerative Energien in die Realität umzusetzen.

Ungeachtet der Zustimmung wusste Dupont-Roc, dass er seinen Vorschlag finanziell glaubwürdig gestalten musste, wenn er je ernsthaft in Erwägung gezogen werden sollte. Er war sich sicher, dass sich die regenerativen Energiequellen im Lauf der nächsten Jahrzehnte rechnen würden, aber er konnte nicht genau sagen, wann oder wie. Mitte der Achtzigerjahre hatte Dupont-Roc ein Bohrprojekt in der Nordsee geleitet. Damals zwang der Einbruch der Ölpreise alle, nach neuen Wegen zur Reduktion der Projektkosten zu suchen (zum Beispiel durch dreidimensionale seismische Technologien, Unterwasser-Satelliten und unbemannte Plattformen). Er war der festen Überzeugung, dass eine ähnliche Innovationswelle eines Tages den regenerativen Energiequellen einen starken Auftrieb geben und ihnen einen zentralen Stellenwert verleihen würde. Wenn Shell allerdings wartete, bis dieser Umschwung eintrat, dann würde es zu spät sein. Dem Unternehmen würden die Erfahrungen fehlen, um mit jenen gleichziehen zu können, die früher begonnen hatten, die neuen Energien zu erforschen.

Im Herbst 1995 traf sich Dupont-Roc unter Umgehung aller zahlreichen Shell-Magnaten direkt mit dem Chairman des Unternehmens. Während der einstündigen Unterredung bat er diesen um 25 Millionen US-Dollar, um innerhalb eines Zeitraums von drei Jahren das kommerzielle Potenzial einiger Geschäftskonzepte für regenerative Energiequellen testen zu können. Dupont-Roc hatte vor, sich dabei auf die beiden Bereiche zu konzentrieren, in denen Shell bereits einige Kompetenz erworben hatte: auf die Solarenergie und die Biomasse (speziell die Anpflanzung von Hölzern zur Energieerzeugung). Im Bereich der Fotovoltaik wollte er die Herstellung von Solarzellen automatisieren und die Produktion entsprechender Energieanlagen mit einer Strommenge von zwei Megawatt pro Jahr und Anlage auf 20 Megawatt jährlich steigern. Im Bereich Biomasse wollte er aufzeigen, dass Shell Bäume ertragreich anpflanzen, abholzen und daraus Brennstoff zu Kosten herstellen konnte, die nicht über denen von Erdgas lagen. „Wir mussten den Chairman davon überzeugen, dass Shell etwas tun konnte, das praktisch und glaubwürdig war", sagt Dupont-Roc. Am Ende des Treffens erhielt er die gewünschten 25 Millionen US-Dollar.

„Sie müssen den Fokus auf ein begren

Nun hatte Dupont-Roc das Geld, musste sich aber noch die Unterstützung durch die lokalen Linienmanager sichern, die im weltweiten Reich von Shell das Sagen über Menschen und Anlagen hatten. Seinen Reden zu applaudieren, war eine Sache, aber tatsächlich Ressourcen für ein im Entstehen begriffenes Geschäftsprojekt zur Verfügung zu stellen, war etwas ganz anderes. Mit seiner kleinen Kampftruppe, zu der auch drei weitere Personen bei Shell Central in London gehörten, startete er eine neue Kampagne. „Es war sehr anstrengend. Wir mussten die leitenden Manager in den Betriebsgesellschaften dazu bringen, uns zu unterstützen", berichtet er.

Dupont-Roc wählte seine Ziele mit Bedacht aus. Wenn die Betriebsgesellschaften zu groß waren, würde das Projekt untergehen. Wenn sie zu klein waren, dann konnte es möglicherweise zu einem Störfaktor werden. Darum konzentrierte er sich auf etwa zwei Dutzend mittelgroße Shell-Gesellschaften. Typische Reaktionen dort waren: „Wir bedauern, aber wir versuchen gerade, unsere Ölproduktion zu rationalisieren." Oder: „Unsere lokale Strategie kann regenerative Energien nicht unterstützen – obwohl wir Sie unterstützen." Schließlich begrenzte sein Team die Kandidaten auf ein Dutzend mittelgroße Tochtergesellschaften. Diese Testbasis hatte den Vorteil, dass sie verschiedene Wirtschafts- und Klimaarten repräsentierte. Einige der Experimente scheiterten, andere waren ein voller Erfolg. In Deutschland beispielsweise musste Dupont-Roc die örtliche Begeisterung dämpfen. Er zog folgendes Reümee:

> *„Man muss ein Gleichgewicht bewahren zwischen dem Beharren auf einer bestimmten Form zentraler Steuerung und der selbständigen Entwicklung lokaler Initiativen. In Deutschland übertreiben sie ein wenig. Sie begannen, sich mit solarer Wärmegewinnung, Wellen- und Windkraft zu befassen, was im Prinzip gut war; aber sie versuchten zu viel auf einmal zu tun. Wir sagten: ‚Wir wollen im Augenblick nicht so weit gehen.‘ Sie müssen den Fokus auf ein begrenztes Ziel richten, oder Sie werden scheitern."*

Als das Leitungskomitee des Shell-Managements im Dezember 1996 überprüfte, welche Fortschritte Dupont-Roc erzielt hatte, lag er gut im Plan. Seine Gruppe hatte 300 Hektar Wald in Uruguay gepflanzt und eine Drei-Megawatt-Solarversuchsanlage in den Niederlanden errichtet. Die Komiteemitglieder waren begeistert. Obwohl die dreijährige Versuchsphase noch nicht abgeschlossen war, baten sie ihn, einen neuen Plan im Bereich der regenerativen Energiequellen vorzulegen, der einen beträchtlichen Ausbau seiner Aktivitäten vorsah.

Diesmal entwickelte Dupont-Roc einen breiten, auf 15 Jahre ausgelegten Geschäftsplan, der nicht nur den Umfang von Shells Tätigkeit im Bereich der Biomasse und der Solarenergie erweiterte, sondern auch eine Plattform für zwei neue Felder schuf: Windenergie und Erdwärme. Für die Erarbeitung seines Plans suchte er über 20 führende Manager in unterschiedlichen Bereichen des Unternehmens auf, die ihm dabei halfen, die finanziellen Aspekte seines Plans im Detail zu klären. Sie unterzogen ihn einem scharfen Verhör: „Was wollen Sie mir verkaufen? Wie wollen Sie es erzeugen? In welchen Ländern? Wer wird die Kunden beibringen?"

Als er schließlich im Juni 1997 dem Leitungskomitee seinen Plan präsentierte, war dieser sehr konkret. Das Ziel bestand darin, bis 2010 ein Geschäftsportfolio mit Investitionen in mindestens 20 verschiedenen Ländern zu entwickeln, 100 Millionen US-Dollar Gewinn und eine jährliche Ertragssteigerung von 15 Prozent zu erwirtschaften. Das Geschäft würde lokal abgewickelt werden, aber ein zentrales Team in London würde dabei helfen, erfolgreich durchgeführte Versuche auch in anderen Bereichen des Unternehmens zu übernehmen.

Shell stand nun vor der Wahl: Es konnte dieses Tochterunternehmen entweder in einem bestehenden Bereich ansiedeln oder einen völlig neuen Bereich schaffen. Man entschloss sich für die zweite Möglichkeit, damit das Geschäft deutlicher in Erscheinung trat und eine bessere Wachstumschance hatte. Im Herbst 1997 gründete das Unternehmen den Bereich Shell International Renewables und stellte ihm für die kommenden fünf Jahre 500 Millionen US-Dollar Investitionsmittel für das Risikogeschäft zur Verfügung.

Dupont-Roc freute sich zwar darüber, dass sich all seine Vorträge und seine Lobby-Arbeit schließlich ausgezahlt hatten, aber er war gleichzeitig zutiefst enttäuscht darüber, dass er nicht gebeten wurde, die neue Unternehmenseinheit zu leiten. Unglücklicherweise herrschte bei Shell noch immer die Aristokratie, und er war leider nicht blauen Geblüts. Stattdessen wurde ein höherer Manager mit dieser Aufgabe betraut, der kurz vorher einer Reorganisation des chemischen Bereichs zum Opfer gefallen war. Trotzdem ermutigte Dupont-Roc die Tatsache, dass seine dem Lauf der Geschichte entsprechende Vision dazu beigetragen hatte, erstmals seit Jahrzehnten bei Shell einen größeren Unternehmensbereich neu zu schaffen. Er blieb noch, um dem ehemaligen Chemiemanager dabei zu helfen, das neue Geschäft mit den regenerativen Energiequellen sowie ein Erdwärme-projekt auf den Weg zu bringen. Dann verließ Dupont-Roc in aller Stille das Unternehmen, um eine Stelle bei dem französischen Energieunternehmen TOTALFINA zu übernehmen.

Trotz seines Ausscheidens hinterließ Dupont-Roc bei Shell unauslöschliche Spuren: 1999 konnte eine erste Ladung Bäume, die 1996 unter seiner Leitung in Uruguay gepflanzt worden waren, gefällt werden, und in Deutschland betreibt Shell ein neues 20-Megawatt-Werk auf der Grundlage von Sonnenkollektoren. In Südafrika hat Shell International Renewables Solarsysteme für die private Stromversorgung an 50 000 Personen verkauft, die zu entlegen wohnen, um an das öffentliche Stromnetz angeschlossen werden zu können. – Das ist das umfangreichste kommerzielle Elektrifizierungsprojekt, das je auf der Basis von Solarenergie in ländlichen Gebieten realisiert wurde. Außerdem wurden von Shell in Bolivien 10 000 Solarsysteme für die private Stromversorgung installiert. In Deutschland und den Niederlanden hat das Unternehmen eine Hand voll Solarstrom-Tankstellen eröffnet, an denen die Fahrer von Elektroautos ihre Wagen auf umweltfreundliche Weise auftanken können. Und in einem „Sonnen-Stationen"-Projekt hat das Unternehmen solare Haussysteme mit durch Biomasse befeuerten Kraftwerken verbunden, die in einem indonesischen Dorf den Strom für 80 Privathaushalte, eine Moschee, ein Regierungsgebäude und elf Straßenlampen bereitstellen.

Sie arbeiteten innerhalb des Systems, stachelten die Unzufriedenen an, mobilisierten Gleichgesinnte, leiteten Außenseiterprojekte und veränderten schließlich das Schicksal einiger der größten und komplexesten Unternehmen der Welt.

In der Zeit, als das Geschäft mit den regenerativen Energiequellen noch ein Projekt mit einem Volumen von 25 Millionen US-Dollar war, das sich erst einmal bewähren musste, erhielt Dupont-Roc eine Postkarte von einem Politiker aus den französischen Alpen, wo er aufgewachsen war. Auf der Postkarte waren zwei Kinder zu sehen, die vor einem ungewöhnlichen Alpenpanorama spielten, und dazu ein Zitat des französischen Schriftstellers Antoine de Saint-Exupéry: „Wir erben das Land nicht von unseren Ahnen, wir borgen es uns von unseren Kindern." Der Chairman von Shell, Mark Moody-Stuart, sollte diese Worte 1998 in einem Brief an die Aktionäre wiederholen.

Aus Dupont-Rocs Erfolg lassen sich einige Lehren ableiten:

- Investieren Sie rücksichtslos in Ihren eigenen Lernprozess. Durch die endlosen Zusammenkünfte mit Experten und Wissenschaftlern erhielt Dupont-Roc die Waffen und das Rüstzeug, das er brauchte, um seine internen Auseinandersetzungen bei Shell zu gewinnen.
- Es gibt nichts, was gesicherte Daten ersetzen könnte. Zwar reichen Daten allein selten aus, um ein Unternehmen dazu zu bringen, gewagte, neue Dinge zu tun, aber eine unexakte Analyse beendet die Karriere eines Aktivisten, bevor sie auch nur begonnen hat.
- Ein bedeutendes Anliegen (beispielsweise ein sauberer Planet und eine nachhaltige Entwicklung) ist ebenso wichtig wie eine großartige Geschäftsargumentation.
- Wenn Sie nicht bereit sind, als Apostel aufzutreten, dann erwarten Sie nicht, das jemand anderes dies tut.
- Verwenden Sie zur Stärkung Ihrer Glaubwürdigkeit Analogien und Erfahrungen aus der eigenen Geschichte Ihres Unternehmens. Dupont-Rocs Analyse der Faktoren, die dazu geführt haben, dass Öl, Erdgas und Kernenergie frühere Energiequellen ergänzten, war ein gewichtiges Argument für die regenerativen Energiequellen.
- Fangen Sie klein an. Kleine Erfolge bilden die Plattform für große Erfolge.

David Grossman, John Patrick, Ken Kutaragi und Georges Dupont-Roc – sie arbeiteten innerhalb des Systems, stachelten die Unzufriedenen an, mobilisierten Gleichgesinnte, leiteten Außenseiterprojekte und veränderten schließlich das Schicksal einiger der größten und komplexesten Unternehmen der Welt. Sie waren Bürger-Aktivisten.

Und wo beginnen Sie? Wie können Sie eine Bewegung organisieren? Haben Sie all das, was Sie dafür brauchen? Was können Sie tatsächlich von Ken und Dave und John und Georges lernen? Lesen Sie weiter.

Los, revoltieren Sie!

Jeden Tag werden Unternehmen durch die Zukunft in die Irre geführt. Jeden Tag finden sich Dutzende Firmen plötzlich in der Defensive und kämpfen darum, ihr altersschwaches Geschäftsmodell an die Geschäftskonzept-Innovation eines Konkurrenten anzupassen. Aber die Zukunft überrascht nie *alle* im Unternehmen. Irgendwo hat irgendjemand aufgepasst. Für diese Ketzer und Neuheitsbesessenen sind die Möglichkeiten von morgen in jeder Beziehung so real und unvermeidbar wie der Sonnenaufgang am nächsten Tag. Aber allzu oft fühlen sich diese Visionäre isoliert und machtlos. Sie wissen nicht, wo sie ansetzen sollen, um eine Bewegung an der Basis aufzubauen, obwohl die Prinzipien des Aktivismus keinen festen Regeln unterliegen und es keine Geheimabkommen gibt.
Im Lauf der Jahrzehnte haben Sozialaktivisten aller Art eine höchst praktische Theorie entwickelt. Sehr bedauerlich, dass die Prinzipien des Aktivismus unter den Unternehmensangehörigen praktisch unbekannt sind.

Jeder leitende Manager behauptet, „offen für Veränderungen" zu sein, und jeder Firmenchef verweist warnend darauf, dass „Wandel die einzige Konstante" sei. Ist es vor diesem Hintergrund nicht ziemlich seltsam, dass die Prinzipien des Aktivismus nicht jedem Beschäftigten eingetrichtert wurden? Schließlich werden die meisten gesellschaftlichen Systeme durch Aktivisten und nicht durch die Führungsschicht verändert. Dennoch bin ich noch nie auf ein von Unternehmensseite finanziertes Trainingsprogramm gestoßen, das der Basis vermittelt, wie man zum Aktivisten wird. Lassen Sie uns dieses befremdliche Versäumnis beenden, ja? Es gibt sehr viel, was wir von Dave Grossman, John Patrick, Ken Kutaragi und Georges Dupont-Roc, die im vorigen Kapitel porträtiert wurden, im Hinblick auf das Organisieren einer Bewegung lernen können.

WIE MAN EINEN AUFSTAND ANZETTELT

1. Schritt: Entwickeln Sie einen Standpunkt

Als Aktivist brauchen Sie einen Standpunkt, der die folgenden Punkte beinhaltet:

- Was verändert sich in der Welt?
- Welche Chancen eröffnen diese Veränderungen?
- Welche Geschäftskonzepte können diese Veränderungen Gewinn bringend nutzen?

Wenn Sie die Prinzipien der Geschäftskonzept-Innovation erfasst haben, wenn Sie gelernt haben, wie Sie Ihr eigener Visionär werden, dann befinden Sie sich auf dem richtigen Weg, um einen eigenen Standpunkt zu entwickeln.

Man begegnet nur selten einem Menschen, der einen gut durchdachten Standpunkt zur Umsetzung einer Chance vertritt, die zu einer Branchenrevolution führen könnte. Die meisten Leute treten für nichts weiter ein als für ein Mehr desselben. Das ist für Sie als Aktivist sehr vorteilhaft. Ein präzise formulierter Standpunkt ist das Schwert, mit dem Sie die Drachen des Überkommenen töten können. Er ist das Ruder, das es Ihnen ermöglicht, in einer Welt voller Menschen, die sich von ständig wechselnden Moden und Launen treiben lassen, auf Kurs zu bleiben. Und er ist der Leuchtturm, der diejenigen anzieht, die nach etwas suchen, das ihrer Treue wert ist.

Ein Standpunkt muss vier Kriterien erfüllen: Er sollte glaubwürdig, stimmig, überzeugend und kaufmännisch durchdacht sein. Um glaubwürdig zu sein zu, muss er auf unangreifbaren Fakten basieren. Ein Standpunkt kann ebenso kühn und weitreichend wie Ihr Ehrgeiz sein, aber er muss sich auf abgesicherten Daten gründen. Georges Dupont-Roc hat klar und eindeutig aufgezeigt, dass sich einige alternative Energiequellen bis zum Jahr 2020 rechnen – wenn nicht schon vorher. Er konnte der Führungsmannschaft von Shell zeigen, dass die Kosten für die Kilowattstunde aus erneuerbaren Energien über einen längeren Zeitraum zwischen etwa zehn und 15 Prozent jährlich gefallen waren. Verlängern Sie diese Entwicklung in die Zukunft, addieren Sie die Kosten hinzu, die durch die Einhaltung strengerer Umweltstandards für fossile Brennstoffe entstehen, und Sie können ein fundiertes Urteil über den Moment abgeben, ab wann erneuerbare Energiequellen eine realistische Alternative zu den fossilen Energiequellen bilden werden. Angesichts der damit verbundenen technischen Hürden ist auch klar, dass jedes Unternehmen, das darauf hofft, mit erneuerbaren Energiequellen Gewinne zu erzielen, bereits heute mit entsprechenden Investitionen beginnen muss.

John Patrick und David Grossman hatten ebenfalls den Lauf der Geschichte auf ihrer Seite. Auch wenn das Internet erst im Entstehen war, als sie innerhalb von IBM mit ihrer Propagandaarbeit begannen, gab es eine Fülle konkreter Daten, die dessen rapides Wachstum dokumentierten. Es gab auch zahlreiche Analogien aus der Geschichte, die auf den unvermeidbaren Triumph jeder Technologie verwiesen, die es den Menschen ermöglicht hatte, leichter miteinander in Verbindung zu treten und zu kommunizieren. Es war möglicherweise unklar, vor welcher Entwicklungskurve sie sich befanden, aber es gab eine Kurve.

meisten Leute treten für nichts weiter ein als für ein Mehr desselben.

Rhetorik reicht nicht aus. Sie müssen bis zu den Hüften in Daten waten, um sicherzustellen, dass Sie wirklich verstehen, was vor sich geht. Sie müssen darauf vorbereitet sein, Ihre kühnen Aussagen zu belegen. Und Sie müssen klar zwischen dem trennen, was man wissen und nicht wissen kann. – Behaupten Sie keinesfalls, Dinge zu wissen, die ungewiss sind.

Ein Standpunkt muss stimmig sein. Die einzelnen Aspekte Ihres Standpunkts müssen zusammenpassen und sich gegenseitig verstärken. Unternehmensmanager und ihre hervorragenden Wachhunde werden selbst die geringfügigsten Unstimmigkeiten in Ihrem Konzept aufspüren. Logische Fehler sind nicht erlaubt. Das bedeutet nicht, dass Sie in allen Punkten eine perfekte Klarheit erzielt haben müssen, aber es gibt keine Entschuldigung für konfuses Denken.

Ich erlebe häufig, dass Aktivisten-Anwärter niedergemacht werden, wenn sie sich in ihrer Begeisterung über die Logik hinwegsetzen. Ich war beispielsweise dabei, als ein junger Aktivist in einer großen Softwarefirma seinem Firmenchef ein neues Produkt vorstellte. „Das hier wird jeder auf seinem Computer haben. Jeder wird es täglich benutzen", schwärmte er. Die Augenbrauen seines CEO zogen sich zusammen. „Welche Anwendungen außer Browser, E-Mail und Textverarbeitungsprogrammen werden von jedem täglich angewendet?", fragte er. Aus dem Ballon des Aktivisten begann die Luft zu entweichen. „Nun, keine", musste er zugeben. „Und was hat es mit Ihrer Anwendung auf sich, die einen neuen allgegenwärtigen Standard schaffen soll?", setzte der CEO nach. Der Ballon war

Es genügt nicht, eine Ideologie zu haben Sie müssen fähig sein, sie zu vermitteln und andere mit Ihren Ideen anzustecken

jetzt nur noch ein schlaffes Stück Gummi. Der Möchtegern-Aktivist bekam keine zweite Chance mehr. Leidenschaft kann einen in sich schlüssigen Standpunkt nicht ersetzen.

Fakten und Logik reichen jedoch auch nicht aus. Wenn Sie andere in Ihren Traum einbeziehen wollen, müssen Sie ebenso ihre Herzen wie ihren Intellekt ansprechen. Sie müssen bereit sein, den Leuten zu vermitteln, warum Ihr spezielles Anliegen in der Welt etwas verändern wird. Wenn Sie Ihren Standpunkt in Form einer Geschichte (was geschieht beispielsweise mit der Welt, wenn wir die erneuerbaren Energiequellen nicht nutzen) oder eines Bildes (wie die Website mit dem Portrait von Grossmans sechsjährigem Sohn) verdeutlichen können, dann hat dies eine erheblich größere emotionale Überzeugungskraft. Viele glauben, nur Zahlen wären relevant. Das ist Unsinn. Nur Volkswirtschaftler denken, Menschen handelten vollkommen rational. Schönheit, Freude, Hoffnung, Gerechtigkeit, Freiheit, Gemeinschaft – dies sind die bleibenden Ideale, die für uns ein Anliegen attraktiv machen. Welches Ideal verleiht Ihrem Standpunkt einen wirklichen Wert?

Wenn Sie wollen, dass Ihr Unternehmen etwas tut, dann muss Ihr Standpunkt sowohl emotional als auch kaufmännisch ansprechend sein. Wenn Sie nicht erklären können, auf welche Weise Ihr Geschäftskonzept Werte schaffen wird, dann werden Sie als Unternehmensaktivist nicht weit kommen. Das heißt nicht, dass Sie schon vorab eine Planung vorlegen müssen, deren Genauigkeit bis auf die zweite Stelle hinter dem Komma reicht. Es bedeutet vielmehr, dass Ihr Standpunkt eine echte kommerzielle Chance aufzeigen muss. Nehmen Sie die kaufmännischen Grundfragen vorweg: Wie lautet das Nutzenversprechen für die Kunden? Welcher Wettbewerbsvorteil ergibt sich daraus? Wie sieht die Kostendynamik aus? Was liefert die Antriebskraft für wachsende Erträge? Ihr Geschäftskonzept mag noch nicht ganz flügge sein; Sie müssen aber zeigen, dass Sie sich mit diesen Fragen auseinander setzen. Irgendwo in all der Begeisterung und der Handlungsbereitschaft muss der Anfang einer Geschichte zum Thema Wertschöpfung erkennbar sein.

Ein Standpunkt, der glaubwürdig, in sich stimmig, überzeugend und kaufmännisch durchdacht ist, kann sich möglicherweise auf die Ebene einer *Ideologie* erheben. *Random House Webster's College Dictionary* definiert den Begriff als „Kern einer Lehre oder eines Gedankens, der ein politisches oder gesellschaftliches Programm hervorbringt". Bürgerrechte sind eine Ideologie. Demokratie ist eine Ideologie. Das Christentum ist eine Ideologie. Die Vision von Computern, die mit der erforderlichen Leistung und Intelligenz ausgestattet sind, um menschliche Gefühle zum Ausdruck bringen zu können, ist eine Ideologie. Der Glaube an die Kraft erneuerbarer Energiequellen, die die wirtschaftliche Entwicklung aufrechterhalten, ohne den Planeten zu gefährden, ist eine Ideologie.

Als Aktivist müssen Sie Ihre eigene Ideologie entwerfen. Entwickeln Sie zu Beginn Ihrer Reise ein Gespür für Ihr persönliches Ziel. Schrecken Sie nicht davor zurück, von einem großen Ziel zu träumen, wie es Kutaragisan oder Dupont-Roc taten. Einer meiner Aktivisten-Freunde formulierte es so: „Wenn du zum Angeln gehst, dann benutze einen großen Haken." Rückschläge sind unvermeidlich. Sie werden viele einzelne Schlachten verlieren, bevor Sie den Krieg gewinnen. Dabei ist es Ihre Ideologie, die Sie tragen und Ihnen Mut geben wird. Machen Sie sich bewusst, dass Ihr Anliegen *berechtigt* ist – ein Anliegen, das den Veränderungen entspricht, einen lohnenden Wert darstellt und Ihrem Unternehmen dabei helfen wird, im Zeitalter der Revolution seine Bedeutung zu behalten.

2. Schritt: Verfassen Sie ein Manifest

„Dies sind Zeiten, welche die Seelen der Menschen auf die Probe stellen. Der Sommer-Soldat und der Schönwetter-Patriot werden in dieser Krisensituation vor dem Dienst für ihr Land zurückschrecken; aber derjenige, der ihm jetzt beisteht, verdient die Liebe und den Dank von jedem Mann und jeder Frau."

George Washington ordnete an, dass seinen Soldaten diese Worte am Heiligen Abend in Valley Forge vorgelesen wurden, kurz bevor sie den Delaware überquerten. Es sind die ersten Zeilen einer von Thomas Paine, dem US-amerikanischen Revolutionär und Pamphletisten, verfassten Polemik. Paines berühmtestes Werk *Common Sense* war das Manifest der amerikanischen Revolution. Im Verlauf von zwei Jahrhunderten wurden seine kraftvollen Worte und seine zeitlosen Prinzipien immer wieder im Kampf gegen die autoritären Modelle von Despoten und Diktatoren angeführt.

Auch Sie müssen zum Pamphletisten werden. Es genügt nicht, eine Ideologie zu haben, Sie müssen fähig sein, sie zu vermitteln und andere mit Ihren Ideen anzustecken. Wie Thomas Paine müssen Sie ein Manifest verfassen. Es muss nicht besonders lang sein. Ein mitreißendes Manifest leistet Folgendes:

- Es macht die Unausweichlichkeit des vertretenen Anliegens überzeugend klar: Hier sind die Gründe, warum es genau jetzt richtig ist.
- Es spricht zeitlose menschliche Bedürfnisse und Sehnsüchte an: Aus diesen Gründen sollten Sie sich dafür interessieren.
- Es gibt sehr konkrete Handlungsanweisungen: Dort muss begonnen werden.

- Es provoziert Unterstützung: Auf diese Weise können Sie einen Beitrag leisten.

In jeder Organisation gibt es zahlreiche Menschen, die darüber jammern und klagen, was ihr Unternehmen tun *sollte*. Aber wie viele nehmen je die Mühe auf sich und verfassen einen leidenschaftlichen und gut begründeten Aufruf, aktiv zu werden? Unpräzise Ideen erscheinen oft noch konfuser, wenn sie zu Papier gebracht werden. Umgekehrt werden starke Ideen noch mächtiger, wenn sie eine schriftliche Form erhalten. Betrachten Sie Ihr Manifest als Virus. Was können Sie tun, um es noch ansteckender zu machen?

- Benutzen Sie „Informations-Minen", die beim Lesen explodieren – unwiderlegbare Fakten, die Vorurteile in Frage stellen und Zeitdruck erzeugen.

- Suchen Sie nach einfachen Sätzen und wirkungsvollen Analogien, die von den Leuten als „Aufhänger" verwendet werden können, um Ihre Ideen aufzunehmen und weiterzugeben. (Begeistert Sie nicht die Bezeichnung „Gefühlsmaschine" für die PlayStation 2? Dieses Wort sagt sehr viel darüber aus, wie Sony die Zukunft des Computing sieht. Es macht eine sehr komplexe Idee sofort vermittelbar.)

- Bleiben Sie konstruktiv. Kritisieren Sie nicht. Reiten Sie nicht auf früheren Fehlschlägen herum. Suchen Sie nicht nach Schuldigen.

- Geben Sie umfassende Empfehlungen ab, aber treten Sie nicht für eine Marschroute im Sinn von alles oder nichts ein. Halten Sie sich vor Augen, dass Sie eine Kampagne lancieren müssen, die an mehreren Fronten gleichzeitig vorwärts kommt. Sie müssen daher flexibel bleiben, was den Einsatz von Taktiken betrifft.

- Halten Sie Ihr Manifest kurz. Sie werden nicht pro Wort bezahlt. Patricks „Get-Connected"-Aufruf bestand aus einer einfachen Aufstellung von sechs Punkten, in denen er darlegte, wie das Web die Wirtschaft und die Verarbeitung großer Datenmengen verändern würde. Dupont-Rocs Manifest „Die Entwicklung der Weltenergiesysteme" umfasste lediglich sieben Seiten. Ein 40 Seiten umfassendes Papier ist kein Manifest. Es ist ein Beraterbericht, der nie gelesen wird.

- Konzentrieren Sie sich auf die Chancen. Ein Manifest findet mit größerer Wahrscheinlichkeit Verbreitung, wenn es auf die Möglichkeiten hinweist statt auf die Gefahren und eine positive statt eine negative Perspektive vermittelt. Wo liegt der große Gewinn?

- Manchmal brauchen Sie schlagkräftigere Mittel. Es gibt einige Menschen, deren Liebe zum Status quo an Hörigkeit grenzt. Wie bei dem zögerlichen Pharao, der nicht bereit ist, die Israeliten aus der Knechtschaft zu befreien, können Sie deren Haltung nur ändern, wenn Sie sie davon überzeugen, dass die Lage schlecht ist und ständig schlechter wird.

Jedes Unternehmen sitzt auf einer brennenden Plattform. Wenn Sie nicht wissen, wo Ihre Plattform brennt, dann finden Sie es heraus. Vielleicht ist es ein Online-Konkurrent, der gerade dabei ist, Ihre Gewinnspanne in Stücke zu reißen. Möglicherweise ist es auch nur die unabänderliche Tatsache, dass Ihr Unternehmen eine unterdurchschnittliche Performance aufweist und Ihnen nichts mehr einfällt, womit Sie den Aktienpreis stützen könnten. Eventuell brennt es, weil Sie auf einer Wolke aus Internet-Helium schweben und keine Idee haben, wie sich nachhaltige Gewinne erwirtschaften lassen. Spulen wir das Band im Schnelldurchlauf vor: Machen Sie erschöpfend klar, wann und auf welche Weise der gegenwärtigen Strategie die Luft ausgehen wird.

Rechnen Sie damit, Dutzende von Gründen zu hören, warum man etwas *nicht* tut. Wenn ängstliche, rückwärts gewandte Typen beginnen, zur Notluke zu klettern, dann verriegeln Sie sie.

Notluke: „Es passiert nicht so schnell, wie Sie behaupten."
Riegel: „Oh ja, das tut es, und hier sind die Fakten, die dies belegen."

Notluke: „Mit der Art von Geschäftsmodell können Sie kein Geld verdienen."
Riegel: „Es gibt Leute, die das schon tun, und hier ist die Beschreibung dessen, wie sie es machen."

Notluke: „Wir verfügen nicht über die Fähigkeiten, es umzusetzen."
Riegel: „Aber wir könnten sie erwerben, und auf diese Weise ginge es."

Notluke: „Wir verfügen nicht über die Bandbreite, um uns jetzt sofort damit zu befassen."
Riegel: „Wir haben keine Wahl. Hier sind die Punkte, die wir nicht mehr tun sollten."

Notluke: „Jemand hat es bereits versucht, und es hat nicht funktioniert."
Riegel: „Sie haben es nicht auf *diese* Art versucht."

Ihr Manifest muss das Gerüst für Ihre *intellektuelle* Autorität liefern. Die Gründlichkeit Ihrer Analyse, die Qualität Ihres Denkens und die Klarheit Ihres Urteils müssen auf jeder Seite deutlich zum Ausdruck kommen. Ihr Manifest sollte Sie zugleich in einen Mantel *moralischer Autorität* hüllen. *Moralische* Autorität entsteht durch ein Anliegen, das sowohl wirtschaftlich solide als auch unbestreitbar und ausschließlich im Interesse des Unternehmens und seiner Angehörigen ist. Ihr Manifest darf keinesfalls den Eindruck erwecken, Sie würden vor allem durch egoistische Motive getrieben. Sie sind nicht irgendein Produktverantwortlicher, der sein kleines Gerät gefertigt haben will, oder irgendein angestellter Wasserträger, der sein Budget zu verteidigen versucht. Sie können es sich nicht leisten, sektiererisch oder engstirnig zu sein, wenn Sie die Welt verändern wollen.

Martin Luther King sprach für die Afro-Amerikaner, aber er rief zugleich alle Amerikaner auf, sich für Gerechtigkeit und Gleichheit einzusetzen. Im Gegensatz zu Malcolm X versuchte er, eher ein- statt ausschließend zu wirken. Er begriff, dass die Vereinigten Staaten nie ihrem Versprechen gemäß würden leben können, wenn sie einen Teil ihrer Bürger ständiger Verzweiflung überließen. Es ist kein Verbrechen, eigennützig zu sein, aber wenn Sie *nur* eigennützig sind, wird Ihr Manifest schnell und ganz zu Recht abgelehnt werden.

Ihr Manifest muss die Fantasie der Menschen fesseln. Es muss ein lebendiges Bild dessen zeichnen, *was sein könnte*. Ihr Manifest muss die Menschen dazu bringen, der Zukunft ins Auge zu blicken, wie beunruhigend sie auch erscheinen mag. Es muss sich offen mit den kleinen Lügen auseinander setzen, die sich Leute einreden, um den Unbequemlichkeiten zu entgehen, die jede Veränderung mit sich bringt. Es muss klar machen, dass Untätigkeit einem Verrat am Unternehmen gleichkommt. Aber vor allem muss es ein Gespür für die bestehenden Möglichkeiten wecken.

3. Schritt: Schließen Sie ein Bündnis

Sie sind nicht in der Lage, die Ausrichtung Ihres Unternehmens ganz allein zu ändern. Das sehen selbst Unternehmensführer endlich ein. Der Gründer und Chairman von Silicon Graphics, Jim Clark, focht einen langen und oft erbitterten Kampf mit dem CEO des Unternehmens, Ed McCracken, aus. Clark war erpicht darauf, dass sich Silicon Graphics dem billigeren Markt zuwandte und Workstations produzierte, die im oberen Preissegment für PCs lagen. McCracken aber hatte keine Lust, satte Gewinnspannen zu opfern, um irgendwelche nicht zum Zielbereich gehörenden Kundengruppen zu bedienen. Da es ihm nicht gelang, McCrackens Einstellung zu ändern, verließ Clark schließlich das Unternehmen.

Selbst ein Vorsitzender muss verführen, schmeicheln und überzeugen, wenn er etwas erreichen will. Zugegeben, es ist einfacher, wenn Sie über die Mittelbudgetierung und die Gehälter entscheiden können, aber es ist dennoch kein Kinderspiel. Die meisten Firmenchefs können tolle Standpauken halten und andere prima herumkriegen, aber das reicht selten aus, um ein großes Unternehmen neu auszurichten. Um das zu erreichen, müssen Sie ein breites Bündnis schließen. Wenn Ihnen das gelingt, verwandeln Sie individuelle Autorität in kollektive Autorität. Es ist leicht, Unternehmensrebellen auszuschalten, wenn sie verstreut und isoliert sind und keine geschlossene Front bilden. Wenn sie aber als Teil eines erkennbaren Bündnisses auftreten und alle das Gleiche propagieren, können sie nicht ignoriert werden.

Dieses einfache Prinzip steht hinter allen kollektiven Handlungen, ob es sich nun um einen von der Gewerkschaft organisierten Streik oder um eine Verbandslobby handelt, die Einfluss auf Politiker nimmt. Und

Wenn Sie ein Bündnis schließen, verwandeln Sie individuelle Autorität in kollektive Autorität. Es ist leicht, Unternehmensrebellen auszuschalten, wenn sie verstreut und isoliert sind und keine geschlossene Front bilden.

ich möchte das Unternehmen erst noch kennen lernen, in dem einige Hundert oder auch nur einige Dutzend Gleichgesinnte nicht dazu in der Lage wären, die Entwicklungsrichtung entscheidend zu beeinflussen. Allein die Tatsache, dass sie organisiert sind und eine bestimmte Überzeugung vertreten, ist eine machtvolle Botschaft an die Unternehmensführung.

Es gibt noch einen weiteren Grund, warum Sie ein Bündnis schließen sollten: Die meisten neuen Chancen passen nicht so ohne weiteres in irgendeine der bestehenden „Unternehmens-Schubladen". Während sich überall bei IBM zahlreiche Internetfanatiker ausbreiteten, ließen sich die Chancen, die das Internet bot, in keinem Unternehmensbereich realisieren. Ebenso fehlte den Bereichen Computerunterhaltung bei Sony und erneuerbare Energien bei Shell ein gewachsenes organisatorisches Dach, unter dem sich zumindest ein Anfang hätte machen lassen. Durch den Aufbau eines quer durch das Unternehmen gehenden Bündnisses wird für andere erkennbar, dass die Ressourcen, die Intelligenz und die Leidenschaft, die erforderlich sind, um eine neue Chance nutzen zu können, breit gestreut sind. Es wirkt als Magnet für Menschen, die die gleichen revolutionären Tendenzen aufweisen wie Sie – wo auch immer ihr Platz im Unternehmen derzeit sein mag. Eine Bewegung ist kein Kästchen innerhalb des Organigramms. Sie ist ein auslaufender Tintenfleck, der sich über die gesamte formelle Organisation verbreitet. Sie ist ein Klecks, keine Abteilung.

Der erste Schritt zum Aufbau eines Bündnisses besteht in der Erkenntnis, dass Sie nicht die einzige Person mit Weitblick in Ihrem Unternehmen sind, die frustriert, aber letztlich loyal ist. Sie sind nicht die/der Einzige, die/der „es kapiert hat". Der zweite Schritt besteht darin, mögliche Bündnispartner zu identifizieren. Beginnen Sie damit, indem Sie folgende Fragen stellen:

- Wer befindet sich bereits auf Ihrer Linie? Sicherlich haben Sie schon mit ein paar Leuten über Ihre revolutionären Ideen gesprochen.
- Gibt es Mitarbeiter oder Teams im Unternehmen, die Ihrem Standpunkt naturgemäß Sympathien entgegenbringen würden?

- Gibt es irgendwelche unternehmensweiten Initiativen, die Sie für Ihre Interessen einsetzen könnten?
- Wer im Unternehmen könnte an Ihrer Kampagne interessiert sein?
- Welche News-Groups oder E-Mail-Verteilerlisten könnten Sie für Ihr Vorhaben plündern?

Vielleicht können Sie nicht wie Thomas Paine schreiben, aber andererseits stand ihm damals auch kein Web zur Verfügung. Stellen Sie Ihr Manifest ins Intranet. Listen Sie die E-Mail-Adressen derjenigen Personen auf, die Ihre Ansichten möglicherweise teilen. Richten Sie ein Online-Forum ein, in dessen Rahmen sich die Leute über ihre Standpunkte austauschen und dabei helfen können, Ihr Manifest auszuarbeiten. Machen Sie unabhängige Sachverständige ausfindig, die Ihrem Anliegen Glaubwürdigkeit verleihen können. Laden Sie Netzwerkmitglieder zu kleinen Arbeitsessen und zu Treffen nach Feierabend ein, bei denen Sie Pläne und Komplotte schmieden und allen anderen zeigen können, dass Sie keineswegs verrückt sind. Suchen Sie nach Gelegenheiten, um im Rahmen kurzfristiger Sonderprojekte zusammenzuarbeiten. Bündnisse werden stärker, wenn sie sich an einer gemeinsamen Aufgabe orientieren. Seien Sie erfinderisch. Halten Sie nach Instrumenten zur Einbindung anderer Ausschau – wie etwa die Internet-Fachmessen, die John Patrick einsetzte, um IBMs frühe Internetanhänger zu mobilisieren.

Bleiben Sie im Untergrund, zumindest am Anfang. Benutzen Sie das Netzwerk, um Ihr geschäftliches Anliegen zu forcieren, und identifizieren Sie die Möglichkeiten früher Aktionen. Da die Mitglieder Ihres Netzwerks beginnen, sich in ihrem jeweiligen Wirkungskreis mit Kollegen über Ihr Anliegen auszutauschen, wird sich der Virus ausbreiten. Seien Sie nicht ungeduldig. Wenn Sie die Infektionskurve eines Virus aufzeichnen, verläuft sie anfangs flach. Aber an irgendeinem Punkt greift die exponentielle Arithmetik des Netzwerkeffekts, und die Infektionsrate steigt sprunghaft an.

Seien Sie nicht vorschnell, wenn es darum geht, beim Topmanagement eine Entscheidung für oder gegen Ihr Projekt einzuholen. Es ist einfach, einen Fasan abzuschießen, aber es ist schon etwas schwieriger, einen ganzen Schwarm vom Himmel zu holen. Fahren Sie fort, Ihren Schwarm zu vergrößern.

Und führen Sie sich vor Augen, dass Sie über einen Vorteil verfügen, den das Topmanagement häufig nicht aufzuweisen hat: Die meisten Leute, die ihm berichten, handeln aus einer Verpflichtung heraus, Sie aber bauen eine Armee von Freiwilligen auf. Wehrpflichtige kämpfen, um zu überleben; Freiwillige kämpfen, um zu siegen. Wenn Sie die Stärke der Basis hinter sich haben, wird das Topmanagement schließlich auf Sie zukommen. Georges Dupont-Roc bekam seine Chance, weil von den Wänden der weltweiten Organisation des Shell-Konzerns ein Chor unterstützender Stimmen für die Nutzung erneuerbarer Energien widerhallte.

4. Schritt: Wählen Sie Ihr Ziel und den richtigen Augenblick

Früher oder später muss Ihre Bewegung ein konkretes Mandat erhalten. Das „Get-Connected"-Bündnis wurde zu: „IBM, das E-Business-Unternehmen". Dupont-Rocs informelles Netzwerk aus Befürwortern erneuerbarer Energiequellen verwandelte sich in einen Auftrag im Volumen von 500 Millionen US-Dollar. In den meisten Unternehmen werden solche Entscheidungen nicht von den Leuten getroffen, die Birkenstock-Sandalen bevorzugen, Pferdeschwanz tragen und einen Volvo fahren. Aktivisten lassen Bewegungen entstehen, sie erteilen keine Aufträge. Aus diesem Grund haben sie stets eine Zielscheibe – irgendeine Person oder Gruppe mit der Fähigkeit, die wirklichen Schalthebel der Macht zu bedienen. Sie müssen wissen, wer in Ihrem Unternehmen „ja" sagen und dies auch umsetzen kann. Das kann ein Bereichsleiter, der Firmenchef oder eventuell auch die gesamte Führungsmannschaft sein.

Kutaragi war klar, dass sein Projekt bei Sony zum Scheitern verurteilt sein würde, wenn es ihm nicht gelänge, schon im Frühstadium den obersten Chef für seine Sache zu gewinnen. Sonys Elite zeigte gegenüber der Idee, sich im Bereich Videospiele zu engagieren, eine aggressive Feindseligkeit. Nach mehreren Annäherungsversuchen baute Kutaragi eine Beziehung zu Maruyama auf, der ihm dabei half, den CEO zu gewinnen. Bei IBM gelang es Grossman, Lou Gerstner mittels einer Vorführung einen Eindruck vom Internet zu vermitteln. Später, als Gerstners Ebenbild von einer Website zu einer Versammlung von leitenden IBM-Managern sprach, waren die Würfel für das Internet gefallen. Für Dupont-Roc kam der entscheidende Augenblick, als er gebeten wurde, der Führungsmannschaft von Shell sein Projekt zu präsentieren.

Allzu oft neigen Unternehmensrebellen dazu, das leitende Management als Reaktionäre zu betrachten, die hinter dem Mond leben, statt als potenzielle Verbündete. Das ist selbstzerstörerisch. Ihre Unterstützung zu gewinnen, ist das Ziel der ganzen Übung. Nur wenige von ihnen sind dumm, und die meisten sind nicht korrupter als Sie oder ich. Arrogant? Manchmal. Ignorant? Häufig. Aber das macht sie noch lange nicht zu hoffnungslosen Fällen. Sie müssen einen Weg finden, ihnen zu vermitteln, was Sie sehen, was Sie gelernt haben und was in Ihnen das Gefühl der Dringlichkeit und Unausweichlichkeit in Bezug auf Ihr Anliegen hervorruft.

Nun haben Sie also Ihre Zielpersonen identifiziert. Als Nächstes müssen Sie sie verstehen. Welchem Druck sind diese Personen ausgesetzt – durch die Wall Street, durch Kunden und durch Mitbewerber? Welche Aufgaben stehen ganz oben auf ihrer Tagesordnung? Welche Ziele haben sie sich und dem Unternehmen gesetzt? Wer sucht dabei nach Unterstützung und Ideen?

Seien Sie darauf vorbereitet, Ihre Ziele abzuwandeln, damit sie zu den Vorhaben Ihrer Zielpersonen passen. Sony hat darum gekämpft zu zeigen, dass die Synergie von Hard- und Software mehr als ein Konzept ist. Nach dem anfänglichen Debakel des Unternehmens in Hollywood war Ogha darauf erpicht, eine weitere Chance zu bekommen, um den Ausflug in den Software- und Medienbereich zu rechtfertigen. Kutaragi war bereit, Ogha an der richtigen Stelle zu kratzen. Wissen Sie wirklich, wo es die Top-Jungs in Ihrem Unternehmen juckt? Das müssen Sie herausbekommen.

Häufig lässt sich das Management an der Spitze leichter überzeugen als die Bereichsbarone eine Ebene tiefer. Die Erwartungen der Aktionäre hängen wie ein Damoklesschwert über dem Kopf eines durchschnittlich erfolgreichen Firmenchefs. Angesichts seiner überlegenen Stellung im Unternehmen ist dessen Verhalten jedoch oft weniger defensiv und engstirnig als das eines Bereichsleiters.

In vielen Unternehmen treffen Sie auf das „Gorbatschow-Syndrom": An der Spitze steht ein gemäßigt unorthodoxer Führer, darunter wogt ein Meer der Unzufriedenen. Wie Gorbatschow will der Chef, dass sich das Unternehmen anpasst und verändert. Auch die breite Masse der Unternehmensangehörigen will ein besseres Leben. Für sie ist es nur zu offensichtlich, dass das System nicht funktioniert. Die Angehörigen des Mittelbaus sind am schwersten zu überzeugen – die Stadträte, die *Nomenklatura*, die Bereichsleiter, die sich durch eine neue Ordnung der Dinge am meisten bedroht fühlen. Die widerspenstige Mitte kann den Ermahnungen eines isolierten und fest in die Schlachtordnung eingereihten Firmenchefs lange trotzen. Aber es ist schon erheblich schwieriger standzuhalten, wenn sie gleichzeitig von einem reformfreudigen Chef und einer engagierten, revolutionären Masse in die Zange genommen werden. Erfahrene Unternehmensführer wie Ogha oder Gerstner wissen dies. Sie sind nur zu gern bereit, die Hitze leidenschaftlicher Aktivisten zu nutzen, um die eingefrorene Mitte in ihrem Unternehmen aufzutauen.

> **Aktivisten haben stets eine Zielscheibe – irgendeine Person oder Gruppe mit der Fähigkeit, die wirklichen Schalthebel der Macht zu bedienen.**

Es ist nicht immer leicht, sich Zugang zur Unternehmensspitze zu verschaffen. „Einladungen" müssen häufig geschickt eingefädelt werden. Umwerben Sie die Assistenten, Adjutanten und Kofferträger der leitenden Manager. Finden Sie heraus, wen der Knabe an der Spitze respektiert und auf wen er sich verlässt. Bringen Sie in Erfahrung, wer seine Reden schreibt. Informieren Sie sich, welche Kunden der Unternehmensleitung am meisten am Herzen liegen. – Sie könnten eine Möglichkeit bieten, über die Hintertür Einfluss auszuüben. Kurz: Beziehen Sie all die verschiedenen Einflussmöglichkeiten auf die von Ihnen angepeilten Zielpersonen in Ihre Planung ein. Laden Sie diese Leute in Ihre Außenstellen ein, nehmen Sie sie in Ihre E-Mail-Liste auf, führen Sie ihnen Ihr Projekt vor. Nutzen Sie Ihr Netzwerk, um alle möglichen Wege der Annäherung gleichzeitig zu beschreiten.

Stellen Sie eine Liste mit allen Ereignissen und Gelegenheiten zusammen, bei denen Sie möglicherweise eine Chance haben, direkten Einfluss auf Ihre Zielpersonen auszuüben. An welchen Treffen, Workshops oder Konferenzen nehmen diese Personen regelmäßig teil? Bemühen Sie sich darum, dass Sie oder eines der Mitglieder Ihres Netzwerks mit einem Beitrag auf die Tagesordnung dieser Veranstaltungen gesetzt werden. Fassen Sie sich dort kurz. Locken und faszinieren Sie, aber halten Sie keine geschwollenen Reden. Betrachten Sie die Mittelsmänner und wichtigen Ereignisse als „strategische Infektionspunkte" – als Chancen, zu erziehen, zu unterhalten und Mitglieder zu werben.

Für Aktivisten ist die gesamte Welt eine Bühne. Jedes Ereignis bietet die Gelegenheit, ihren Standpunkt voranzubringen. Patrick und Dupont-Roc haben Dutzende Reden gehalten. Ähnlich wie geschickten Politikern war es ihnen gleichgültig, welche Fragen man ihnen stellte, sie gaben die Antwort, die sie geben wollten. Sie waren grenzenlos opportunistisch. Jedes unvorhergesehene Treffen, jedes Gespräch auf dem Gang war für sie eine Chance, den Kreis der Bekehrten zu erweitern.

Versuchen Sie eher, ihre Gegner zu besänftigen und einzubinden

Früher oder später werden Sie mit Ihren Zielpersonen persönlich Kontakt aufnehmen wollen. Wählen Sie Ihren großen Augenblick sorgfältig aus. Warten Sie darauf, dass die Sterne eine optimale Konstellation aufweisen und die Stimmung einen kritischen Punkt erreicht hat. Sie sollten Ihre Zielscheiben in einem Moment treffen, in dem diese gerade intensiv nach einer neuen Idee suchen. Und im Idealfall werden Sie Ihren großen Wurf mit einem externen Ereignis koppeln, **als sich ungebührlich aufzuführen und auf Konfrontation zu gehen.** das Ihrem Anliegen zusätzliche Glaubwürdigkeit und Dringlichkeit verleiht (wie der wütende Protest der Umweltschützer über die Entscheidung von Shell, die Ölplattform Brent Spar im Meer zu versenken). Wenn Sie all dies richtig einfädeln, wird das Topmanagement Sie nicht für einen Rebellen, sondern für ein Geschenk des Himmels halten.

Ihr großer Augenblick ist möglicherweise nicht geplant. **Dämpfen** **Sie Ihren Unwillen durch Respekt.** Vielleicht tritt er unerwartet ein – in einer Cafeteria des Unternehmens oder auf einer Fachmesse. Haben Sie deshalb stets Ihre Rede parat, die Sie nach oben bringen soll. Seien Sie sich darüber klar, worum Sie bitten wollen. Halten Sie Ihre Ausführungen kurz und einfach. Machen Sie es anderen leicht, ja zu sagen.

5. Schritt: Binden Sie ein und neutralisieren Sie

Saul Alinsky war einer der herausragendsten Radikalen des 20. Jahrhunderts in den USA. Sein Buch über die Organisation von Bewegungen, Rules for Radicals (dt.: Die Stunde der Radikalen), ist ein Klassiker.[1] Mitte der Sechzigerjahre ging er nach Rochester, New York, um eine Kampagne zu Gunsten der schwarzen Bürger der Stadt zu leiten. Mary Beth Rogers beschreibt sein Vorgehen:

> *„Alinsky drohte in einer Art Selbstparodie seiner Taktik, hundert Karten für eines der Sinfoniekonzerte in Rochester zu kaufen und den überwiegend schwarzen Mitgliedern der lokalen Organisation ein paar Stunden vor Konzertbeginn ein Mahl aus gebackenen Bohnen zu verabreichen. Das auf diese Weise entstehende ‚Stink-in' würde automatisch Aufmerksamkeit wecken ... Es gab kein Gesetz, das dies verboten hätte. Das Ganze konnte als Spaß ausgelegt werden. Und es würde vermutlich schnell zu Taten führen, weil die gesellschaftliche Elite nicht wünschte, dass ‚solche Leute' ihre Aktivitäten erneut störten."*[2]

Solche Taktiken mögen im öffentlichen Leben funktionieren, aber Konfrontationen und Störungen im Unternehmensumfeld sind selten effektiv. Dort versuchen Sie eher, ihre Gegner zu besänftigen und einzubinden als sich ungebührlich aufzuführen und auf Konfrontation zu gehen. Dämpfen Sie Ihren Unwillen durch Respekt.

John Patrick war außerordentlich erfolgreich, die Größen von IBM für sein Anliegen zu mobilisieren. Angesichts seines ehrgeizigen Ziels, das Unternehmen internetfähig zu machen, erkannte er, dass Gerstners Unterstützung notwendig, aber kaum ausreichend sein würde. Da er praktisch über keine eigenen Ressourcen verfügte, hatte Patrick kaum eine andere Wahl als IBMs Feudalherren einzubinden. Dies erforderte mehr als eine konzertierte Lobbyarbeit. Patrick entwickelte für die entscheidenden Bereichsleiter eine Reihe von Win-Win-Vorschlägen: Borgen Sie mir eines Ihrer Talente aus, und ich werde einen Schaukasten für Ihre Produkte einrichten. Stellen Sie mir ein paar Schlüsselfiguren zur Verfügung, und ich werde sie mit Prototypen für coole, neue, internetfähige Produkte zurückschicken.

Patrick wusste, dass man durch solche Geschäfte auf Gegenseitigkeit mehr Anhänger gewinnt als durch Rhetorik. Er setzte nichts und niemanden herab, und er griff niemanden an. Er arbeitete hart daran, eine Stimmung im Sinn von „wir gegen die" zu vermeiden. Er versuchte nicht, Menschen und Ressourcen von anderen Abteilungen abzuziehen oder sich sein eigenes Lehenssystem aufzubauen. Er ging auch nicht hinaus, um mit dem Rest von IBM um Kunden zu konkurrieren. Die Bereichsleiter sahen in ihm eher einen Katalysator für den Wandel als einen Konkurrenten um Ressourcen und Aufstieg. Er schlachtete ihre Geschäftsbereiche nicht aus; er half diesen Geschäftsbereichen, zukunftsfähig zu werden. Bei allem, was er tat, war klar, dass Patrick die Interessen des gesamten Unternehmens IBM am Herzen lagen. Anfangs fehlte ihm sogar eine formelle Organisation. Aus all diesen Gründen bildete er für seine Gegner eine sehr kleine Zielscheibe.

Win-Win-Geschäfte; Gegenseitigkeit; ein Katalysator ist kein Konkurrent; große Wirkung, kleine Zielscheibe – dies sind die entscheidenden Prinzipien für *Ihre* Kampagne. Natürlich funktioniert es nicht immer, wie hier beschrieben. Die Spitzengrößen von Sony betrachteten Kutaragis Projekt als unverschämte Kampfansage an ihre eigene MSX-Initiative. Unternehmen verfügen nur über begrenzte Ressourcen, also machen Sie sich von Zeit zu Zeit auf ein Tauziehen gefasst. Aber vermeiden Sie soweit wie möglich die Verschwendung von politischem Kapital in extrem aufwändigen Zweikämpfen. Bei Shell provozierte Dupont-Roc kaum Angriffe, weil er nie die Ansicht vertrat, dass erneuerbare Energien die fossilen Brennstoffe ersetzen würden. Tatsächlich glaubte er nicht, dass diese ihre vollständige Wettbewerbsfähigkeit vor 2020 erreichen könnten – lange, nachdem die derzeitigen Bereichsleiter in den Ruhestand getreten sein würden. Klar, Sie können sich auf eine Seifenkiste stellen und über die Bosse wettern. Aber um Ihr Unternehmen zu verändern, müssen Sie lernen, zumindest einige Mitglieder des Topmanagements in Ihr revolutionäres Anliegen einzubinden.

6. Schritt: Suchen Sie sich einen Übersetzer

Sie sind schon seit einiger Zeit am Ball, und obwohl Sie alles in Ihren Kräften Stehende tun, haben Sie Schwierigkeiten, sich Gehör zu verschaffen. Sie sprechen über Ihr Anliegen, aber Sie sind sich nicht sicher, ob die anderen Sie verstehen. Seien Sie nicht überrascht. Genau die Dinge, die Sie zum Revolutionär oder zur Revolutionärin werden lassen, machen es schwer, zwischen Ihnen und den Jüngern der bestehenden Glaubenslehre eine gemeinsame Verständigungsbasis aufzubauen. Stellen Sie sich vor, wie ein konservativer Vater reagiert, wenn sein Kind eines Tages mit grünem Haar und einem Ring durch die Augenbraue nach Hause kommt. Nun, in den meisten Fällen lösen Unternehmensrebellen beim Topmanagement die gleichen Reaktionen aus. Unterschiedliche Erfahrungen; unterschiedliche Sprachen; unterschiedliche Werte; unterschiedliche Welten – aus diesem Grund benötigen Unternehmensrevolutionäre Übersetzer.

Für Dave Grossman war John Patrick ein Übersetzer – einer, der zwischen den Verehrern des Internetkults und den Firmenkardinälen von IBM Brücken bauen konnte. Patrick war ein Übersetzer zwischen den jungen Wilden und der Bürokratie. Aber er tat mehr, als den Leuten, die noch immer in das Big Iron der herkömmlichen Büromaschinen verliebt waren, die Problematik von HTML zu erklären. Er half, zwischen dem offensichtlichen Chaos des Web und einer geordneten Verarbeitung großer Datenmengen im Unternehmen zu vermitteln, zwischen der Kultur des „Gerade-genug-ist-gut-genug" und dem „Null-Fehler"-Ethos, zwischen einer unausgereiften Technologie und einer X-Millionen-Dollar-Chance, zwischen den Zielen der Rechtgläubigen (wir wollen einfach „coole Sachen" machen) und den Prioritäten des Topmanagements (schon wieder diese fordernden Aktionäre). Zugleich war Patrick selbst eine Glaubwürdigkeitsbrücke. Wenn das Topmanagement fragte: „Wer ist denn dieser Kerl, dieser Grossman, und wer sind diese ‚Kids in Black'?", dann lautete seine Antwort: „Diesen Jungs liegt was an IBM, sie sind keine Bombenwerfer."

Patrick war auch ein Übersetzer zwischen Gegenwart und Zukunft. Er fand konkrete Möglichkeiten, die Zukunft in die Gegenwart zu transportieren, angefangen mit den für Sportereignisse aufgebauten Websites. Jedes erfolgreiche Projekt gab den Langzeit-Mitarbeitern bei IBM einen besseren Eindruck davon, wie das neue Geschäftsmodell in der Praxis aussehen könnte.

Unterschiedliche Erfahrungen; unterschiedlich unterschiedliche Welten – aus diesem Grund

Wenn Sie also festsitzen, dann machen Sie sich auf die Suche nach einem Übersetzer – nach einem, der einen Draht zur Zukunft hat, der über eine natürliche Neugier verfügt und möglicherweise nach einem interessanten Standpunkt Ausschau hält, den er unterstützen möchte. Führungskräfte und neu ernannte Manager sind oft aussichtsreiche Kandidaten, weil sie auf der Suche nach einer Aufgabe sind, die sie ihr Eigen nennen können.

7. Schritt: Setzen Sie auf kleine, frühe und häufige Erfolge

Positionspapiere lassen sich kritisieren, Erfolg hingegen nicht. All Ihre Anstrengungen, eine Organisation aufzubauen, sind wertlos, wenn Sie nicht zeigen können, dass Ihre Ideen tatsächlich *funktionieren*. Fangen Sie klein an. Wenn Sie nicht gerade Kamikaze-Gelüste hegen, sollten Sie sich nach Demonstrationsmöglichkeiten umsehen, die Ihr Anliegen nicht unmittelbar gefährden, wenn sie scheitern sollten – was in einigen Fällen eintreten wird. Sie werden möglicherweise mehrere Demonstrationsprojekte vorweisen müssen, bevor das Topmanagement beginnt, Ihnen Geld anzubieten. Auch Sie rennen in einer mondlosen Nacht schließlich nicht blindlings einen unvertrauten schmalen Pfad entlang. Ebenso wenig stecken Unternehmen Ressourcen in unerprobte Geschäftskonzepte, ohne vorher genauer hinzusehen. Sie sollten eine Investition in ein neues Geschäftskonzept nie als Alles-oder-nichts-Entscheidung darstellen – es sei denn, Sie befinden sich bereits an einen Punkt der Veränderungskurve, an dem ein anderes Unternehmen alle Risiken übernommen hat. Sie müssen Ihr Unternehmen dabei unterstützen, sich Schritt für Schritt an die revolutionären Möglichkeiten heranzutasten.

Erfolgreiche Aktivisten führen eine Reihe sich stufenweise steigernder Experimente durch, um das neue Geschäftskonzept zu testen und zusätzliche Investitionen zu rechtfertigen. Ohne den Sound-Chip, den er ursprünglich für Nintendo entwickelt hatte, hätte Kutaragi nie die Chance bekommen, die PlayStation zu bauen. Ohne Lillehammer, Deep Blue und ein Dutzend anderer kleiner Siege hätten Patrick und Grossman IBM niemals an die Spitze der Internetentwicklung gebracht. Ohne einen Erfolg seines anfänglichen 25-Millionen-Demonstrationsprojekts hätte Dupont-Roc nie eine halbe Milliarde US-Dollar aus den Taschen des Topmanagements locker machen können. Aktivisten sind keine Draufgänger. Revolutionäre Ziele, aber evolutionäre Schritte – das ist ihre Denkrichtung.

Hüten Sie sich davor, zu viel zu versprechen. Das Team von John Patrick bezeichnete seine Spitzenprojekte als „experimentelle Anwendun-

**rachen; unterschiedliche Werte;
nötigen Unternehmensrevolutionäre Übersetzer.**

gen", um sie klar von den vollkommen durchgetesteten, marktfertigen IBM-Anwendungen zu unterscheiden. Es wird einige Leute geben, die sich Ihr Scheitern wünschen. Wenn Ihre ersten Versuche eine Nummer zu groß sind oder Sie zu viel fordern und Sie dann straucheln, liefern Sie den Skeptikern eine riesige Genugtuung. Suchen Sie nach kleinen Projekten, die die größtmögliche Wirkung mittels der geringsten Zahl nötiger Genehmigungen erzielen, Projekte, die eine maximale Sichtbarkeit bei minimalem Investitionsrisiko bieten.

Sie mögen eine großartige Strategie im Hinterkopf haben, aber Sie müssen mit ein paar kleinen, überraschenden „Häppchen" beginnen. Fragen Sie sich immer wieder: Was würde einen frühen Sieg darstellen? Was könnten wir innerhalb unseres Netzwerks mit den uns begrenzt zur Verfügung stehenden Ressourcen sofort tun, um uns Glaubwürdigkeit zu verschaffen? Was könnten wir tun, um die Skeptiker zu überraschen? Welche Art von Erfolg würden andere überzeugend finden?

8. Schritt: Isolieren, infiltrieren und integrieren Sie

Experimente, die im Versuchsstadium bleiben, sind Flops. Das Ziel besteht darin, anfängliche Experimente in radikal neue, wertschöpfende Geschäftsmodelle zu verwandeln, die die Kraft haben, die Richtung Ihres Unternehmens zu ändern. Damit dies geschehen kann, müssen Sie irgendwann ihre Brut in Form von Baby-Projekten aus dem Nest werfen. Im Frühstadium Ihrer Aktivistenkampagne aber wollen Sie Ihre Projekte möglicherweise vom übrigen Unternehmen *isolieren*. Kutaragi zog mit seinem Team in einen anderen Bezirk von Tokio und brachte sich so aus der Schusslinie feindlich gesinnter Sony-Manager. Aus einer ähnlichen Überlegung heraus war IBMs PC-Geschäft ursprünglich in Boca Raton,

Florida, untergebracht, fern von lästigen Mitarbeiten und gegnerischen Vizepräsidenten.

Um wachsen zu können, müssen sich neue Aktivitäten bürokratischen Kontrollen und orthodoxen Denkmustern entziehen. Sie brauchen ihren eigenen Platz – einen Platz, an dem sich neue Ideen, neue Werte und neue Teams unbehelligt entfalten können. Dies ist die Überlegung, die hinter Begriffen wie „Brutkästen", „interne Risikobereiche" und „Sonderprojekte" in Unternehmen steht. Bedauerlicherweise verlassen die meisten Projekte nie ihren Brutkasten, der häufig wenig mehr als ein Waisenhaus für ungeliebte Ideen ist. Unterernährt und vereinsamt finden nur wenige Projekte je Pflegeeltern.

Unternehmen wird oft geraten, neue Initiativen vor der anmaßenden Kontrolle der alten Garde zu „schützen", vor allem, wenn die neuen Projekte im Umfeld einer zu herkömmlichen Verfahren konkurrierenden Technologie entstehen. Ständige Isolation aber würgt schließlich jedes Projekt ab, das einen bedeutenden Input an Talent oder Kapital benötigt oder bestehende Geschäftsfelder in irgendeiner Form ergänzt. Während es beispielsweise IBM gelang, sein PC-Geschäft zu „schützen", forderte dieser Schutz einen hohen Preis: Physisch vom Rest des Unternehmens und dessen breiter Basis an Kenntnissen und Erfahrungen abgeschnitten, hatte das PC-Entwicklungsteam keine andere Wahl, als sich in zentralen Fragen der Soft- und Hardware an Microsoft und Intel zu wenden. Über den Rest will heute lieber niemand mehr sprechen. Ein ähnliches Schicksal ereilte viele der Neuerungen, die das Forschungszentrum von Xerox in Palo Alto hervorbrachte. Eine Entfernung von fast 5000 Kilometern zur Zentrale garantierte PARC ein hohes Maß an Freiheit, machte es Xerox umgekehrt aber schwer, von PARCs endlosem Strom weltverändernder Ideen zu profitieren. Es ist schwierige, aus einem 5000 Kilometer langen Strohhalm zu trinken.

Angenommen, Ihre Kampagne dient einer *großen* Sache. Früher oder später erfordert eine große Chance den Einsatz umfangreicher Ressourcen. Zu diesen Investitionen wird es kaum kommen, wenn Ihr Projekt zu lange in irgendeinem Unternehmens-Brutkasten eingeschlossen bleibt. Sie müssen schließlich einen breiten Querschnitt von wichtigen Managern davon überzeugen, dass Ihr neues Geschäftskonzept für die Zukunft Ihres Unternehmens entscheidend ist. Nur dann haben Sie eine Chance, den Kampf um Ressourcen zu gewinnen. Um Ressourcen an sich ziehen zu können, müssen Sie den Sprung von der Isolation zur *Infiltration* schaffen.

Um Ressourcen an sich ziehen zu können, müssen Sie den Sprung von der Isolation zur Infiltration schaffen.

Ein überzeugend argumentierendes Positionspapier, regelmäßige Auftritte als Redner und viel beachtete Demonstrationsprojekte haben Dupont-Roc dabei geholfen, Shell mit dem Virus der alternativen Energien zu infizieren. Er wusste, dass die durch die regenerativen Energiequellen gebotene Chance im Kampf um die interne Ressourcenverteilung bei Shell nie genutzt werden könne, wenn er den Rest des Unternehmens nicht dazu bringen würde, sein intellektuelles Anliegen zu teilen. Die Ressourcen, die Ihren Traum in einen großen kommerziellen Erfolg verwandeln, stammen daher, dass Sie jemand anderem das Fell abziehen. Wer auch immer dieses Fell trägt, sollte im Idealfall ein Verbündeter sein. Das ist nur dann zu erreichen, wenn Sie eine erfolgreiche Operation der Infiltration durchführen.

Manchmal benötigen Sie mehr als Ressourcen. Manchmal liegt die Chance nicht in einem *neuen* Geschäftsmodell, sondern in einer fundamentalen Neuorientierung des *bestehenden* Geschäftsbereichs. Wenn Sie ein Arzneimittelhersteller sind, können Sie Ihre Genforschungsabteilung nicht isolieren. Wenn Sie ein Einzelhändler sind, können Sie den Bereich E-Commerce nicht in irgendeinen Offline-Unternehmens-Brutkasten abschieben. In diesem Fall ist mehr als Infiltration erforderlich: Sie brauchen eine Form der Integration.

Patrick wollte das Wesen von IBM verändern und nicht einfach nur ein neues Geschäftsfeld auf die Schiene setzen. Zu diesem Zweck umwarb er Führungskräfte aus den Betriebsabteilungen des Unternehmens, suchte nach Projekten, die ihnen wichtig erscheinen würden, bildete ihre Mitarbeiter aus, schickte diese dann zurück und gab seine aussichtsreichsten Projekte zur frühen Adoption frei. Für Patrick reichte es nicht, IBM mit seinen Ansichten bezüglich des Internet zu infiltrieren; er musste die frühen Experimente seines „Get-Connected"-Teams in größere Geschäftsfelder von IBM *integrieren*. Er wollte nicht, dass das Internet ein Pickel am Hintern des Unternehmens war; er wollte, dass es als Virus in dessen Blutkreislauf gelangte.

Manchmal gelingt es einer Innovation, den Brutkasten zu verlassen, ohne jemals integriert zu werden. Das Saturn-Modell von GM ist mehr als ein bloßes Experiment. Seine Förderer haben GM erfolgreich mit ihrer Ansicht infiltriert, dass eine pfiffige und neue Kleinwagen-Marke geschaffen werden müsse. Aber es ist unklar, wie viel von den Erfahrungen, die mit dem Saturn gesammelt wurden, in die Fabrikation des Chevrolet, des Oldsmobile, des Pontiac oder anderer Marken von GM eingeflossen sind. Und in der Tat hatte es in den letzten Jahren den Anschein, als habe sich der Saturn-Bereich eher den übrigen Bereichen von GM angenähert als umgekehrt.

Integration erfordert also mehr als ein gemeinsames intellektuelles Anliegen. Sie verlangen schließlich mehr als Kapital und fähige Mitarbeiter. Sie fordern das Unternehmen dazu auf, den Kern seines Wesens und seiner Wettbewerbsstrategie neu zu definieren. Ihre Experimente müssen mehr tun als Ressourcen von rein an Wachstum orientierten Projekten abzuziehen; sie müssen im gesamten Unternehmen Wurzeln schlagen und

Ableger verbreiten, die die Landschaft verändern. John Patrick hegte die Hoffnung, dass die Internetprojekte, die er in IBMs Betriebsabteilungen hineintrug, schließlich einen Wald aus lokalen Webinitiativen hervorsprießen lassen würden, und das ist auch geschehen. Und das ist das entscheidende Erfolgskriterium für einen Unternehmensaktivisten.

Isolieren; infiltrieren; integrieren – wenn Sie Ihr Unternehmen wirklich verändern wollen, müssen Sie all dies im richtigen Umfang tun.

DIE WERTE EINES AKTIVISTEN

Aktivisten sind die coolsten Leute auf diesem Planeten. Sie verändern große, komplizierte Dinge mit ihrem bloßen Herzen. Sie werfen mehr in die Waagschale als ihr persönliches Gewicht. Und wenn sie scheitern, tun sie dies auf noble Art. Um ein Aktivist zu werden, brauchen Sie mehr als ein Anliegen und eine durchdachte Kampagne. Sie benötigen ein Wertesystem, das Sie von den Höflingen und solchen, die das gerne wären, unterscheidet.

Ehrlichkeit: Aktivisten sagen die Wahrheit. Sie sind authentisch. Sie opfern ihre Integrität nicht persönlichen politischen Vorteilen. Ihre Ansichten können nicht auf dem Marktplatz der Nebeneinkünfte und des Prestiges gekauft oder verkauft werden. Sie sprechen das „Unaussprechliche" aus.

Mitgefühl: Die Liebe der Aktivisten gilt der gesamten Gemeinschaft. Sie sind nicht daran interessiert, sich einen eng begrenzten sektiererischen Vorteil zu sichern. Ihr Ziel besteht darin, ein größtmögliches Vermächtnis für so viele Menschen wie möglich zu schaffen.

Demut: Aktivisten zeigen einen erschreckenden Ehrgeiz, ihr Anliegen zu realisieren, als Person aber sind sie demütig. Sie sind arrogant genug, um davon überzeugt zu sein, die Welt wirklich verändern zu können, doch sie sind nicht süchtig nach Ruhm. Ihr Ego steht der Realisierung einer Sache niemals im Weg.

Pragmatismus: Aktivisten interessieren sich mehr für konkrete Taten als für das Reden schwingen. Sie sind nicht auf der Suche nach Utopia; sie bemühen sich darum, Dinge genau hier und jetzt geschehen zu lassen. Ihnen sind reale Fortschritte lieber als großartige Gesten.

Furchtlosigkeit: Aktivisten sind mutig. Ihre Leidenschaft für die Sache siegt stets über ihren Selbsterhaltungstrieb. Sie springen zwar nicht aus Jux und Tollerei auf Landminen, aber sie fürchten sich andererseits auch keineswegs davor, mit den Verfechtern des Status quo den Kampf aufzunehmen.

Mut ist vielleicht die wichtigste aller Eigenschaften. Ich habe an Hunderten von Meetings teilgenommen, auf denen kleine Angestellte ihre

Überzeugungen äußerst vorsichtig vortrugen, weil sie das in seiner Sensibilität äußerst reizbare Topmanagement nicht verletzen wollten. Was bei einer Probepräsentation vor ihren Kollegen kühn und kompromisslos gewirkt hatte, erschien bei der Präsentation vor der Unternehmensspitze substanzlos und wenig überzeugend. In ihrer Angst, an einem Manager-Ego zu kratzen oder ein Dogma infrage zu stellen, federn viele Möchtegern-Aktivisten jeden Schlag ab und entfernen die Spitzen jeder ihrer Herausforderungen. Schließlich ist jedes Argument durch Relativierungen und Einschränkungen derart abgesichert, dass sie ebenso gut mit Wattekugeln schießen könnten.

Mut ist vielleicht die wichtigste aller Eigenschaften.

Nach Stalins Tod hielt Chruschtschow vor dem Obersten Sowjet eine Rede, in der er die entsetzlichen Verbrechen anprangerte, die sein Vorgänger am sowjetischen Volk begangen hatte. Viele der Zuhörer waren wie betäubt – das Ausmaß von Stalins Untaten war unbegreiflich. Schließlich ertönte hinten aus dem Saal eine Stimme: „Genosse Chruschtschow, Sie waren dort. Sie waren mit Stalin zusammen. Warum haben Sie ihn nicht aufgehalten?"

Einen Augenblick aus der Fassung gebracht, musterte Chruschtschow die Reihen. „Wer hat das gesagt?", rief er. „Wer hat das gesagt?", brüllte er ein zweites Mal. Diejenigen, die in der Nähe des unverschämten Fragestellers saßen, sanken tiefer in ihre Sitze. Keine Stimme erhob sich. Keine Hand reckte sich hoch. Nachdem eine Weile lang eine schreckliche Stille geherrscht hatte, meinte Chruschtschow: „Jetzt wissen Sie, warum." Der Fragesteller war an jenem Tag ebenso wenig bereit gewesen, Chruschtschow entgegenzutreten, wie Chruschtschow bereit gewesen war, sich mit Stalin anzulegen. Das war damit klargestellt.

Glücklicherweise gibt es in den meisten Unternehmen keine Gulags. Aber Aktivismus erfordert dennoch Mut. Lassen Sie mich noch einmal Thomas Paine zitieren:

> „Mögen sie mich einen Rebellen nennen – nur zu, das beunruhigt mich nicht; aber ich will Höllenqualen leiden, wenn ich meine Seele je zur Hure machen sollte."

Wenn Ihnen ein stilles „Amen" über die Lippen kommt, dann sind Sie ein Aktivist.

Aber nicht nur Sie haben die Bürde radikaler Innovation zu tragen. Um im Zeitalter der Revolution überleben zu können, müssen Unternehmen insgesamt zu Orten werden, an denen Innovationen gedeihen, die die Regeln brechen. Im nächsten Kapitel werden wir einen tiefen Blick in einige Unternehmen werfen, die sich selbst und ihre Branchen immer wieder neu erfunden haben. Anhand ihrer Erfahrungen können wir die entscheidenden Gestaltungskriterien für den Aufbau von Unternehmen identifizieren, die aktivistenfreundlich und revolutionsbereit sind.

Ergraute Revolutionäre

Es sollte nicht unbedingt erforderlich sein, dass Aktivisten den Mut von Richard Löwenherz, die Geduld Hiobs oder die politischen Instinkte Machiavellis besitzen, um in ihrer Organisation einen Wandel zu bewirken. Allerdings werden aufrichtige, doch stümperhaft vorgehende Aktivisten häufig von jenen übertrumpft und ausmanövriert, die auf den Status quo eingeschworen sind. Im Zeitalter der Revolution benötigen wir deshalb Unternehmen, die den Aktivismus feiern. Ist das möglich? Kann man dafür sorgen, dass die Feuer der revolutionären Inbrunst überall in einem Unternehmen hell lodern, nicht nur in den kleinen Glutnestern der Rebellion? Wie wir nun sehen werden, ist die Antwort ein lautes „Ja".

Es ist möglich, sogar durch und durch traditionsorientierte Pfründebesitzer in ergraute Revolutionäre zu verwandeln. Und es ist notwendig. Wenn es einem Unternehmen nicht gelingt, den Aktivismus zu institutionalisieren, dürfte es schwerlich in der Lage sein, sich der doppelten Herausforderung des Zeitalters der Revolution zu stellen, nämlich sich selbst und seine Branche neu zu erfinden. Ein Unternehmen, das die grundlegenden Vorstellungen dessen, was es ist, was es tut und auf welche Weise es in den Wettbewerb eintritt, nicht ständig neu gestaltet, wird schon bald nicht mehr auf der Höhe der Zeit sein.

Und ein Unternehmen, das seine Branche – ebenso wie sich selbst – nicht aktiv neu erschaffen kann, wird nur wenig von der finanziellen Ausbeute der Zukunft abbekommen.

REVOLUTION ALS LEBENSSTIL

Werfen Sie einen Blick auf die folgende einfache, doppelspaltige Matrix. Sie greift die zweifache Herausforderung auf, die mit der Neuerfindung von Kernstrategien und der Schaffung einer Industriellen Revolution einhergeht:

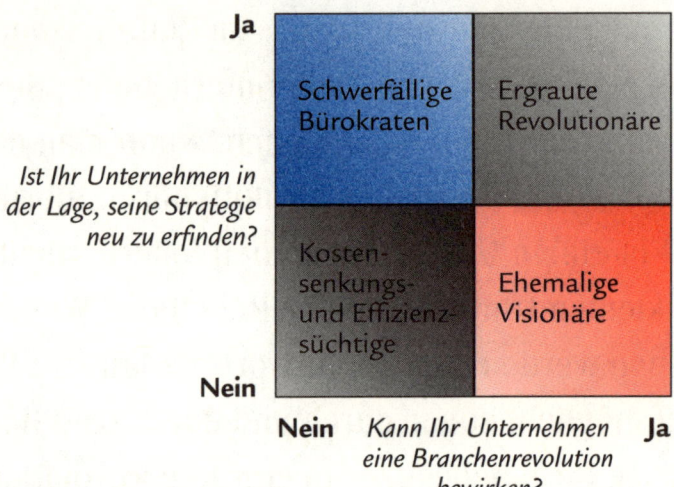

Firmen, die unfähig sind, sich selbst oder ihre Branche zu verändern, sind bestenfalls „effizienzsüchtig". Sie gehören zu den Toten und Sterbenden – hoffnungslose Fälle. Sie sind Akquisitionsfutter für fantasievollere Unternehmen, die ihre Fähigkeiten und Vermögenswerte immer wieder neu gestalten.

Im Gegensatz dazu mögen die „schwerfälligen Bürokraten" einst Branchenrevolutionäre gewesen sein; heute jedoch verharren sie im Feld der Nachzügler. Man denke nur an Merrill Lynch und den Online-Handel oder an Motorola und die digitale, kabellose Technologie oder an SAP und das Internet.

Allzu häufig erfinden Pfründebesitzer ihre Strategien nur unter Druck neu, nämlich dann, wenn schmerzlich offenbar wird, dass sie eine entscheidende Chance verpasst haben. Wenn sie sich dann endlich zu einer Veränderung durchgerungen haben, äffen sie allerdings meist nur die Strategien respektloser Newcomer nach. Wie erfolgreich die anschließende Umgestaltung auch sein mag – das Topmanagement verdient wenig

Lob und noch weniger finanzielle Belohnung dafür, dass es der revolutionären Parade eines anderen hinterherläuft.

Die meisten visionären Unternehmen sind nur einmal visionär. Wenige der zugkräftigen, jungen Start-ups von heute haben auch nur die geringste Vorstellung davon, wie sie sich künftig neu erfinden sollen. Silicon Valley, jene Brutstätte der Innovation, ist mit den Skeletten von Einmal-Strategie-Wunderkindern übersät – Unternehmen, die den äußersten Rand des Scheinwerferlichts erreichten, das ihr Gründer ausstrahlte, und dann abgestürzt sind. Von all den Entrepreneur-Einsteigern, die die New Economy hervorgebracht hat, kann nicht einer unter 100 auf eine Idee zurückgreifen, mit der er seinen eigenen Anfangserfolg wiederholen könnte.

„Ergraute Revolutionäre" sind Unternehmen, die es geschafft haben, sich und ihre Branche mehr als einmal völlig neu zu erfinden. Ihre „grauen Haare" sind nicht das Resultat ihres Alters, sondern ihrer Erfahrungen aus mehreren Strategie-„Lebenszyklen".

Die „ergrauten Revolutionäre" – die seltenste Gattung von allen – sind Unternehmen, die es geschafft haben, sich *und* ihre Branche mehr als einmal völlig neu zu erfinden. Ihre „grauen Haare" sind nicht das Resultat ihres Alters, sondern ihrer Erfahrungen aus mehreren Strategie-„Lebenszyklen". Sie haben mehr getan, als ein Vermächtnis aufzubauen oder ein Franchise-Unternehmen zu vergrößern. Sie haben sich selbst wiederholt von innen nach außen gekehrt und ihre Branche mehrfach auf den Kopf gestellt.

Ein Mythos geht um: Große oder alte Unternehmen könnten sich nicht in einer Form erneuern, die zur Umgestaltung ganzer Branchen führt. Das stimmt einfach nicht. Enron, Charles Schwab, GE Capital, Cisco und andere Unternehmen haben sowohl sich selbst als auch ihre Branche immer wieder neu erfunden. Es gibt sogar ein paar pickelige Revolutionäre – Unternehmen wie AOL oder Amazon –, die ihre Geschäftsmodelle rascher ändern als die meisten Firmen ihre Produktkataloge.

Auf jeden ergrauten Revolutionär kommen Hunderte von Pfründebesitzern, die noch immer von ihrem Anfangsimpuls leben, und Tausende von Start-ups, die nicht über ihren Börsengang hinausblicken können. Sogar in den dünnen Reihen der hochgelobten ergrauten Revolutionäre finden sich einige nicht ganz makellose Vorbilder. „Exzellente" Unternehmen existieren nicht. Keines hat den Code der Neuerfindung bislang komplett geknackt. Keines hat bisher die neue Innovationsagenda völlig verinnerlicht, deren Schwerpunkte auf großen, regelbrechenden Ideen und radikalem Unternehmertum liegen. Aber wir können viel von denen lernen, die einen Anfang gemacht haben.

ENRON: DIE SUCHE NACH FRUCHTBAREN ÄCKERN

Seit seiner Entstehung 1984, als das Unternehmen aus der Fusion zweier schläfriger Erdgas-Pipeline-Unternehmen hervorging, hat Enron mehrere radikal neue Unternehmenskonzepte ersonnen, mittels derer es sich selbst einige Male neu erfunden hat. Gegen Mitte der Neunzigerjahre entwickelte Enron den Erdgasgroßhandel von einer ineffizienten und hochgradig regulierten Bürokratie zu einem außerordentlich effizienten Markt. Es machte aus den langweiligen Altherrenklubs der Stromversorgung flexible Energiemärkte, die sich den stets wandelnden Bedürfnissen energiehungriger Kunden anpassen. Das Unternehmen revolutionierte die internationale Kraftwerksentwicklung und schaffte für einige der kompliziertesten Energieprobleme in der Dritten Welt unternehmerische Lösungen.

In den späten Neunzigerjahren begann Enron, elektrische Energie direkt an gewerbliche Kunden zu verkaufen. Aber statt Kilowattstunden als Ware anzubieten, verkaufte Enron komplette Outsourcing-Lösungen, einschließlich Licht und klimatisierter Luft, zu einem kalkulierbaren, niedrigen Preis. Einen weiteren Innovationssprung machte Enron, als es im November 1999 einen der ersten Online-Märkte für alle Formen von Energie eröffnete. Schon wenige Monate nach seiner Markteinführung konnte EnronOnline einen Dollarumsatz aufweisen, der erheblich höher war als der von Internetstars wie Dell Computer, Cisco oder Amazon. Vielleicht noch erstaunlicher ist die Tatsache, dass dieser Geschäftsbereich von einer britischen Enron-Angestellten ersonnen und an den Start gebracht wurde, die damals noch keine 30 Jahre alt war. Das Online-Geschäftskonzept wurde in weniger als sieben Monaten und für weniger als 15 Millionen US-Dollar entwickelt, getestet und realisiert.

Enrons neueste Unternehmensinnovation betrifft die Schaffung eines Großhandelsmarkts für Breitbandtechnologie, der es Firmen ermöglicht, auf Echtzeitbasis exakt so viel Kapazität an Bandbreite zu kaufen, wie sie benötigen. Wenn Enron Erfolg hat, wird es die Effizienz von Internetleitungen, hauptsächlich auf der Basis von Glasfaserkabeln, um bis zu 90 Prozent erhöhen. Wieder und wieder sät Enron die Samen seiner Kernkompetenzen auf neuen Äckern aus. Ebenso wie andere Firmen hat Enron die Fähigkeit zur ständigen Innovation erworben. Kein Wunder, dass die Zeitschrift *Fortune* Enron fünf Jahre hintereinander als innovativstes Unternehmen in den USA auszeichnete.

„Man kann die Atome bei einer Kernfusion nicht kontrollieren", sagte Ken Rice als Chef von Enron Capital and Trade Resources (ECT), dem größten US-amerikanischen Vermarkter von Erdgas und dem bedeutendsten An- und Verkäufer von Elektrizität. Angetan mit einem schwarzen T-Shirt, Bluejeans und Cowboystiefeln, zeichnete Rice einen Behälter auf eine Tafel, der sein Unternehmen als Kernreaktor darstellte. Kleine Kreise in dem Behälter stellten seine „Kontrakt-Erzeuger" dar, jene Revolverhelden, die den Auftrag hatten, Abschlüsse zu tätigen und neue Geschäfte aufzubauen. An jedem Kreis war ein Pfeil angebracht. Im Diagramm von Rice zeigten alle Pfeile in verschiedene Richtungen. „Wir erlauben den Leuten, jede beliebige Richtung einzuschlagen", erläutert Rice. Aber die Cowboys von Enron sind äußeren Zwängen unterworfen; es gibt Grenzen, die ihren innovativen Eifer eindämmen und zügeln. Rice bezeichnet diese Grenzen als Enrons „Risikovergütungskontrollen".

Das Vertrauen in die Innovationsfähigkeit von Enron ist insbesondere dessen CEO Kenneth Lay zu verdanken. Der ehemalige Wirtschaftsprofessor und Beamte im Innenministerium unter Präsident Reagan begriff früher als die meisten anderen, dass die Deregulierung der Energiemärkte einen nationalen und schließlich auch globalen Handel mit Gas und später auch mit Strom ermöglichen würde. Dieser radikale Wandel eröffnete Innovatoren mit Ideen zahllose Wege, die unterschiedlichen Formen der Energieversorgung mit der Entwicklung neuer Finanzprodukte zu verbinden. Aber Lay selbst lässt sich nur wenige der regelbrechenden Geschäftskonzepte von Enron einfallen. Vielmehr hat er zum Aufbau einer Organisation beigetragen, in der sich Tausende von Menschen als potenzielle Revolutionäre betrachten.

Den Innovationsgeist entfesseln

Ein großer Teil von Enrons innovatorischer Schöpferkraft geht auf das Jahr 1988 zurück, als Jeff Skilling, damals Enron-Berater und heutiger Präsident und Chief Operating Officer des Unternehmens, etwas vorschlug, was die Basis für viele spätere Neuerungen bilden sollte. Damals schwankten die deregulierten Gaspreise von einem Extrem ins andere. Auf dem Spotmarkt konnten sich die Preise innerhalb eines Monats verdoppeln, um im darauffolgenden Monat dann wieder abzustürzen. Fast jeder Produzent, Händler oder Großkunde fürchtete eine Katastrophe.

Skilling schlug vor, Enron solle durch die Gründung einer so genannten „Gasbank" helfend aktiv werden. Herkömmliche Banken sorgen dafür, dass sich Kunden durch Produkte mit einschüchternden Namen wie „Swaps", „Terminkontrakte" oder „Derivate" gegen Zins- und Devisenschwankungen absichern können. Skilling hatte den Einfall, dass Enron es Energieverbrauchern auf die gleiche Weise ermöglichen könnte, sich vor den Schwankungen der Gaspreise zu schützen. Enron würde von den Produzenten Gas kaufen und ungefähr gleichzeitig entsprechende Verkäufe oder Hedgegeschäfte tätigen. Mittels aus der Finanzwelt übernommener Methoden konnte das Unternehmen Käufern je nach deren

> **Enron stellte so genannte „Kontrakt-Erzeuger" ein, die kühn, erfolgshungrig und kreativ waren.**

Kontrollen bilden den Kessel, in dem die innovativen Energien von Enron brodeln. Die Hitze entstammt dem Ehrgeiz des Unternehmens, die globalen Energiemärkte umzuwandeln, und der Chance zur persönlichen Vermögensbildung, die sich für jeden einzelnen Kontraktor bietet.

Bedarf einen festen, einen leicht fluktuierenden oder einen Preis anbieten, der an einen bestimmten äußeren Eckwert, etwa den Großhandelspreisindex, gebunden war. Ausgeklügelte Finanztechniken sollten Enron dabei vor fast allen Preisrisiken schützen.

Um die von den Enron-Kunden gewünschten Kombinationen aus Kalkulierbarkeit und begrenztem Risiko anbieten zu können, ohne selbst allzu große Risiken in Kauf nehmen zu müssen, musste das Unternehmen neue Kernkompetenzen auf Gebieten wie dem Finanz-, Rechts- und Versicherungswesen sowie der Kredit- und Energiemarktanalyse aufbauen. Darüber hinaus musste es einen hoch entwickelten Trading Desk einrichten.

Enron stellte so genannte „Kontrakt-Erzeuger" ein, die kühn, erfolgshungrig und kreativ waren. Man wies ihnen einen bestimmten räumlichen Wirkungskreis und/oder ein Spezialgebiet zu, aber in Wirklichkeit hatten sie einfach nur den Auftrag, neue Wege des Geldverdienens zu finden. Wenn sie eine Idee für ein Geschäft hatten, mussten sie, um es absegnen zu lassen, mit einer Vielzahl von Enron-Abteilungen zusammenarbeiten, von denen sie entweder die Mittel oder die Genehmigungen erhielten. Ein typisches Geschäft bedurfte der Zustimmung durch die Finanzabteilung (für die Fremdfinanzierung), die Portfoliomanagement-Abteilung (für Teile des Geschäfts, die von Enron bilanziert werden würden), die Risikomanagement-Abteilung (zur Billigung des Kundenkreditrisikos und der Risiken von Preis- und Zinsschwankungen) und durch die Rechtsabteilung (für Vertragsfragen und die Analyse der rechtlichen Risiken). Diese Kontrollen bilden den Kessel, in dem die innovativen Energien von Enron brodeln. Die Hitze entstammt dem Ehrgeiz des Unternehmens, die globalen Energiemärkte umzuwandeln, und der Chance zur persönlichen Vermögensbildung, die sich für jeden einzelnen Kontraktor bietet.

Kontrakt-Erzeuger können beträchtliche Abschlüsse mit relativ wenig Einwirkung seitens des leitenden Managements tätigen. Ken Rice, ein Protegé von Skilling, verdiente sich seine Sporen im Bereich Kontrakterzeugung, indem er eine Reihe äußerst kreativer Energiegeschäfte ersann und durchführte. Eines davon lieferte der New York State Power Authority auf Jahrzehnte hinaus kalkulierbare Preise – etwas, was die meisten

Gashändler bis dahin für undenkbar gehalten hatten. Rice pendelte zwischen New York und den Gaslieferexperten im Enron-Hauptquartier in Houston hin und her und erarbeitete Möglichkeiten, Gaspreise für mehr als drei Jahrzehnte im Voraus abzusichern. Das Ergebnis war ein Vertrag für Gaslieferungen zu festen und indexgebundenen Preisen für die kommenden 33 Jahre.

Enrons frühe Erfahrung mit der Gasbank bildete die Grundlage für dessen Entwicklung zu einem der größten Energiehändler der Welt. In jüngster Vergangenheit hat es einen der ersten Online-Energiemärkte eingerichtet. Die Entwicklung von EnronOnline wurde stark von Louise Kitchin mitbestimmt, die mit 29 Jahren Leiterin für den Gashandel in Europa war, eines eher bescheidenen Enron-Geschäftsbereichs. Im Frühjahr 1999 chatteten Kitchin und andere über das Trading Desk zum Thema World Wide Web und darüber, wie es den Enron-Handel mit Energieprodukten dramatisch verändern könnte. Kitchin hielt Online-Energiemärkte für unvermeidlich, und sie wollte, dass Enron in diesem Bereich eine frühe Führungsposition übernahm. „Unsere Überzeugung war: ‚Wir können das schaffen. Wir sollten es jetzt tun'", erinnert sich Kitchin. Also traf sie eine Entscheidung. „Ich werde das weiterverfolgen", erklärte sie ihrem Chef John Sheriff, dem Präsidenten von Enron Europe. Wie viele andere Enron-Entrepreneurs vor ihr, ging Kitchin weiterhin ihrer normalen Arbeit nach, während sie das neue Geschäft aufbaute. Andere in ihrer Gruppe nahmen ihr viele Aufgaben ab, um ihre Bemühungen zu unterstützen. „In jenem Jahr waren einige Leute wirklich stark überarbeitet", erinnert sie sich.

Anfang Mai flog Kitchin zum Enron-Hauptquartier in Houston. Sie suchte diejenigen Personen auf, die man ihr als die besten IT-Experten im Unternehmen empfohlen hatte. Sie sprach mit den besten Anwälten, den Spezialisten im Bereich Risikomanagement, den besten Steuerexperten. Immer wieder pries sie ihr Konzept an: Der Online-Handel werde bald kommen, und Enron solle sich an die Spitze setzen. Sie war bloß eine 29-jährige Händlerin in einer über 11 000 Kilometer von der Enron-Zentrale entfernten Dependance, und nun bat sie einige der am stärksten beanspruchten Personen im Konzern, sich Zeit für ihr Projekt zu nehmen. Aber sie hatte etwas, das bei Enron sehr geschätzt wird: eine umwälzende neue Idee.

Und bald war es mehr als eine Idee. Kitchin wusste von Anfang an, dass die meisten im Unternehmen sie nicht ernst nehmen würden, wenn sie kein funktionsfähiges System vorführen konnte. Mitte August hatte sie zusammen mit ihrem informellen Netzwerk eine Demo-Website zusammengeschustert, die es Enron-Händlern ermöglichte, sich in einen simulierten Online-Energiemarkt einzuschalten. Nun konnte sie an skeptische Händler nicht nur mit einem Geschäftsplan, sondern auch mit der Beta-Version eines elektronischen Energiemarkts herantreten: „Hallo Leute, hier ist euer Passwort; probiert das System doch einmal aus." Der Prototyp enthielt einen computerisierten „virtuellen Händler", mit dem Enrons wirkliche Händler online konkurrieren konnten, wobei ihnen gleichzeitig das erforderliche Wissen vermittelt wurde, das sie als Web-Händler unbedingt benötigten.

EnronOnline zielte darauf ab, viele Abwicklungsfunktionen zu vereinheitlichen, ohne die Händler überflüssig zu machen, da diese weiterhin sämtliche Preise festsetzten. Andere Unternehmen hatten bereits früher elektronische Märkte eingeführt, die Käufer und Verkäufer von hochliquiden Artikeln wie Stammaktien oder Petroleumprodukten zusammenbrachten. Aber Enrons Geschäft verlangte, dass man fixe Preise für Gas, Elektrizität und andere Produkte an vielen unterschiedlichen Orten in den Vereinigten Staaten, in Europa und in anderen Teilen der Welt anbot. Das war online eine weitaus schwierigere Aufgabe. Enron würde ein „Prinzipal" in seinem Online-Markt sein, indem es Preise sowohl festsetzte als auch garantierte.

Bald nahmen zahlreiche Personen Kitchin und ihre Vision ernst. Im September arbeiteten bereits 250 Personen in verschiedenen Bereichen von Enron für ihr Projekt, und zwar alle auf Ad-hoc-Basis. „Du besorgst einen Steueranwalt, er besorgt einen Finanzanwalt, und ein Dritter macht einen Internetanwalt für uns ausfindig", erläutert sie.

Die Gründung eines E-Business ist, verglichen mit vielen anderen unternehmerischen Versuchen, wenig kapitalintensiv, und Kitchin benötigte bis dahin kaum Genehmigungen von oben, da ihre Arbeit, abgesehen vom Kauf mehrerer Server-Computer und einiger Flugtickets, nur einen minimalen Aufwand erforderte. Kitchin koordinierte zwar ein globales Projekt, doch weder der Präsident noch der Chairman von Enron hatten bisher auch nur ein Wort über ihre Online-Bestrebungen gehört. John Sheriff, Kitchins Chef, sah bis zum Spätsommer 1999, als das neue Handelssystem nur noch ein paar Monate von seiner Realisierung entfernt war, keinen zwingenden Grund mit Skilling über das Projekt zu sprechen.

Sechs Monate später erzählte Skilling die Geschichte mit einiger Selbstironie: „Schließlich wurde ich im September von John Sheriff angerufen. Er sagte: ,Hallo Jeff, ich muss mit Ihnen über etwas Wichtiges sprechen. Es geht um die Idee eines Online-Handelssystems. Sie ist wirklich überaus interessant.'"

Zunächst reagierte Skilling kühl. „Wissen Sie, das haben wir uns doch schon angesehen", wandte er ein. Sheriff erklärte einige der Details des Systems, das Kitchin vorschlug, und Skilling räumte ein, dass es sich vielleicht lohne, der Idee nachzugehen.

„Und dann sagt John zu mir: ,Eigentlich sind wir schon fast fertig'", erinnert sich Skilling. Und er fährt fort: „Ich wurde nie um Kapital oder irgendwelche Leute gebeten. Sie hatten die Server schon gekauft und bereits angefangen, das Gebäude auseinander zu nehmen. Als ich von der Sache hörte, hatten sie bereits juristische Expertisen in 22 Ländern in

Auftrag gegeben." Skilling behauptet, er sei nicht schockiert gewesen, und bald unterstützte er das Projekt nachdrücklich. Er bezeichnet Kitchins Unternehmergeist und die Unterstützung ihrer Bemühungen durch Sheriff als „genau die Art von Verhalten, das dieses Unternehmen auch in Zukunft antreiben wird".

EnronOnline nahm seinen Betrieb am 29. November auf, knapp sechs Monate nach Kitchins erstem Flug nach Houston. Ende Februar 2000 wickelte es bereits rund 1000 Geschäfte täglich im Wert von ungefähr 450 Millionen US-Dollar ab. In drei Monaten war es zu einer der Websites im E-Commerce mit dem weltweit höchsten Volumen geworden und trieb die nicht lineare Effizienz im Handelssystem von Enron voran. Die Klarheit und Einfachheit, die der neue Handelsprozess für die Enron-Kunden bietet, vergrößerte das Volumen in vielen Produktbereichen. Im Zuge dieser Entwicklung wurde Louise Kitchin zu einem der jüngsten Managing Directors von Enron.

Kitchins Geschichte ist nicht so einzigartig, wie man meinen könnte. Sogar neu eingestellte Mitarbeiter, die frisch von der Universität oder einem MBA-Lehrgang kommen, werden aufgefordert, ein Gebiet zu finden, für das sie sich persönlich interessieren, um darauf einen neuen Geschäftsbereich aufzubauen.

Die noch nicht 30-jährige Lynda Clemmons handelte mit Emissionskrediten, das heißt mit Rechten von Energiegesellschaften, die weniger Verschmutzung erzeugen, als sie es dem Gesetz nach dürften. Diese Rechte können an Firmen verkauft werden, die die Umwelt stärker verschmutzen. Auf Konferenzen erfuhr Clemmons dann, dass diese Versorgungsunternehmen auch einen bestimmten Bedarf hatten: Eine ihrer größten Sorgen betraf das Wetter: Eine Hitzewelle im Sommer konnte sie zwingen, zusätzlich teure Energie zu kaufen oder kostenträchtige Generatoren neu zu starten, was eine erhebliche Einbuße ihrer Gewinne bedeute-

> *Jeder weiß,
> dass die
> Champions der
> Geschäftskonzept-Innovation
> stattlich belohnt werden.*

te, während ein warmer Winter zur Folge haben konnte, dass die mangelnde Nachfrage bei weiten nicht zu den erwarteten Einnahmen führte.

Clemmons stellte Produkte zusammen, die es den Versorgungsunternehmen ermöglichten, sich gegen das „falsche" Wetter zu versichern. Am Anfang waren die Manager der Versorgungsunternehmen skeptisch. „Sie sind jünger als meine Tochter. Warum sollte ich auf Sie hören?", fragten sie. Aber schließlich hörten sie zu, und Clemmons schloss in diesem Bereich Hedgegeschäfte in Höhe von einer Milliarde US-Dollar ab. Aber das ist erst der Anfang. Clemmons weist darauf hin, dass wetterabhängige Unternehmen über jährliche Einnahmen von mehr als einer Billion US-Dollar verfügen.

Von Skilling über Kitchin bis zu Clemmons – alle bei Enron wissen, dass Geschäftskonzept-Innovationen eine zentrale Rolle für den Erfolg des Unternehmens spielen. Ken Rice, mittlerweile Leiter des Breitbandgeschäfts von Enron, spricht für Tausende Firmenangehöriger, wenn er sagt:

> *„Unser Ziel besteht darin, in dem jeweiligen Geschäftsbereich einen grundlegenden Wandel herbeizuführen, während viele unserer Mitbewerber nur Nebensächliches bewirken wollen. Dadurch unterscheiden wir uns von ihnen. Es gibt keinen Geschäftsbereich, wie langweilig und dröge er auch sein mag, der nicht fundamental anders strukturiert werden könnte, um neue Werte zu schaffen."*

Außerdem weiß jeder, dass die Champions der Geschäftskonzept-Innovation stattlich belohnt werden. Enron beteiligt Entrepreneurs in der Regel über Phantomaktien an dem neuen Geschäft, an dessen Aufbau sie mitwirken. Das Team, das das Energie-Outsourcing-Geschäft von Enron ersann und gründete, zog erheblichen Nutzen aus diesem weitsichtigen Vergütungssystem.

Den Einsatz erhöhen

Die Vorbereitung einer Komplettlösung im Energiemanagement für gewerbliche Partner war sogar noch komplizierter und vor allem teurer als die Entwicklung von EnronOnline. Lou Pai, der den Enron-Gashandel 1992 verließ, um das Geschäft des Unternehmens mit dem Stromhandel aufzubauen, glaubte, die Deregulierung werde es Enron bald gestatten, Industriekunden direkt zu bedienen, statt bloß auf Großhandelsmärkten Energie zu vertreiben. Bei solchen Einzelhandelsgeschäften, die sich in erster Linie auf große industrielle Energieanwender konzentrieren sollten, würde weniger der Verkauf als die Beziehung im Mittelpunkt des Geschäfts stehen. Und in der Tat machte Lou Pai starke Anleihen bei den Outsourcing-Geschäftsmodellen von IBM, EDS und anderen im IT-Bereich, als er Enrons Energie-Outsourcing-Geschäft entwarf.

Bei Enron beendet ein Scheitern – selbst wenn es auf der Titelseite des Wall Street Journal angeprangert wird – nicht unbedingt die Karriere.

Pai fasst die hinter Enron Energy Services (EES) stehende Konzeptinnovation wie folgt zusammen:

> „Als wir uns mit den Unternehmen über die Art ihres Energiebedarfs unterhielten, erkannten wir schon bald, dass sie ein eigenes Versorgungsunternehmen besaßen: die Anlagen zur Energieumwandlung, die Kessel, die Hochspannungsverteilungsanlagen, die Kühlmaschinen und so weiter. Die Gewinnspannen im Produktbereich waren ziemlich klein, sodass wir keine Absatzorganisation aufbauen konnten, um diese gewerblichen Kunden für uns zu gewinnen. Deshalb sah ich mir andere Industriemodelle an, um Einblicke in den Business-to-Business-Verkauf zu erhalten. Das Outsourcing von Informationstechnologie bildete eine gute Parallele. Die Industriekunden hatten Mühe, mit den Veränderungen im IT-Bereich Schritt zu halten, weshalb ein Outsourcing für sie Sinn machte. Durch unsere Gespräche mit großen Energieanwendern wurde uns klar, dass diese Kunden kein billiges Gas oder billige Kühlmaschinen haben wollten, sondern Licht und klimatisierte Luft – zu verlässlichen und preisgünstigen Bedingungen. Darum boten wir ihnen ein Produkt an, das ihnen das Outsourcing insbesondere der Bereiche erlaubte, die bisher wesentlich durch private, nicht durch öffentliche Versorgungsbetriebe abgedeckt wurden. Wir konnten ineffiziente Anlagen modernisieren, ihnen dabei helfen, günstigere Energiepreise auszuhandeln, und so weiter."

Diese Überlegungen veranlassten Enron, Ende 1997 ESS zu gründen. Pai wusste, dass das Unternehmen neue Kompetenzen entwickeln musste, wenn es in das Geschäft des Energie-Outsourcing einsteigen wollte. Dazu gehörte unter anderem auch das Management der Heiz- und Kühlanlagen für Hunderte von Unternehmen überall in den Vereinigten Staaten. Zunächst kaufte Enron einen großen Heiz-, Ventilations- und Klimageräte-hersteller mit 4000 Beschäftigten. Die meisten dieser Beschäftigten trugen blaue Overalls und unterschieden sich deutlich von den Händlern, die regelmäßig komplexe Energiegeschäfte abwickelten.

Aber Enron brachte auch erhebliche eigene Kompetenzen in die neue Branche ein: Große, landesweit tätige Anwender kaufen ihre Energie in der Regel von Hunderten lokaler Strom- und Gasversorgungsunternehmen, die jeweils ihre eigene komplexe Tarifstruktur haben. Die Manager der lokalen Anlagen verfügen meist weder über die Zeit noch den wirtschaftlichen Anreiz, den bestmöglichen Tarif herauszuholen. Enrons umfassende Kenntnis der Preisstrukturen im ganzen Land sowie seine Fähigkeit, den lokalen Energiebedarf zu bündeln und dadurch bessere Preise auszuhandeln, hatte zur Folge, dass es seinen Industriekunden gewöhnlich sofortige Einsparungen im Energiebereich anbieten konnte.

Der Aufbau eines landesweiten Energie-Outsourcing-Geschäfts war ein teures Unterfangen für Enron. Im Jahr 1998, als vier Bundesstaaten endlich ihren Elektrizitätsmarkt deregulierten, unterzeichnete Enron Energy Services Energieversorgungsverträge mit gewerblichen Kunden in Höhe von 3,5 Milliarden US-Dollar. Die meisten dieser Verträge laufen über drei Jahre und beinhalten nichts weiter als die Versorgung mit Energie. 1999 schloss EES bereits Verträge in Höhe von 8,5 Milliarden US-Dollar mit zumeist zehnjähriger Laufzeit ab, die das gesamte Outsourcing des Energiebedarfs und der Infrastruktur der Kunden umfassen.

Nachdem man mehrere Jahre lang rote Zahlen geschrieben hatte, rechnet der Geschäftsbereich für das Jahr 2000 mit einem Gewinn von rund 70 Millionen US-Dollar, was einen Anstieg von 150 Millionen US-Dollar gegenüber dem Vorjahr darstellt. Noch eindrucksvoller ist die Tatsache, dass die Investoren 1997, als Enron einige EES-Aktien verkaufte, das Geschäft mit 1,9 Milliarden US-Dollar bewerteten – und das, bevor ein einziger Dollar an Einnahmen verbucht worden war. Etwas mehr als zwei Jahre später bezifferte Pai den von Analysten geschätzten Wert des Unternehmens auf knapp 10 Milliarden US-Dollar.

Doch vor diesem spektakulären Erfolg hatte Pais Bereich einen beschämenden Rückschlag erlitten. 1997 investierte die Energiehandelsgruppe eine beträchtliche Kapitalsumme in das Bemühen, zum führenden Elektrizitätsvermarkter der Nation für Privathaushalte zu werden. New Hampshire, Kalifornien und mehrere andere Staaten hatten Gesetze verabschiedet, die es nicht nur Firmen, sondern auch Haus- und Wohnungsbesitzern gestatteten, ihren Strom von anderen als nur lokalen Energiegesellschaften zu kaufen. Und Enron war eines der ersten Unternehmen, die sich als alternative Energielieferanten anboten. Aber obwohl Enron Zigmillionen US-Dollar für das Marketing ausgab, konnte es nur eine winzige Kundenzahl für sich gewinnen. Wie sich herausstellte, erließen die Bundesstaaten, die ihren Markt für den Wettbewerb geöffnet hatten, weiterhin Vorschriften, die ihren traditionellen Versorgungsgesellschaften große Vorteile verschafften, und Enrons Händler hatten wenig Erfahrung mit dem Verbrauchermarketing.

Enron stellte das Projekt ein und gab Pai unverzüglich die Chance, das gewerbliche Outsourcing-Geschäft aufzubauen. Die Führung von Enron weiß, dass man keine neuen Märkte erschließen kann, ohne einige Risiken einzugehen. Und sie weiß auch, dass man, wenn all diese Risiken einer einzigen Person aufgebürdet werden, bald nur noch wenige unternehmerisch denkende Mitarbeiter hat, die bereit sind, ihren beruflichen Aufstieg für „den nächsten großen Wurf" aufs Spiel zu setzen. Bei Enron beendet ein Scheitern – selbst wenn es auf der Titelseite des *Wall Street Journal* angeprangert wird – nicht unbedingt die Karriere.

Die Grenzen erweitern

Enrons entrepreneurfreundliche Kultur veranlasste Ken Rice, den früheren Chairman des größten Unternehmensbereichs, sich der Herausforderung des Ausbaus von Enron Communications zu stellen, das, wie er selbstbewusst voraussagt, zum „dominierenden Network-Serviceprovider" für die Geschäftswelt werden wird. Aber in einer Branche, die sich in „Internetzeit" entwickelt, kam es nicht nur darauf an, ein neues Geschäftskonzept zu entwerfen, sondern auch darauf, rasch ein engagiertes Team zusammenzustellen. Und das konnte nur gelingen, wenn erstklassige Enron-Mitarbeiter dazu bereit waren, ihre Karriere fast über Nacht umzukrempeln, um sich der Suche nach unerforschten Gebieten und zusätzlichen Möglichkeiten der Wertschöpfung zu widmen.

Während EnronOnline und Enron Energy Services an die bereits bestehenden Energiegeschäfte des Unternehmens anknüpfen konnten, entstand Enron Communications, nachdem die Muttergesellschaft ein Stromversorgungsunternehmen in Oregon gekauft hatte. Zu diesem gehörte eine winzige Firma, die die Büros von Intel und anderen Hightechunternehmen in der Umgebung von Portland über Fiberoptikkabel verband.

Eine genaue Prüfung ließ Rice und andere zu der Überzeugung kommen, dass die Bereitstellung von Breitbandkapazität im Internet eine erstaunliche Ähnlichkeit mit den Gas- und Strommärkten vor der Deregulierung aufwies. Ein Dickicht von Vorschriften auf den Energiemärkten hatte Erzeuger, Lieferanten und Verbraucher in langfristige Verträge eingebunden, die zu einer außerordentlichen Ineffizienz führten. Das Management der Bandbreite für das Internet war fast genauso ineffizient, obwohl dies nicht an einer Regulierung lag. Netzwerkgesellschaften wie AT&T und andere zwangen die Großunternehmen, Bandbreite in einer enormen Menge zu kaufen, die sich an der Deckung ihres Spitzenbedarfs orientierte. Die Folge war, dass die Kunden ihre Kommunikations-„Pipelines" nur innerhalb eines winzigen Bruchteils der Gesamtzeit wirklich ausnutzen konnten. Es herrschte eine ungeheure Verschwendung.

Die Lösung des Problems erforderte geschäftliche und juristische Kenntnisse, die denen glichen, die Enron bereits im Gas- und Elektrizitätsgeschäft entwickelt hatte. Mehr noch: Enron beschloss, nicht nur mit Bandbreite zu handeln, sondern sein Wissen bezüglich der Rationalisierung von Märkten so einzusetzen, dass auch ein großer Teil des Internet-Netzwerks rationalisiert werden konnte. Es wollte die führenden Breitbandnetze der Welt miteinander verknüpfen, während ihm physisch nur ein relativ kleines Netz selbst gehörte – etwas, das Enron bereits auf dem Gas- und Elektrizitätsmarkt zu Stande gebracht hatte.

Nach Übernahme seiner neuen Rolle führte Rice sofort eine „Rekrutierung" durch, in deren Verlauf er einige der besten Mitarbeiter aus dem übrigen Unternehmen für sein Projekt aussuchte, darunter 15 Personen auf der Ebene von Managing Directors oder Vizepräsidenten. Für den

Anfang wurden 70 Personen in anderen Enron-Geschäftsbereichen als potenzielle Mitarbeiter für das neue Geschäftsfeld identifiziert. Innerhalb einer Woche hatten sich 64 von ihnen Enrons Breitbandbrigade angeschlossen, obgleich niemand verpflichtet war, zusammen mit Rice in die unbekannten Gewässer der Internetbandbreite zu segeln.

Enron ist stolz auf die Tatsache, dass seine Mitarbeiter ihre Karrieren überwiegend selbst steuern. Andererseits wussten die 15 Topmanager, die sich für das neue Wagnis entschieden, dass sich Enron bei der Schaffung neuer Geschäftsfelder bewährt hatte, dass es nötigenfalls zu hohen Einsätzen bereit sein und die Pioniere großzügig belohnen würde. Ob Enron letztlich mit Unternehmen konkurrieren kann, die seit Jahrzehnten im Breitbandgeschäft tätig sind, bleibt abzuwarten. Aber die Tatsache, dass Enron 20-mal mehr Erdgas verkauft als Exxon und gut platzierte Unternehmen wie Duke und PG&E im Energie-Outsourcinggeschäft übertroffen hat, lässt vermuten, dass der Besitz von Pfründen nicht immer den damit verbundenen Hoffnungen gerecht wird.

Es lohnt sich, die Besten anzuheuern. Man kann kein unermüdlich nach neuen Chancen suchendes Unternehmen aufbauen, wenn man nicht bereit ist, unermüdlich nach neuen Chancen suchende Mitarbeiter einzustellen.

Enron mag noch immer mit dem Bereich Enron Communications scheitern, aber es lockt ein Markt mit einem Volumen von 400 Milliarden US-Dollar. Die Leitung von Enron weiß, dass sie auf ihren traditionellen Kompetenzen aufbauen muss. Gleichzeitig ist ihr auch bewusst, dass die Firma, wenn sie sich ausschließlich als „Energieunternehmen" definiert und auf eine Gelegenheit wie Communications verzichtet, ihre Fähigkeit zur Revolution verlieren könnte. Schließlich beabsichtigt man bei Enron nicht, den letzten Pfennig aus einem sterbenden Geschäft herauszuquetschen, sondern zielt vielmehr darauf ab, immer radikal neue Geschäftskonzepte mit hohem Gewinnpotenzial zu schaffen.

Es gibt viele Gründe, warum Enron ein erfolgreicher Revolutionär ist. Das Unternehmen hat jene übergroßen Ambitionen, die ich häufig als „strategisches Ziel" bezeichne. Skilling erinnert sich an die erste Weihnachtsparty der neu gegründeten „Gasbank" im Jahr 1988: Die acht Personen, die sich in einem Wohnzimmer versammelt hatten, wussten bereits, dass sie zum größten Gasverkäufer der Welt werden würden. „Uns war klar, dass wir die Welt erobern würden, denn wir hatten die bessere Idee."

Bei Enron glaubt man, dass radikale Ideen von radikalen Personen ausgehen. Ken Lay entsinnt sich, dass es nach seiner Ernennung zum CEO für ihn von höchster Priorität war, jede Schlüsselposition mit einem „Regelbrecher" zu besetzen – also mit Leuten, die die Fähigkeit zur Veränderung einer Branche haben. Er berichtet von seiner enormen Frustration als Chief Operating Officer einer anderen Pipelinegesellschaft, bei der er auf die Einstellung guter Leute verzichten musste, weil sein damaliger Chairman es nicht für nötig hielt, deren Honorarwünschen entgegenzukommen. Lay hat bei Enron bewiesen, dass es sich lohnt, die Besten anzuheuern. Man kann kein unermüdlich nach neuen Chancen suchendes Unternehmen aufbauen, wenn man nicht bereit ist, unermüdlich nach neuen Chancen suchende Mitarbeiter einzustellen.

Lehren eines ergrauten Revolutionärs

Die wesentlichen Elemente des Innovationsansatzes von Enron sind folgende:

- Das *leidenschaftliche Bestreben*, Märkte aller Art effizienter zu machen.
- Eine *breite Definition der Geschäftsgrenzen*, basierend auf Kernkompetenzen wie Handel und Arbitrage, die ein umfassendes Spektrum an Marktchancen einschließen – von Gas über Elektrizität bis zu Bandbreite und darüber hinaus.
- Ein pulsierender *interner Markt* für neue Wertschöpfungsideen, der auch *neuen Stimmen* die Chance bietet, sich Gehör zu verschaffen.
- Ein *offener Markt für Talente*, der es den kreativsten und tatkräftigsten Mitarbeitern eines Unternehmens leicht macht, sich dessen spannendsten neuen Chancen zu widmen.
- Hoch motivierte Entrepreneurs, die *an den Werten*, die sie schaffen, *beteiligt werden*.
- *Fließende Organisationsgrenzen*, die es ermöglichen, Fähigkeiten und Ressourcen immer wieder kreativ und unbeschränkt miteinander zu kombinieren.

Enrons Einstellung zur Innovation mag einzigartig oder sogar exzentrisch wirken, ist sie aber nicht. Auch der Aufsehen erregende Erfolg von GE Capital beruht auf Innovationen in einer „Kessel-Atmosphäre". Die Pira-

Die Piraten der Geschäftsentwicklung von GE Capital streifen auf der Suche nach Möglichkeiten durch die Welt, große Bereiche der Finanzdienstleistungsbranche neu zu erfinden.

ten der Geschäftsentwicklung von GE Capital streifen auf der Suche nach Möglichkeiten durch die Welt, große Bereiche der Finanzdienstleistungsbranche neu zu erfinden. Die leitenden Manager des Unternehmens agieren eher wie das praxisorientierte Aufsichtsgremium eines Risikokapitalfonds und nicht wie jene pedantischen Erbsenzähler, die in der Regel große Mischkonzerne leiten. Jedes neue Projekt wird einem strengen Risikokontrollprozess unterworfen, der sich in zwei Teile gliedert: Der eine setzt sich aus einer Reihe strikter Regeln für die Genehmigung von Kapitalausgaben zusammen, der zweite basiert auf einem aggressiven Überwachungssystem. Da die Gründungsurkunde von GE Capital sehr locker formuliert ist (Gary Wendt, der frühere Chairman von GE Capital, nannte als Geschäftsgrenzen des Unternehmens: „Keine Fertigung und kein Rundfunk oder Fernsehen"), sind straffe operationale Kontrollen unbedingt erforderlich, damit das Unternehmen nicht in riskante Geschäftsfelder abschweift, von denen es nichts versteht.

Die Ähnlichkeiten mit Enrons breit angelegtem Kontrollsystem sind bemerkenswert. Wenn vom Unternehmergeist durchdrungene Manager zu GE Capital oder Enron kommen, stoßen sie auf mehr verfügbare finanzielle Mittel und weniger Vorschriften als in fast allen anderen Unternehmen. „Jedes alte Unternehmen hat immer eine lange Liste von Dingen, auf die es sich nicht einlassen will", meinte Wendt. „Mit der Zeit wächst sich diese Liste zu einem Buch aus. Wir wollten, dass unser Buch sehr, sehr dünn bleibt." Kein Wunder, dass der Erfolg von GE Capital so spektakulär ist wie der von Enron (Capital erwirtschaftet ungefähr 40 Prozent der Gesamtgewinne von GE).

Wie groß ist der brodelnde Kessel in Ihrem Unternehmen? Kocht er über vor Geschäftskonzept-Innovationen?

CHARLES SCHWAB: EINE WENDELTREPPE DER INNOVATION

David Pottruck, President und Co-CEO bei Charles Schwab, drückt es folgendermaßen aus: „Wir sind Veränderungs-Junkies. Wir sind süchtig nach Veränderung." Als Regelbrecher geboren, führte Charles Schwab & Co. die erste Revolution mit seinem Beitrag zur Entstehung des Discount-Brokerage an, indem es die hohen Gebühren traditioneller Broker wie Merrill Lynch und PaineWebber unterbot. Die zweite Revolution war OneSource, ein Supermarkt für offene Investmentfonds, der es Anlegern mittlerweile erlaubt, eine Auswahl zwischen mehr als 1000 verschiedenen Fonds zu treffen. Vor OneSource war es für Investoren schwierig, ihre Anlagen von einem Fond zum anderen zu verschieben, und jeder, der mehrere Investitionen getätigt hatte, erhielt Monat für Monat eine verwirrende Serie von Abrechnungen.

Ende der Neunzigerjahre hatte Schwabs bequemer One-Stop-Shop für offene Investmentfonds zehn Prozent der amerikanischen Anlagen dieser Art in No-Load-Funds (Fonds ohne Ausgabeaufschlag) angesammelt, und die Firma war nicht mehr so stark von Handelseinnahmen abhängig. Zwischen 1993 und 1998 war der Anteil der Einkünfte aus Aktienhandels-Provisionen bei Schwab von 75 auf 58 Prozent gesunken, was auf die Revolution im Geschäftskonzept des Unternehmens hinweist.

Die Metamorphose vom Discount-Broker zum Anbieter offener Investmentfonds ist nur eine von mehreren strategischen Umgestaltungen, die Schwab hinter sich gebracht hat. Jede Verwandlung drohte die bisherigen Rentabilitätsquellen zu untergraben, doch jede hat sich dadurch bezahlt gemacht, dass sie grundlegend neue Vorteile für die Kunden mit sich brachte. Vor OneSource berechnete Schwab seinen Klienten eine Gebühr für das bequeme Angebot, offene Investmentfonds über eine einzige Stelle erwerben zu können. Den Kunden blieb diese Gebühr erspart, wenn sie ihre Anteile an No-Load-Funds direkt bei den Investmentgesellschaften kauften, die diese Papiere ausgaben. David Pottruck, damals Executive Vice President, ärgerte sich darüber, dass Kunden bei Schwab mehr zahlen mussten als anderswo, und er gehörte zu denen, die diese Gebühr abschaffen wollten. Andere bei Schwab hielten dem entgegen, dass dies den Gewinn des Geschäfts mit offenen Investmentfonds um die Hälfte reduzieren würde. Schließlich setzten sich die Interessen der Kunden durch, und Schwab konnte sich die verlorenen Gebühren zurückholen, indem es den Unternehmen, deren offene Investmentfonds es verkaufte, eine kleine Bearbeitungsgebühr berechnete.

Schwab kämpfte zum zweiten Mal mit dem Dämon der Kannibalisierung, als sich das Unternehmen in den führenden Online-Broker der Nation verwandelte. Es war eine qualvolle Entscheidung, all seinen Kunden den Zugang zum billigen Web-Handel zu ermöglichen, denn dadurch reduzierte sich Schwabs Provision für diese Geschäfte um mehr als die Hälfte. Aber Ende 1999 besaß Schwab bereits drei Millionen Internetkunden, die über 260 Milliarden US-Dollar online investierten (das vom Konkurrenzunternehmen E*Trade verwaltete Anlagevermögen betrug nur ein Zehntel dieser Summe). Durch seine Web-Angebote übernahm Schwab eine neue Rolle als Full-Service-Broker und trat ins Beratungszeitalter ein, womit sich der Kreis zu jenen frühen Tagen schloss, in denen man „Anlageberatung" für ein Schimpfwort gehalten hatte. „Wir erfinden das Full-Service-Investmentgeschäft und gleichzeitig uns selbst neu", erläutert Pottruck.

Auch die Vorstellungen bezüglich der Zielgruppen haben sich bei Schwab gewandelt. So hielt sich das Unternehmen im ersten Jahrzehnt seiner Existenz beispielsweise noch für einen nüchternen Broker, der in erster Linie erfahrene Händler bediente. Selbst innerhalb der Discount-Brokerage-Branche widersetzte sich Schwab überkommenen Ideen: Statt bei einem telefongestützten Geschäft mit niedrigen Overheadkosten zu bleiben, baute es ein Filialnetz auf. Chuck Schwab war der Meinung, dass die

Menschen sich ihrem Geld physisch nahe fühlen wollten. Diese Einsicht machte sich außerordentlich gut bezahlt, als das Unternehmen seine Kundenzielgruppe erweiterte. Als sich das Investmentgeschäft – zuerst durch offene Investmentfonds, dann durch das Internet – demokratisierte, stellte Schwab fest, dass sich die Filialen vortrefflich für die Gewinnung von Neulingen unter den Anlegern eigneten, denn durch ihre physische Präsenz verliehen die Filialen Schwab eine solide Glaubwürdigkeit. 1999 wurden mehr als eine Million Neukonten bei Schwab eröffnet. Viele der Investoren waren noch nie zuvor bei einem Broker gewesen. So wurde Schwab zu einem der ersten „Klick-und-Real"-Unternehmen mit einem Geschäftskonzept, das sowohl seine Online- als auch seine Offline-Präsenz optimierte.

Schwabs Geschick, sich neu zu erfinden und neue Geschäftsmodelle zu entdecken, lässt es an Stellen wachsen, wo andere straucheln. Schon vor langer Zeit hängte es Quick & Reilly ab, den schärfsten Konkurrenten in den Siebzigerjahren. Von 1993 bis 1998 stiegen Schwabs Einnahmen bei einer durchschnittlichen Jahresrate von 23 Prozent auf 2,7 Milliarden US-Dollar, und seine Gewinne wuchsen bei einer durchschnittlichen Jahresrate von 24 Prozent auf 350 Millionen US-Dollar. Im selben Zeitraum schoss sein Aktienpreis um 1072 Prozent nach oben, verglichen mit 218 Prozent für Merrill Lynch und 164 Prozent für den S&P-500-Index. Im Dezember 1998 übertraf Schwabs Marktkapitalisierung zum ersten Mal die von Merrill Lynch. Niemand in der Brokerbranche bezweifelt, dass Schwab mehr als eine Revolution durchgeführt hat.

In die Kunden verliebt sein

Schwab hat sich nie in die Falle eines bestimmten Geschäftsmodells locken lassen. Jeff Lyons, der Marketingleiter für offene Investmentfonds, bestätigt: „Wir haben Mühe, uns selbst zu definieren. Keines der herkömmlichen Etiketten gefällt uns." Schwab hat sich stets über sein Anliegen definiert, das heißt über seinen Dienst am Investor, dem man helfen will, seine Finanzen abzusichern und zu verbessern. „Als Chuck Schwab das Unternehmen gründete", berichtet John McGonigle, der den Bereich für offene Investmentfonds leitet, „war es sein Ziel, dem Kunden die Möglichkeit für bequeme Investitionen zu bieten. Chuck ist die Stimme des Kunden." Ein weithin verbreiteter und hoch geschätzter Wert des Unternehmens ist die Nähe zum Kunden und Chuck Schwab ist einer der führenden Verfechter dieses Wertes. Dazu Bob Duste, CEO von Schwab Europe:

Schwab hat sich nie in die Falle eines bestimmten Geschäftsmodells locken lassen.

> „Ich habe Chuck nie über Renditen, Gewinne oder den Aktienkurs schwärmen hören. Er spricht dauernd von den Kunden, denn er glaubt, dass wir den Leuten deutlicher zeigen müssen, wie man investiert – nicht für uns, sondern für sie selbst. Wenn wir das Richtige für die Kunden tun, weiß er, dass sich die Rentabilität von allein einstellen wird. Chuck hilft einmal im Monat, in einer Küche der Heilsarmee Suppe für alte Menschen auszuschenken. Er sagt: ‚Wenn sie nur rechtzeitig angefangen und Pläne gemacht hätten, hätten sie dies vermeiden können, und es bricht mir einfach das Herz. Wir müssen bessere Produkte haben und mehr Menschen erreichen.'"

Die Mannschaft von Schwab sieht es als ihre Aufgabe an, nicht nur Geschäfte abzuwickeln, sondern auch einige der kostbarsten Dinge im Leben eines Kunden zu schützen: die Möglichkeit, ein Kind auf die Universität zu schicken, die alten Eltern zu unterstützen oder ohne Stress in den Ruhestand zu treten. „Wir glauben, dass wir Krebs heilen", meint der Chefstratege Dan Leemon.

Schwab hat den Mut gefunden, die Dogmen der Branche in Frage zu stellen, indem es bei den Bedürfnissen des Kunden ansetzt. Während andere Teile der Finanzdienstleistungs-Branche die Unkenntnis des Kunden für eine Gewinnquelle zu halten scheinen, setzt man bei Schwab stets voraus, dass man einen sehr urteilsfähigen Kunden bedient – selbst wenn das nicht der Fall ist. McGonigle betont: „Was Schwab von den meisten anderen Finanzdienstleistungs-Unternehmen unterscheidet, ist die grundlegende Annahme, dass unsere Kunden wirklich gewitzt sind und wir sie nicht übervorteilen können. Wir haben nicht die Vorstellung, dass wir sie in Bezug auf Gebühren oder die Auftragsausführung für dumm verkaufen können."

Die unkonventionellen Strategien von Schwab lassen die Konkurrenz häufig ins Hintertreffen geraten. Fidelity brauchte sechs Jahre, um die Idee eines Supermarkts für offene Investmentfonds wie OneSource voll und ganz zu übernehmen, weil es davor zurückschreckte, miteinander konkurrierende Produkte anzubieten und einen Teil seiner Verwaltungsgebühren an andere Firmen abzutreten.

Schwab ergänzt seine Kundenverehrung durch kühne Wachstumsziele. Dazu Art Shaw, ein leitender Vizepräsident:

> „Wir meinen, dass wir jährlich um 20 Prozent wachsen müssen. Jedes Jahr müssen wir sagen, dass das letzte Jahr vorbei ist und dass wir wieder bei Null anfangen. Das erzeugt ein unglaubliches Streben nach Innovation. Nur ungefähr zehn Prozent der großen Unternehmen haben sowohl ihre Einnahmen als auch ihre Gewinne fünf Jahre hintereinander um jeweils 20 Prozent steigern können."

Bei Schwab ist man der Ansicht, es mit einem fast unbegrenzten Markt zu tun zu haben. Von den Ersparnissen amerikanischer Bürger in Höhe von 15 Billionen US-Dollar befinden sich nur vier Prozent in Discount-

Brokerage-Depots, und Schwab selbst verfügt nur über ein Anlagevolumen von etwa 600 Milliarden US-Dollar. Sein Ziel ist es, bis zum Jahr 2005 Anlagen in Höhe von einer Billion US-Dollar zu verwalten und die Zahl seiner aktiven Kunden auf zehn Millionen fast zu verdoppeln.

Neben dem leidenschaftlichen Einsatz für die Kunden und den ehrgeizigen Wachstumszielen gibt es noch zwei andere Kräfte, die die Innovation bei Schwab antreiben: Die erste ist die Chance jedes Angestellten zur Vermögensbildung. Alle Mitarbeiter von Schwab sind Aktionäre. CFO Steve Scheid erklärt: „Eine der besten Lehrmethoden im Finanzbereich besteht darin, Ihre größten Aktionäre durch Ihre Säle gehen und über den Dienst am Kunden nachdenken zu lassen." McGonigle, der zuvor für eine riesige Bank gearbeitet hatte, ergänzt: „Bei Schwab stehen der Kunde und der Aktionär im Vordergrund. Bei meiner früheren Bank waren sie bloß theoretische Konstrukte."

Der andere Anreiz zur Innovation ist die bei Schwab herrschende Meritokratie, in der neue Ideen stets begrüßt werden. Bei Schwab werden die Innovations-Champions durchgehend ohne Berücksichtigung ihres Ranges oder einer Wartezeit befördert. Jeff Lyons, John McGonigle und Bob Duste waren sämtlich Aktivisten, die vorzeitig in die Führungsetage versetzt wurden. „Jeder im Topmanagement hatte eine große Idee, als er einen niedrigeren Rang einnahm", sagt Susanne Lyons, Jeffs Frau und eine weitere Innovationsaktivistin bei Schwab. Sie fährt fort: „Jeder von uns hat etwas aus seiner Idee gemacht und wurde dafür belohnt."

In Schwab-Kreisen ist Susanne Lyons als „Königin der Segmentierung" bekannt. Als sie 1992 von Fidelity zu Schwab kam, behandelte das Unternehmen sämtliche Kunden mehr oder weniger gleich. Jeder musste dieselben 1-800-Telefonnummern anrufen und erhielt den gleichen Einheitssoßen-Service, ob man nun 3000 oder 300 000 US-Dollar im Depot hatte. Aber Lyons stellte fest, dass eine Gruppe von Spitzenkunden, die als „Schwab 500" bezeichnet wurde und zu denen einige von Chuck Schwabs Freunden und Bekannten gehörten, einen speziellen, persönlichen Service durch ein kleines Team von acht Anlageberatern erhielt. Sie überlegte sich: „Warum soll man das nicht in einem viel größeren Maßstab kopieren? Wir könnten vermögende Anleger durch solche kleinen Teams betreuen lassen."

Ihr Enthusiasmus stieß auf eine Mauer des Widerstands, weil die meisten Schwab-Mitarbeiter der Meinung waren, dass der Gedanke eines Sonderservices dem Grundwert des Unternehmens widerspräche, den kleinen Anleger gut und jeden Anleger gleich zu behandeln. Also sammelte Lyons Daten über Schwabs wohlhabendere Kunden und seine aktivsten Händler. Sie stellte fest, dass den Kunden mit hohen Ver-

> **Die meisten Mega-Innovationen von Schwab bauen auf einer Serie von Mini-Innovationen einzelner Personen auf, die gelernt haben, sich in ihre Kunden hineinzuversetzen.**

mögenseinlagen, obwohl sie nur 20 Prozent der Gesamtkunden von Schwab ausmachten, erstaunliche 80 Prozent der Handelseinnahmen des Unternehmens zu verdanken waren. Nun hatte sie die Munition, um auf eine Erweiterung der Schwab-500-Gruppe hinzuwirken und ihre Kollegen den Begriff „Fairness" neu definieren zu lassen. Weshalb sollten Anleger, die Schwab mehr einbrachten, nicht ihrerseits ein Mehr an Gegenleistungen erhalten? War das nicht einfach fair? Diese Logik überzeugte die meisten ihrer Kollegen.

Ausgehend von den Kunden, die bereits zu den „Schwab 500" gehörten, startete Lyons 1994 ihren neuen Service. Er wurde allen Anlegern, die mehr als 48 Geschäfte pro Jahr (später wurde die Zahl auf 24 und dann auf zwölf reduziert) tätigten, sowie allen Kunden mit einem Anlagevermögen von mehr als 100 000 US-Dollar angeboten. Schwab bediente sich einer Technologie zur Identifizierung von Anrufern, um Anfragen von vermögenden Kunden automatisch an die Spezialteams weiterzuleiten. 24 Stunden am Tag stand diesen Kunden ein Berater zur Verfügung. Es wurde also rund um die Uhr ein persönlicher Service geboten, den traditionelle Brokerfirmen nicht kannten. Jedes Achtpersonen-Team war für eine spezifische Anzahl von Depots verantwortlich, sodass der Kunde sicher sein konnte, stets mit jemandem zu sprechen, der mit seiner oder ihrer speziellen Situation wirklich vertraut war. Die Mitarbeiter jedes Teams repräsentierten ein breites Spektrum an Investmentwissen. 1999 hatte man ungefähr 750 000 Kunden in die Gruppe der „Schwab 500" aufgenommen, die in „Signature Services" umbenannt worden war.

Den Sprung ins Netz wagen

Die Geschichte von Susanne Lyons ist kein Einzelfall. Die meisten Mega-Innovationen von Schwab bauen auf einer Serie von Mini-Innovationen einzelner Personen auf, die gelernt haben, sich in ihre Kunden hineinzuversetzen. Dramatische Durchbrüche innerhalb des Geschäftskonzepts wie Signature Services und schwab.com sind häufiger das Ergebnis einer Reihe regelbrechender Experimente als eines großen strategischen Sprunges. Das Vorgehen entspricht eher einem unermüdlichen Kletterer, der sich eine Wendeltreppe hinaufarbeitet, als dem Einsatz von Superman, der sich mit einem einzigen Sprung über hohe Gebäude hinwegsetzt. Genau wie die „Schwab 500" den Weg für die Entwicklung des Signature Services bereitete, trugen zahlreiche technologieorientierte Experimente dazu bei, dass Schwab viele seiner traditionellen Konkurrenten beim Gang ins Internet abhängte.

Einige von Schwabs frühen Technologieexperimenten, etwa die Dial-up-Trading-Software StreetSmart, waren bescheidene Erfolge, doch die meisten erwiesen sich als klägliche Fehlschläge. Zum Beispiel brachte Schwab 1982 PocketTerm heraus, ein sperriges, tragbares Gerät, mit dem

Schwabs hartnäckiges Streben nach einem besseren Kundenservice hatte erneut eine radikale Neugestaltung der Firmenstrategie vorbereitet. man Aktienkurse über den Äther empfangen konnte. 1985 wurde SchwabLine gestartet, ein Apparat, der an eine Telefonleitung angeschlossen werden konnte und auf extra breitem Rechenmaschinenpapier Kurse ausspuckte. Außerdem entwickelte Schwab eine Menge Softwareprogramme für den Aktienhandel, die sämtlich scheiterten. Gleichwohl wurden die jungen Innovationsjunkies bei Schwab ermutigt, diese frühen Flugapparate zu bauen.

Hin und wieder brachte Schwabs Hang zu Experimenten auch ein erfolgreiches Produkt hervor. TeleBroker war eine Idee, die außerhalb von Schwab geboren wurde. 1989 wandte sich eine kleine Start-up-Firma an Schwab und führte eine Technik vor, die es Anlegern gestattete, mit Hilfe der Tastatur eines Touch-Tone-Telefons Kurse abzurufen und mit Aktien zu handeln. Schwabs Callcenter waren ständig beschäftigt, und damit bot sich eine billige Möglichkeit, die Zahl der bearbeiteten Anrufe zu erhöhen, ohne mehr Personal einstellen zu müssen. Duste, damals Leiter der Softwareentwicklungs-Abteilung, trug die Idee einem leitenden Vizepräsidenten der Einzelhandels-Servicegruppe vor. Er hatte sofort Probleme, wie er sich erinnert: „Die Geschäftsleute hielten es für einen schrecklichen Einfall. Ihrer Meinung nach würden die Kunden eine solche Technik ablehnen, weil sie mit einer echten Person sprechen wollten oder die Tastatur nicht bedienen konnten. Die Mitglieder der Gruppe konnten es nicht begreifen, weil sie sich nicht vorstellen konnten, auf welche Weise man es einsetzen würde."

Statt sich auf große Debatten einzulassen, ließ Duste von zwei seiner Mitarbeiter in der Entwicklungsabteilung ein Demonstrationsgerät bauen und einen Pilottest durchführen. Die Kunden empfanden die tiefe Automatenstimme als beruhigend und den Telefonhandel als äußerst bequem. Innerhalb von sechs Monaten stand TeleBroker sämtlichen Schwab-Kunden zur Verfügung. Ein Schwab-Manager kommentierte: „Bei uns gilt die erste Woche der Markteinführung als Pilottest."

1995 lief bereits ein Viertel des Handelsvolumens von Schwab über TeleBroker und StreetSmart. Während die Verheißung des Internets am Horizont funkelte, arbeitete Duste mit ein paar passionierten Technologen an der Herstellung eines weiteren Demonstrationsgeräts, um Pottruck und Chuck Schwab zu zeigen, dass sie TeleBroker ins Web verlagern konnten. Als Schwab die Vorführung sah, war er fassungslos. „Ich fiel vom Stuhl", erklärte er *Fortune* später.[1] Duste und seine Kollegen hatten kein kompliziertes Strategiepapier darüber verfasst, wie das World Wide Web das Anlagegeschäft verändern würde, sondern sie vermittelten Schwab und Pottruck einen unmittelbaren, praktischen Eindruck vom Web-Handel. Pottruck richtete daraufhin sofort eine Web-Handelsabteilung ein, die den Namen e.Schwab erhielt. Die Abteilung nahm ihr Internetgeschäft Mitte 1996 auf und zog bereits in den ersten beiden Wochen 25 000 Kunden an.

Noch während das Internet gedieh, zeigten sich allerdings erste Risse im Geschäftsmodell von e.Schwab. Die Kunden mussten zwar nur 40 Prozent der sonst im Unternehmen üblichen Gebühren bezahlen, dennoch war Schwab immer noch zweimal so teuer wie E*TRADE. Und es gab noch einen weiteren Haken: Die Online-Kunden von Schwab durften nicht mit den Telefonhändlern der Firma sprechen oder deren Filialen aufsuchen, sondern mussten sich bereit erklären, all ihre Geschäfte über das Netz abzuwickeln. Alte Schwab-Kunden, die online Aktien kaufen oder verkaufen wollten, mussten ein neues Depotkonto einrichten.

Pottruck trat dafür ein, diese Doppelstruktur abzuschaffen, aber die Unternehmensführung befürchtete, dass ein derartiger Schritt die Gewinne stark beeinträchtigen würde. Man glaubte, dass die Einnahmen aus Transaktionsgebühren erheblich zurückgingen, wenn man traditionelle Kunden ermutigte, online zu handeln. Gleichzeitig bestand die Sorge, dass die von den neuen Online-Kunden gezahlten Gebühren nicht ausreichten, um die Kosten für den persönlichen Service in den Schwab-Filialen und die telefonische Beratung durch die Callcenter zu decken.

Aber wieder einmal gewann der Wunsch, dem Kunden zu dienen, die Oberhand über die anfänglichen Befürchtungen der Selbstausbeutung. Dazu ein leitender Manager:

„Wir fragten uns, ob der Internethandel der richtige Weg für den Kunden sei, und die Antwort lautete: ‚Ja.' Die Folgen würden eine bessere Information, eine raschere Informationsvermittlung, ein schnellerer Zugang zum eigenen Depot und so weiter sein. Sobald dies klar war, wussten wir, dass wir diesen Schritt so bald wie möglich vollziehen mussten. Wir konnten nicht warten, bis wir eine unangreifbare Geschäftsargumentation parat hatten. Es ist unsere Aufgabe, und nicht die des Kunden, herauszufinden, wie sich im Rahmen des neuen Internet-Geschäftsmodells Geld verdienen lässt."

Im Januar 1998 machte Schwab den Internethandel allen Kunden zugänglich, und man taufte e.Schwab in schwab.com um. Am Jahresende wurden bei Schwab bereits 61 Prozent des Gesamtgeschäfts über das World Wide Web abgewickelt. Zwischen dem ersten Quartal 1998 und dem ersten Quartal 1999 gewann Schwab fast eine Million Neukunden (nahezu alle online) hinzu. Die Provisionen erhöhten sich um 60 Prozent, die Online-Kapitalanlagen verdoppelten sich, und das gesamte von Schwab betreute Anlagevermögen stieg um 33 Prozent.

Hätte Schwab Merrill Lynch und den anderen traditionellen Brokern auf dem Weg ins Netz ohne eine Serie früherer Mini-Innovationen zuvorkommen können? Die meisten Mitarbeiter des Unternehmens bezweifeln dies. Das Verhalten der Kunden und die Geschäftskonzepte ändern sich selten mit einem Schlag. Schwabs hartnäckiges Streben nach einem besseren Kundenservice hatte erneut eine radikale Neugestaltung der Firmenstrategie vorbereitet.

Die Orthodoxie überwinden

Erfolg verwandelt Überzeugungen typischerweise in eine nicht mehr in Frage zu stellende Glaubenslehre. Doch im Unterschied zu den meisten Unternehmen zieht man bei Schwab auch tief sitzende Überzeugungen immer wieder in Zweifel. Zum Beispiel hatte Schwab seit seiner Gründung eine Abneigung dagegen, Anlageberatung durchzuführen und proprietäre Produkte zu verkaufen. Dadurch vermied das Unternehmen die Interessenkonflikte, die andere Investmentfirmen peinigten. Schwabs Image der bewussten Neutralität wird von den Kunden seit langem hoch geschätzt. Aber eine Flut neuer Kunden, die über weit weniger Kenntnisse verfügen als die traditionelle, mit hohen Volumina handelnde Klientel von Schwab, hat das Unternehmen gezwungen, dieses spezielle Dogma zu überdenken. Pottruck erklärt:

"Lange hielten wir Beratung für so etwas wie eine Selbstbedienungsmasche. Das war die Realität, die wir in der übrigen Investmentbranche wahrnahmen. Beratung hatte immer ein eigennütziges Motiv, ob man nun proprietäre Produkte anpries oder für den Handel bezahlt werden wollte. Deshalb sagten wir: ‚Wir beraten nicht.' Diesen Luxus können wir uns nun nicht mehr leisten. Heutzutage haben mehr als 50 Prozent unserer Neukunden keine Anlageerfahrung. Sie sind nicht damit zufrieden, von uns lediglich eine Broschüre zu erhalten."

Schwab konnte die Beratungs-/Neutralitätssackgasse erst überwinden, als es begriff, dass dies eine falsche Dichotomie war und dass Werte und Gewohnheiten voneinander getrennt werden konnten. Art Shaw meint:

"Die Durchführung einer Beratung hat an sich noch nichts mit unseren Werten zu tun, die Vermeidung von Interessenskonflikten aber sehr wohl. Beratung hatte stets den Beigeschmack einer Welt, die wir hinter uns gelassen hatten – und wir waren allergisch dagegen. Also mussten wir uns eine neue Frage stellen: ‚Wie berät man, ohne dass ein Interessenskonflikt entsteht?'"

Deshalb gründete Schwab 1994 AdvisorSource, ein eigenes Netzwerk unabhängiger Gelddisponenten, an die es Rat suchende Kunden verwies. Außerdem hat das Unternehmen mehrere indexierte Fonds unter dem Markennamen Schwab eingerichtet – ein Schritt, der es dem Unternehmen gestattet, einen größeren Teil der Gewinne aus offenen Investmentfonds im Unternehmen zu behalten, ohne sich auf das Spiel der Aktienauswahl einlassen zu müssen. Daneben bietet es interessierten Investoren im Internet über verschiedene Rechercheinstrumente eine Form der selbst bestimmten Beratung an.

Lehren eines ergrauten Revolutionärs

Wie im Fall von Enron und GE Capital ruht die Geschäftskonzept-Innovation bei Charles Schwab auf mehreren Fundamenten:

- *Unverschämt ehrgeizige Wachstumsziele*, die ohne Geschäftskonzept-Innovation schlicht nicht erreicht werden können.
- *Orientierung der Tätigkeit an den Bedürfnissen des Kunden*, weniger an bestehenden Verfahren und Angeboten.
- Eine *Innovations-Meritokratie*, in der sich großartige Ideen durchsetzen können – gleichgültig, von wem sie stammen.
- *Rasche Durchführung von Experimenten und schnelle Entwicklung von Prototypen*, die es gestatten, neue Ideen mit einer Geschwindigkeit zu testen und festzuschreiben, die traditionellen Konkurrenten den Atem raubt.
- Eine *lockere und sich stets fortentwickelnde Definition des Dienstleistungsangebots*, die sicherstellt, dass Schwab nicht von seinen eigenen Orthodoxien gelähmt wird.

CISCO, DER PAC-MAN DES INTERNETS

Cisco Systems ist eigentlich noch ein Teenager, aber man ergraut schnell, wenn man in der Internetzeit lebt. Weniger als neun Jahre nach seinem Börsengang 1990 hatte die Marktkapitalisierung des Unternehmens die Grenze von 100 Milliarden US-Dollar erreicht – eine Aufstiegsgeschwindigkeit zu jener stratosphärischen Bewertung, die keinem anderen Unternehmen zuvor vergönnt gewesen war. Anfang 2000 konnte Cisco bereits eine Marktkapitalisierung von mehr als 500 Milliarden US-Dollar aufweisen, womit es zum höchstbewerteten Unternehmen im S&P-500-Index wurde (damit liegt es noch vor Microsoft und General Electric) – nicht schlecht für eine Firma, die von einem Ehepaar an der Stanford University gegründet worden ist.

Ciscos Erfahrung mit beschleunigten Strategie-Lebenszyklen ist ein Vorbote dessen, was vielen anderen Unternehmen bevorsteht, durch deren Branche der Sturm des unaufhaltsamen Wandels fegt. Auf einer Anlegerversammlung im Dezember 1998 machte Ciscos Chef John Chambers einen Saal voll Geschäftsführern und Portfoliomanagern auf die wirtschaftlichen Herausforderungen des Internets aufmerksam:

„Die Geschwindigkeit des Internets ist außerordentlich hoch. Veränderungen, die hier ein oder zwei Jahre dauern ..., brauchten früher in anderen Branchen Jahrzehnte. Man muss die Veränderung zu einem Teil der eigenen Kultur machen. Wer das nicht tut, wird einfach abgehängt *beständigen Wandel* unterworfen. werden. Der Markt wird sich so schnell verändern, dass Sie, wenn Sie nicht ständig den Finger am Puls des Kunden haben, schon bald erleben werden, wie Ihre vermeintliche Wertschöpfungsquelle zum Allgemeingut wird."

Chambers spricht aus Erfahrung. Ciscos Märkte für Internet- und Netzwerkausstattung sind einem beständigen Wandel unterworfen. Gleichgültig, wie viel Geld Cisco in die Forschung und Entwicklun hineinsteckt (1,5 Milliarden US-Dollar waren es im Steuerjahr 1999), aus eigenen Kräften kann das Unternehmen nur zwei Drittel der benötigten Produkte hervorbringen. Im Bereich Internetkommunikation vollziehen sich einfach zu viele Innovationen, als dass Cisco intern sämtliche Möglichkeiten abdecken könnte. Deshalb hat es notwendigerweise die Kunst perfektioniert, Übernahmen als Motor der strategischen Erneuerung einzusetzen. Seit 1993 hat es über 45 Übernahmen getätigt. Im Gegensatz zu dem alten Sprichwort, wonach man sich den Weg zum Erfolg nicht kaufen kann, stammt vermutlich nicht weniger als die Hälfte der Einkünfte Ciscos in Höhe von zwölf Milliarden US-Dollar aus den Produkten akquirierter Unternehmen. Cisco erneuert seine Produkte und Strategien ständig, indem es in Pac-Man-Manier Firmen verschlingt, die komplementäre Geschäftskonzepte und führende Technologien besitzen. Bei Cisco bekämpft man die Revolutionäre nicht, man kauft sie.

Vom Router-Anbieter zum Internetausstatter

In fast allen Produktbereichen, die es besetzt hat, nimmt Cisco die erste oder zweite Marktposition ein – beispielsweise bei Routern, Switches, Geräten für RAS (Remote Access Services) und anderem Netzwerkequipment. Dabei begann Cisco als Ein-Produkt-Unternehmen und verkaufte Router, die in großen Computernetzwerken von Unternehmen als elektronische Postboten fungierten. Danach expandierte Cisco in andere Bereiche – meist, indem es viel versprechende Start-ups erwarb und deren Produkte über seine ausgefeilten Vertriebskanäle absetzte. Außerdem wuchs es zusammen mit dem Internet, das mit Cisco-Routern aufgebaut wurde. Heutzutage bewegen sich fast 85 Prozent des Internetverkehrs an irgendeiner Stelle durch Cisco-Hardware. Und wenn sich die Internetrevolution mit der industriellen Revolution vergleichen lässt, dann sind Router und Switches die Dampfmaschinen der New Economy.

Durch seine Verwandlung von einem Ein-Produkt-Unternehmen in einen Datenkommunikations-Giganten ist Cisco zu den Elite-Unternehmen aufgestiegen: Nur wenigen Start-up-Unternehmen des Silicon Valley, unter ihnen Intel und Hewlett-Packard, ist es gelungen, ihre erste Strategie zu überleben. Michelangelo (Mike) Volpi, Ciscos 34-jähriger Leiter des Bereichs Geschäftsentwicklung, sagt über den Werdegang des Unternehmens Folgendes:

> „Wir haben dieses Unternehmen viele Male neu definiert. Wir waren ein Router-Unternehmen, dann ein Netzwerkunternehmen, und jetzt sind wir im Grunde ein Kommunikationsunternehmen. Ich glaube, eine der Kompetenzen von Cisco besteht darin, immer wieder mit derartigen Veränderungsprozessen fertig zu werden. Wir konkurrieren heute nicht mit denselben Leuten, mit denen wir vor zehn oder auch nur vor fünf Jahren konkurriert haben."

Wie andere ergraute Revolutionäre ist auch Cisco immer wieder bereit gewesen, seine jeweiligen Einnahmequellen aufs Spiel zu setzen. Dazu ein Cisco-Manager: „Wenn wir es unseren Kunden nicht ermöglichen, unsere eigenen Produkte problemlos durch neuere Technologien zu ersetzen, wird das die Konkurrenz an unserer Stelle tun."

Bevor Cisco Unternehmen wie Lucent und Nortel den Kampf ansagen konnte, musste es die Meute kleinerer Konkurrenten abwehren, die sich gleichfalls auf Hardware für Datenkommunikation spezialisiert hatten. Der erste Router wurde 1982 von einer Firma namens Bridge Communications gebaut, die später in den Besitz von Ciscos Rivalen 3Com überwechselte. Zum Glück für Cisco war 3Com zu sehr von seinem bestehenden Geschäft mit Netzwerkkarten in Anspruch genommen, um dem im Entstehen begriffenen Router-Markt viel Aufmerksamkeit zu schenken, sodass Cisco ihm die Show stehlen konnte. Als zwei andere Konkurrenten 1994 fusionierten und zu Bay Networks wurden, hatte Bay höhere Einnahmen als Cisco und führte auf dem brandaktuellen Markt mit den als „Switches" bezeichneten Geräten. Doch als Bay 1998 von Nortel übernommen wurde, waren Ciscos Einnahmen fast viermal höher als die von Bay, und es hatte auf dem Switch-Markt unangefochten die Führungsposition übernommen.

Obwohl Ciscos Rivalen mit ähnlichen Vorteilen in eine der dynamischsten Branchen der Geschichte eingestiegen waren, sind diese mittlerweile gestrauchelt. Wie umgeht Cisco immer wieder die Stolpersteine, an denen sich andere blutige Knie holen? Ganz einfach: Das Unternehmen lässt es nicht zu, dass man sich dort in eine spezifische Technologie verliebt.

Ein Technologie-Agnostiker

Ungeachtet der Tatsache, dass sich Cisco als Hightech-Supermacht ausgibt, ist es eigentlich kein Technologieunternehmen. Im Gegensatz zu den meisten seiner Konkurrenten im Silicon Valley versucht Cisco nicht, die eine Technologie auf Kosten einer anderen zu fördern oder eine Art Monopol um einen einzigartigen Standard herum aufzubauen. Volpi erläutert:

> „Wir haben uns von der Auffassung verabschiedet, dass unsere Kernkompetenz darin besteht, zwei Photonen zu haben, die dies oder jenes

tun. Unsere Kernkompetenzen sind unsere Fähigkeiten, rasch zu handeln, Kundenbedürfnisse zu befriedigen, als Erste auf dem Markt zu sein und unsere Verteilungskanäle fremdfinanzieren zu lassen. Sobald diese Fähigkeiten vorhanden sind, kann ein großer Teil der Technologieentwicklung erfolgreich ausgelagert werden, genau wie wir einige zentrale Produktionsbereiche auslagern könnten."

Wenn man ein Technologie-Agnostiker wie Cisco ist, gibt es keine „störende" Technologie. Jede Technologie wird einfach und ehrlich auf Grund ihrer Vorzüge bewertet.

Innovation auslagern

Die Pac-Man-artigen Übernahmen von Cisco haben eine zentrale Rolle dabei gespielt, dass das Unternehmen inmitten der revolutionären Veränderungen seine Bedeutung erhalten konnte. Die Übernahmestrategie des Unternehmens entstand als Reaktion auf eine branchenweite technologische Verschiebung. Neben den Routern bildete der Hub in den frühen Neunzigerjahren die Hauptkomponente von Unternehmensnetzwerken. Hubs sind jene Kästen in den Verteilerschränken, über die alle Computer eines Stockwerks oder eines speziellen Standorts verbunden werden. Cisco stellte Router her und kooperierte mit Herstellern von Hubs. Aber dann tauchten die Switches auf, die zwar nur halb so intelligent wie die Router, jedoch zweimal so schnell wie Hubs waren und beide bedrohten. In einem Zeitschriftenartikel von 1995 wird geschildert, wie Cisco einen Auftrag in Höhe von zehn Millionen US-Dollar an ein neu gegründetes Switch-Unternehmen verlor. Als Chambers den Kunden fragte, was er tun könne, um wieder mit ihm ins Geschäft zu kommen, lautete die Antwort: „Fangt an, Switches herzustellen."[2] Schlagartig begriff Cisco, dass es in diesen neuen Markt einsteigen musste, auch wenn das bedeutete, mit den bisherigen Hub-Partnern zu konkurrieren. Es konnte nicht länger nur ein Router-Unternehmen bleiben.

Obwohl man bei Cisco über das technische Wissen verfügte, einen eigenen Switch zu bauen, hatte man dafür nicht genug Zeit. Die Technologie schritt so schnell voran, dass in den zwei Jahren, die Cisco für die Entwicklung eines eigenen Switches gebraucht hätte, ohne Zweifel jemand anderes die Marktherrschaft übernommen hätte. Also beschloss Cisco, etwas zu tun, was es bisher noch nie getan hatte: zu kaufen statt zu bauen.

1993 tätigte Cisco seine erste Übernahme für 95 Millionen US-Dollar in Form eines Aktienkaufs. Crescendo Communications war ein Switch-

Man hat sich bei Cisco darum bemüht, Übernahmen zu einer andere Unternehmen beispielsweise die Produktentwicklung i

Produzent mit damals 100 Angestellten (während Cisco 1000 Mitarbeiter hatte). Damit demonstrierte Cisco gewissermaßen, dass seine Loyalität den Kunden und Gewinnen, nicht aber den Produkten galt und dass seine Zukunft bei derjenigen Technologie lag, die ihm die höchsten Einnahmen bringen konnte. Durch den Erwerb von Crescendo bildeten sich die Konturen des Innovationsansatzes von Cisco heraus: Kontrolliere die Schnittstelle zum Kunden, sei technologieneutral und lagere Innovationen aus (oder, genauer gesagt, importiere sie) durch den Erwerb junger Unternehmen mit neuen Technologien und Geschäftskonzepten.

Cisco machte dem Management und den Aktionären der anvisierten Unternehmen ein einfaches Angebot: Wir werden Ihre bisherige Wachstumsrate verdoppeln oder verdreifachen, indem wir Ihre Produkte und Technologien durch unsere bestens geölten Vertriebskanäle pumpen. Als Gegenleistung erhalten Sie eine gewisse Anzahl rasch an Wert gewinnender Cisco-Aktien. Das war für Cisco ein Spiel mit steigenden Erträgen. Während sich seine Produktpalette durch Übernahmen erweiterte, wurde das Unternehmen zu einem Allesanbieter für Netzwerkausrüstung. Dies stärkte Ciscos Position gegenüber Großkunden, die es nur zu gern jemand anderem überließen, sich mit den verzwickten Problemen der Integration einzelner Elemente des Netzwerkequipments auseinander zu setzen. Ciscos Spitzenstellung den Kunden gegenüber erlaubte es ihm zugleich, aus seinen Übernahmen mehr Kapital zu schlagen, als das seinen Konkurrenten möglich war. So konnte Cisco es sich leisten, seine Konkurrenten beim Kampf um begehrte junge Unternehmen zu überbieten, wodurch es den Kunden stets die neueste und beste Technologie zu liefern vermochte.

Statt sich um eine Vorhersage darüber zu bemühen, welche von den möglichen technologischen Alternativen sich letztlich durchsetzen werde, versuchte Cisco, überall mitzumischen. Mitte der Neunzigerjahre zum Beispiel wurde eine hitzige Debatte über die Frage geführt, auf welcher Technologie Switches künftig basieren würden. Die beiden Kandidaten waren Gigabit Ethernet und ATM (Asynchroner Transfermodus). Ethernet war das Standard-Übertragungsprotokoll für die meisten Unternehmensnetzwerke. Die Hubs der ersten Netztage basierten auf der Ethernet-Technologie, genau wie die Switches, die die Hubs ablösten, und die schnelleren Ethernet-Switches, die wiederum die Switches der ersten Generation ersetzten. Gigabit Ethernet hatte das Potenzial 100-mal schneller zu sein als Standard-Ethernet. Das einzige Problem bestand darin, dass die gesamte Netzwerkbranche von einer völlig anderen Technologie besessen war, nämlich vom ATM, einer Erfindung der Telefongesellschaften.

ATM hatte zunächst als Spitzenkandidat gegolten, weil die Technik ebenfalls schneller und zuverlässiger als Standard-Ethernet und darüber hinaus mit den Sprachnetzwerken der Telefongesellschaften kompatibel war. Des-

utineverfahren zu machen, zu einer Art Routine, *wie sie für* halb erwarb Cisco frühzeitig eine kleine Firma, die gerade dabei war, ATM-Switches für Unternehmensnetzwerke zu entwickeln. Aber als das Jahr 1996 gekommen war, schien ATM die falsche Technologie zu sein, jedenfalls für Unternehmensnetzwerke. Also ging Cisco auf Nummer sicher, indem es 220 Millionen US-Dollar in Granite Systems steckte, ein gerade mal drei Monate altes Start-up, das Gigabit-Ethernet herstellte und von Andy Bechtolsheim, dem Mitbegründer von Sun Microsystems, aufgebaut worden war.

Wie viele andere Gründer, die ihre Firmen Cisco verkauft hatten, erkannte Bechtolsheim die Kraft des kundenorientierten Geschäftsmodells von Cisco. Er formuliert es so: „Es ist leichter für einen Kunden, ein Netzwerk komplett von einem Anbieter zu kaufen, als raten zu müssen, welches Start-up überleben wird." Und es ist leichter für Cisco, wenn es den Markt über die „richtige" Technologie entscheiden lässt, um dann schnell eine Übernahme zu tätigen, als Jahre im Voraus eine unwiderrufliche Wette darüber abzuschließen, welche Technologie sich am Ende auf welchen Märkten durchsetzen wird.

Cisco weiß, dass der Preis für ein Zuspätkommen auf dem Markt häufig in der gerichtlichen Zwangsvollstreckung besteht. Das Unternehmen lernte diese Lektion auf schmerzliche Weise, als sein Konkurrent Ascend Communications (der heute zu Lucent gehört) mehrere Monate vor Cisco mit einem ISDN-Produkt auf den Markt ging und seine Führung nie wieder aufgab. „Bei der Geschwindigkeit, die auf den neuen Märkten herrscht, können Sie eine halbe Milliarde US-Dollar verlieren, wenn Sie sechs Monate zu spät kommen", sagt Bechtolsheim. 1998 lag die Größe des Gigabit-Ethernet-Marktes erst bei 100 Millionen US-Dollar, doch schon im folgenden Jahr war er um mehr als das Zehnfache gewachsen!

Aus all diesen Gründen hat man sich bei Cisco darum bemüht, Übernahmen zu einem Routineverfahren zu machen, zu einer Art Routine, wie sie für andere Unternehmen beispielsweise die Produktentwicklung ist. Ciscos Übernahmegruppe trägt den Namen „Acquisitions and Development", Übernahme und Entwicklung, und wird als Ergänzung zum Bereich Forschung und Entwicklung behandelt. Volpi, der Leiter der Gruppe, begann im Alter von 26 Jahren für Cisco zu arbeiten und war mit zwei Ausnahmen an sämtlichen Übernahmen beteiligt. Er sinniert über die Rolle der Gruppe:

> „In einem sich ständig wandelnden Markt verleihen uns die Übernahmen ein gewaltiges Maß an Flexibilität, weil wir kein Ratespiel zu betreiben brauchen, welche Produkte wir wohl benötigen werden. Es bleibt uns erspart, 18 Monate vorauszuplanen, dann zu der Entscheidung zu gelangen, dass wir in einem Marktsegment vertreten sein müssen, um daraufhin die Produktentwicklung einzuläuten und zu hoffen, dass wir das richtige Produkt gewählt haben. Stattdessen können wir innerhalb von drei Wochen entscheiden, ob wir in jenes Marktsegment einsteigen wollen."

Auf diese Weise kann Cisco den reichen Markt an innovativen Start-ups im Silicon Valley mühelos anzapfen und sich die besten Firmen einverleiben. Dem Unternehmen ist es egal, woher die Innovationen kommen. „Es gibt kein ‚Nicht-im-Haus-erfunden'-Syndrom bei Cisco", versichert Bechtolsheim. „Wenn man in einen Bereich einsteigen will, kauft man ein Unternehmen."

Der Zeitraum zwischen der ersten Kontaktaufnahme und dem Abschluss eines Geschäfts ist normalerweise kürzer als drei Monate. „Man braucht hier länger, um die Vereinbarungen zu drucken als sie auszuhandeln", erklärte Volpi einmal gegenüber *Corporate Finance*.[3] Es gibt eine Reihe erprobter Verfahren, Übernahmekandidaten auszuwählen, die Abschlüsse zu vereinbaren und die Unternehmen dann bei Cisco zu integrieren. Hinweise können von Vertriebsleuten, Risikoinvestoren, Investmentbankern oder sogar von Kunden kommen. Sobald man sich geeinigt hat, entsendet Cisco ein erfahrenes Team, das den Integrationsprozess steuert. Ein Teammitglied stellt ein Blitzprogramm zur Schulung der Vertreter des erworbenen Unternehmens auf. Ein anderes Teammitglied konzentriert sich darauf, den Kundenservice zu integrieren, andere Teammitglieder widmen sich der Technik, dem Marketing, der Herstellung, den E-Mail-Systemen und organisatorischen Funktionen.

Der Integrationsprozess wird durch die Tatsache erleichtert, dass es sich um freundliche Übernahmen handelt und der Leiter des erworbenen Unternehmens fast immer bei Cisco bleibt. Senior Vice President Howard Charney, der frühere CEO von Grand Junction Networks, das von Cisco übernommen wurde, entsinnt sich, wie er zur Annahme des Angebots verlockt wurde:

> „Obwohl es phasenweise sehr schmerzlich war, lag der Trost darin, dass sie uns zwei Nummer größer machen wollten. Unsere Ingenieure wussten, dass wir wirklich das Potenzial hatten, unseren Marktanteil von fünf auf 25 Prozent zu erhöhen. Und Chambers behandelte mich wie einen Gleichgestellten. Er fragte mich nach meiner Meinung und gab sich nie herablassend. Trotz der Größenunterschiede behandelt Cisco jede Übernahme wie einen Zusammenschluss von gleichberechtigten Partnern. Und Cisco hielt sein Versprechen."

Ciscos Pac-Man-artiger Innovationsansatz ermöglicht es dem Unternehmen, nicht nur neue Technologien, sondern auch unternehmerische Talente zu importieren. Ungefähr 20 Prozent der 24 000 Angestellten Ciscos stammen aus Übernahmen, sodass das Unternehmen voll erfahrener Entrepreneurs ist, die als gesunde Quelle genetischer Vielfalt dienen. Viele von Ciscos leitenden Managern und führenden Denkern – darunter Bechtolsheim, Charney, Chief Technology Officer Judy Estrin und zwei der

Verglichen mit seinen von überheblichen Freaks wimmelnden, technologiehörigen Mitbewerbern, vertritt Cisco ein Geschäftsmodell, das durch und durch konträr ist.

vier Hauptbereichsleiter – kommen aus übernommenen Unternehmen. Beim Erwerb von StrataCom zahlte Cisco für jeden der 1200 Angestellten über drei Millionen US-Dollar. Wenn man so viel für neue Mitarbeiter aufwendet, ist man bereit, ihnen zuzuhören.

Allein die Tatsache, dass Cisco jedes Jahr so viele neue Leute einstellt, stärkt bereits die dort herrschende Kultur des Wandels. 1996, als Cisco seine Belegschaft immer noch um jährlich über 50 Prozent erhöhte, erklärte Chambers gegenüber *Upside*:

> *„Hier bei Cisco haben wir eine Kultur, [die] sich kontinuierlich entwickelt. [Wenn] man pro Jahr 50 bis 60 Prozent zusätzliche Leute einstellt, ist es in so einem Umfeld leicht, seine Kultur weiterzuentwickeln, da man eine Menge neuer Ideen und Vorgehensweisen hereinholt. Das ist für die Mehrheit der Menschen, die schon sehr, sehr lange für [ein] Unternehmen arbeiten, viel schwieriger. Ihre Organisation expandiert nicht, und Ihre Unternehmensführer sind dieselben, die das Unternehmen schon in einer ganz anderen Ära geleitet haben."*[4]

Wenn es wirklich so etwas wie eine „Alte Garde" bei Cisco gibt, so wird sie dank der vielen Übernahmen des Unternehmens immer wieder von einer neuen Garde überrollt.

Die absolute Ausrichtung auf die Kunden ist ein weiteres entscheidendes Element des Innovationsmodells von Cisco. „Bei Cisco arbeiten wir, um Bestellungen von unseren Kunden zu erhalten und nicht, um eine fantastische Technologie aufzubauen", sagt Volpi. Die regelmäßige und intensive Kommunikation mit den für die Branchen wichtigsten Kunden hilft Cisco, seine eigene Innovationsagenda zu definieren. Bechtolsheim ergänzt:

> *„Einer der grundlegenden Vorteile von Cisco ist, dass wir unsere wichtigsten Prioritäten stets an der Nachfrage der Kunden und den technischen Rückmeldungen orientieren. Es herrscht kein großer Bedarf an Visionären, weil wir auf Kundenbedürfnisse reagieren. Wenn sich unsere Überzeugungen als Techniker mit dem überschneiden, was wir von Kunden hören, wissen wir, dass wir genau auf dem richtigen Weg sind."*

Es ist schon überaus seltsam, dass sich eine in Silicon Valley entstandene Firma bestehend aus lauter Technikern nicht als Technologieunternehmen begreift. Seltsam ist auch, dass sich jene Techniker nicht zu schade sind, den Kunden zuzuhören, wirklich zuzuhören. Verglichen mit seinen von überheblichen Freaks wimmelnden, technologiehörigen Mitbewerbern, vertritt Cisco ein Geschäftsmodell, das durch und durch konträr ist.

Letztlich genügt es Cisco nicht, das führende Datennetzwerkunternehmen der Welt zu sein. Das Unternehmen beabsichtigt einmal mehr, sich zu verwandeln: Aus dem Erbauer von Datennetzwerken soll ein Konstrukteur von Kommunikationsnetzwerken werden, die Daten-, Stimmen- und Videoübertragungen miteinander verknüpfen. Das führende Unternehmen im 30-Milliarden-Dollar-Markt für Datennetzwerke hat es sich zum Ziel gesetzt, zu einem wichtigen Mitstreiter im Markt für Telekommunikationsgeräte zu werden, der auf ein Volumen von 300 Milliarden US-Dollar geschätzt und zurzeit von Unternehmen wie Lucent Technologies, Siemens, Alcatel und Nortel Networks beherrscht wird. Da die Netzwerke mehr und mehr in die Privathaushalte vordringen, möchte Cisco hier unbedingt mitmischen. CEO Chambers meint dazu: „Ich will, dass Cisco eine Dynastie wird. Ich glaube, dass es zu einem Unternehmen werden kann, welches die Welt verändert."[5]

Lehren eines ergrauten Revolutionärs

Als Börsen-Supernova und eines der Unternehmen im Herzen der New Economy hält Cisco mit seinem Pac-Man-artigen Innovationsansatz für Firmen, die in einer chaotischen Welt relevant bleiben wollen, zahlreiche Ratschläge bereit:

- Beachten Sie, dass – wie erfolgreich Ihr Unternehmen als Innovator auch immer sein mag – *ein Großteil der Innovationen, die die Zukunft Ihrer Branche bestimmen werden, außerhalb Ihres Unternehmens stattfinden.*

- Betrachten Sie die Tausende von Start-ups, die alljährlich gegründet werden, *nicht* als *gefährliche Konkurrenten, sondern als potenzielle Innovationsquellen, die Sie für sich nutzen können.* Binden Sie die Rebellen ein.

- Machen Sie sich klar, dass der Wert eines übernommenen Unternehmens letztlich nicht unbedingt in seiner Technologie oder seinen Produkten liegt, sondern in dem *Beitrag, den es zur genetischen Vielfalt und zur unternehmerischen Energie leistet.*

- Vergegenwärtigen Sie sich, dass in einer sich rasch verändernden Welt *die Treue zu einer einzigen Technologie oder zu einem einzelnen Geschäftskonzept Ihre Innovationsfähigkeit im Keim ersticken und das Unternehmen schließlich umbringen wird.*

Cisco ist nicht das einzige Unternehmen, das durch Übernahmen ein „Insourcing" von Innovationen praktiziert. Während Firmen wie Intel, Microsoft oder Amazon.com Übernahmen in erster Linie einsetzten, um Produktlücken zu schließen und in neue Geschäftsbereiche vorzudringen, definiert kein Unternehmen sein Kerngeschäftskonzept mit Hilfe von Übernahmen so erfolgreich und häufig neu wie Cisco.

STIL UND SUBSTANZ

Enron, Schwab und Cisco haben alle die Fähigkeit bewiesen, sich selbst und ihre Branche immer wieder neu zu erfinden. Aber während ihr Erfolg als Revolutionäre auf vielen gemeinsamen Elementen aufbaut – einem unbändigen Ehrgeiz, der Bereitschaft, neue Stimmen auszumachen und ihnen Gehör zu schenken, flexiblen Unternehmensgrenzen –, gibt es spezifische Unterschiede in ihren Innovationsstilen.

Durch Enrons Innovationsstil, neue fruchtbare Äcker zu suchen, werden die Samen seiner Kernkompetenzen regelmäßig auf neuen Märkten ausgesät. Das Topmanagement betrachtet es als seine Aufgabe, das Wachstum völlig neuer Märkte und Branchen zu fördern. Talente strömen naturgemäß dorthin, wo die Ernteerträge (das Wertschöpfungspotenzial) am größten sind. Wie unabhängige Bauern, die ihre Produkte über eine Genossenschaft verkaufen, ziehen individuelle Entrepreneurs persönliche Vorteile aus ihren Wertschöpfungsbestrebungen, können sich jedoch gleichzeitig der Dimensionen eines Großunternehmens bedienen. Die Organisationsstruktur ist locker und entwickelt sich organisch. Man hat nur eine vage Vorstellung davon, welches „Geschäft" das Unternehmen betreibt.

Der von Schwab praktizierte Wendeltreppen-Innovationsstil entspringt dem permanenten Streben nach besseren Lösungen für seine Anlegerkunden.

Der von Schwab praktizierte Wendeltreppen-Innovationsstil entspringt dem permanenten Streben nach besseren Lösungen für seine Anlegerkunden. Unablässige Innovation treibt das Unternehmen die Wendeltreppe hinauf, wobei es ein immer höheres Niveau der Zufriedenheit und Freude für den Kunden erreicht. Während die Innovation bei Schwab fokussierter ist als bei Enron, bringt Schwabs stürmische Liebesbeziehung zu seinen Kunden immer wieder eine Reihe von Innovationen mittleren Ausmaßes hervor, die das zu Grunde liegende Geschäftsmodell des Unternehmens nachhaltig verändern. Im Wendeltreppensystem werden die meisten Innovationen in die bestehenden Dienstleistungen des Unternehmens integriert. Es herrscht eine Kultur des ständigen Bastelns und Experimentierens. Jede Idee, die den Kundenservice radikal verbessern kann, findet ein bereitwilliges Publikum, und die innovativsten Verfechter des Kundeninteresses werden sichtbar belohnt.

Ciscos Innovationsmodell im Pac-Man-Stil ist gleichermaßen charakteristisch. Angesichts des raschen technologischen Wandels in der Welt des Internets ist Cisco kaum etwas anderes übrig geblieben, als den Import von Innovationen zu erlernen. Cisco versteht sich so gut darauf, den externen Markt für Innovationen zu nutzen, wie sich Enron darauf versteht, seinen internen Markt nach neuen Ideen abzusuchen. Damit dieser Innovationsansatz erfolgreich sein kann, muss ein Unternehmen in einem innovationsträchtigen Umfeld ansässig sein und der Flugbahn, auch der winzigsten Start-ups, größte Aufmerksamkeit widmen.

Fruchtbare Äcker, die Wendeltreppe, Pac Man – diese Innovationsstile kann man nicht völlig voneinander trennen. Und in jedem Fall sind regelbrechende Ideen die angesehenste Währung im Reich des Erfolgs.

Aber die schwere Arbeit, Pfründebesitzer in grauhaarige Revolutionäre zu verwandeln, besteht nicht nur in der Auswahl eines Innovationsansatzes, sondern auch darin, tief im Inneren des Unternehmens einen radikalen, revolutionären Impuls auszulösen. Ergraute Revolutionäre haben viele gemeinsame Eigenschaften. Diese Eigenschaften lassen vermuten, dass es eine Reihe von Grundregeln für den Aufbau von Unternehmen gibt, die radikale und permanente Innovation möglich machen. Mit diesen Innovationsregeln werden wir uns im Folgenden beschäftigen.

GEHEN SIE KEINEN IRRTUM: PFRÜNDEBESITZER KÖNNEN REVOLUTIONÄRE SEIN.

8 Innovationsregeln entwickeln

Beobachten Sie einen Schwarm Wildgänse, der sich im Flug dreht und steil nach unten stürzt, ohne sich von Wind, Hindernissen und Entfernung abschrecken zu lassen. Es gibt keinen Gänse-Großwesir, keinen Chairman der Gänseschar. Sie können sich nicht den Wetterbericht schicken lassen, nicht vorhersagen, auf welche Hemmnisse sie stoßen und wie viele von ihnen während des Fluges umkommen werden. Doch ihr Entschluss steht fest, und sie bilden einen Schwarm.

Komplexitätstheoretiker beschreiben dies und die vielen anderen Beispiele der selbst erzeugten Harmonie in unserer Umwelt als „Ordnung ohne vorausschauende Berechnung" oder als „spontane Ordnung" (Order for free). Das vielschichtige Spiel der Märkte, die die globale Wirtschaft bilden, die dynamische Vielfalt des Internets, der geflügelte Pfeil der Gänse – dies sind nur einige exemplarische Fälle, in denen sich trotz des Fehlens einer zentralen Autorität eine Ordnung herausgebildet zu haben scheint. Sie können uns lehren, wie revolutionäre Strategien in einer chaotischen und sich stets wandelnden Welt entstehen könnten. Komplexitätstheoretiker haben belegt, dass man durch die Schaffung der richtigen Voraussetzungen eine klare Ordnung der Dinge fördern kann – vielleicht sogar revolutionäre Geschäftskonzepte.

Ordnung entsteht durch fundierte, doch einfache Regeln. Craig Reynolds hat nachgewiesen, dass man das Verhalten eines fliegenden Vogelschwarms anhand drei einfacher Regeln simulieren kann.[1] Zu viele Führungskräfte versuchen, Flugpläne für ihren verstreuten Schwarm zu entwerfen, anstatt für ihre Brut die Bedingungen herzustellen, mittels derer sie sich vom Boden erheben und neue, ferne Strände ansteuern kann. Sie verbringen zu viel Zeit damit, an „den Strategien" zu basteln, und sie verwenden nicht genug Zeit darauf, die erforderlichen Voraussetzungen für das Entstehen neuer Wertschöpfungsstrategien zu schaffen.

Im Zeitalter der Revolution ist es ziemlich sinnlos, wenn in Unternehmenszentralen großartige Strategien zusammengestellt werden. Das bedeutet jedoch nicht, dass das Topmanagement überflüssig wäre. Ganz und gar nicht. Aber es ist nicht sein Job, Strategien zu entwerfen. Sein Job ist es vielmehr, eine Organisation aufzubauen, die fähig ist, kontinuierlich neue und außergewöhnliche Strategien hervorzubringen. Sein Beitrag besteht also eher in der Gestaltung des Rahmens als in der Erfindung des Inhalts. Seine Rolle zielt darauf ab, die Regeln für den Aufbau einer durch und durch innovativen Organisation aufzustellen – jene Innovationsregeln, deren Wirkungsweise wir anhand unserer ergrauten Revolutionäre beobachten können. Wie also sehen die Regeln für die Schaffung von Unternehmen aus, in denen permanent und gewohnheitsmäßig Innovationen stattfinden?

INNOVATIONSREGEL 1: ÜBERTRIEBENE ERWARTUNGEN FÖRDERN

Hören Sie, was leitende Manager einiger ergrauter Revolutionsführer zu sagen haben:

GE Capital: **Es wird erwartet, dass unser Gewinn jährlich um 20 Prozent oder mehr wächst. Wenn man exotische Ziele hat, wird man gezwungen, seine Möglichkeiten ganz anders einzuschätzen. Wenn der eine zehn Prozent und der andere 20 Prozent erreichen soll, dann wird der zweite ganz andere Dinge tun.**

Charles Schwab: **Wir sind ein Wachstumsunternehmen. Daran orientiert sich unser Selbstverständnis. Wir meinen, dass wir jährlich um 20 Prozent wachsen müssen. Jedes Jahr müssen wir sagen, dass das letzte Jahr vorbei ist und wir wieder bei Null anfangen. Das erzeugt ein unglaubliches Streben nach Innovation.**

Enron: **Wir halten stets nach dem nächsten Elefanten Ausschau – nach dem nächsten großen Geschäft, das wir aufbauen können. Das hält uns nachts wach. Jede neue Sache, die wir beginnen, geht von einer völlig unrealistischen Erwartung aus.**

Kein Unternehmen übertrifft seine eigenen Erwartungen. Führen Sie das folgende Experiment durch: Machen Sie eine kleine Umfrage bei 25 Mitarbeitern in Ihrem Unternehmen. Stellen Sie ihnen folgende Frage: „Welches maximale Wachstum könnte man Ihrer Meinung nach in diesem Jahr vernünftigerweise erwarten?" Rechnen Sie den Durchschnitt aller Antworten aus – sind es 20 oder 30 Prozent oder etwas viel weniger Ehrgeiziges? Es ist eine Tautologie, dennoch stimmt sie: Kein Unternehmen übertrifft seine eigenen Erwartungen. Wenn die meisten Ihrer Kollegen der Überzeugung sind, dass sie in einem Unternehmen arbeiten, das fünf oder zehn Prozent Wachstum erwirtschaften kann, dann wird genau das der Fall sein. Ihre Überzeugungen bestimmen die Obergrenze des Möglichen. Kein Wunder, dass Enron, GE Capital und Schwab radikale Regelbrecher sind – sie haben sich radikale Ziele gesetzt.

ÜBERZEUGUNGEN BESTIMMEN DIE OBERGRENZE DES MÖGLICHEN.

Ich bin nur wenigen Menschen begegnet, die wirklich davon überzeugt sind, dass ihr Unternehmen in der Lage sein sollte, drei- oder viermal so schnell wie der Branchendurchschnitt zu wachsen. Untersuchungen der Entwicklung in 20 Branchen während der letzten zehn Jahre zeigen, dass es nur einem von zehn Unternehmen gelungen ist, die durchschnittliche Wachstumsquote der Branche um das Doppelte zu übertreffen. Ich möchte wetten, dass sich auch nur eines von zehn Unternehmen das Ziel gesetzt hat, doppelt so schnell wie der Branchendurchschnitt zu wachsen. Und obwohl ein kühner Ehrgeiz allein noch keine Vielzahl an nonkonformistischen Strategien hervorbringt, führt dessen Abwesenheit stets zu langweiligen Mitläuferstrategien.

Gleichgültig, ob man eine Steigerung von Einnahmen, Gewinnen oder Effizienz anstrebt – nicht lineare Innovationen beginnen stets mit unvernünftigen Zielen. Auch strategische Konvergenz, jener bösartige Margenkiller, ist das Produkt konvergierender Erwartungen, die in einer bestimmten Branche herrschen. Ich wette, es gibt nicht viele Personen bei American Airlines, die glauben, ihre Gesellschaft könne dreimal schneller wachsen als United Airlines. In den meisten Unternehmen vertritt die Mehrheit der Mitarbeiter die Ansicht, dass es eine vorgegebene – und dementsprechend wenig inspirierende – Branchenwachstumsrate gibt. Man gibt sich damit zufrieden, im gleichen Tempo zu wachsen wie die mittelmäßigen Mitbewerber. Nur wer sich unvernünftige Ziele setzt, wird damit beginnen, nach bahnbrechenden Ideen zu suchen.

Es ist nicht einfach, die Angehörigen eines Unternehmens davon zu überzeugen, dass es vernünftig sei, unvernünftige Ziele anzustreben. Reine Ermahnungen genügen nicht. Sie müssen belegen, dass es *tatsächlich möglich ist*, den Durchschnitt um ein Vielfaches zu übertreffen – und dazu müssen Sie sich realer Beispiele bedienen. Sonst wirkt überdurchschnittlicher Ehrgeiz nicht glaubwürdig.

Fragen Sie Ihre Kollegen beispielsweise, was sie tun würden, wenn sie im Salatgeschäft wären. Man kann einem Salatkopf keinen Pentium-Chip einsetzen. Man kann grüne Blätter nicht so ohne weiteres digitalisieren und durch das Internet sausen lassen. Aber dank Fresh Express und einigen anderen Pionieren wuchs der Markt für gewaschenen, geschnittenen, abgepackten Salat („Tütensalat") von Null in den späten Achtzigern auf 1,4 Milliarden US-Dollar im Jahr 1999. Schicken Sie allen, die Sie in Ihrem Unternehmen kennen, eine E-Mail: „Tafelfertiger Salat. 1,4 Milliarden US-Dollar. Wenn jemand das mit Gemüse fertigbringt, welche Ausrede zum Teufel haben wir dann noch?" Sie dürfen nie und nimmer glauben, dass Sie sich in einer stagnierenden Branche befinden. Es gibt keine stagnierenden Branchen, nur stagnierende Manager, die sich gedankenlos das zu Eigen machen, was andere für möglich halten. Seien Sie unvernünftig!

> „Tafelfertiger Salat. 1,4 Milliarden US-Dollar. Wenn jemand das mit Gemüse fertigbringt, welche Ausrede zum Teufel haben wir dann noch?"

Eine Warnung: Wenn Sie unvernünftige Wachstumsziele anstreben, werden manche in Ihrem Unternehmen nach Abkürzungen suchen, zum Beispiel einer Mega-Übernahme, starken Preissenkungen oder Rabatten. Lassen Sie das nicht zu. Nur nicht lineare Innovationen führen zu einer langfristigen Wertschöpfung.

INNOVATIONSREGEL 2: EINE DEHNBARE DEFINITION FÜR DEN GESCHÄFTSBEREICH FINDEN

Ergraute Revolutionäre sind nicht an ein beschränktes Selbstbild gebunden. Der Horizont ihrer Möglichkeiten ist weit und verändert sich ständig:

> *GE Capital:* Wir sprechen nicht über Marktanteile, denn wenn Leute über Marktanteile sprechen, bedeutet dies, dass sie ihr Aktionsfeld zu stark einschränken.

> *Charles Schwab:* Es gibt hier sehr wenige Mitarbeiter, die meinen, eng begrenzten Geschäftszielen folgen und ihre Tätigkeit gegen neue Modelle verteidigen zu müssen, die ihren Geschäftsbereich untergraben könnten.

> *Enron:* Wir haben Enron nie als reines Energieunternehmen betrachtet. Wir verstehen uns recht gut darauf, neue Produkte und Dienstleistungen um unseren Hightechhandel und unsere Fähigkeiten zu Risikomanagement herum zu entwickeln.

Wer sind wir? Das ist vielleicht die grundlegendste Frage, die sich die Beschäftigten und die Manager eines Unternehmens stellen können. Von der Anwort auf diese Frage hängt es ab, ob das Unternehmen nach unkonventionellen Möglichkeiten Ausschau hält oder nicht. Zu viele Unternehmen definieren sich eher durch das, was sie *tun*, als durch das, was sie *wissen* (ihre Kernkompetenzen) und was sie *besitzen* (ihre strategischen Fähigkeiten). Eine Business School, die sich in erster Linie als Institution begreift, die akademische Abschlüsse verleiht, wird niemals die Möglichkeit ernst nehmen, das Internet bei Bedarf zur Ausbildung von Führungskräften einzusetzen, die sich in der Mitte ihrer Karriere befinden. Wenn aber die erhabenen Professoren ihre Institution über ihre Kompetenzen (Lehrplanentwicklung und Wissenstransfer) und ihre Fähigkeiten (ein angesehener Markenname) definieren, eröffnen sich ihnen neue Chancen.

Virgin umfasst so unterschiedliche Wirtschaftsbereiche wie den Flugverkehr, Pauschalreisen, den Musikeinzelhandel, das Bankwesen und den Rundfunk. Dazu Gordon McCallum, Leiter des Bereichs für Geschäftsentwicklung bei Virgin: „Es gibt keine Festschreibung darüber, in welchem Geschäftsfeld Virgin tätig sein sollte und in welchem nicht." Aber Virgin steigt nur dann in eine Branche ein, wenn es davon überzeugt ist, dass es a) bestehende Regeln in Frage stellen, b) Kunden besser bedienen, c) unterhaltsamer sein und d) selbstgefälligen Pfründebesitzern ein Bein stellen kann. McCallum erläutert: „Unsere Kultur wird nicht durch das ‚Warum', sondern durch das ‚Warum nicht' bestimmt."

Wie Virgin besitzt Disney einen Markennamen, der sich auf kein spezifisches Geschäftsfeld reduzieren lässt. Judson Green, Chairman von Disney Attractions, definiert seine Tätigkeitsfelder nicht als „Themenparks", sondern als „dreidimensionale Unterhaltung". Disneys Erfolg mit Kreuzfahrtschiffen, Broadway-Shows, Mini-Themenparks und einer Menge anderer Unternehmungen lässt auf eine dehnbare Definition des Geschäfts schließen.

Eine solche Geschäftsdefinition trägt dazu bei, die protektionistischen Instinkte von Führungskräften zu mildern, die eine Kannibalisierung fürchten. Bei GE Capital verwenden die Manager, die das Hauptgeschäft des Unternehmens leiten, manchmal bis zu 50 Prozent ihrer Zeit darauf, nach Chancen zu suchen, die *außerhalb* der Grenzen ihres Tätigkeitsfelds liegen. Von jedem Manager wird erwartet, dass er zur Weiterentwicklung der Geschäfte des gesamten Unternehmens beiträgt.

Entspricht das der Einstellung der Bereichsleiter in *Ihrem* Unternehmen? Entspricht das *Ihrer* Einstellung? Engstirnigkeit ist einer der tödlichen Feinde der Innovation. Nicht nur die Unternehmensleitung muss von einer dehnbaren Definition der Geschäftsgrenzen ausgehen, sondern jeder einzelne Mitarbeiter.

Um diesem Argument Nachdruck zu verleihen, fordert Chairman und CEO Jack Welch die Führungskräfte von GE auf, ihre Märkte in einer Form neu zu definieren, dass der Marktanteil jedes Geschäftsbereichs weniger als zehn Prozent beträgt. Nachdem das Topmanagement von GE jahrelang immer wieder bekräftigt hat, dass ein Geschäftsbereich in der Branche nur überleben kann, wenn er die Nummer eins oder zwei ist, schärft es seinen Führungskräften nun ein, dass nur Unternehmen mit erweiterbaren Geschäftsgrenzen rascher wachsen werden als seine Mitbewerber. Genauso wenig betrachten die Mitarbeiter von Schwab ihr Unternehmen als unumstrittenen Führer im Discount-Brokerage-Geschäft, sondern führen sich stets vor Augen, dass Schwab bisher nur etwa ein Prozent der Gesamtersparnisse US-amerikanischer Anleger verwaltet.

Ein dehnbares Geschäftskonzept ist kein Plädoyer für eine schlecht durchdachte Diversifikation. Der Einstieg in ein Geschäftsfeld, in dem die eigenen Kompetenzen nicht sonderlich weiterhelfen, ist ein prima Rezept, wie man einen riesigen Verlust zustande bringen kann. Judson Green von Disney bemerkt: „Man kann auf alles zurückblicken, was Disney im Lauf der Zeit getan hat, und es in zwei Töpfe stecken: In den einen kommen die Sachen, die den Markennamen Disney stützen, und in den anderen diejenigen, die eigentlich nichts mit Disney-Franchise zu tun haben. Im letzteren Fall haben wir keine sonderlich guten Ergebnisse erzielt." Wenn ein klarer Plan zur Verbesserung der Kompetenzen und Fähigkeiten fehlt, dürfte eine dehnbare Geschäftsdefinition irgendwann einmal scheitern.

Also fragen Sie Ihre Kollegen: Wer sind wir? Wo beginnen und wo enden die Perspektiven unserer Möglichkeiten? Was betrachten wir im Moment als „außerhalb unserer Reichweite" liegend? Versammeln Sie ein paar Leute und definieren Sie Ihr Unternehmen im Licht dessen neu, was es weiß und was es besitzt, nicht dessen, was es tut. Das wird Ihnen helfen, das Selbstverständnis Ihres Unternehmens mit einer gewissen Elastizität auszustatten.

INNOVATIONSREGEL 3: DAS ANLIEGEN, NICHT DAS GESCHÄFT IN DEN MITTELPUNKT STELLEN

Ergraute Revolutionäre beziehen einen großen Teil ihrer Stärke aus ihrer Verbundenheit gegenüber einem Anliegen, das über Wachstum, Gewinne oder sogar über eine persönliche Bereicherung hinausreicht – ein Anliegen, das über sie selbst hinausgeht und wahrhaft edel ist. Schauen Sie sich ihre Erklärungen an:

Charles Schwab: Hier bei uns glauben wir, dass wir Krebs heilen.

Virgin Atlantic: Bei unserem Geschäft geht es darum, denkwürdige Augenblicke für unsere Kunden zu schaffen.

Enron: Wir waren immer der Auffassung, dass wir eine Mission erfüllen. Wir waren voll moralischer Entrüstung darüber, dass ein so großer Prozentsatz des Energiegeschäfts durch ein von der Regierung lizenziertes Monopol beherrscht wurde. Als Kunde war man den Verhältnissen ausgeliefert. Wir standen stets auf Seiten der Engel. Wer gegen uns war, vertrat immer die herrschenden Interessen.

Ohne ein übergeordnetes Ziel fehlt den einzelnen Menschen der Mut, sich wie Revolutionäre zu *benehmen*. Ergraute Revolutionäre müssen hin und wieder aus ihrer Haut schlüpfen. Jedes Mal, wenn sie eine zerfallende Strategie oder eine überkommene Überzeugung aufgeben, lassen sie ein wenig von sich selbst zurück. Das Beunruhigendste an einer Geschäftskonzept-Innovation ist die Notwendigkeit, sein eigenes, an Wert verlierendes intellektuelles Kapital abzuschreiben. Der Wert des einzelnen Mitarbeiters in einem Unternehmen wird in hohem Maß durch das bestimmt, was er oder sie weiß. Geschäftskonzept-Innovationen ändern das Preisetikett an jedem Stückchen Wissen im Unternehmen. Manche Kenntnisse werden wertvoller, und andere wiederum verlieren an Wert.

Vielleicht noch Besorgnis erregender ist die Tatsache, dass die Geschäftskonzept-Innovation häufig den Wert des angesammelten Sozialkapitals eines Individuums beschneidet. Man denke zum Beispiel an ein hohes Tier bei einer Autofirma, das Jahre damit verbracht hat, sich bei den Autohändlern anzubiedern. Zahllose von Alkohol umnebelte Abendessen, Mauscheleien auf Hawaii mit Tophändlern, ein paar 100 Runden Golf – und nun sollen Sie diesem Mann mitteilen, dass traditionelle Händler in irgendeiner schönen neuen Welt eher eine Belastung als einen Vorzug darstellen? Viel Glück. Es ist schwer genug, einiges von unserem Wissen abzuschreiben, aber es ist noch viel schwerer, mit anzusehen, wie soziale Beziehungen unter der Belastung einer radikalen neuen Strategie zerschlissen werden.

Jedes Individuum, das zwischen einem vertrauten, doch inzwischen überkommenen Geschäftsmodell und einem strahlenden, doch unerprobten Geschäftskonzept schwankt, stellt natürlich einige Fragen: Werden meine Fähigkeiten und meine Beziehungen in dieser neuen Welt so wertvoll sein wie in der alten? Wie viel werde ich dazulernen müssen? Welche Mühe wird es kosten, mich einer neuen Ordnung anzupassen? Dies sind aufrichtige, tief empfundene Fragen. Und in den meisten Fällen können sie nicht im Voraus beantwortet werden. Der Mut, etwas von sich selbst zurückzulassen und unbekannte Gefilde anzusteuern, speist sich nicht aus der banalen Versicherung, dass „Veränderungen gut sind", sondern aus der Hingabe an ein Anliegen, das wirklich der Mühe wert ist.

Woher bezog Schwab den Mut, sein Geschäftsmodell in das World Wide Web zu verlagern, obwohl er wusste, dass dieser Schritt sein Unternehmen dazu zwingen würde, seine Preise um bis zu 60 Prozent und mehr zu senken? Denken Sie darüber nach, wie Ihr Unternehmen reagieren würde, wenn es vor einer derartigen Entscheidung stünde. (Wir wissen, wie Merrill Lynch reagierte. Man leugnete, leugnete und leugnete die Tatsachen, dann debattierte, debattierte und debattierte man und traf schließlich eine Entscheidung.) In den meisten Unternehmen würde es zu monatelangen, ja, vielleicht jahrelangen heftigen Diskussionen kommen. Es würden sich Fraktionen herausbilden, und Standpunkte würden sich verhärten. Das Gespenst der Kannibalisierung würde durch die Korridore schleichen und verzagten Führungskräften Furcht einflößen. Das alles wurde bei Schwab aus einem einzigen, einfachen Grund vermieden: Der Online-Handel war das Richtige für die Kunden.

Wenn David Pottruck, Präsident und Co-CEO von Charles Schwab, gebeten wird, das Anliegen zu beschreiben, das seine Kollegen mit revolutionärem Eifer erfüllt, dann sagt er Folgendes: „Wir sind die Hüter der finanziellen Träume unserer Kunden." Denken Sie darüber nach. Wann hat ein Bankangestellter hinter dem Schalter jemals wie der Hüter Ihrer finanziellen Träume ausgesehen? Es überrascht nicht, dass sich Schwab regelmäßig im Interesse seiner Kunden umkrempelt. – Wie viele Unternehmen kennen Sie, die „Einfühlungsvermögen" als einen ihrer Kernwerte bezeichnen?

Wie alltäglich die Produkte oder Dienstleistungen eines Unternehmens auch sein mögen, sie müssen vom Gefühl eines übergeordneten Zwecks durchdrungen sein. Das erreicht man nicht durch eine dünne Schicht widerlich süßer Sentimentalitäten. Dieses Empfinden muss vielmehr aus jenem Teil des Menschen stammen, der sich danach sehnt, die Welt ein wenig besser zu machen. Roy Disney, der Vize-Chairman von Disney, weiß, warum sein Unternehmen im Geschäft ist:

> *„Sprechen Sie mit jedem beliebigen Menschen, der in den Parks arbeitet – sie werden alle von der Möglichkeit bewegt, etwas im Leben anderer Menschen zu bewirken. Wir alle vertreten genau den gleichen Standpunkt. Man dreht einen guten Film und sieht, wie die Menschen hoffnungsvoller aus den Kinos kommen. Ab und zu erhalte ich Briefe, in denen einfach steht: ,Vielen Dank für das, was Sie für mein Leben getan haben.'"*

Über weite Teile des Industriezeitalters hinweg wurden Beschäftigte nur ihrer Muskelkraft wegen geschätzt. Henry Ford soll einmal gefragt haben: „Warum kommt dauernd ein Gehirn mit, wenn ich nur um ein paar Hände gebeten habe?" Henry wollte Roboter, aber die hatte man noch nicht erfunden.

Heute feiern wir unsere Aufgeklärtheit. Wir leben in der „Wissensökonomie", und wir möchten, dass Angestellte ihr Gehirn zur Arbeit mitbringen. Wenn wir sie indessen des Gefühls berauben, an etwas wirklich Wichtigem zu arbeiten, sind wir dann in der Tat so aufgeklärt? Gehirnkraft statt Muskelkraft, Neuronen statt Sehnen – ist das tatsächlich ein so großer Sprung nach vorn? Ist es das, was uns von Maschinen unterscheidet: unsere etwas höher entwickelten kognitiven Fähigkeiten? Wir brauchen keine Wirtschaft der Hände oder Köpfe, sondern eine Wirtschaft der Herzen. Jeder Mitarbeiter sollte das Gefühl haben, zu einer Sache beizu-

Wir brauchen keine Wirtschaft der Hände oder Köpfe, sondern eine Wirtschaft der Herzen. Jeder Mitarbeiter sollte das Gefühl haben, zu einer Sache beizutragen, die wirkliche, positive Auswirkungen auf das Leben von Kunden und Kollegen hat.

tragen, die wirkliche, positive Auswirkungen auf das Leben von Kunden und Kollegen hat.

Zu viele Beschäftigte erhalten praktisch keinerlei Belohnung für ihren emotionalen Einsatz. Sie haben nichts, wofür sie sich engagieren können, außer den Erfolg ihrer eigenen Karriere. Warum wird das Wesen unserer menschlichen Natur – unser Wunsch, über uns selbst hinauszuwachsen, andere anzurühren, etwas Wichtiges zu tun, die Welt wenigstens ein bisschen zu verbessern – bei der Arbeit so häufig verleugnet? Schließlich widmen die meisten Menschen ihrer Arbeit eine größere Zahl an wachen Stunden als ihrem Zuhause, ihrer Familie, der Gemeinschaft und dem Glauben zusammengenommen. Um im Zeitalter der Revolution Erfolg zu haben, muss ein Unternehmen seinen Angehörigen einen Grund geben, ihre ganze Menschlichkeit in die Arbeit einzubringen. Viktor Frankl, der große österreichische Psychiater, meinte, Erfolg könne, wie das Glück, nicht planmäßig verwirklicht werden; er müsse sich vielmehr als unbeabsichtigte Nebenwirkung der persönlichen Hingabe an eine Sache ergeben, die größer sei als man selbst.[2]

Fragen Sie sich also: „Wofür arbeite ich eigentlich? Was würde ich gern bewirken? Wer wird mir danken – wirklich aufrichtig danken –, wenn ich Erfolg habe? Habe ich meine Berufung gefunden oder doch nur einen Arbeitsplatz?"

INNOVATIONSREGEL 4: NEUE STIMMEN ZU WORT KOMMEN LASSEN

Wenn das Senior Management revolutionäre Strategien will, muss es lernen, revolutionären Stimmen zuzuhören:

GE Capital: Wir haben ein junges Team zusammengestellt – ausschließlich Personen unter 30 – und es aufgefordert, uns mitzuteilen, wo die Chancen liegen.

Virgin: In der Regel wählen wir branchenfremde Leute aus. Das Rekrutierungsmodell zielt grundsätzlich darauf ab, begabte Universitätsabsolventen anzuwerben, die von außerhalb kommen.

Denken Sie an Ted Turner und die Fernsehnachrichten (CNN), an Anita Roddick und die Kosmetikbranche (The Body Shop), an Sir Richard Branson und das Luftfahrtgeschäft (Virgin Atlantic), an Jim Clark und das Gesundheitswesen (Healtheon), an Jeff Bezos und den Einzelhandel (Amazon.com) oder an Pierre Omidyar und das Auktionsgeschäft (eBay). In der Mehrzahl der Fälle werden Branchen von Außenseitern neu erfunden – von Newcomern, die frei von den Vorurteilen der Branchenveteranen sind.

Trotzdem ist die Strategiebildung in den meisten Fällen der alten Garde vorbehalten. An Strategiegesprächen nehmen Jahr für Jahr immer dieselben Leute teil. Kein Wunder, dass die Strategien, die dabei herauskommen, sterbenslangweilig sind. Was können die 20 oder 30 Führungskräfte eines Unternehmens schließlich noch voneinander lernen? Sie konferieren seit Jahren miteinander und haben ihre Standpunkte so häufig gegenseitig dargelegt, dass sie ihre Sätze gegenseitig vollenden könnten.

Was benötigt wird, ist kein weiser Ältestenrat, auch keine Schar von Planern, sondern eine tief in das Unternehmen hineinreichende Pfahlwurzel. Vereinfacht gesagt: Ohne die Einbeziehung neuer Stimmen in die Strategiegespräche sind die Chancen für eine Branchenrevolution gleich Null.

Es gibt Revolutionäre in Ihrem Unternehmen. Aber zu oft existiert kein Verfahren, über das sie zu Wort kommen könnten. Sie sind isoliert und ohnmächtig, abgeschnitten von anderen, die ihre Leidenschaften teilen. Ihre Stimmen werden durch viele Schichten vorsichtiger Bürokraten gedämpft. Man bringt ihnen bei, sich anzupassen, statt Herausforderungen anzunehmen. Und allzu viele leitende Manager sehnen sich insgeheim eher nach gefügigeren als nach lauteren Mitarbeitern.

Vielleicht finden Sie, dass ich dem Topmanagement gegenüber zu unnachsichtig bin. Dann werfen Sie bitte einen Blick auf folgenden Fall: Ein unzufriedener Angestellter eines der größten Unternehmen in den USA zeigte mir kürzlich ein einfaches Chart, das im Rahmen eines umfangreichen kulturellen Veränderungsprogramms im gesamten Unternehmen verteilt worden war. Der Mitarbeiter wies auf die Tatsache hin, dass nur „leitende Manager" für die „Strategiebildung" verantwortlich seien. Im Katalog der Leistungskriterien für „Manager" und „Mitarbeiter" wurde die Fähigkeit zu strategischem Denken mit keinem Wort erwähnt. Mit einem einzigen Chart war es dem Unternehmen gelungen, 99,9 Prozent seiner Angestellten das Stimmrecht – das heißt jegliche Zuständigkeit für Geschäftskonzept-Innovationen und jede Mitwirkung an ihrer eigenen Zukunft – zu entziehen. Ironischerweise erwartet das Unternehmen, dass seine Mitarbeiter „lernbereit" sind – solange das keinen Vorschlag für eine neue Strategie oder ein neues Geschäftskonzept betrifft. Sie mögen bei diesem Beispiel zusammenzucken, aber Sie können sicher sein, dass dies in allzu vielen Unternehmen die Realität ist.

Wenn ein Unternehmen zum Urheber der Branchenrevolution werden oder es bleiben will, muss das Topmanagement jenen drei Wahlkreisen, die in Gesprächen über Ziel und Richtung des Unternehmens in der Regel unterrepräsentiert sind, einen unverhältnismäßig großen Stimmenanteil einräumen.

Schenken Sie der Jugend Gehör

Der erste Wahlkreis besteht aus jungen Leuten oder, genauer gesagt, jenen mit einer jugendlichen Perspektive. Es gibt 30-Jährige, die in die Kategorie „alte Opas" fallen, und 70-Jährige, die noch immer in der Zukunft leben. Aber im Schnitt sind junge Leute der Zukunft näher als Personen, die mehr Geschichte als Zukunft haben. Es ist paradox, dass genau die Gruppe mit dem größten emotionalen Interesse an der Zukunft – junge Leute – am häufigsten daran gehindert wird, zum Prozess der Strategieentwicklung beizutragen.

Genau die Gruppe mit dem größten emotionalen Interesse an der Zukunft – junge Leute – wird am häufigsten daran gehindert, zum Prozess der Strategieentwicklung beizutragen.

Während Gerhard Schulmeyer für Siemens Nixdorf arbeitete, führte er das Verfahren des „umgekehrten Mentoring" ein, durch das die 20- bis 30-Jährigen die Chance erhielten, leitenden Managern das eine oder andere über die Zukunft beizubringen. Vor ein paar Jahren richtete Anheuser-Busch ein „Schatten-Managementkomitee" ein, dessen Mitglieder ein paar Jahrzehnte jünger als die Angehörigen des „echten" Komitees waren. Die jungen Leute hatten dabei Gelegenheit, ihre Vorgesetzten im Hinblick auf Schlüsselentscheidungen – von Übernahmen bis hin zu Werbekampagnen – zu hinterfragen. Doch damit nicht genug: Sie erhielten ihren eigenen Berichtskanal zum Vorstand. – Wenn Sie sich der Zukunft nähern wollen, müssen Sie jemandem zuhören, der bereits in ihr lebt.

Hören Sie auf die Mitarbeiter an der Peripherie

Ein zweiter Wahlkreis, der einen größeren Stimmenanteil verdient hat, umfasst diejenigen, die sich an den geografischen Rändern des Unternehmens aufhalten. Die Fähigkeit zur radikalen Innovation vergrößert sich proportional zu jedem Kilometer, den man sich vom Hauptquartier entfernt. Für ein US-amerikanisches Unternehmen kann die Peripherie in Indien oder Singapur oder auch an der Westküste liegen. Für eine japanische Firma könnte das Großbritannien oder die USA sein. In den späten Neunzigerjahren hielt fast jeder aus dem Topmanagement von General Motors Brasilien für den innovativsten Platz im Reich von GM.

An der Peripherie verfügt man typischerweise über weniger Mittel und ist daher gezwungen, kreativ zu sein. Die Mitarbeiter dort können weniger leicht „kontrolliert" werden. Die bestehenden Glaubenslehren haben nicht so viel Einfluss wie im Kernland des Unternehmens. Freidenker an der Peripherie haben volles Verständnis für die Argumentation, die traditionsgemäß von den Rebellen im chinesischen Hinterland vorgebracht wurde: Der Kaiser ist fern, und die Hügel sind hoch. Aber um es zu wiederholen: In vielen Unternehmen haben die Vertreter der Peripherie kaum eine Stimme im Prozess der Strategiebildung.

Lassen Sie Newcomer zu Wort kommen

Den dritten Wahlkreis bilden die Newcomer. Besonders nützlich sind solche, die aus anderen Branchen übergewechselt sind oder denen es bisher gelungen ist, sich der lähmenden Wirkung des Mitarbeitertrainings im Unternehmen zu entziehen. Auch sie haben in jedem Gespräch über Geschäftsinnovation einen überproportionalen Stimmenanteil verdient. Vielleicht schaut sich Ihr Unternehmen nach leitenden Managern mit frischen, neuen Perspektiven um; aber wie systematisch bemüht man sich um den Rat von Neulingen jeglichen Ranges, die noch nicht dem schleichenden Tod der Orthodoxie erlegen sind?

Newcomer haben in jedem Gespräch über Geschäftsinnovation einen überproportionalen Stimmenanteil verdient.

Es ist widersinnig, dass Unternehmen so häufig behaupten, „Vielfalt" zu schätzen, obgleich sie diese systematisch ausrotten. Die Art Vielfalt, auf die es wirklich ankommt, gründet sich nicht auf die geschlechtliche, rassische oder ethnische Zugehörigkeit des Einzelnen. Vielmehr benötigt man eine Vielfalt des Denkens. Ein Unternehmen, das in seiner Vielfalt den Vereinten Nationen nacheifert, ist von wenig praktischem Nutzen, wenn es durch Mitarbeitertraining, „Best Practices", „Harmonisierung" und „Fokus" die intellektuelle Vielfalt zerstört. In vielen Unternehmen ist das, was ein Regenbogen sein könnte, von monotoner Eintönigkeit.

Hier eine Richtlinie: Wenn jemand in Ihrem Unternehmen beim nächsten Mal eine Konferenz zum Thema „Strategie" oder „Innovation" einberuft, dann sorgen Sie dafür, dass 50 Prozent der Teilnehmer vorher noch nie zu solch einer Runde eingeladen worden sind. Ziehen Sie jede Menge junge Leute, Newcomer und Mitarbeiter aus der Peripherie des Unternehmens hinzu. Dadurch vervierfachen Sie die Chance, wirklich revolutionäre Geschäftskonzepte zu entwickeln.

INNOVATIONSREGEL 5: EINEN OFFENEN MARKT FÜR IDEEN SCHAFFEN

Wenn Sie den Unternehmergeist in Ihrer Firma entfesseln wollen, müssen Sie dort einen dynamischen Binnenmarkt für Ideen schaffen. Bei ergrauten Revolutionären sind neue Ideen die gängige Währung.

GE Capital: Jede Woche kommen die obersten Führungskräfte einen halben Tag lang zusammen, um über neue Geschäftsideen zu sprechen. Jeder kann sich auf die Tagesordnung setzen lassen.

Virgin: Jeder hat die Telefonnummer des Chairman, und er wird vermutlich dreimal pro Tag von Leuten angerufen, die etwas Neues ausprobieren wollen.

Silicon Valley ist nichts anderes als ein Flüchtlingslager für Revolutionäre, die sich anderswo kein Gehör verschaffen konnten.

Enron: Wir haben so viele physische Mauern wie möglich abgebaut. Selbst wer nicht zum Management oder zum Leitungskomitee gehört, kann eine Führungskraft auf dem Flur abpassen und ihr eine Idee vortragen. Das geschieht dauernd. Wo Wände sind, haben wir sie mit weißen Tafeln bedeckt. Wir fordern die Leute einfach auf: „Wenn ihr eine Idee habt, schreibt sie auf die weiße Tafel."

Viele Unternehmenschefs sind neidisch auf den Erfolg der Entrepreneurs aus dem Silicon Valley, und Dutzende von Großkonzernen haben Risikokapitalfonds eingerichtet, um in Start-ups aus dem Silicon Valley zu investieren. Doch nur wenige Manager haben sich bisher darüber Gedanken gemacht, wie sie das Ethos des Silicon Valley in ihr eigenes Unternehmen übertragen und die Entrepreneur-Leidenschaften ihrer eigenen Mitarbeiter entfachen könnten. Sie nehmen an, Silicon Valley sei voll von brillanten Visionären, während sich in ihrer eigenen Organisation nur geistlose Dronen tummelten.

Dabei wird Silicon Valley nicht durch eine Superrasse von Visionären mit Unternehmergeist zu einem Treibhaus der Geschäftskonzept-Innovation, sondern durch das Vorhandensein von drei eng miteinander verknüpften „Märkten": einem Markt für Ideen, einem Markt für Kapital und einem Markt für Talente. Ideen, Kapital und Talente wirbeln in einem stürmischen Tanz unternehmerischer Vielfalt und Innovation durch das Silicon Valley und kombinieren sich in einer Weise, welche die Wahrscheinlichkeit, Vermögenswerte zu schaffen, außerordentlich hoch sein lässt. In den meisten Großunternehmen dagegen sind Ideen, Kapital und Talente reglos und träge. Sie bewegen sich erst, wenn jemand den Befehl dazu gibt. Während das Silicon Valley ein pulsierender Markt ist, gleicht das durchschnittliche Großunternehmen einer zentralistischen Planwirtschaft. Es ist kein Wunder, dass viele Unternehmens-Neueinsteiger in Silicon Valley Exilsuchende aus der Großindustrie sind. Silicon Valley ist nichts anderes als ein Flüchtlingslager für Revolutionäre, die sich anderswo kein Gehör verschaffen konnten.

Ein durchschnittliches Riskokapitalunternehmen im Silicon Valley erhält bis zu 5 000 unaufgefordert eingesandte Geschäftspläne im Jahr. Wie viele derartige Geschäftspläne werden einem Bereichsleiter in Ihrem Unternehmen jährlich vorgelegt? Fünf? Zehn? Keine? Die Chance, die nächste Welle zu erwischen und davonzuschwimmen, ist gering, wenn das Wasser in Ihrem Teil des Ozeans so ruhig ist wie in einer Badewanne. Worin also besteht der Unterschied zwischen dem Silicon Valley – oder Virgin oder GE Capital oder Enron – und Ihrem Unternehmen?

Vor allem begreift jeder im Silicon Valley, dass radikale neue Ideen die einzige Möglichkeit sind, sowohl für das Unternehmen als auch für die Mitarbeiter neue Werte zu schaffen. New-Economy-Milliardäre wie Jerry Yang, der Gründer von Yahoo!, oder Pierre Omidyar, der Chairman und Gründer von eBay, sind nicht dadurch reich geworden, dass sie im Sterben liegenden Geschäftsmodellen das letzte Quäntchen an Effizienz abgepresst haben. Solange Mitarbeiter nicht glauben, dass regelbrechende Ideen sowohl für ihr Unternehmen als auch für sie selbst der sicherste Weg zum Reichtum sind, wird ihr Ideenmarkt so öde bleiben wie ein sowjetischer Supermarkt in der Breschnew-Ära.

Es gibt noch einen weiteren Unterschied zwischen dem Silicon Valley und der traditionellen Unternehmenshierarchie. In den meisten Firmen ist der Markt für Ideen ein Monopson – es gibt nur einen einzigen Käufer. Man kann eine neue Idee nur aktivieren, indem man sie die Befehlskette hinaufschickt – und ein einziges „Njet" genügt, um sie abzuwürgen. In der Struktur des Valley gibt es keinen „Alleinentscheider", der eine neue Idee abzuschmettern vermag. Vielmehr stößt man nur selten auf ein erfolgreiches Start-up, dessen ursprünglicher Geschäftsplan nicht zunächst von mehreren Risikokapitalgebern abgelehnt wurde, bevor ein Sponsor auftauchte.

Doch nicht nur das: Im Silicon Valley hegt man keine Vorurteile darüber, wer fähig sein könnte, ein neues Geschäftskonzept zu entwickeln. Das Silicon Valley ist eine Meritokratie. Es spielt nicht die geringste Rolle, wie alt man ist, welche akademischen Abschlüsse man besitzt, wo man zuvor gearbeitet hat oder ob man Jeans oder ein Outfit von Armani trägt. Im Vordergrund stehen allein die Qualität des Denkens und die Kraft der Vision. Im Valley nimmt niemand an, dass die nächste große Sache von einem Senior Vice President ausgehen wird, der die letzte große Sache gelenkt hat. Das ist ein weiterer Grund dafür, dass der Ideenmarkt im Silicon Valley dynamischer ist als in den meisten Unternehmen.

Ailsa Petchey war eine junge Stewardess bei Virgin Atlantic Airways. Diese unverhoffte Jungunternehmerin hatte ihren großen Einfall, als sie einer Freundin half, deren Hochzeit vorzubereiten. Wie die meisten Bräute wurde ihre Freundin von einer scheinbar endlosen Aufgabenliste überrollt: Suche die Kirche und einen Saal für den Hochzeitsempfang aus, sorge für Speisen und Getränke, miete eine Limousine, such dir ein Hochzeitskleid aus, kümmere dich um die Kleider der Brautjungfern, wähle die Blumen, plane die Flitterwochen, verschicke die Einladungen und so weiter und so weiter.

Plötzlich hatte Ailsa eine Erleuchtung: War es nicht möglich, Bräuten einen Rundum-Service für die Hochzeitsplanung anzubieten? Petchey wandte sich mit ihrer Idee an Sir Richard Branson, der sie ermutigte, den Plan weiterzuverfolgen. Das Ergebnis: ein 1000 Quadratmeter großes Hochzeitskaufhaus, das größte in Großbritannien, und eine Reihe von Koordinatorinnen, die helfen, alles für die Feier vorzubereiten. Der Name des neuen Geschäfts? Virgin Bride natürlich.

Könnte das in *Ihrem* Unternehmen passieren? – Könnte eine etwas über 20 Jahre alte Angestellte der untersten Ebene den Chairman zu fassen kriegen und die Erlaubnis für die Gründung eines neuen Geschäfts erhalten? Oder könnte sie, wie Louise Kitchin bei Enron, ein Team von mehreren 100 Personen zusammenstellen, die an einem radikal neuen Geschäftskonzept arbeiten, ohne dass sie den Geschäftsführer zuvor auch nur informiert hätte?

INNOVATIONSREGEL 6: EINEN OFFENEN MARKT FÜR KAPITAL SCHAFFEN

Klingt dies nach der Finanzplanung, die in Ihrem Unternehmen praktiziert wird?

> *Virgin:* Was neue Projekte angeht, so befassen wir uns nicht mit der Berechnung von Mindestrenditen. Wir haben keine Mindestrenditen. Die von uns gestellten Fragen lauten: Ist es nachhaltig? Ist es innovativ? Können wir dadurch Geld verdienen? Wenn die Antwort ja lautet, steigen wir in das Geschäft ein. Wenn Sie der Ansicht sind, dass Ihnen etwas keine Chance bietet, dann ist es sinnlos, noch ewig lange darauf herumzureiten.

Risikokapitalgeber sind nicht dumm, wenn es um Geld geht, sie denken lediglich ganz anders als die Leiter der Finanzbereiche in den Unternehmen. Beide mögen sich mit Projektfinanzierungen befassen, allerdings lässt sich der Kapitalmarkt im Silicon Valley überhaupt nicht mit dem Kapitalmarkt in Großunternehmen vergleichen. Der erste Unterschied betrifft den Zugang. Wie leicht ist es für jemanden, der in einem Großunternehmen sieben Ebenen unter der Firmenleitung sitzt, sich einige 100 000 US-Dollar zu verschaffen, um eine neue Idee auszuprobieren? Ob es sich um eine halbe Million oder um 50 Millionen US-Dollar handelt – die Hürden der Geldbeschaffung scheinen für jemanden, der weit vom Topmanagement entfernt ist, in der Regel unüberwindlich zu sein.

In der Vergangenheit haben rund zwei Drittel der Start-ups im Silicon Valley ihre Anfangsfinanzierung von „Engeln" erhalten, das heißt von vermögenden Einzelpersonen, die zur Finanzierung neuer Unternehmen Investmentpools bildeten. Der Durchschnittsengel legt ungefähr 50 000 US-Dollar an, und die Anfangsinvestition für ein Start-up beträgt im Durchschnitt 500 000 US-Dollar. Das entspricht einem Abrundungsfehler im Jahresbericht eines mittelgroßen Unternehmens. Aber wie leicht würde es in Ihrem

Das Ziel besteht darin, einen großen Gewinner sicher zu haben, nicht darin, Verlierer komplett auszuschließen.

Unternehmen für einen enthusiastischen Geschäftsgründer sein, zehn Engel zu finden, die bereit sind, jeweils 50 000 US-Dollar zu investieren?

Kreative neue Geschäftsideen passieren selten die traditionellen Finanzfilter. Wenn finanzielle Projekte nicht durch ganze Bündel von Analysen untermauert werden können, hält sich das Topmanagement zurück. Aber ist es wirklich sinnvoll, für eine kleine Investition in ein neues Experiment die gleichen Hürden zu errichten wie für eine große und unwiderrufliche Investition in ein bestehendes Geschäft? Warum wird es jemandem mit einer unkonventionellen Idee so schwer gemacht, die Finanzierung für den Bau eines Prototyps zu erhalten, einen kleinen Markttest durchzuführen oder einfach nur ein Geschäftsmodell zu entwickeln – besonders wenn dafür nur lächerlich geringe Summen benötigt werden?

Im Silicon Valley funktioniert der Kapitalmarkt anders. Das wird deutlich, wenn man sich beispielsweise mit Steve Jurvetson unterhält, dem Gründer von Hotmail und einem der tatkräftigsten Risikokapitalgeber des Valley. Auf die Frage, wie er eine potenzielle Geschäftsidee einschätzt, wird er etwa Folgendes antworten:

„Als Erstes frage ich: Wer interessiert sich dafür? Was wird es bewirken? Also letztlich: Wie hoch sind die Gewinnchancen? Ich möchte Dinge finanzieren, die einen fast unbegrenzten Spielraum nach oben haben.

Als Zweites frage ich: Welchen Schneeballeffekt wird es haben? Wie lässt sich diese Sache bewerten? Welcher Mechanismus treibt die Rendite nach oben? Kann es sich wie ein Virus verbreiten?

Und schließlich möchte ich wissen, wie engagiert die betreffende Person ist. Ich investiere nie in jemanden, der sagt, er werde etwas tun; ich investiere in Leute, die sagen, sie seien bereits dabei, etwas zu tun, und benötigten nur die Mittel, um es weiterzuführen. Leidenschaft zählt mehr als Erfahrung."

Ein Risikokapitalgeber hat eine ganz andere Vorstellung von einem Geschäftsplan als der typische Leiter eines Finanzbereichs. Dazu noch einmal Jurvetson:

„Ein Geschäftsplan ist kein Vertrag wie ein Haushaltsplan. Er ist eine Geschichte. Eine Geschichte über eine Chance, über den Weg nach vorn und darüber, wie man Vermögenswerte schafft und sichert.

Bei meiner Arbeit benutze ich nie Excel. Ich rechne nie die Zahlen aus oder erstelle Finanzmodelle, denn ich weiß, dass solche Voraussagen eine trügerische Sicht der Realität schaffen. Das ignoriere ich mehr oder weniger. Naturgemäß gibt es keine Rentabilitätsprognosen oder Wertschöpfungsberechnungen. Aber ich verbringe viel Zeit damit, darüber nachzudenken, wie groß die Sache sein könnte."

Der springende Punkt ist folgender: In den meisten Unternehmen zielt die Budgetierung darauf ab sicherzustellen, dass die Firma niemals eine waghalsige Investition tätigt, die keinen akzeptablen Ertrag abwirft. Aber indem man zu garantieren versucht, dass es nie zu unerwarteten Verlusten kommt, schränkt der typische Budgetplan auch die Gewinnchancen strikt ein.

Risikokapitalgeber gehen von ganz anderen Erfolgs- und Misserfolgserwartungen aus. Eine aus fünf Partnern bestehende Risikokapitalfirma mag in zehn von 5000 Ideen investieren, die sie als eine Art Optionsportfolio betrachtet. Von den zehn Ideen können sich fünf als Totalverluste entpuppen, drei sind bescheidene Erfolge, eine weitere führt zu einer Verdoppelung der Anfangsinvestition, und eine spielt das Fünfzig- bis Hundertfache der investierten Summe ein. Das Ziel besteht darin, einen großen Gewinner sicher zu haben, nicht darin, Verlierer komplett auszuschließen.

In den meisten Großunternehmen muss sich jemand, dem ein radikal neues Geschäftsmodell vorschwebt, an die Verteidiger des alten Geschäftsmodells wenden, um Mittel zu erhalten. Folglich hat allzu häufig derjenige das Vetorecht über die neue Sache, der die alte Sache lenkt. Um sich klarzumachen, welches Problem hieraus erwächst, stelle man sich vor, jeder Innovationsträger im Silicon Valley müsste Bill Gates um die Finanzierung seiner Idee bitten. Über kurz oder lang würden alle im Valley an der Ausdehnung der Windows-Franchise arbeiten. Vorbei wär's dann mit dem Netzwerkcomputer. Vorbei wär's mit Java und Jini. Vorbei wär's mit dem PalmPilot. Vorbei wär's auch mit Application-Service-Providern und mit fast allen anderen Neuerungen, die das gegenwärtige Geschäftsmodell von Microsoft gefährden könnten.

Ein Risikokapitalgeber fragt nicht, in welcher Weise sich der Erfolg des einen Projekts auf den eines anderen auswirkt. Niemand will wissen: Passt dieses neue Projekt zu unserer bestehenden Strategie? Gut, Beständigkeit ist eine Tugend, aber in einer Welt, in der die durchschnittliche Lebensdauer eines Geschäftskonzepts zwar länger ist als die eines Schmetterlings aber kürzer als die eines Hundes, muss man die Möglichkeit haben, ein paar Chancen ins Auge zu fassen, die von der aktuellen Strategie abweichen. Eine dieser Chancen könnte ja weitaus attraktiver sein als das Projekt, an dem Sie bereits arbeiten. Aber wie wollen Sie das jemals herausfinden, wenn Sie nicht bereit sind, einen Kapitalmarkt zu schaffen, der ein wenig Bares für das Unorthodoxe abzweigt?

INNOVATIONSREGEL 7: EINEN OFFENEN MARKT FÜR TALENTE SCHAFFEN

Jeder Firmenchef im Silicon Valley weiß, dass seine Mitarbeiter, wenn er ihnen keine wirklich erhebende Arbeit – und keine tollen Erfolgschancen – bietet, abwandern werden.

> *Enron:* Die Spielregel lautet, dass jeder die Möglichkeit hat, etwas Neues beim Schopf zu packen. Unsere Botschaft war stets, dass die besten Leute dem Unternehmen, nicht einem einzelnen Vorgesetzten gehören.
> Manager können sich nicht an Mitarbeiter klammern, die etwas Neues ausprobieren wollen. Wenn es um Mitarbeiter geht, hat Besitz sicherlich nicht in erster Linie etwas mit rechtlichen Fragen zu tun.

Stellen Sie sich vor, was geschehen würde, wenn 20 Prozent Ihrer besten Mitarbeiter in einem einzigen Jahr kündigen. Das passiert im Silicon Valley dauernd. Im Valley wechseln Mitarbeiter ihren Arbeitgeber viel sorgloser als die meisten Beschäftigten ihre Arbeitsstelle innerhalb eines Unternehmens. Gewiss, es geht ihnen dabei auch ums Geld, aber in erster Linie lockt sie die Chance, an der *nächsten großen Sache* zu arbeiten. Unternehmen, die sich mit umwerfenden Möglichkeiten befassen, ziehen die besten Talente an. Ein Risikokapitalgeber brachte es auf den Punkt: „Spitzenleute arbeiten an Spitzenchancen."

Der Talentmarkt funktioniert im Silicon Valley mit brutaler Effizienz. In den frühen Neunzigerjahren verloren Unternehmen wie Apple und Silicon Graphics massenhaft hervorragende Mitarbeiter, während aufstrebende Firmen wie Cisco und Yahoo! Magneten für clevere Talente waren. In der Old Economy werden Mitarbeiter noch immer fast wie Leibeigene betrachtet. Viele Bereichsleiter glauben, dass ihnen wichtige Mitarbeiter gehören. Und wenn diese Leute in South Bend, St. Louis, Des Moines, Nashville oder 100 anderen Städten arbeiten, die nicht über das florierende Wirtschaftsleben des Silicon Valley verfügen, dürfte es ihnen auch nicht sonderlich leichtfallen, von Bord zu gehen. Das ist aber kein Grund dafür, ehrgeizige und kreative Mitarbeiter an das Deck eines langsam sinkenden Geschäftsmodells zu ketten.

Als Enron mit dem Aufbau eines auf den Handel mit Bandbreite ausgerichteten Geschäfts begann, pickte sich das neue Managementteam 70 kommerziell erfahrene Personen aus anderen Bereichen des Unternehmens heraus, die eine entscheidende Rolle für einen raschen Start spielen konnten. Von diesen 70 wechselten 64 ins Breitbandgeschäft über, und zwar innerhalb einer Woche! – Wenn die Mitarbeiter in Ihrem Unternehmen nicht genauso mobil sind, dann haben Sie nicht die geringste Chance, im Zeitalter der Revolution neue Märkte zu erschließen.

Es gibt mehrere Faktoren, die den Talentmarkt bei Enron fördern. In höheren Hierarchieebenen kann man seinen Titel mitnehmen: Er ist nicht mit einer bestimmten Position, sondern mit der jeweiligen Person verknüpft. Wenn ein Vizepräsident aus einem bereits bestehenden Geschäftsbereich in einen neuen überwechselt, ist er immer noch Vizepräsident, selbst wenn er in den ersten paar Monaten einem Untergebenen berichten muss. Außerdem hat man die Möglichkeit, ein erhebliches Vermögen anzusammeln, denn das Gründungsteam eines neuen Enron-Bereichs erhält normalerweise Phantomaktien, deren Wert an den Erfolg des Projekts gebunden ist.

Bei Enron ist der Talentmarkt so sehr in Bewegung, dass das Topmanagement ihn als Hinweis dafür benutzt, wo investiert werden soll. Jeff Skilling, Präsident und Chief Operating Officer von Enron, erklärt: „Wenn Mitarbeiter plötzlich in einen neuen Geschäftsbereich strömen, so ist das ein Signal dafür, dass wir mehr Mittel in diesen Bereich hineinstecken sollten. Unsere Leute suchen und finden Chancen. Sie sind klüger als wir an der Spitze, und sie stimmen mit den Füßen ab."

In zu vielen Unternehmen glauben die führenden Manager, gewisse Ansprüche zu haben. „Mann, wir erwirtschaften das gesamte Geld, also sollten wir auch die besten Leute haben", ist hier die verbreitete Meinung. Aber der Gewinn, den ein talentierter Mitarbeiter einem weitgehend automatisch funktionierenden Geschäftsbereich einbringt, beträgt häufig nur einen Bruchteil dessen, was er im Rahmen eines Projekts einbringen könnte, das die Werkstatt noch nicht verlassen hat. Warum soll man keine interne Auktion für Talente abhalten, bei der Bereichsleiter gegen interne Risikokapitalmanager bieten müssen, um die besten Leute zu bekommen? Begabte Mitarbeiter, die in sterbende Geschäftsbereiche eingesperrt sind, könnten durch eine Kombination aus attraktiven Gehältern und Phantomaktien bewogen werden, sich ehrgeizigen Venture-Teams anzuschließen. Wenn Ihre besten Leute auf Grund höherer Erfolgschancen abwandern, warum sollte man sie dann nicht zu Gunsten dieser großen Erfolgschancen innerhalb Ihres eigenen Unternehmens wechseln lassen?

Ein Talentmarkt ist mehr als ein Stellenverzeichnis. Die Mitarbeiter müssen davon überzeugt sein, dass der beste Weg, das große Los zu ziehen, darin besteht, sich am Aufbau von etwas Neuem zu beteiligen. Das bedeutet, dass man Mitarbeitern, die bereit sind, ein außergewöhnliches „Risiko" einzugehen, Anreize bieten muss. Es bedeutet, dass man jeden mutigen Mitarbeiter feiert, der die Sicherheit eines traditionellen Geschäftsbereichs zu Gunsten einer unerprobten Chance aufgibt.

Was ist der Lohn für die Schaffung von internen Märkten für Ideen, Kapital und Talente? Dazu folgende Überlegung: Das Silicon Valley zählt ungefähr zwei Millionen Einwohner. Nehmen wir an, dass 50 Prozent davon im Privatsektor arbeiten – die Übrigen sind Kinder, Ruheständler, Staatsbedienstete und so weiter. Von der eine Million Beschäftigte im Privatsektor hat vielleicht die Hälfte das Kaliber, das Sie in Ihrem Unternehmen zu finden hoffen – Leute, die nicht ihre gesamte Karriere mit Wald- und Wiesenjobs verbracht haben. Das macht 500 000 Menschen. Nennen wir sie den Genpool des Silicon Valley. 1998 brachte jener Genpool 41 Erstemissionen hervor, die bis Januar 1999 eine gemeinsame Marktkapitalisierung von 27 Milliarden US-Dollar erreichten. Wenn Sie die 27 Milliarden US-Dollar durch 500 000 teilen, erhalten Sie 54 000 US-Dollar. Das sind 54 000 US-Dollar an neuer Pro-Kopf-Wertschöpfung – in einem einzigen Jahr. Im überhitzten Erstemissionsmarkt von 1999 gab es ungefähr 90 Erstemissionen, deren Marktwert Anfang 2000 bei 245 Milliarden US-Dollar lag. Aber bleiben wir bei den gemäßigteren Daten von 1998.

> Die Mitarbeiter müssen davon überzeugt sein, dass der beste Weg, das große Los zu ziehen, darin besteht, sich am Aufbau von etwas **Neuem** zu beteiligen.

Silicon Valley bei Royal Dutch/Shell

Royal Dutch/Shell, der anglo-niederländische Ölgigant, dessen Zentrale rund 10 000 Kilometer von Silicon Valley entfernt liegt, wird selten mit einem beweglichen und reaktionsschnellen Start-up-Unternehmen verwechselt. Die ständig in der ganzen Welt herumreisenden Manager von Shell arbeiten bekanntermaßen diszipliniert, sorgfältig und gründlich; sie wirken nicht wie Träumer mit wildem Blick. Aber eine Bande von Renegaten, angeführt von Tim Warren, dem Director of Research and Technical Services im größten Bereich von Shell, dem Bereich Erforschung und Produktion, fasste den Entschluss, das alles zu ändern. Warren und sein Team arbeiten intensiv daran, den im Unternehmen vorhandenen Strom an Ideen, Kapital und Talent freizusetzen – und E&P zu einer innovationsfreundlichen Zone zu machen. Ihr Anfangserfolg lässt vermuten, dass es möglich ist, einem globalen Giganten das unkonventionelle Ethos zu vermitteln, das für das Silicon Valley charakteristisch ist.

Ende 1996 war Warren und einigen seiner Kollegen klar geworden, dass E&P seine Gewinnziele ohne radikale Innovation schwerlich erreichen würde. Um eine neue Denkweise zu fördern, hatte Warren seine Leute ermutigt, bis zu zehn Prozent ihrer Zeit „nicht linearen" Ideen zu widmen; aber die Ergebnisse entsprachen nicht seinen Hoffnungen. Aus seiner Frustration heraus entwickelte Warren einen völlig neuen Innovationsansatz, der gleichzeitig einfach und ein wenig abwegig war. Er bevollmächtigte ein kleines Team aus freidenkerischen Mitarbeitern, 20 Millionen US-Dollar für Ideen von ihren Kollegen auszugeben, die zu einer Veränderung der Spielregeln führen würden. Jeder konnte einen Vorschlag unterbreiten, und das Gremium entschied, welcher davon finanziert werden sollte. Die Ideen wurden aus sämtlichen Shell-Abteilungen entgegengenommen.

Das GameChanger-Verfahren, wie es später genannt wurde, trat im November 1996 in Aktion. Zunächst löste die Verfügbarkeit von Mitteln aus Risikokapital keine Lawine neuer Ideen aus. Selbst clevere und kreative Mitarbeiter, die es seit langem gewohnt waren, an der Lösung genau definierter technischer Probleme zu arbeiten, hatten Mühe, revolutionäre Denkrichtungen einzuschlagen. In der Hoffnung, den Prozess zu beschleunigen, zog das GameChanger-Team eine Beratergruppe von Strategos heran, das einen dreitägigen Innovations-Workshop durchführte, um die Mitarbeiter zur Entwicklung regelbrechender Ideen zu motivieren. Zur ersten Veranstaltung erschienen 72 begeisterte Entrepreneur-Anwärter – eine viel größere Gruppe, als die Veranstalter erwartet hatten. Und vielen davon hätte niemand zugetraut, dass sie unternehmerische Ambitionen hegten.

Im Innovations-Workshop wurden die künftigen Revolutionäre dazu angespornt, von radikalen Neuerungen außerhalb des Energiegeschäfts zu lernen. Man brachte ihnen bei, Branchenkonventionen zu identifizieren und in Frage zu stellen, Entwicklungsverschiebungen aller Art vorauszuahnen und zu nutzen sowie die Kompetenzen und Fähigkeiten von Shell auf neue Art auszubauen. Danach wurden Gruppen aus acht Teilnehmern an runde Tische vor vernetzte Laptops gesetzt und aufgefordert, ihre neuen Denkfähigkeiten umzusetzen. Zunächst verlief der Prozess stockend; doch dann strömte eine Flut neuer Ideen in das Netzwerk. Manche Ideen wurden von der Gruppe begeistert aufgegriffen; andere blieben unbeachtet. Am Ende des zweiten Tages lagen 240 Ideenvorschläge vor. Manche zielten auf völlig neue Geschäftsmodelle ab, aber die große Mehrzahl betraf neue Ansätze innerhalb bestehender Geschäftsbereiche.

Die Teilnehmer einigten sich auf eine Reihe von Prüfkriterien, um festzulegen, welche Ideen es verdienten, mit einem Teil des Entwicklungsgeldes unterstützt zu werden. Zwölf Ideen wurden für eine Finanzierung nominiert, und um jede versammelte sich ein Freiwilligenheer von Anhängern. Die jungen Venture-Teams wurden nun zur Teilnahme an einem Aktions-Workshop eingeladen. Hier brachte man ihnen bei, die Grenzen der jeweiligen Chance abzuschätzen, potenzielle Partnerschaften zu identifizieren, Möglichkeiten für die Herausbildung von Wettbewerbsvorteilen aufzuzählen und das breite Spektrum der finanziellen Konsequenzen zu identifizieren. Als Nächstes unterstützte man sie dabei, Aktionspläne für jeweils 100 Tage zu entwickeln – ein kostengünstiger und wenig riskanter Weg, die Ideen zu testen. Schließlich präsentierte jede Gruppe ihren Vorschlag einem „Venture-Board", das aus dem GameChanger-Team, einer Auswahl leitender Manager und Vertretern von Shell Technology Ventures bestand – einer Abteilung zur Finanzierung von Projekten, die nicht in den Zuständigkeitsbereich der Betriebsabteilungen von Shell fallen.

Seit dem Abschluss der Veranstaltungen arbeitet die Gruppe um Warren konzentriert daran, das interne Entrepreneur-

Verfahren zu institutionalisieren. Sie tritt zweimal wöchentlich zusammen, um neue Vorschläge zu erörtern. – Allein in den ersten beiden Jahren der Existenz des Gremiums wurden 320 Ideen vorgelegt, viele davon kamen über das Intranet von Shell. Mitarbeiter, die eine vielversprechende Idee haben, werden zu einer zehnminütigen Präsentation vor dem GameChanger-Gremium eingeladen. Es folgt eine 15-minütige Frage-und-Antwort-Sitzung. Wenn die Mitglieder des Gremiums darin übereinstimmen, dass die Idee ein wirkliches Potenzial aufweist, lädt man den Mitarbeiter zu einer zweiten Diskussionsrunde mit einer größeren Gruppe aus Firmenexperten ein, deren Wissen oder Unterstützung für den Erfolg des vorgeschlagenen Projekts wichtig sein könnte. Bevor das Gremium eine Idee ablehnt, prüft es sorgfältig, was Shell entgehen könnte, wenn das Projekt den Behauptungen seiner Befürworter gerecht werden würde.

Ideen, die grünes Licht erhalten haben, werden häufig innerhalb von acht oder zehn Tagen mit durchschnittlich 100 000 US-Dollar, manchmal sogar mit einem Volumen bis zu 600 000 US-Dollar finanziert. Nicht akzeptierte Ideen werden in einer Datenbank gespeichert und sind jedem zugänglich, der einen neuen Vorschlag mit früheren vergleichen möchte.

Einige Monate später wird jedes Projekt einer Konzeptüberprüfung unterzogen, bei der das Venture-Team nachweisen muss, dass sein Plan tatsächlich praktikabel ist und weitere Mittel verdient hat. Diese Überprüfung stellt in der Regel das Ende des formellen GameChanger-Verfahrens dar, doch häufig hilft das Gremium erfolgreichen Ventures, eine dauerhafte Position innerhalb des Unternehmens zu finden. Etwa ein Viertel der finanzierten Projekte geht schließlich in eine Betriebsabteilung oder eine der verschiedenen Wachstumsinitiativen von Shell ein. Andere werden als F&E-Projekte fortgeführt und wieder andere als interessante, doch unproduktive Experimente abgeschrieben. Anfang 1999 stammten vier der fünf größten Wachstumsinitiativen des Unternehmens aus dem GameChanger-Verfahren. Vielleicht noch wichtiger ist, dass das GameChanger-Verfahren die Führungsspitze von Shell überzeugt hat, dass in allen Bereichen unternehmerische Ambitionen verborgen sind und dass man das Silicon Valley tatsächlich ins Unternehmen hereinholen kann.

Quelle: Royal Dutch/Shell

Multiplizieren Sie die 54 000 US-Dollar mit der Zahl der Mitarbeiter Ihres Unternehmens. Hat es im letzten Jahr so viel an neuem Vermögen über seinen Mitarbeiter-Genpool bilden können? Ein paar Beispiele: Ende 1998 hatte General Motors 594 000 Beschäftigte. Das wären 32 Milliarden US-Dollar an potenziellem Neuvermögen – wenn GM die Leidenschaft und Fantasie des Silicon Valley erzeugen könnte. Sears, Roebuck hatte 324 000 Mitarbeiter – das wären 17 Milliarden US-Dollar an potenziellem Neuvermögen. Motorola hatte 130 000 Angestellte – das wären sechs Milliarden US-Dollar.

In Ordnung, vielleicht ist es übertrieben, die berauschende Leistung des Silicon Valley anzustreben. Vielleicht können Sie nur in der Hälfte dieser Geschwindigkeit neues Vermögen bilden. Aber stellen Sie sich folgende Frage: Würde der potenzielle Lohn dafür, das Silicon Valley ins Unternehmen zu bringen, auch nur um eine Nuance geringer sein als das, was Sie durch Supply Chain Management, Ressourcenplanung oder irgendein anderes auf Verwaltung und Funktionsabläufe ausgerichtetes Programm erzielen? Wenn das nicht der Fall ist, hätte diese Variante dann nicht wenigstens die gleiche Aufmerksamkeit verdient? Um es klarzustellen: Das, worauf es in der New Economy ankommt, ist nicht die Kapitalrendite, sondern die Fantasierendite. Und es ist unmöglich, die Fantasierendite in Ihrem Unternehmen zu erhöhen, wenn Sie nicht Silicon Valley hineinbringen können.

Die letzte Bastion der Zentralplanung nach Sowjetart ist üblicherweise in den Fortune-500-Unternehmen zu finden. – Sie heißt *Ressourcenallokation*. Großunternehmen sind keine Märkte, sondern Hierarchien. Die Herren an der Spitze entscheiden, wohin das Geld fließt. Unkonventionelle Ideen müssen mühevoll die Unternehmenspyramide hinaufklettern. Wenn eine Idee den Spießrutenlauf vorbei an skeptischen Vice Presidents, Senior Vice Presidents und Executive Vice Presidents überlebt, entscheidet schließlich ein ferner CEO, ob investiert wird oder nicht.

Das System in Silicon Valley basiert dagegen auf *Ressourcenanziehung*. Wenn eine Idee Vorzüge hat, zieht sie Mittel in Form von Risikokapital und Talenten an. Wenn nicht, dann nicht. Es gibt keinen CEO im Silicon Valley. Es gibt kein gigantisches Gehirn, das Entscheidungen über globale Mittelzuweisungen trifft. Die Ressourcenallokation eignet sich für Investitionen in bestehende Geschäfte, denn das Management an der Spitze hat das Unternehmen aufgebaut und ist durchaus fähig, Urteile über Investitionen zu fällen, die der Fortführung bestehender Geschäftsmodelle dienen. Aber Managementveteranen sind normalerweise nicht die erste Wahl, wenn es darum geht, die Vorteile von Investitionen in völlig neue

> **UM ES KLARZUSTELLEN: DAS, WORAUF ES IN DER NEW ECONOMY ANKOMMT, IST NICHT DIE KAPITALRENDITE, SONDERN DIE FANTASIERENDITE.**

Geschäftsmodelle zu beurteilen oder die bestehenden Modelle radikal zu verändern.

Natürlich hat die Ressourcenallokation von oben nach unten ihre Berechtigung im Unternehmen; sie kann aber nicht das einzige Verfahren sein. Wenn man beabsichtigt, neue Werte zu schaffen, ist etwas Spontaneres und weniger Umständliches erforderlich – etwa in Form der Ressourcenanziehung. Aus diesem Grund muss jedes Unternehmen zu einer Mischung aus disziplinierter Ressourcenallokation und improvisierter Ressourcenanziehung finden. Ist das möglich? Und ob. Verwenden Sie einen Moment darauf, die Geschichte des GameChanger-Verfahrens von Shell zu lesen (siehe den Kasten: „Silicon Valley bei Royal Dutch/Shell"). Wenn Shell es schaffen kann, dann können Sie es auch.

Jeff Skilling von Enron urteilt, dass sein Unternehmen einen weiten Weg gegangen ist, um Silicon Valley hereinzuholen:

> *„Innerhalb von Enron werden alle möglichen Innovationen und Ideen durchgesiebt, und Leute und Kapital strömen zu den guten Projekten. Wenn man einen Kreis um das Silicon Valley ziehen würde, hätte das Ergebnis, wie ich hoffe, vieles mit Enron gemeinsam. Aber es sollte insgesamt leichter sein, innerhalb eines Unternehmens neue Geschäftsmodelle zu schaffen als im Valley, denn hier gibt es weniger Reibungsverluste. Die Leute brauchen nicht jedes Mal über eine neue Stelle zu verhandeln, wenn sie sich einem neuen Geschäft zuwenden, und wir können unsere Kernkompetenzen maximieren. Außerdem verfügen wir über riesige finanzielle Ressourcen."*

Stellen Sie sich also die Frage: Erinnert Ihr Unternehmen eher an das Silicon Valley oder an die Sowjetunion?

INNOVATIONSREGEL 8: RISIKOARME EXPERIMENTE DURCHFÜHREN

Ein Revolutionär braucht nicht außergewöhnlich risikobereit zu sein:

> *GE Capital:* Wir entscheiden uns für Dinge mit niedrigen Zugangsschranken. Bei uns wird man nicht viele Mega-Fusionen beobachten können. Wir tätigen Hunderte von Übernahmen, aber große Transaktionen sind sehr ungewöhnlich für uns, denn sie bergen hohe Risiken. Hat man den richtigen Zeitpunkt auf dem Markt abgepasst? Kauft man ein Unternehmen, weil der andere dort denkt, es sei der richtige Zeitpunkt zum Aussteigen?
>
> *Virgin:* Wir sind sehr geschickt darin, das Verlustrisiko einzuschränken. In der Regel setzen wir auf fremde Fähigkeiten und fremde Gelder.

In vielen Unternehmen herrscht die stillschweigende Annahme, dass es weniger riskant sei, inkrementell als revolutionär zu sein. Viele meinen, es sei am sichersten, einen waghalsigen Konkurrenten das Risiko auf sich nehmen zu lassen, ein neues Geschäftskonzept zu testen, an das man sich dann rasch anschließen könne. Es gibt allerdings auch andere – in den meisten Unternehmen ist das die Minderheit –, die den Standpunkt vertreten, dass ein Unternehmen kühn sein müsse, wenn es neue Märkte erobern wolle. Wer nicht als Erster aus den Startblöcken komme, werde das Rennen um die Reichtümer von morgen nie gewinnen.

„Wir brauchen bei uns mehr Mitarbeiter mit Risikobereitschaft", ist eine oft zu hörende Klage in Unternehmen, die den Eintritt in aufregende neue Märkte verpasst haben. Aber diese Gegenüberstellung ist falsch. Die Alternative besteht nicht darin, entweder ein vorsichtiger Nachzügler oder ein Freund vorschneller Risikoübernahme zu sein. Keiner dieser beiden Ansätze dürfte sich im Zeitalter der Revolution bezahlt machen. Zum Beispiel blieb Motorola beim Wechsel zu Digitaltelefonen hinter Nokia zurück und musste schwer für sein Zögern büßen. Das Unternehmen lernte, dass man einen Mitbewerber, der sich mit Lichtgeschwindigkeit bewegt, nicht mehr einholen kann. Andererseits ging Motorola mit seiner Beteiligung an Iridium, dem satellitengestützten Kommunikationsunternehmen, ein hohes Risiko ein und musste schließlich große Verluste verkraften, als sich die Erwartungen in Hinblick auf die künftigen Kundenzahlen als völlig unrealistisch erwiesen. Aber es gibt einen Weg zwischen diesen beiden Extremen: Ergraute Revolutionäre sind besonnen *und* kühn, vorsichtig *und* schnell.

Wieder liefert der Risikokapitalbereich eine nützliche Analogie. Die Kapitalgeber dort sind zwar risikobereit, aber das auch nicht übermäßig. AT&T, das sich in die Kabelfernsehbranche einkauft, Monsanto, das Milliarden für Saatgutfirmen ausgibt, Sony, das eine Milliarde auf einen neuen Videospiel-Chip verwettet – das sind große Risiken. Risikokapitalgeber dagegen halten nach Chancen Ausschau, die keine Riesenmenge an Mitteln benötigen. Die Anfangsinvestition in Hotmail betrug beispielsweise 300 000 US-Dollar; später wurde das Unternehmen für über 400 Millionen US-Dollar an Microsoft verkauft.

Bisher hat das Silicon Valley seine Kraft aus pfiffigen neuen Ideen gezogen, nicht aus Zigmillionen-Dollar-Inputs. Die Risikokapitalgeber haben sich bislang alle Mühe gegeben, die von ihnen unterstützten Firmen in ihrer Kultur der Genügsamkeit zu bestärken. Und da sie eng mit jenen Unternehmen verbunden waren – sie halfen bei der Ernennung des Managementteams, saßen im Vorstand und schmiedeten zusammen mit den Eigentümern die Strategiepläne –, wussten sie genau, wann sie ihren Einsatz verdoppeln und wann sie das Weite suchen mussten.

Im Vergleich zu den Risikokapitalgebern ist der durchschnittliche Finanzleiter eines Unternehmens ein Verschwender. Aber Risikokapitalgeber wissen auch, dass alles aufs Tempo ankommt. Sie haben keine Geduld für endlose Debatten über immer neue Vorbereitungen für immer weitere Planungen. Ihnen ist klar, dass sich die unvermeidliche Ungewissheit, die neue Gelegenheiten stets umgibt, nur beheben lässt, wenn man den Käufern einen Köder hinhält und wartet, ob sie anbeißen. Risikokapitalgeber halten sich an das Motto von Virgin: „Screw it, let's do it."

Tatsächlich hat Virgin mehr Geschäftsbereiche eingestellt, als die meisten Unternehmen je geschaffen haben. Virgin hat einen Ausstiegsplan für jedes Geschäft, in das es einsteigt – einen Plan, der den potenziellen Imageschaden für den Markennamen Virgin auf ein Minimum beschränkt. Diese Art der Vorausplanung deutet nicht auf mangelndes Engagement für neue Chancen hin. Sie beinhaltet einfach nur die Anerkennung der Tatsache, dass für Virgin das Gleiche gilt wie für das Silicon Valley: Die meisten Start-ups werden scheitern (obwohl Virgin mehr Erfolge für sich verbuchen kann als ein durchschnittlicher Risikokapitalfonds).

Hier geht es um eine wichtige Grundeinstellung: Die meisten neuen Ventures werden scheitern. Begreift man das in Ihrem Unternehmen? Ein Risikokapitalgeber kann bei zehn Start-ups fünf oder sechs Fehlschläge verzeichnen und trotzdem ein Held sein. Würde jemand solche Proportionen in Ihrem Unternehmen überleben? Worauf es ankommt, ist weniger die Erfolgsrate als die Zahl der neuen Experimente, die man ermöglicht.

Unterscheiden Sie zwischen Projektrisiko und Portfoliorisiko.

Es ist widersinnig, dass in vielen Unternehmen Milliarden-Dollar-Investitionen in sterbende Geschäfte für „sicher" gehalten werden, während Lilliput-Experimente als riskant gelten. Risiko ist das Produkt der Investition, multipliziert mit der Wahrscheinlichkeit des Scheiterns. Ein 100 000-Dollar-Experiment mit einer 80-prozentigen Misserfolgschance ist deutlich weniger riskant als eine Investition in Höhe von 100 Millionen US-Dollar mit einer einprozentigen Misserfolgschance. Wenn man annimmt, dass beide Projekte im Fall des Scheiterns keinen Restwert aufweisen, so beträgt der zu erwartende Verlust für das „riskante" Venture 80 000 US-Dollar (100 000 US-Dollar x 80 Prozent) und eine Million US-Dollar (100 Millionen US-Dollar x 1 Prozent) für die „sichere Sache". Doch welches der beiden Projekte würde von Ihrem Unternehmen eher finanziert werden? Die meisten Firmen sind unfähig, diese simple Arithmetik zu begreifen. Wenn sie es täten, würden sie sich beispielsweise auf nicht so viele große Fusionen einlassen und stattdessen lieber Aberdutzende von außerordentlich preisgünstigen, risikoarmen Experimenten durchführen.

Es ist wichtig, zwischen Projektrisiko und Portfoliorisiko zu unterscheiden. Das Risiko, dass irgendein einzelnes neues Experiment scheitert, mag hoch sein – sagen wir 80 Prozent. Aber in einem Portfolio mit zehn Experimenten dieser Art, von denen jedes eine Erfolgschance von 1:10 hat, besteht die Wahrscheinlichkeit, dass sich eines von ihnen bezahlt macht. Und während die bestmögliche Rendite für hohe inkrementelle Investitionen typischerweise bescheiden ausfällt, gilt das Gegenteil für kleine Investitionen in radikal neue Geschäftskonzepte. Risikokapitalgeber suchen nach Gelegenheiten mit einem enormen Gewinnpotenzial von 10:1, 100:1 oder sogar 1000:1. Wenn die meisten Ventures in einem Portfolio über ein solches Gewinnpotenzial verfügen, kann der „erwartete Wert" des Portfolios stratosphärisch sein, obwohl jedes einzelne Projekt weit eher scheitern als gelingen dürfte.

Ein besonnener Anleger würde nicht in ein einziges Projekt, doch gewiss sehr gern in das gesamte Portfolio investieren wollen. Genau diese Logik liegt Unternehmen wie CMGI oder ICG zu Grunde, Internet-Brutkästen, die ein Portfolio mit webgestützten Start-ups verwalten. Und doch sind wiederum viele Firmen nicht in der Lage, diese simple Logik zu durchschauen. Das ist der Grund, warum die meisten von ihnen nicht vor regelbrechenden Experimenten überschäumen. Um aber eine wirklich atemberaubende Chance für einen Durchbruch aufzutun, muss jedes Unternehmen ein Portfolio von Geschäftskonzept-Experimenten aufbauen.

Übrigens: Wenn Sie denjenigen, der gerade eine zu 20 Prozent sichere Sache in den Sand gesetzt hat, genauso behandeln wie den, der gerade eine zu 99 Prozent sichere Sache an die Wand gefahren hat, dann werden Sie schließlich ein Unternehmen voll furchtsamer Duckmäuser haben. Derjenige, der ein hochspekulatives Projekt in einem derartigen Portfolio verwaltet, muss fast zwangsläufig scheitern. Wer aber ein inkrementelles Projekt in einem seit langem etablierten Geschäft leitet, sollte niemals versagen. Doch auch diese Unterscheidung wird selten getroffen. Es ist ungefähr so, als behandele man einen Golfer, der auf einer 300 Yard langen Par-4-Bahn nicht mit einem Schlag einlocht, genauso wie einen, der einen Putt auf einen halben Meter Entfernung verpatzt. Wer das tut, wird in seinem Unternehmen bald nur noch Mitarbeiter vorfinden, die kurze Putt-Entfernungen bevorzugen – nervöse Geister, die sich auf „sichere" Geschäfte konzentrieren. Und es gibt nicht die geringste Chance, dass Ihr Unternehmen dann in die Reihen der Wertschöpfer aufrücken wird. Das persönliche Risiko muss vom Projektrisiko getrennt werden. Deshalb ein Hoch auf Individuen oder Teams, die eine Expedition ins Unbekannte anführen.

Unternehmen überschätzen das Risiko, das mit nachhaltigen Neuerungen verbunden ist, häufig aus einem einfachen Grund: Das Topmanagement ist für ein fundiertes Urteil zu weit weg – zu weit weg von der Stimme des Kunden und zu weit weg von der Stimme der Zukunft. Es gibt einen bedeutenden Unterschied zwischen einem tatsächlichen Risiko und einem vermeintlichen Risiko. Das tatsächliche Risiko ist eine Funktion der nicht reduzierbaren Ungewissheit: Wird die Technologie funktionieren? Werden die Kunden diesen neuen Service zu schätzen wissen? Welchen Preis werden sie zu zahlen bereit sein? Und so weiter. Das vermeintliche Risiko ist eine Funktion der Unkenntnis. Je weiter man von einem praktischen, konkreten Verständnis sich bietender neuer Möglichkeiten entfernt ist, desto größer erscheint das vermeintliche Risiko.

Jahrelang wurden in Detroit verlässlich langweilige Autos gebaut – Autos wie der Chevrolet Lumina oder der Ford Contour. Lag dies daran, dass die US-Amerikaner keine anderen Autos kaufen wollten, oder daran, dass die Designer in Detroit keine Ahnung davon hatten, was sich die Kunden wirklich wünschten? Autos wie der New Beetle oder der Dodge Viper erschienen nur denen riskant, die sich nicht in modebewusste junge Käufer und enthusiastische Auto-Fans einfühlen konnten. Daraus leitet sich eine einfache Konsequenz ab: Sie sollten Leute, die die Avantgarde unter den Kunden nicht einmal mit einem Fernglas erkennen würden, keine Urteile darüber fällen lassen, was riskant ist und was nicht.

Im Endeffekt benötigen Unternehmen jedoch nicht mehr Menschen mit Risikobereitschaft, sondern Mitarbeiter, die wissen, wie man großen Ambitionen das Risiko nimmt. Um das zu erreichen, gibt es mehrere Wege. Wie Virgin können Sie das Risiko an strategische Partner weiterleiten. Als Virgin sein Finanzdienstleistungsgeschäft, Virgin Direct, gründete, erhielt es den Großteil des Startkapitals von einer australischen Versicherungsgesellschaft, und eine britische Bank unterstützte das Unternehmen bei der Büroorganisation. Wie GE Capital können Sie „Verkaufsstände" kaufen, das heißt kleine Unternehmen, von denen Sie mehr über große Gelegenheiten lernen können. Sobald GE die Grundlagen und die Möglichkeit zur Neuerfindung des Geschäfts klar sind, lässt es Kapital einfließen. In den frühen Stadien jedes neuen Geschäftskonzept-Experiments besteht das Ziel darin, das Verhältnis zwischen Lernen und Investition zu maximieren.

Eine umfassende neue Gelegenheit auszukundschaften ist etwa so, als versuche man, einen einzelnen Vogel in einem rasch dahinfliegenden Schwarm abzuschießen. Benutzt man ein Gewehr, wird man ihn höchstwahrscheinlich verfehlen. Ein Gewehr eignet sich für ein großes und langsames Ziel. Wenn das Ziel aber klein und schnell ist, muss man sich auf eine Schrotflinte verlassen. Zu häufig beschränken sich Unternehmen auf eine einzige vorschnelle Aktion, wenn sie vor einer neuen, kaum definierten Gelegenheit stehen. Je größer jedoch die anfängliche Ungewissheit darüber ist, welche Kunden kaufen werden, welche Produktkonfiguration die beste ist, welche Preispolitik funktionieren wird und welche Vertriebskanäle die effektivsten sind, desto höher sollte die Zahl der Experimente sein.

Bei vielen Unternehmen ist man der Ansicht, es sei im Grunde Zeitverschwendung, knappe Managementtalente für winzige Experimente einzusetzen. Wie groß, so überlegt man, würden diese Experimente sein müssen, um sich merklich auf ein Unternehmen mit Einnahmen in Höhe von 10, 20 oder 50 Milliarden US-Dollar auswirken zu können? GE Capital denkt anders. Um sich als „Blase", wie GE Capital seine zentralen Betriebseinheiten nennt, etablieren zu können, muss ein Geschäftsbereich jährlich Gewinne in Höhe von 25 Millionen US-Dollar abwerfen. Das mag eindrucksvoll klingen, ist aber deutlich weniger als ein Prozent dessen, was GE Capital in einem guten Jahr verdient. „Verkaufsstände" sind sogar noch kleiner. Die leitenden Manager von CE Capital verwenden

> Unternehmen benötigen nicht mehr Menschen mit Risikobereitschaft, sondern Mitarbeiter, die wissen, wie man großen Ambitionen das Risiko nimmt.

viel Zeit darauf, Verkaufsstände zu finden und sie zu „Ventures" im „Bläschen-Stadium" zu entwickeln. Und schließlich sollte man nicht vergessen, dass die New Economy voll von Jungunternehmen ist, die enorme Kapitalbewertungen aufweisen. Aber diese Mammutbäume waren noch vor ein paar Jahren winzige Pflänzchen.

Viel zu häufig besteht zwischen der Aufmerksamkeit, die das Management einem Projekt oder einem Geschäft schenkt, und dessen aktuellen Einnahmen ein 1:1-Verhältnis. Das ist eine falsche Ausrichtung des Managements und ein sicheres Rezept für die Erhaltung des Status quo. Kleine Dinge müssen durch die Aufmerksamkeit des Topmanagements genährt werden. Ohne den „Dünger" des Interesses von Seiten des Topmanagements werden sie klein bleiben.

Unweigerlich kommt irgendwann der Zeitpunkt, an dem ein entstehendes neues Geschäftsfeld sich entscheidende Ressourcen von anderen Stellen im Unternehmen besorgen muss, um sich im Streit um Vertriebswege durchsetzen oder Investitionen verdoppeln zu können. Wenn sich die Aufmerksamkeit des Topmanagements dann auf andere Dinge richtet, wird den Mitgliedern des neuen Bereichs der Mut fehlen, sich ans Werk zu machen. Die Geschäftsneuheiten und Verkaufsstände von GE Capital vegetieren nicht in irgendeiner isolierten Abteilung für neue Ventures vor sich hin. Vielmehr werden sie von Linienmanagern gepflegt und gesteuert, die wissen, dass man nur dann weiter wachsen kann, wenn man zahlreiche kleine Experimente durchführt.

Machen Sie kleine Einsätze. Machen Sie viele kleine Einsätze. Betrachten Sie Ihre Experimente als ein Portfolio an Möglichkeiten. Übertragen Sie Risiken an Ihre Partner. Beschleunigen Sie den Lernprozess. Zeichnen Sie Pioniere aus. Das ist die Gesinnung, die hinter der Durchführung risikoarmer Experimente steht. Sie definiert eine entscheidende Innovationsregel für den erfolgreichen Aufbau von Unternehmen, die permanent revolutionär sind.

INNOVATIONSREGEL 9: AUF ZELLTEILUNG SETZEN

Ergraute Revolutionäre sind keine Monolithen, sondern Großunternehmen, die sich in eine bedeutende Zahl revolutionär ausgerichteter Zellen gespalten haben.

Virgin: Wir betreiben kein Imperium, sondern viele kleine Unternehmen. Wir begreifen uns als große kleine Firma, und wir möchten ein bedeutendes Unternehmen mit der Atmosphäre einer kleinen Firma sein, damit die Mitarbeiter die Ergebnisse ihrer eigenen Bemühungen sehen können.

Enron: Wir sind nicht in der Lage gewesen, neue Geschäftsmodelle innerhalb bestehender Geschäftsbereiche zu gründen. Große Geschäftsbereiche kümmern sich zuerst um die Wahrung ihrer eigenen Interessen. Als wir unser Geschäft im Bereich Elektrizitätsgroßhandel begannen, separierten wir das Start-up-Team physisch. Diese Leute hatten im Gasgroßhandelsgeschäft gearbeitet, und wir erklärten ihnen: „Es gibt kein Zurück."

Ein menschlicher Embryo wächst durch den Prozess der Zellteilung; aus einer einzigen Zelle werden zwei, dann vier, dann 16 Zellen und so weiter. Manche Zellen werden zu Lungen, andere zu Fingernägeln, Knochen, Sehnen und all den übrigen Organen und Elementen des Körpers. Teilung und Differenzierung – das ist die Essenz des Wachstums. Das Gleiche gilt für Unternehmen. Wenn sich Unternehmen nicht mehr teilen und differenzieren, stirbt die Innovation, und das Wachstum verlangsamt sich.

Als zum Beispiel Virgin Records die ersten Zeichen von Lethargie erkennen ließ, machte Sir Richard Branson den stellvertretenden Managing Director, den stellvertretenden Sales Director und den stellvertretenden Marketing Director zum Kernteam eines neuen Unternehmens – in einem neuen Gebäude. Plötzlich waren sie nicht mehr Stellvertreter, sondern trugen die Verantwortung. Insgesamt wurde Virgin zur größten unabhängigen Plattenfirma der Welt, doch nirgendwo, versichert Branson, herrscht die Atmosphäre eines Großunternehmens.

Nicht nur bei Virgin ist man von der Notwendigkeit der Zellteilung überzeugt. In den letzten paar Jahren kam es zu einer Rekordzahl von Entfusionierungen, Veräußerungen und Spin-offs (AT&T und Lucent, Hewlett-Packard und Agilent, 3M und Imation, Rockwell und Conexant und Dutzende mehr). Aber vieles davon ist nicht ausreichend und kommt zu spät. Die wirklichen Vorkämpfer der Zellteilung praktizieren eine viel radikalere Spielart der Unternehmensmitose.

Illinois Tool Works ist ein Unternehmen im Wert von sechs Milliarden US-Dollar, von dem Sie wahrscheinlich noch nie gehört haben. Doch zwischen 1994 und 1999 war sein Gewinnwachstum doppelt so hoch wie das des S&P-500-Index. ITW ist in fast 400 Betriebseinheiten mit durchschnittlichen Einnahmen von jeweils nur 15 Millionen US-Dollar gegliedert. Jede

Einheit hat einen General Manager, der sämtliche Befugnisse eines CEO besitzt – solange die Einheit die Konkurrenz in den Schatten stellt. Wenn ein Geschäftsbereich seine Einnahmen auf 50 Millionen US-Dollar erhöht, wird er in zwei oder drei Einheiten aufgespalten. Zum Beispiel brauchte die unternehmenseigene Firma Deltar, die Plastikverschlüsse für den Automarkt verkauft, sieben Jahre, um einen Umsatz von zwei Millionen US-Dollar zu erreichen. Nachdem sie vom Fastex-Bereich abgetrennt worden war und eine eigene Produktionsanlage und eigene Vertriebsleute erhalten hatte, wuchsen ihre Einnahmen in vier Jahren um 400 Prozent. Seitdem hat sich Deltar selbst immer wieder gespalten. Das Originalgeschäft hat nun 26 „Kinder" mit einem Gesamtumsatz von 300 Millionen US-Dollar. Ein 1998 für 800 Millionen US-Dollar übernommenes Unternehmen wurde bald in mehr als 30 Einheiten aufgespalten. Die Führungsmannschaft von ITW beschreibt den Hang des Unternehmens zur Zellteilung folgendermaßen:

> *„Wir konkurrieren nur zu gern mit Großunternehmen, weil deren Managementteams nicht das gleiche Einfühlungsvermögen haben wie unsere Leute. Nicht, dass wir gescheiter wären. Es liegt daran, dass sich unsere Leute nur auf einen kleinen Marktanteil konzentrieren. Sie sind wie Entrepreneurs. – Das ist keine Übertreibung.*
>
> *Wir bilden Manager so schnell aus, dass sie, schon bevor sie 30 geworden sind, die Fähigkeit besitzen, einen Geschäftsbereich zu übernehmen. Manche Segmente beginnen in sehr kleinem Maßstab, vielleicht mit fünf bis acht Millionen US-Dollar. Das ist eine wunderbare Größenordnung, um junge Mitarbeiter auf die Probe zu stellen. Wenn sie scheitern, räumen wir einfach auf und machen weiter. Wenn sie für eine andere Firma arbeiteten, würden sie auf irgendeinem Posten festsitzen. Bei uns erhalten sie die Chance, alles auszuprobieren."*[3]

Die Vorteile der Zellteilung für die Geschäftsinnovation sind vielfältig: Erstens befreit sie Menschen und Finanzkapital von der Tyrannei eines einzelnen Geschäftsmodells. Wahrscheinlich haben Sie mal gehört, dass Größe der Feind der Innovation sei. Das stimmt nicht. Orthodoxie, nicht Größe ist das Problem. Eine Betriebseinheit, ob sie nun ein Volumen von einer Million oder zehn Milliarden US-Dollar hat, arbeitet in der Regel nach einem einzigen Geschäftsmodell. Die Verbundenheit mit diesem Modell, nicht die Größe des Geschäfts per se, bremst die Innovation. Zellteilung schafft Platz für neue Geschäftsmodelle. Lou Pai von Enron, der den Elektrizitätsgroßhandel hinter sich ließ, um einen Geschäftsbereich zu gründen, der kommerziellen Kunden die direkte Möglichkeit des Energie-Outsourcing anbietet, fasst den Sachverhalt mit einfachen Worten zusammen:

> *„Wenn man einen bestehenden Geschäftsbereich leitet und zugleich für einen neuen verantwortlich ist, ist es häufig nicht nötig, wirklich Rechenschaft über den Erfolg des neuen Bereichs abzulegen, solange der alte weiterhin reibungslos funktioniert. Wir wollen jedoch, dass jeder,*

der am Aufbau des neuen Geschäfts beteiligt ist, 100-prozentiges Engagement bringt."

Zweitens bietet Zellteilung die Möglichkeit, Entrepreneur-Talente zu fördern. Sie reduziert die Zahl der Aufseher, die meinen, sich um die Probleme anderer kümmern zu müssen, und erhöht die Zahl der Unternehmer im Unternehmen, die ihr eigenes Geschäft betreiben. Wenn die Einheiten klein bleiben und einen klaren Fokus haben, sorgt die Zellteilung drittens dafür, dass die leitenden Manager in Hörweite des Kunden sind. Und da die Macht verteilt wird, untergräbt die Zellteilung viertens die Möglichkeit einflussreicher Abteilungen, Projekte abzuwürgen, die ihre Einnahmequellen gefährden könnten. Zum Beispiel half Hewlett-Packards Entscheidung, seine Geschäfte mit Tintenstrahl- und Laserdruckern in separaten Abteilungen unterzubringen, beiden Bereichen, jene Debatte um Kannibalisierungstendenzen zu vermeiden, die neue Initiativen so häufig einengt. Der Vorteil für Hewlett-Packard bestand darin, dass es sich in beiden Druckerbereichen an die Weltspitze setzen konnte.

Gewiss, Zellteilung zwingt Unternehmen, auf einige gemeinsame Größenvorteile zu verzichten, aber große Dimensionen sind nicht mehr so vorteilhaft wie früher, und die Fragmentierung ist nicht mehr so teuer wie einst. Geschwindigkeit, Flexibilität und Fokus sind niemals wichtiger gewesen als heute. Deshalb ist Zellteilung eine entscheidende Grundlage für Innovation.

Weist Ihr Unternehmen Bereiche mit einem Volumen von über einer Milliarde US-Dollar auf? Geben Sie W. James Farrell, dem CEO von Illinois Tool Works, ein Tranchiermesser in die Hand, und er wird das Ganze in rund 66 unabhängige Geschäfte zerlegen!

INNOVATIONSREGEL 10:
PERSÖNLICHE VERMÖGENSBILDUNG FÖRDERN

Man kann Entrepreneurs nicht wie Verwalter entlohnen. Firmen, die diese einfache Tatsache nicht begreifen, werden einen unternehmerisch denkenden Mitarbeiter nach dem anderen verlieren.

Enron: Wenn wir gegen ein herrschendes Denkmodell verstoßen haben, dann gegen das Vergütungsparadigma. Wir bezahlen unsere Mitarbeiter wie Unternehmer. In etlichen Firmen spricht man von ‚Intrapreneurship' und fordert Mitarbeiter auf, Risiken einzugehen; aber wenn diese Leute damit Erfolg haben, erhalten sie lediglich eine kleine Prämie, und wenn sie scheitern, werden sie gefeuert.

Bei Enron begreift man: Wenn Mitarbeiter Werte schaffen sollen, dann muss man diese Werte mit ihnen teilen – nicht bloß mit ein paar privilegierten Managern, sondern mit erfolgreichen Revolutionären aller Ebenen. Hier sind zwei Informationen, die auf einen viel weiter gehenden Trend hinweisen:

1999 nahmen 25 Prozent der Absolventen der Harvard Business School eine Stelle bei Unternehmen mit weniger als 50 Mitarbeitern an. 25 Prozent der MBA-Absolventen von Stanford heuerten bei Unternehmen mit weniger als 25 Personen an. MBAs haben einen Riecher für Wertschöpfungsmöglichkeiten, und sie wissen, dass sie am ehesten Wohlstand erwerben können, wenn sie für Unternehmen mit Entrepreneur-Charakter arbeiten, die ihre Mitarbeiter an der Wertschöpfung teilhaben lassen.

Andersen Consulting ist gewiss nicht geizig, wenn es um das Salär seiner Senior Partner geht. Dennoch wechselten drei der wichtigsten Partner der Beratungsfirma 1999 zu Start-up-Unternehmen über.

Entrepreneurs arbeiten nicht für Peanuts, aber sie arbeiten für eine Kapitalbeteiligung. Eine kürzlich von Strategic Compensation Research Associates durchgeführte Studie stellte fest, dass ein durchschnittliches Internetunternehmen seine Mitarbeiter mit Optionen ausgestattet hat, die bei einer Einlösung die Anzahl der Aktionäre – mit entsprechenden Auswirkungen auf die jeweiligen Anteilswerte – um 24 Prozent erhöhen würden.[4] Entrepreneurs verlangen eben ein Stück vom Kuchen, wer könnte es ihnen verdenken? Die Energie, die aufgewendet werden muss, um aus dem Nichts heraus etwas zu schaffen, beträgt ein Vielfaches dessen, was man benötigt, um das Vermächtnis eines anderen zu pflegen.

Radikale Geschäftskonzepte und Entrepreneur-Energie sind im Zeitalter der Revolution das wirkliche „Kapital". Kein Wunder, dass *Ideenkapitalisten* erwarten, genauso wie andere Aktionäre auch vergütet zu werden. Natürlich wollen sie etwas „irrsinnig Großes" vollbringen, aber sie verlangen auch eine adäquate Honorierung ihrer Leistungen.

> **Die einzelnen Entrepreneurs müssen die Chance erhalten, das große Geld zu machen – also Belohnungen zu ernten, die in keinem Verhältnis zu ihrer Funktion oder ihrem Titel stehen.**

In der Vergangenheit tauschten die Beschäftigten häufig die Chance, in einem riskanten Start-up das große Geld zu verdienen, gegen das Versprechen eines lebenslangen Ruhepostens in einem faden, doch abgesicherten Unternehmen ein. Heute, nach einem Jahrzehnt konsequenter Rationalisierung mit dem entsprechenden Personalabbau, wissen die Beschäftigten, dass es bei der Pfründebesitzer AG nicht mehr berufliche Sicherheit gibt als bei Upstart.com. Warum also, so fragen sie sich, sollten wir an Ort und Stelle bleiben, wenn die Perspektiven anderswo erheblich verheißungsvoller sind? Wie viele Revolutionäre kennen Sie, die 20 Jahre warten wollen, bis sie ein Eckbüro und entsprechende Aktienoptionen einheimsen können?

Hierzu ein Beispiel: Als sich Hasso Plattner, der Co-Geschäftsführer des deutschen Softwareunternehmens SAP, 1998 weigerte, einen Aktienoptionsplan für das Topmanagementteam in den USA einzurichten, löste er eine Welle von Kündigungen aus. Damals sagte Plattner: „Wir haben in Deutschland eine andere Philosophie. Ich wollte das Unternehmen nicht für ein paar amerikanische Manager opfern."[5] Plattner sagte dies ungeachtet der Tatsache, dass sein eigener SAP-Anteil einige Milliarden wert war. Innerhalb von zwei Monaten nach dieser Entscheidung wechselte der Leiter für Global Accounts bei SAP, der Plattner gegenüber als Erster die Frage der Optionen aufgeworfen hatte, für ein üppiges Optionspaket zu Ariba. Im Lauf der folgenden 18 Monate erlebte SAP Amerika, dass mehr als 200 der leitenden Manager zu weniger geizigen Firmen gingen. Im Grunde ist es ganz einfach: Im Zeitalter der Revolution wird es zunehmend schwierig, Geld zu verdienen, wenn man nicht bereit ist, es mit anderen zu teilen.

Dazu Jim Taylor, der bekannte Futurist: „Sie sollten es sich zur Gewohnheit machen, Leute spektakulär zu honorieren, die das Geschäft auf nicht lineare Weise verändern. Den Mitarbeitern muss klar sein, dass eine spektakuläre Innovation der sicherste Weg ist, eine spektakuläre finanzielle Anerkennung zu erhalten."

Charles Schwab führt es auf seinen breit angelegten Aktienbesitzplan zurück, dass sich jeder seiner Mitarbeiter in einer Form auf den Kundendienst konzentriert, mit der neue Werte geschaffen werden. Ein leitender Manager von Schwab bestätigt: „Alle Mitarbeiter besitzen Aktien. Alle ziehen an einem Strang, und es herrscht Übereinstimmung bei unseren Zielen. Wir wissen alle, dass wir reich werden können, wenn wir dem Kunden einen besseren Service bieten als andere das tun."

Eine Beteiligung der Mitarbeiter an den Aktien ist ein Anfang, aber er geht nicht weit genug. Innovationsträger brauchen mehr als eine Beteiligung am Unternehmen, sie brauchen eine Beteiligung an ihren eigenen Ideen, weil sie sonst nicht jene Beharrlichkeit und Courage aufbringen, die so häufig den Unterschied zwischen einem brillanten Geistesblitz und einem tragfähigen neuen Geschäftskonzept ausmacht. Die einzelnen Entrepreneurs müssen die Chance erhalten, das große Geld zu machen – also Belohnungen zu ernten, die in keinem Verhältnis zu ihrer Funktion oder ihrem Titel stehen.

In vielen Unternehmen herrscht die seltsame Vorstellung, Rang und Vermögensbildung seien miteinander verknüpft – wie sonst ließe sich die streng pyramidenhafte Vergütungsstruktur erklären, die in den meisten Firmen herrscht? Dabei sind leitende Manager meist keine Regelbrecher, sondern Verwalter. Bestenfalls schaffen sie ein Klima, in dem radikale Innovationen wachsen können. Um zu einem ergrauten Revolutionär werden zu können, muss ein Unternehmen die Vergütung von Rang, Einstufung, Titel und Hierarchie abkoppeln. Enron hat das getan. Im Gashandelsgeschäft von Enron gibt es vier Ebenen: den Junior Commercial, den Senior Commercial, den Vice President und den Managing Director. Jedes Jahr verdienen ein paar Junior Commercials mehr als ein Managing Director, und recht viele Senior Commercials erhalten höhere Bezüge als der durchschnittliche Vice President.

Von den acht übergeordneten Themen in Enrons Unternehmensleitlinien betreffen vier die Förderung revolutionärer Strategien: Innovation, Kreativität, Vielfalt und Wandel. Mithin ist es wenig verwunderlich, dass man bei Enron darauf achtet, Entrepreneurs auf einem ihren Leistungen entsprechenden Niveau zu vergüten.

Dieses einfache Prinzip half dem Unternehmen schließlich, seinen Aufstieg zu vollziehen. Jedes Mal, wenn es einen neuen Geschäftsbereich einrichtet, sei es nun Enron International, Enron Energy Services (Energie-Outsourcing) oder Enron Communication (Handel mit Bandbreite), erhält das Start-up-Team eine erhebliche Anzahl an Phantomaktien. Deren Wert wird vom veranschlagten Wachstum des neuen Geschäfts bestimmt, das sich mit Hilfe eines Multiplikators aus den Einnahmen oder Gewinnen oder durch eine externe Investmentbank ermitteln lässt.

Für Enron sind die Phantomaktien ein Mittel, Talente aus anderen Unternehmen abzuziehen, wie das sonst vielversprechende junge Start-ups tun. Sobald das neue Geschäft respektable Gewinne erzielt, werden die ursprünglichen Phantomaktien des entsprechenden Venture gegen wirkliche Enron-Aktien eingetauscht. Im Fall von Enron Energy Services erhielten etwa 40 Mitglieder des Start-up-Teams Phantomaktien. Kein Wunder, dass ehrgeizige Entrepreneurs bei Enron darauf brennen, neue Projekte aufzubauen. Das System sorgt dafür, dass sich die ehrgeizigsten und kreativsten Mitarbeiter des Unternehmens nach Kräften darum bemühen, neue Werte zu schaffen, die die Marktkapitalisierung des Unternehmens immer weiter in die Höhe treiben.

Die Manager von Enron sind der Meinung, dass man niemanden allein durch das Gehalt dazu motivieren könne, unermüdlich Ausschau nach unkonventionellen Projekten und unorthodoxen Methoden zu halten. Enron ist in der Lage, finanzielle Spitzentalente anzuziehen, die sonst vielleicht zu Goldman Sachs oder Salomon Smith Barney gehen würden, indem es einzelnen Mitarbeitern einen beachtlichen Anteil an dem von ihnen gebildeten Vermögen einräumt. In einem Jahr stellte Enron mehr fähige junge Absolventen der Wharton Business School ein als irgendeine Beratungsfirma oder Investmentbank. Bei Enron weiß man, dass man den Kampf um Talente nur gewinnen kann, wenn diese den Eindruck haben, bei Enron ganz groß herauskommen zu können.

Vor einem Jahrzehnt boten sich Entrepreneur-Anwärtern nur wenige Alternativen, aber in einer Welt, die von Risikokapital überschwemmt wird, sind ihre Möglichkeiten fast unbegrenzt. Bitten Sie Risikokapitalgeber im Silicon Valley, Ihnen das seltenste Element in der Wertschöpfungskette zu nennen, und sie werden Ihnen alle die gleiche Antwort geben: eine Person mit unternehmerischer Leidenschaft und Betriebserfahrung, die zugleich ein effektiver Geschäftsführer sein könnte.

Sie haben Dutzende von Mitarbeitern in Ihrem Unternehmen, die diese Kriterien erfüllen. Müssen sie erst kündigen, um sich ein Vermögen zu verdienen? Eine der ältesten Maximen in der Wirtschaft lautet: Man bekommt das, wofür man bezahlt hat. Wenn Ihr Unternehmen nicht bereit ist, für Unternehmergeist und Innovation zu bezahlen, wird es auf beides verzichten müssen.

IST IHR UNTERNEHMEN INNOVATIONSFÄHIG?

Treten Sie einen Moment lang zurück und denken Sie über die Regeln der Innovation nach, das heißt über jene Qualitäten, von denen ergraute Revolutionäre in ihrem umstürzlerischen Eifer erfüllt sind. In Ihrem Unternehmen behauptet man vielleicht, dass man sich der großen Bedeutung von nachhaltigen Erneuerungen bewusst ist, aber strebt man auch an, den beschriebenen Innovationsregeln mit allen Konsequenzen, jeden Tag und in jeder Weise gerecht zu werden? Fragen Sie sich Folgendes:

Ist Ihr Unternehmen bereit, seine Ziele so hoch zu schrauben, dass es sich nur noch mit radikalen Innovationen zufrieden gibt?

Ist Ihr Unternehmen willens, seine Marktdefinition aufzugeben und seinen Spielraum zu erweitern?

Ist Ihr Unternehmen bereit, nach einem Anliegen zu suchen, das so großartig, so *mitreißend* ist, dass es einen Haufen furchtsamer Bürohocker in kühne Kreuzritter verwandelt?

Ist das Topmanagement in Ihrem Unternehmen willens, eine Weile den Mund zu halten und den Jungen, den Newcomern und den Mitarbeitern an der geografischen Peripherie zuzuhören, *wirklich* zuzuhören?

Besitzt Ihr Unternehmen die Bereitschaft, jede großartige Idee, gleichgültig woher sie kommt, in seinen Strategieprozess einzubeziehen?

Ist Ihr Unternehmen bereit, irre Ideen zu finanzieren, selbst wenn 80 Prozent davon absolut nichts einbringen?

Unternimmt Ihr Unternehmen Anstrengungen, einige seiner besten Leute zu emanzipieren, damit sie am Aufbau der Geschäftsmodelle von morgen arbeiten können?

Ist Ihr Unternehmen bestrebt, den winzigen Pflänzchen der Innovation Aufmerksamkeit zu schenken, die im Moment mühsam durch den Mutterboden nach oben drängen?

Ist Ihr Unternehmen bereit, sich auf den Kampf mit den Imperialisten einzulassen, die lieber die Macht in einem großen, doch langsam zerfallenden Reich behalten würden, als engagierten jungen Unternehmensinitiatoren Eigenständigkeit zu gewähren?

Ist Ihr Unternehmen willens, das Vergütungssystem von der Hierarchie und der Erfahrung abzukoppeln und seinen Gewinn mit den radikalen Denkern und den mutigen Aktivisten zu teilen?

Höchstwahrscheinlich hat Ihr Unternehmen die neue Innovationsagenda noch nicht völlig verinnerlicht. Um im Zeitalter der Revolution gedeihen zu können, muss es sich uneingeschränkt dafür engagieren, die Geschäftskonzept-Innovation zu einer seiner fundamentalen Fähigkeiten zu machen. Das ist die Herausforderung, mit der wir uns im folgenden, letzten Kapitel des vorliegenden Buches beschäftigen werden.

9 Die neue Innovationslösung

Noch starten Sie nicht aus der letzten Reihe.
Klar, es gibt Unternehmen, die einigen der Innovationsregeln konkrete Formen verliehen haben, aber keines von ihnen wird für sich in Anspruch nehmen, Innovation zu einem umfassenderen Konzept gemacht zu haben als das in Bezug auf Qualitätsstandards, Verkürzung der Durchlaufzeiten, schnellen Kundenservice oder ein weiteres Dutzend weniger relevanter Fähigkeiten der Fall ist. Das ist die gute Nachricht. Die schlechte Nachricht ist, dass es in dem Moment zu spät sein wird, den Anschluss zu halten, wenn Sie in Business Week oder Fortune schmeichelhafte Beiträge über Unternehmen lesen, die den internen Aktivismus unterstützen, die die Regeln zur Schaffung einer innovativen Organisation bereits verankert und radikale Innovation zur Kernkompetenz erklärt haben.

Wie viel Zeit braucht Ihr Unternehmen, um sich die neue Innovationsagenda anzueignen? Sind Sie bereit, jetzt anzufangen – lange bevor die Prinzipien und Praktiken der Geschäftskonzept-Innovation auf jene Art nüchterner „Best-Practices"-Handbücher reduziert worden sind, wie sie von Beratern und den Unternehmen des untersten Viertels, die diese Berater ernähren, so geschätzt werden? Nehmen Sie sich kurz Zeit, bevor Sie antworten. Es geht um Ihren Anteil an zukünftigen Vermögenswerten.

Unternehmen wie Ford, Xerox oder Caterpillar haben ein Jahrzehnt und länger gebraucht, um den Boden zurückzugewinnen, den sie auf dem Weg zu mehr Qualität gegenüber ihren japanischen Mitbewerbern verloren hatten. Diesmal werden Sie keine zehn Jahre Zeit haben, um Ihre Versäumnisse aufzuholen. Diesmal werden Sie noch nicht einmal die Warnsignale aufblinken sehen. Branchenrevolutionäre sind wie eine gezündete Rakete. Wumm! Und schon sind Sie irrelevant!

DIE GRUNDMAUERN ERSCHÜTTERN

Um sich die neue Innovationsagenda zu Eigen zu machen, müssen Sie jeden Management-Lehrsatz in Frage stellen, der Ihnen durch das Zeitalter des Fortschritts vermacht worden ist. Sie müssen die philosophischen Grundlagen, die Ihre Ansichten über Führung, Wertschöpfung und Wettbewerbsfähigkeit untermauern, Überzeugung für Überzeugung und Stein für Stein überprüfen. Immer wenn Sie einen Mauerstein finden, der alt und bröckelig ist, schmeißen Sie ihn raus, und ersetzen Sie ihn durch einen neuen. Inzwischen sollten Sie eine ungefähre Vorstellung davon haben, wo Sie ansetzen müssen:

Alter Mauerstein: Das Topmanagement ist für die Festlegung der Strategie verantwortlich.
Neuer Mauerstein: Jeder kann bei der Entwicklung innovativer Strategien mithelfen.

Alter Mauerstein: Der Weg zum Sieg besteht darin, besser und schneller zu werden.
Neuer Mauerstein: Der Weg zum Sieg besteht in einer regelbrechenden Innovation.

Alter Mauerstein: Informationstechnologie verschafft Wettbewerbsvorteile.
Neuer Mauerstein: Unkonventionelle Geschäftskonzepte verschaffen Wettbewerbsvorteile.

Alter Mauerstein: Es ist sehr risikoreich, revolutionär zu sein.
Neuer Mauerstein: Ein „Mehr-desselben"-Prinzip birgt hohe Risiken.

Alter Mauerstein: Durch Fusionen können wir wettbewerbsfähig werden.
Neuer Mauerstein: Es gibt keine Korrelation zwischen Größe und Rentabilität.

Alter Mauerstein: Innovation ist gleichbedeutend mit neuen Produkten und neuen Technologien.
Neuer Mauerstein: Innovation ist gleichbedeutend mit völlig neuen Geschäftskonzepten.

Alter Mauerstein:	Strategie ist der leichte Teil, die Implementierung der schwierigere.
Neuer Mauerstein:	Strategie ist nur dann leicht, wenn man sich damit zufrieden gibt, ein Nachahmer zu sein.
Alter Mauerstein:	Veränderung beginnt an der Spitze.
Neuer Mauerstein:	Veränderung beginnt mit Aktivisten.
Alter Mauerstein:	Unser eigentliches Problem besteht in der Umsetzung.
Neuer Mauerstein:	Unser eigentliches Problem besteht in blindem Wachstum.
Alter Mauerstein:	Harmonisierung ist immer eine Tugend.
Neuer Mauerstein:	Unterschiedlichkeit und Vielfalt sind die Schlüssel zur Innovation.
Alter Mauerstein:	Großunternehmen können nicht innovativ sein.
Neuer Mauerstein:	Großunternehmen können zu grauhaarigen Revolutionären werden.
Alter Mauerstein:	Pfründebesitzer werden gegenüber Start-up-Unternehmen stets verlieren.
Neuer Mauerstein:	Man kann die Lehrmethoden des Silicon Valley in sein eigenes Unternehmen hineinbringen.
Alter Mauerstein:	Man kann Innovation nicht zu einer Fähigkeit machen.
Neuer Mauerstein:	Und ob man das kann – aber nicht ohne entsprechende Anstrengungen.

Wenn Sie Ihr Unternehmen revolutionsbereit machen wollen, darf keine Überzeugung ungeprüft bleiben.

anchenrevolutionäre sind wie eine gezündete Rakete. Wumm!
d schon sind Sie irrelevant!

ZUR VERPFLICHTUNG BEREIT SEIN

Wenn Sie Ihr Unternehmen darauf verpflichten wollen, die Fähigkeit zu radikaler Innovation auszubilden, müssen Sie an drei Dinge glauben:

- Eine Investition in die Ausbildung von Innovationsfähigkeit bringt riesige Dividenden ein.
- In Ihrem Unternehmen schlummert ein Wertpotenzial an verborgener Fantasie und ungenutzter unternehmerischer Leidenschaft.
- Es ist tatsächlich möglich, Innovation zu einer systemimmanenten Fähigkeit werden zu lassen.

> Auch wenn Sie Geistesblitze nicht in Flaschen abfüllen können, Sie können immerhin Blitzableiter bauen.

Die Innovationsrendite

Wenn Sie je in einem Unternehmen gearbeitet haben, in dem Qualitätssicherung zur Religion geworden ist, dann wissen Sie, wie viel an Zeit und Kraft investiert wurde, um Qualität innerhalb der Organisation als Fähigkeit zu institutionalisieren. Qualität selbst mag es umsonst geben, aber Qualität zum Wettbewerbsvorteil auszubauen, ist eine teure Angelegenheit. Dennoch ist unstrittig, dass sich solche Anstrengungen auszahlen.

Angesichts des potenziellen Lohns, der durch eine Branchenrevolution erzielt werden kann – eines Lohns, der sich in der Wertschöpfung regelbrechender Unternehmen widerspiegelt –, bin ich der Meinung, dass es mindestens ebenso vernünftig ist, in die Fähigkeit zur Geschäftskonzept-Innovation zu investieren wie in die Verbesserung der Qualität. Wenn Sie dem zustimmen, dann müssen Sie auch zugeben, dass viele Unternehmen ihre Energien in eine falsche Richtung gelenkt haben: Sie haben Himmel und Hölle in Bewegung gesetzt, um mühsam das letzte bisschen an Wert aus ihrem absterbenden Geschäftsmodell herauszuholen, während sie gleichzeitig die Chancen zur Erzeugung neuer Werte durch neue Geschäftskonzepte weitgehend ignoriert haben.

Möglicherweise hat Ihr Unternehmen einige Brainstorming-Sitzungen abgehalten. Vielleicht hat das Topmanagement zu einer zweitägigen Konferenz an einem lauschigen Ort eingeladen, an dem dann bestehende Innovations- und Wachstumsherausforderungen diskutiert wurden. Aber wenn Sie ehrlich sind, müssen Sie zugeben, dass ein enormer Unterschied besteht zwischen dem betriebenen Aufwand zur Verbesserung des Unternehmens und den vorhandenen Anstrengungen, das Unternehmen zu *verändern*, nämlich revolutionsbereit zu machen. Es scheint die unausgesprochene Überzeugung zu herrschen, dass eine kontinuierliche Verbesserung härteste Knochenarbeit, nicht lineare Innovation jedoch ein Kinderspiel sei. Das ist natürlich Unsinn. Es ist immer schwierig und kostenintensiv, eine fest mit dem Unternehmenssystem verwobene Kompetenz zu etablieren. Allerdings weist die Innovation eine höhere Investitionsrentabilität auf als irgendeine andere mögliche Fähigkeit.

Revolutionäre sind überall

Trotz der Lehren aus dem Silicon Valley, nach denen es auch die unglaublichsten Typen zu neuem Reichtum bringen können, herrscht in den meisten Unternehmen noch immer das Vorurteil, dass normale Mitarbeiter typischerweise kaum als eine Quelle wertschöpfender Innovationen betrachtet werden können. Vor 30 Jahren glaubten nur wenige Menschen, dass einfache Arbeiter, die lediglich zwölf Jahre an formeller Ausbildung vorzuweisen hatten, die Verantwortung für eine Qualitätsverbesserung übernehmen könnten. In ein paar Jahren wird die Auffassung, dass „normale" Mitarbeiter Träger von Geschäftskonzept-Innovationen sein können, nicht bemerkenswerter sein als die Feststellung, dass jeder im Unternehmen für Qualität verantwortlich ist. Wenn Sie und Ihre Kollegen jedoch nicht *jetzt sofort* akzeptieren, dass es faktisch überall in Ihrem Unternehmen Revolutionäre gibt, werden Sie das Spiel verlieren. Im Zeitalter der Revolution ist kein Platz für elitäres Gehabe.

Überraschende Entdeckungen ermöglichen

Lässt sich etwas so Spontanes wie Innovation *systematisieren*? Zur Beantwortung dieser Frage ist erneut die Analogie zur Qualität hilfreich: In der Vergangenheit erforderte eine Qualität, wie sie durch Rolls-Royce, Tiffany oder Hermès geboten wird, den untrüglichen Blick und die erfahrenen Hände eines Handwerkers. Wer hätte es damals für möglich gehalten, dass ein Toyota hergestellt werden kann, der ebenso solide wie ein Bentley ist, oder eine Swatch, die die Zeit präziser anzeigen kann als eine Rolex? Genau dies aber ist die einzigartige Errungenschaft der Qualitätsbewegung: etwas zur Massenware zu machen, was zuvor einmalig gewesen war.
 Es versteht sich von selbst, dass plötzliche Eingebungen nicht vorprogrammiert werden können. Innovation wird stets aus einer Mischung überraschender Entdeckungen, Genie und purem Trotz heraus entstehen. Auch wenn Sie solche Geistesblitze nicht in Flaschen abfüllen können, Sie können immerhin Blitzableiter bauen: Nicht lineare Innovation kann legitimiert, begünstigt, unterstützt und belohnt werden.
 Um eine Brutstätte der Geschäftskonzept-Innovation zu werden, müssen Sie mit den Innovationsregeln beginnen. Dabei dürfen Sie es jedoch nicht bewenden lassen. Es reicht nicht aus, ein geeignetes Klima für radikale Innovation zu schaffen, und es genügt auch nicht, die Aktivisten in

Ehren zu halten. Sie müssen die positive Fähigkeit zur Entwicklung von Geschäftskonzept-Innovationen herausbilden. Die im Folgenden dazu entwickelte Agenda ist für jeden relevant, der im Zeitalter der Revolution als Erster einen wesentlichen Wettbewerbsvorteil erreichen möchte.

DIE NEUE INNOVATIONSLÖSUNG

Neben den zehn Innovationsregeln und den Prinzipien eines wirksamen Aktivismus gibt es noch weitere, ebenso wichtige Elemente der Innovationslösung:

- Können
- Maßstäbe
- Informationstechnologie
- Managementprozess

Jedes dieser Elemente ist als Komponente der *neuen Innovationslösung* entscheidend und spielt bei der Entwicklung einer fundierten Fähigkeit zur Geschäftskonzept-Innovation eine wesentliche Rolle (siehe dazu die Abbildung: „Innovation als Fähigkeit").

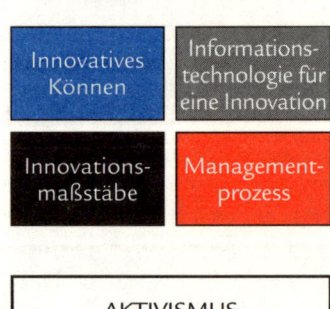

Können

Ihr Unternehmen hat praktisch keine Chance, die Revolution anzuführen, wenn es von einem Bewusstsein beherrscht wird, das aus dem industriellen Zeitalter stammt. Das Bewusstsein aller Mitarbeiter in Ihrem Unternehmen muss für das Zeitalter der Revolution neu ausgerichtet werden. Solch ein Training ist anstrengend, und der Lernprozess ist ein hartes Stück Arbeit, aber es gibt keine andere Möglichkeit, die Innovationsfähigkeit im System zu verankern.

Beantworten Sie dazu folgende Fragen:

- Wie viele Mitarbeiter in Ihrem Unternehmen haben begriffen, welche Rolle eine Branchenrevolution für die Wertschöpfung spielt?
- Wie viele wissen, wie man die Verfallsquote gegenwärtiger Geschäftsmodelle berechnet?
- Wie viele wissen, wie man bestehende Orthodoxien innerhalb der Branchen und des Unternehmens identifiziert und beseitigt?
- Wie viele sind in der Lage, aus der Flut von Informationen zweckmäßige Einsichten über bestehende „Verschiebungen" in der Entwicklung herauszufiltern?
- Wie viele sind fähig, neue Geschäftskonzepte zu entwickeln und bestehende neu zu erfinden?
- Wie viele fühlen sich persönlich für die Geschäftskonzept-Innovation verantwortlich?
- Wie viele haben die Prinzipien des Aktivismus verstanden und wissen, wie man von der Basis aus eine Innovationskampagne startet?
- Wie viele verfügen über das erforderliche Wissen, um kostengünstige Experimente aufzubauen und durchzuführen, die zum Testen radikal neuer Ideen dienen?
- Wie viele arbeiten daran, in ihren Unternehmensbereichen die Innovationsregeln umzusetzen?

Wenn Sie auf diese Fragen nicht mit „die Mehrheit" antworten können, dann ist Ihr Unternehmen noch nicht zur Revolution bereit. Nachdem Sie die vorangegangenen acht Kapitel dieses Buches gelesen haben, haben Sie bereits einen wesentlichen Schritt vollzogen, um Ihre Fähigkeiten dem Zeitalter der Revolution anzupassen. Aber das genügt nicht. Um in diesem Zeitalter prosperieren zu können, werden Unternehmen Tausende und nicht bloß eine Hand voll revolutionsbereiter Mitarbeiter benötigen. Es reicht nicht aus, kleine innovationsfähige Inseln zu haben – ein paar einzelne Mitarbeiter hier und dort, die als Urheber nicht linearer Innovation fungieren. In den meisten Unternehmen war ein systematisches, die gesamte Organisation umfassendes Training erforderlich, um dort Qualität als Fähigkeit zu verankern. Das Gleiche gilt für die Geschäftskonzept-Innovation.

Vergessen Sie all das Geschwätz über Kreativität und Innovation in den Leitsätzen Ihres Unternehmens. Solange es keine Trainingslager für Branchenrebellen betreibt, ersetzt hier noch immer die Rhetorik das Handeln. Jedes unternehmensbezogene Weiterbildungsangebot muss die radikale Innovation auf die Tagesordnung setzen. Also, rufen Sie Ihren Bereichsleiter oder den Leiter der Weiterbildungsabteilung Ihres Unternehmens an und sagen Sie, Sie hätten einige Ideen zur Änderung des Lehrplans.

Maßstäbe

Haben Sie je den vorzüglichen Artikel „On the Folly of Rewarding A, While Hoping for B"[1] (Über die Dummheit, A zu belohnen, während man auf B hofft) gelesen? Darin findet sich eine Lektion für jedes Unternehmen, das die Feuer der Innovation entzünden und neue Werte schaffen will. Die meisten Unternehmen haben Dutzende von Messlatten für Kosten, Effizienz, Geschwindigkeit und Kundenzufriedenheit – und sie bezahlen ihre Mitarbeiter dafür, dass sie diesen Maßstäben entsprechend Fortschritte machen. Meiner Erfahrung nach gibt es allerdings nur wenige Unternehmen, die mit Maßstäben für eine radikale Innovation arbeiten.

Wenn Sie das nicht glauben, dann beantworten Sie bitte folgende Fragen:

> **Traditionelle Maßstäbe zwingen ein Unternehmen nicht zum Nachdenken darüber, wie es bei der Suche nach Wertschöpfungsmöglichkeiten gegenüber neuen und unorthodoxen Mitbewerbern abschneidet.**

- Wie viele Messwerte gibt es in Ihrem Unternehmen, die explizit auf die Bewertung von Innovation zielen (statt auf die Bewertung von Optimierung)?
- Wie viele Mitarbeiter in Ihrem Unternehmen wären in der Lage, ebenso viel über die Innovationsleistung Ihres Unternehmens auszusagen wie über dessen Kosteneffizienz?
- Wie viele Mitarbeiter in Ihrem Unternehmen verfügen über persönliche Leistungsmaßstäbe, die sich auf Innovationsfähigkeit beziehen?
- Führt Ihr Unternehmen ein systematisches Innovations-Benchmarking durch, über das es sich mit anderen Unternehmen vergleicht?

Die meisten Unternehmen arbeiten eindeutig mit einer „Unbalanced Scorecard" und legen dabei ein weit größeres Gewicht auf Optimierung als auf

Innovation. Messsysteme wie RONA, ROCE, EVA oder ROI ermutigen Manager häufig, nur noch heftiger auf das bereits tote Pferd einzuprügeln.

Wie oft haben Sie schon gehört, dass ein Unternehmer mit seiner Kapitaleffizienz geprotzt hat? Die Tatsache, dass Sie so etwas noch nie erlebt haben, sollte Ihnen zu denken geben. Es ist nicht so, dass die Maßstäbe des Industriezeitalters innovationsfeindlich wären. Sie sind bloß nicht innovationsfreundlich. Und in einer Welt, in der Innovation den sichersten Weg zur Wertschöpfung darstellt, ist das ein fatales Manko. Ohne hochgradig innovations*freundliche* Maßstäbe bieten die Rahmenbedingungen in den meisten Unternehmen nicht mehr als eine unzulängliche Orientierung an einem „Mehr desselben".

Traditionelle Maßstäbe zwingen ein Unternehmen nicht zum Nachdenken darüber, wie es bei der Suche nach Wertschöpfungsmöglichkeiten gegenüber neuen und unorthodoxen Mitbewerbern abschneidet. Was bedeutet es für einen Investor, wenn ein Unternehmen gerade mal seine Kapitalkosten deckt, während sich seine Konkurrenten einen Löwenanteil der innerhalb der Branche neu entstandenen Vermögenswerte sichern? Unternehmen benötigen eine Methode, um ihre *relative* Fähigkeit, neue Geschäftskonzepte zu finden und neue Werte zu schaffen, messen zu können. Einer dieser Maßstäbe ist der *Wertschöpfungsindex* oder WSI. Er wird derzeit von einer größeren Anzahl von Unternehmen eingesetzt, die darauf erpicht sind, sich auf die Herausforderungen neuer Wertschöpfungsmöglichkeiten zu konzentrieren. Der WSI ermöglicht es einem Unternehmen, seine Leistung bezüglich der Schaffung neuer Werte im Vergleich zu einer repräsentativen Auswahl an Konkurrenten zu messen. Der Prozess der Bestimmung des WSI Ihres Unternehmens beinhaltet zwei Schritte: die Definition des Wettbewerbsbereichs sowie die Berechnung der Veränderungen bezüglich des Marktwerts Ihres Unternehmens gegenüber dem Wert des Gesamtbereichs.

Bestimmung des Bereichs

Der erste Schritt für die Berechnung des WSI besteht in der Spezifizierung eines Wettbewerbsbereichs. Ich verwende hier den Begriff „Bereich" statt „Branche", weil die Messung der Wertschöpfung in einer „Branche" häufig zu einer allzu engen Definition des potenziellen Chancenspektrums eines Unternehmens führt.

Der Bereich sollte alle Unternehmen einschließen, die Ihrem eigenen Unternehmen in einer vertikalen „Wertschöpfungskette" entweder vor- oder nachgelagert sind. Er sollte außerdem Firmen umfassen, die ergänzende Produkte oder Dienstleistungen innerhalb eines breiteren „Wertnetzwerks" anbieten. Ein Automobilhersteller würde beispielsweise die neuen Internetautohändler ebenso einbeziehen müssen wie Zusatzdienstleister, etwa Karosserie- und Inspektionsbetriebe.

Ferner sollte die Definition von „Bereich" Unternehmen berücksichtigen, die über ähnliche Kernkompetenzen verfügen oder die gleichen grundlegenden Kundenbedürfnisse befriedigen. So muss beispielsweise Tower Records in seine Bereichsdefinition alle neuen webgestützten Firmen einschließen, die Internetanwendern ein Download von Musik ermöglichen. Ein Erdölunternehmen sollte seinen Bereich als „Energie" bezeichnen. Eine Versicherungsgesellschaft würde ihren Bereich entsprechend „Finanzdienstleistungen" nennen und so weiter.

Wenn die Bereichsdefinition Unternehmen mit ähnlichen Kompetenzen oder einem auf das gleiche Bedürfnisspektrum zielenden Dienstleistungsangebot einschließt, ist die Wahrscheinlichkeit gering, dass man von einer „brisanten" Technologie überrascht wird.

Die Berechnung der Marktwertveränderungen im Verhältnis zum Wert des Gesamtbereichs

Der nächste Schritt besteht in der Bewertung der Veränderungen bezüglich des Marktwerts eines Unternehmens im Verhältnis zu den Veränderungen des Marktwerts aller zu diesem Bereich zählenden Unternehmen insgesamt. Damit können Sie eine wichtige Frage beantworten: Hat sich Ihr Unternehmen mehr oder weniger als einen „angemessenen Anteil" an den neu entstandenen Werten erschlossen?

Zur Berechnung des Wertschöpfungsanteils eines Unternehmens dividieren Sie einfach dessen Anteil am Wert des Gesamtbereichs am Ende eines Berechnungszeitraums durch den Anteil, den es am Beginn dieses Zeitraums einnehmen konnte. Angenommen, die Marktkapitalisierung eines Unternehmens beträgt im ersten Jahr fünf Prozent des Wertes des Gesamtbereichs und im fünften Jahr zehn Prozent, dann weist das Unternehmen einen WSI von zwei auf.

Der Marktwert eines Unternehmens entspricht dem Kapitalwert seines für die Zukunft erwarteten Reingewinns, basierend auf der gemeinsamen Vermögensbewertung durch die Investoren. In einer Welt, in der die Renditen, die sich durch inkrementelles Wachstum erzielen lassen, sinken, ist es unwahrscheinlich, dass irgendein Unternehmen seine Marktkapitalisierung ohne eine Geschäftskonzept-Innovation beträchtlich steigern kann. Die üblichen Programme zur Effizienzsteigerung sind selten geeignet, die Erwartungen der Investoren hinsichtlich des Gewinnpotenzials eines Unternehmens sprunghaft zu verändern. Von Übernahmen und Fusionen abgesehen, ist es für ein Unternehmen praktisch unmöglich, seine Marktkapitalisierung drastisch zu erhöhen, ohne sich neue Gewinnquellen zu erschließen.

Gleichzeitig ist ein stagnierender oder fallender Marktwert ein sicheres Zeichen, dass ein Unternehmen eine marode Strategie verfolgt. Daher bieten Veränderungen der Marktkapitalisierung eine vernünftige Legitimationsgrundlage für eine strategische Innovation. (Selbstverständlich muss man dabei im Hinblick auf Entfusionierungen und Veräußerungen ebenso Anpassungen vornehmen wie bei Übernahmen und Fusionen.) Wenn sich die Marktkapitalisierung eines Unternehmens *relativ* zu der Marktkapitalisierung anderer Unternehmen desselben Bereichs verschlechtert, so ist dies ein noch triftigerer Grund, strategische Innovationen in Angriff zu nehmen. Wenn ein Unternehmen eine Konzerntochter ist oder sich in Privatbesitz befindet, muss man für diese Konstellationen eine indirekte Marktkapitalisierung berechnen, die sich der bekannten Bewertungstechniken bedient. Erwarten Sie nicht, dass Sie Ihre Wertschöpfungsmaßstäbe einfach aus dem *Wall Street Journal* übernehmen können. Die Bestimmung des für Ihr Unternehmen relevanten Bereichs und die Einführung von entsprechenden Bewertungsgrößen ist jeweils ein hartes Stück Arbeit. Aber ich habe die Erfahrung gemacht, dass die entstandene Diskussion und die gewonnenen Einsichten diese Anstrengungen allemal rechtfertigen.

Wenn der Wert des Gesamtbereichs wächst, können nur Unternehmen mit *überdurchschnittlich* steigender Marktkapitalisierung von sich behaupten, wirklich innovative Strategien zu verfolgen. Es ist fast eine Tautologie: Wenn keine Übernahmen oder Fusionen vorliegen, ist jedes Unternehmen, dem eine sprunghafte Vergrößerung seines Anteils am Bereichswert gelingt, ein Branchenrevolutionär. Dazu ein Beispiel: Der Wert des nicht zum Nahrungsmittelsektor gehörenden Einzelhandels wuchs in den Vereinigten Staaten im Verlauf des letzten Jahrzehnts um das 6,3-fache. Die Tabelle „Der Bereich des Nonfood-Einzelhandels" fasst Veränderungen des Wertanteils zwischen 1988 und 1998 zusammen. Das Unternehmen Wal-Mart, das schon 1988 die Nummer eins war, vergrößerte seinen Wertanteil auch während des nächsten Jahrzehnts weiter. The Home Depot war ebenfalls ein Ehrfurcht gebietender Wertschöpfer. Sears, Kmart, J. C. Penney und Toys „R" Us waren hingegen große WSI-Verlierer. Sie haben es versäumt, sich selbst oder ihre Branche neu zu erfinden.

Ein unter 1 liegender WSI-Wert ist ein sicheres Anzeichen dafür, dass ein Unternehmen einem veralteten Geschäftskonzept folgt. Allzu häufig beginnen die Bande dieser unangebrachten Loyalität erst dann zu zerreißen, wenn es zu katastrophalen Gewinneinbrüchen kommt. Statt aber auf das vergangene Jahrzehnt zurückzublicken und die Tatsache zu beklagen, dass Sie keine neuen Chancen ergriffen haben, sollten Sie besser die Daten zur aktuellen Entwicklung des Wertanteils Ihres Unternehmens verfolgen. Ein sinken der WSI lässt vermuten, dass das betreffende Unternehmen bei der Suche nach neuen Geschäftskonzepten zurückfällt.

Der prozentuale Anteil von Neueinsteigern an neuen Formen der Wertschöpfung bietet eine einfache Möglichkeit, den Grad der Empfänglichkeit von Pfründebesitzern für nicht lineare Innovationsmöglichkeiten zu messen. Start-up-Unternehmen haben während der vergangenen zehn Jahre ganze 27 Prozent der neu geschaffenen Werte im Computergeschäft

DER BEREICH DES NONFOOD-EINZELHANDELS

	Wertanteil (in Prozent, 1988)	Wertanteil (in Prozent, 1998)	Wertschöpfungsindex (1988 bis 1998)
The Home Depot	1,8	13,9	7,7
Wal-Mart	20,0	28,0	1,4
Gap	1,7	4,9	2,9
Amazon.com	0,0	2,6	∞
Costco	0,0	2,4[A]	∞
Walgreens	2,1	4,5	2,1
Sears	17,1	2,5[B]	0,15
Kmart	7,9	1,2	0,1
J. C. Penney	7,3	1,8	0,2
Toys „R" Us	5,4	0,7	0,1

[A] 0,3 Prozent des Wertzuwachses von Costco sind auf die zusätzliche Marktkapitalisierung zurückzuführen, die aus der 1993 erfolgten Übernahme des gesamten Aktienkapitals von Price Co. durch Costco im Wert von 1,7 Milliarden US-Dollar resultierte.

[B] Während dieses Zeitraums hat Sears zwei große Holdings mit einem gemeinsamen Marktwert von 16,8 Milliarden US-Dollar ausgegliedert. Ohne diese Veräußerungen hätte der Wertanteil von Sears etwas über 2,6 Prozent gelegen.

Quelle: Standard and Poor's COMPUSTAT, Berechnungen durch Strategos.

für sich erringen können. Im Einzelhandel haben Unternehmen, die 1988 noch nicht einmal existierten, inzwischen 16 Prozent der Wertschöpfung für sich erobert. In Zahlen bedeutet dies, dass Pfründebesitzer im Einzelhandel trotz ihrer vorhandenen Vorteile agilen und innovativen Start-up-Unternehmen in neuen Geschäftsfeldern 107 Milliarden US-Dollar überlassen haben.

Wenn Neueinsteiger Milliarden von US-Dollar an zusätzlichen Werten innerhalb einer Branche erbeuten können, ohne über die Ressourcen und die gesammelten Erfahrungen eines etablierten Mitspielers zu verfügen – welche Möglichkeiten würden sich dann erst ergeben, wenn die Energie und die Ressourcen eines bereits erfolgreichen Unternehmens auf die Herausforderung gerichtet wären, neue Wertschöpfungsmöglichkeiten zu schaffen! Aber Sie brauchen Ihre Fantasie gar nicht erst zu bemühen – werfen Sie einfach einen Blick auf Gap Inc.

Im Lauf des vergangenen Jahrzehnts hat Gap eine mächtige Marke für Freizeitkleidung aufgebaut und dabei den Marktwert von Levi's übertroffen. Aber Mickey Drexler und seine ruhelosen Kollegen haben sich nicht damit zufrieden gegeben, sich auf ihren Khakihosen auszuruhen. Alarmiert durch die Gefahr, dass Wal-Mart und Target kostenbewusste Kunden abziehen könnten, brachte Gap Old Navy auf den Markt, ein brandaktuelles, neues Einzelhandelskonzept, das auf preisorientierte Kunden abzielt. Grell und modisch, erinnern Old-Navy-Geschäfte in keiner

Weise an die lagerhallenartigen Supermärkte der Konkurrenz. Old Navy wurde in weniger als einem Jahr an den Start gebracht und erreichte die Umsatzmarke von einer Milliarde US-Dollar schneller als jede andere bisher existierende Einzelhandelskette. Die übergroßen Ambitionen von Gap Inc. verdrängten die Befürchtungen bezüglich einer möglichen Kannibalisierung der Marke Gap. Der Wunsch, weiterhin neue Werte zu schaffen, war stärker als das Bedürfnis, die Vergangenheit zu verteidigen.

Rechnen Sie den WSI Ihres Unternehmens während des letzten Jahres, der letzten beiden oder der vergangenen fünf Jahre aus. Entfachen Sie eine Diskussion über eine angemessene Definition des für Ihr Unternehmen geltenden Bereichs. Ziehen Sie die in Ihrem Unternehmen existierenden Definitionen von Begriffen wie „Branche" und „Marktabdeckung" in Zweifel. Fragen Sie immer wieder: Sind diese Definitionen breit genug gefasst? Machen sie Ihr Unternehmen gegenüber unkonventionellen Mitbewerbern blind? Welche Chancen haben Sie übersehen?

Werfen Sie nun einen Blick auf diejenigen Unternehmen, die einen unverhältnismäßig großen Anteil an neuen Formen der Wertschöpfung erreicht haben, und fragen Sie sich: Wie haben diese ihr Möglichkeitsspektrum definiert? Warum haben sie Chancen erkannt, die Ihr Unternehmen nicht gesehen hat? Welche implizite Definition des Bereichs liegt ihrem Vorgehen zu Grunde? Wie haben sie Ihre eigene Kurzsichtigkeit für sich nutzen können? Die Beantwortung dieser Fragen wird jene Vorurteile und Überzeugungen aufdecken, die in Ihrem Unternehmen Innovationen haben scheitern lassen.

Verwenden Sie die neuen Maßstäbe, um jede Art von Selbstgefälligkeit in Frage zu stellen. Definieren Sie neu, was unter „akzeptabler" Leistung zu verstehen ist, und sorgen Sie dafür, dass der Begriff nicht nur eine gute Verwaltung, sondern auch einen überdurchschnittlichen WSI-Wert einschließt. Suchen Sie nach Unternehmen, die aus der Wertschöpfungslotterie als Sieger hervorgegangen sind, und verwenden Sie ihr Vorbild, um in Ihrem eigenen Unternehmen neue Ambitionen zu wecken. Die destillierte Essenz unternehmerischer Energie ist das Streben nach neuen Werten. Wenn Messwerte wie der WSI breit diskutiert und verstanden werden, dann stellen sie ein wirksames Hilfsmittel dar, diese Energie in Ihr eigenes Unternehmen hineinzubringen.

Natürlich kann ein einzelner Maßstab für sich allein genommen den Mitarbeitern noch keine Fantasie verleihen, das Management für neue Ideen empfänglich machen und allen den Mut geben, den sie brauchen, um sich von bequemen Orthodoxien zu verabschieden. Aber eines ist sicher: Ohne klare Maßstäbe ist es unwahrscheinlich, dass sich auch nur eine der zusätzlich benötigten Verhaltensweisen herausbilden wird.

Informationstechnologie

Intranets, E-Mail, Newsgroups, Instant Messaging – die Fakten liegen so überdeutlich auf der Hand, dass man es kaum noch auszusprechen braucht: Die Informationstechnologie hat die Abläufe in den Unternehmen dramatisch verändert. Die digitale Kommunikation durchstößt die verkrusteten Ebenen der Bürokratie, untergräbt die Hierarchie, lässt große Teile des mittleren Managements überflüssig werden, ermöglicht die internationale Zusammenarbeit, verbindet weit voneinander entfernte Lieferantennetzwerke, ermöglicht sieben Tage pro Woche und rund um die Uhr einen weltumspannenden technischen Support – und all das ist erst der Anfang. Darum ist es merkwürdig, dass die IT-Anbieter und die IT-Spezialisten so wenig dazu beigetragen haben, radikale Innovationen zu entwickeln und umzusetzen. Es gibt nur eine kleine Anzahl von Unternehmen, in denen der IT-Bereich als Motor einer Geschäftskonzept-Innovation fungiert hat.

Stellen Sie sich ein unternehmensweites IT-System vor – ein *Innovationsnetzwerk* –, das zur Unterstützung radikaler Innovation entwickelt wurde. Jeder Mitarbeiter, der den Funken einer Idee hat oder auch nur den Drang verspürt, etwas Neues zu schaffen, könnte sich online in solch ein System begeben und eine Fülle von Innovationsinstrumenten finden: Hier erfahren Sie, wie Sie Branchen-Orthodoxien aufspüren; dort, wie Sie ein Geschäftskonzept entwickeln; an dieser Stelle, wie Sie ein 100-Tage-Experiment zum Testen neuer Regeln aufbauen – und so weiter. Die angehenden Unternehmer könnten ihre Ideen in einen unternehmensweiten „Ideentopf" werfen, der eine Art Online-Markt für radikale Konzepte bildet. Ein „Innovationsredakteur" würde ähnliche Ideen nach Gruppen ordnen und sie ins Intranet des Unternehmens stellen. Jeder, der die Seite besucht, könnte die vorgestellten Ideen ausbauen: „Haben Sie dies hier bedacht?" oder: „Das hier wäre eine weitere Möglichkeit, auf den Markt zu gehen." Es wäre einfach, über besonders interessante Ideen Online-Diskussionen in Echtzeit durchzuführen. Ideen, die bei anderen Interesse geweckt und sie zur Einbringung weiterführen-

* In den meisten Großunternehmen ist die Innovationspipeline etwa so effizient wie viktorianische Rohrleitungen.

der Gedanken angeregt haben, würden wachsen und gedeihen, während andere ohne entsprechende Inspiration absterben würden.

Beschäftigte aller Unternehmensbereiche könnten ihr Interesse anmelden, an der Umsetzung einer bestimmten Idee mitzuarbeiten. – „Ja, ich wäre bereit, Ihnen sechs Monate lang dabei zu helfen, das hier umzusetzen." Oder: „Ich werde Ihnen eines meiner Teammitglieder ausborgen, das Ihnen beim Bau des Prototyps helfen wird." Es könnte auch einen internen Finanzierungsmarkt geben. Jeder im Unternehmen, der über ein Budget verfügt, könnte beschließen, eine radikal neue Idee zu fördern. Die Mitarbeiter könnten sogar die Möglichkeit erhalten, „Optionen" auf das sich herausbildende Venture zu kaufen – ob nun in Form von Phantomansprüchen oder von Anteilen am künftigen Gewinnzufluss. Ein Bereichsleiter könnte sagen: „Also gut, ich werde 100 000 US-Dollar bereitstellen, damit Sie diese Idee eine Stufe weiter entwickeln können." Oder ein einzelner Mitarbeiter könnte beschließen: „Ich werde 5000 US-Dollar in eine viertelprozentige Beteiligung an den Aktien investieren."

Umgekehrt könnten Innovationsträger um fähige Mitarbeiter und Kapital werben und dabei ihrerseits Phantomoptionen einsetzen. Wenn die Idee eher in der Neuerfindung eines bereits existierenden Geschäftsmodells als in der kompletten Neuentwicklung eines Geschäftskonzepts besteht, wird die Bewertung natürlich schwieriger. Zum Beispiel könnten diejenigen, die Mitarbeiter und Kapital zur Verfügung stellen, einen Anteil an dem Gewinnwachstum eines bereits bestehenden Geschäftsbereichs erhalten. In jedem Fall würden Ideen, die Mitarbeiter und Geld angezogen haben, umgesetzt, und Konzepte, denen dies nicht gelungen ist, nicht realisiert werden. Selbstverständlich hätte auch das Topmanagement Gelegenheit, den Innovationsmarkt zu beobachten, und könnte Ideen, die sich als sehr vielversprechend erwiesen haben, durch größere Summen und Spitzenmitarbeiter einen besonderen Auftrieb geben.

Um radikale Innovation zu institutionalisieren, müssen die Unternehmen höchst effiziente elektronische Märkte für Ideen, Kapital und Mitarbeiter einrichten. Wenn sie das tun, wird der IT-Bereich eines Unternehmens nicht mehr primär dem Wissensmanagement dienen, sondern der Bereitstellung eines Marktplatzes für Innovationen. Sind Sie hierzu bereit?

Managementprozesse

Viele Unternehmen haben ein Jahrzehnt damit verbracht, ihre Kerngeschäftsprozesse im Sinn der Effizienzsteigerung neu zu erfinden. Das Ziel bestand darin, Knicke in der Versorgungskette auszubügeln – von den Lieferanten und der Lieferlogistik über die laufenden Arbeitsprozesse und die Beschaffungs- und Distributionslogistik bis hin zur Zufriedenstellung der Kunden. Dell Computer ist das Paradebeispiel für die Integration der

Versorgungskette. Auf einen Kunden wirkt der Auslieferungsweg von Dell Computer sowohl kurz als auch unproblematisch. Während reibungslose Geschäftsprozesse hervorragend für die Effizienz sind – Dell arbeitet mit negativem Betriebskapital –, begründen sie keine Innovation. In den meisten Großunternehmen ist die Innovationspipeline etwa so effizient wie viktorianische Rohrleitungen. Radikale Ideen verheddern sich in der byzantinischen Komplexität von strategischen Planungs-, Budgetierungs-, Stellenbesetzungs- oder Produktentwicklungs-Prozessen.

Unternehmen, die aus Effizienzgründen ein Reengineering ihrer zentralen Geschäftsprozesse durchgeführt haben, müssen aus Innovationsgründen jetzt ihre zentralen Managementprozesse neu erfinden. Ist es bei der Integration der Lieferkette darum gegangen, den Zeitraum zwischen Bestellung und Auslieferung auf ein Minimum zu reduzieren, so zielt die Neuerfindung des Managementprozesses im Sinn einer Innovationsförderung darauf ab, die Belohnung für radikale Ideen zu beschleunigen.

Managementprozesse sind in mancherlei Beziehung innovationsfeindlich. Erstens richten sich die meisten an einem *festen Terminplan* aus. – Es scheint die unausgesprochene Überzeugung zu herrschen, dass neue Chancen immer geduldig auf das Nahen der Planungsrunde im Oktober warten. Budgets werden für ein Quartal oder für ein ganzes Jahr festgelegt, und an der einmal beschlossenen Mittelverteilung kann dann niemand mehr rütteln.

Zweitens tendieren Managementprozesse *eher zur Bewahrung des Bestehenden als zur Erneuerung*. Häufig legen sie den Schwerpunkt auf Effizienz und unterschätzen den Wert von Experimenten zur Erkundung neuer Wettbewerbsfelder. Die Erprobung neuer, über die bestehenden Grenzen hinausgehender Ideen beinhaltet stets eine gefährliche Ablenkung von zentralen Aufgaben wie Kostenreduzierung oder Erweiterung der Marktanteile im Kerngeschäft. Ich habe nur selten erlebt, dass ein Managementprozess die Führungskräfte explizit dazu animiert hat, ein Portfolio mit unkonventionellen strategischen Möglichkeiten zu entwickeln und zu testen. Im Allgemeinen konzentrieren sich Managementprozesse eher darauf, Veränderungen zu minimieren, statt Chancen zu maximieren.

Drittens nehmen Managementprozesse *die bestehenden Geschäftsmodelle zum Ausgangspunkt*. Traditionelle Definitionen von Marktstruktur und Wertschöpfungskette, herkömmliche Annahmen über die Kostenstruktur sowie überkommene Überzeugungen, wo man Gewinne erzielt – all dies gehört zu den Formen und Inhalten von Managementprozessen. Auf mehr oder weniger subtile Weise dienen Managementprozesse damit der Erhaltung des Status quo. Die Verfechter der Geschäftskonzept-Innovation werden daher stets gegen die Struktur von zentralen Managementprozessen arbeiten müssen.

Die meisten Managementprozesse sind *auf bestehende Kundengruppen und Märkte fixiert*. Auch hier gibt es eine unterschwellige Tendenz, vorhandenen Kunden eher einen besseren Service zu bieten als völlig neue

Zielgruppen aufzuspüren. Noch schlimmer ist, dass sich alle Aufmerksamkeit auf die von den Kunden artikulierten Bedürfnisse konzentriert, statt sie auf die nicht artikulierten Bedürfnisse zu richten. Die meisten Managementprozesse zeigen eine große Aufnahmebereitschaft für die von der Marktforschung produzierten Banalitäten, während sie sich gegenüber höchst subjektiven, aber unendlich profunderen Einsichten verschließen, die grenzüberschreitenden Lernerfahrungen entstammen. Und selbstredend wird wesentlich mehr über den Marktanteil diskutiert als über den Wertanteil.

Die meisten Managementprozesse werden *von den Verteidigern der Vergangenheit beherrscht*. Das leitende Management, das über die unternehmensinterne Weiterbildung, Planung und Budgetierung herrscht, sieht seine Aufgabe darin, den Baronen zu dienen, die heute an den

> **Die meisten Managementprozesse werden von den Verteidigern der Vergangenheit beherrscht.**

Schalthebeln der wirtschaftlichen Macht sitzen. Jeder Neuentwurf des Managementprozesses beginnt mit einer Befragung der Bereichsleiter. Selten wird den Bedürfnissen der sich abrackernden potenziellen Entrepreneurs und Aktivisten auch nur die geringste Beachtung geschenkt.

Schließlich sind die meisten Managementprozesse auch noch *indirekt risikofeindlich*. Die Beweislast wird denen aufgebürdet, die den Status quo verändern wollen. Hingegen wird das Risiko einer zu großen Investition in ein marodes Geschäftsmodell selten offen gelegt. Internen Revolutionären wird auf unzählige Art die Botschaft vermittelt, ein inkrementelles Wachstum sei sicher, Radikalismus dagegen gefährlich – obwohl natürlich viel häufiger das Gegenteil zutrifft.

Befragen Sie erfolgreiche Revolutionäre in großen Unternehmen, und Sie werden einen häufigen Refrain hören: „Ich hatte trotz des Systems Erfolg." Allen von ihnen ist klar, dass „das System" dazu da ist, die Repräsentanten des Neuen, Unkonventionellen und Unerprobten zu frustrieren. Managementsysteme wurden zur Verstärkung der Konformität, Angleichung und Kontinuität geschaffen. Wir wären entsetzt, wenn Mitarbeiter behaupteten, dass es ihnen „trotz des Systems" gelungen sei, qualitativ hochwertige Produkte und Dienstleistungen zu liefern. Wir sollten ebenso entsetzt darüber sein, dass Mitarbeiter Innovationen „dem System zum Trotz" erzeugen müssen.

Sie müssen daher Folgendes tun: Identifizieren Sie vier oder fünf der meistverbreiteten und einflussreichsten Managementprozesse in Ihrem Unternehmen: Vergütungen, Nachfolgeplanung, Führungskräftetraining, strategische Planung, Budgetierung, Produktentwicklung – was auch immer. Stellen Sie für jeden Kernprozess ein Überprüfungsteam auf, dessen Mitglieder einen Querschnitt durch Ihr Unternehmen repräsentieren. Vergewissern Sie sich, dass jedem dieser Teams ein Vertreter der Unternehmensführung, ein Bereichsleiter, ein paar Vertreter des mittleren Managements sowie eine Mischung aus erfolgreichen und nicht erfolgreichen Unternehmensrebellen angehören. Und bitten Sie jeweils einen bewährten Revolutionär, die Teamleitung zu übernehmen.

Geben Sie nun jedem Team die Aufgabe, einen Managementprozess neu zu gestalten. Stellen Sie sicher, dass jedem Team alle notwendigen Unterlagen vorliegen, die zur Unterstützung des Prozesses eingesetzt werden. Sorgen Sie ferner dafür, dass die Teams den jeweiligen Prozessverlauf zeitlich und in seinen Auswirkungen auf das Gesamtunternehmen anhand folgender Fragen abbilden: Was sind die Meilensteine? Wer wird beteiligt? Wie sehen die Inputs und wie die Outputs aus? Welche Art von Entscheidungen bewirkt der Prozess? Lassen Sie die Teams außerdem ein paar Dutzend „Prozessanwender" interviewen: Inwiefern behindert der Prozess die Geschäftskonzept-Innovation, und auf welche Weise bringt er sie voran? Lassen Sie die jeweiligen Teams einen Schritt zurücktreten und die hinter dem Prozess stehende Absicht untersuchen: Zu welchem Zweck ist dieser Prozess ursprünglich entwickelt worden? Besitzt dieses Ziel noch immer Gültigkeit? Ist es möglich, einen Prozess zu entwickeln, mit dessen Hilfe sich dieses Ziel erreichen lässt, ohne eine mögliche Innovation abzuwürgen? Veranlassen Sie, dass jede Komponente des Managementprozesses auf Beweise für eine oder mehrere der folgenden Eigenschaften abgeklopft wird:
– unangemessen terminfixiert;
– eher auf Bewahrung und Effizienz als auf Experimente und Neuerung ausgerichtet;
– zu eng mit dem bestehenden Geschäftsmodell verflochten;
– zu sehr auf vorhandene Kunden und Märkte fokussiert;
– von jenen gesteuert und für jene von Vorteil, die die großen etablierten Geschäftsbereiche verteidigen;
– seinem Wesen nach risikofeindlich.

Lassen Sie die Teams zu guter Letzt noch Möglichkeiten vorschlagen, wie jede einzelne Komponente des betreffenden Prozesses konkret umgestaltet werden könnte, um dessen Rückwärtsorientierung zu verringern und ihn zugleich innovationsfreundlicher zu machen. Die einzelnen Teams sollten die Leitziele des jeweiligen Prozesses dahingehend neu definieren, dass nichtlineare Innovation und Wertschöpfung ausdrücklich mit berücksichtigt werden.

DAS INNOVATIONSRAD

Sie verankern die Innovationsregeln in Ihrem Unternehmen, Sie bieten den Aktivisten Hilfe an, und Sie setzen sich dafür ein, dass die Geschäftskonzept-Innovation zu einer systemimmanenten Fähigkeit wird. Aber es muss noch mehr getan werden. Innovation ist ein *dynamischer Prozess*, der folgende Elemente aufweist:

- Ketzer und Neuerungssüchtige *stellen sich neue Möglichkeiten vor.*
- Indem sie die Prinzipien der Geschäftskonzept-Innovation befolgen, *entwickeln* sie für jede dieser Ideen ein in sich *stimmiges Geschäftsmodell*.

DAS INNOVATIONSRAD

ENTWICKLUNGSREGELN FÜR EINE RADIKALE INNOVATION

Innovation als Fähigkeit

Innovatives Können	Informationstechnologie für eine Innovation
Innovationsmaßstäbe	Managementprozess

Innovation als Prozess

IDEEN — VORSTELLUNG → ENTWICKLUNG → EXPERIMENT → BEWERTUNG → MASSSTABSVERÄNDERUNG

AKTIVISMUS

- Sie führen kleine Experimente durch, um die Tragfähigkeit ihrer Geschäftskonzepte zu testen und sie dann entsprechend anzupassen.
- Nachdem sie ein, zwei oder drei Experimente durchgeführt haben, *bewerten* sie die gewonnenen Erkenntnisse.
- Je nach Ergebnis beschließen sie, entweder *im größeren Maßstab fortzufahren* oder einen weiteren Zyklus an Experimenten zu durchlaufen.

Vorstellung, Entwicklung, Experiment, Bewertung, Maßstabsveränderung: Hieraus besteht das Innovationsrad, das die nächste entscheidende Komponente der Innovationslösung darstellt (siehe dazu die Abbildung: „Das Innovationsrad").

Das Rad schneller drehen

Die Geschwindigkeit, mit der ein Unternehmen am Innovationsrad dreht, bestimmt den Umfang seiner Wertschöpfung. Der erste Stolperstein besteht häufig in der Unfähigkeit potenzieller Innovationsträger, den Schritt vom ersten Ansatz einer Idee zum Entwurf eines einigermaßen ganzheitlichen Geschäftskonzepts zu vollziehen. Leitende Manager sagen häufig zu mir: „Unser Problem besteht nicht in dem Mangel an Ideen – wir haben vielmehr zu viele davon." Wenn ich sie aber frage, ob ihnen zu viele wirklich überzeugende und in sich schlüssige strategische Möglichkeiten zur Verfügung stehen, lautet die Antwort stets: „Nein". Aus diesem Grund müssen die Fähigkeiten, die benötigt werden, um aus einem Ideenansatz ein neues Geschäftskonzept zu entwickeln, weit gestreut sein. Entrepreneur-Anwärter müssen fähig sein, eine erste Bewertung der Qualität ihrer Ideen vorzunehmen: Ist es ein Geistesblitz oder eine geistige Blähung? Wenn Sie sich kein in sich schlüssiges, Gewinn bringendes Geschäftskonzept vorstellen können, das Ihre Idee unterstützt, dann lassen Sie diese zusammen mit all den anderen Gewächshausgasen abziehen.

Unternehmen müssen lernen, sich mit mehr als einer Geschwindigk zu bewegen. Sie können ein Formel-1-Rennen nicht mit einem John-Deere-Traktor gewinnen.

Schrittweise Annäherung

Sobald ein potenzielles Geschäftskonzept vorliegt, muss es auf experimenteller Basis intensiv getestet werden – ähnlich wie ein Flugzeugingenieur der die Flugeigenschaften eines Hochleistungs-Kampfflugzeugs am

Wie vielschichtig ist das Portfolio

Computer testet, bevor er einen Piloten ins Cockpit steckt. Experimentieren, bewerten, anpassen. Experimentieren, bewerten, anpassen. Je schneller ein Unternehmen diesen Kreis durchlaufen kann, desto schneller kann es die Unsicherheit überwinden, die ein neues und unkonventionelles Geschäftskonzept unvermeidlich umgibt, und desto schneller kann es zu einem tragfähigen, Gewinn bringenden Geschäftsmodell gelangen.

Wenn dabei jedes kleine Experiment zur Erprobung neuer Regeln im Vorfeld so eingehend geprüft und durchdacht wird, als handele es sich um eine Investition in Höhe von 100 Millionen US-Dollar, kommt das Rad der Innovation knirschend zum Stehen. Unternehmen müssen lernen, sich mit mehr als einer Geschwindigkeit zu bewegen: mit „gedrosseltem Tempo" bei großen Investitionen in kapitalintensive Projekte, deren Vermögenswerte 20 Jahre bestehen bleiben, und mit „flottem Tempo" bei Experimenten mit Möglichkeiten, die viel Fantasie erfordern. Sie können ein Formel-1-Rennen nicht mit einem John-Deere-Traktor gewinnen. Wenn es Ihnen nicht gelingt, mit Ihrem internen Innovationsrad die gleiche Umdrehungsgeschwindigkeit zu erreichen, die in Silicon Valley herrscht, werden Sie verlieren.

Hier die Aussagen einiger Geschwindigkeitsfanatiker aus unserem Ensemble ergrauter Revolutionäre:

Charles Schwab: Wir haben eine eigene Lernmentalität: Es ist besser, früh anzufangen und mehr zu lernen, als lange zu zögern und zu versuchen, eine Sache zu perfektionieren, bevor man einsteigt.

GE Capital: Wir agieren in kurzen Zeitzyklen. Wir gehen zum Dinner, befassen uns intensiv mit der Sache und schließen ein Geschäft dann innerhalb weniger Wochen ab.

unkonventioneller Strategiemöglichkeiten in Ihrem Unternehmen?

Diese Unternehmen wissen, dass die Entwicklung großer neuer Geschäftskonzepte oder die Neuerfindung absterbender Geschäftsmodelle häufig ein Prozess der schrittweisen Annäherung ist – eine Abfolge schnell durchgeführter Experimente, jedes entwickelt, um einen ganz bestimmten Aspekt des neuen Geschäftskonzepts zu testen.

Kunden als Ko-Entwickler

Im Zeitalter der Revolution gibt es schlicht und einfach keine Möglichkeit, eine führende Rolle im Bereich Innovation einzunehmen, wenn Ihre Kunden nicht als Ko-Entwickler auftreten. Je größer die Gemeinschaft von Ko-Entwicklern, desto schneller werden Probleme und Verbesserungschancen erkannt. Hören Sie, was Bill Gross, der begeisterungsfähige Gründer von idealab! zu sagen hat:

„Wir besitzen mittlerweile die Fähigkeit, das, was unseren Kunden wirklich gefallen würde, auf eine Art zu testen, wie wir sie nie zuvor gekannt haben. In meinem ehemaligen Unternehmen war es üblich, mit Fokusgruppen zu arbeiten. Wir luden Eltern zu uns ein, um von ihnen zu hören, was ihnen möglicherweise gefallen würde, und wir bezahlten ihnen 75 US-Dollar dafür. Wir saßen hinter einem einseitig durchsichtigen Spiegel und wickelten die ganzen Standards ab.
Ich möchte Fokusgruppen nicht herabsetzen, weil wir sehr wertvolle Informationen von ihnen bekommen. Aber nun vergleichen Sie das mit dem, was wir bei idealab! tun können. Angenommen, wir haben eine neue Idee für irgendetwas – beispielsweise für den Verkauf von CDs über das Internet. Klar, das gibt es bereits, aber lassen Sie es mich als Beispiel nehmen: Wir würden eine Prototyp-Website entwickeln. Die könnten wir innerhalb von zehn Tagen betreiben. Wir würden ein Feld für den Einkauf mit Kreditkarten auf der Seite einrichten, selbst wenn wir Kreditkarten noch gar nicht bearbeiten könnten und auch noch keinen Bestand hätten. Aber wir würden online gehen und zehn verschiedene Verkaufsangebote testen – beispielsweise CDs zu Tiefpreisen oder die zehn stets vorrätigen Top CDs oder CD-Auslieferung innerhalb eines Tages und so weiter. Die Kunden würden dann die Seite besuchen und ihre Kreditkartennummer eintippen, um die CD zu bekommen. Wir würden diese Informationen wieder löschen und natürlich nichts über Kreditkarte abbuchen, weil wir das noch nicht könnten. Stattdessen würden wir uns mit der Bestellung an Tower Records wenden. Wir würden die entsprechenden CDs kaufen und sie unseren Kunden umsonst zusenden. Dadurch verlieren wir Geld für die CDs. Aber wir können umfassend testen, wie Kunden auf ein spezielles Angebot reagieren.
Es ist unglaublich, welche Art von Feedback Sie von den Kunden bekommen, wenn es sich um einen wirklichen Test handelt und nicht nur um ein paar lahme Fragen über ihre Ansichten. Alles im Internet ist messbar. Alles lässt sich genau quantifizieren. Es ist wie ein ultimatives Experiment zum Direktmarketing. Das ist der Grund, warum es eine hervorragende Möglichkeit bietet, Ideen aufzugreifen und sie zu testen. Sie können an einem Tag Einsichten gewinnen, für die Sie sonst ein Jahr brauchten."

Es ist kaum anzunehmen, dass es irgendeinen Ort auf der Welt gibt, an dem sich das Rad der Innovation schneller dreht als bei idealab! – und die blitzschnellen Rückmeldungen der Kunden sind ein Grund dafür. Stellen Sie nun folgende Frage: Ist das Entwicklungsteam, das Sie außerhalb Ihres Unternehmens einsetzen, größer als das interne? Wenn das nicht der Fall ist, dann dreht sich Ihr Innovationsrad nicht schnell genug, um Sie als Erster in der Zukunft ankommen zu lassen.

Die Verlierer rechtzeitig abschießen

Ohne eine begrenzte Anzahl an Experimenten mit exakt definierten Lernzielen passiert es Entrepreneur-Anwärtern nur zu leicht, dass sie sich in ein höchst mangelhaftes Geschäftskonzept verlieben. Dazu erneut Bill Gross:

> *„Wir erproben ein Projekt so schnell wie möglich und schießen es dann gegebenenfalls auch so schnell wie möglich ab. Wir experimentieren beispielsweise für 10 000 US-Dollar mit dem Aufbau einer provisorischen Website. Wenn wir nicht auf die erwartete Nachfrage stoßen, beenden wir den Versuch an diesem Punkt. Wenn wir eine angemessene Reaktion bekommen, probieren wir's weiter und geben 50 000 US-Dollar aus, um die nächste Stufe zu erreichen. Und dann versuchen wir's noch mal ernsthaft und brechen die Sache dann vielleicht bei 250 000 US-Dollar ab.*
> *Die Mehrzahl der von uns durchgeführten Tests endet damit, dass wir die Idee abschießen; nur wenige werden tatsächlich weitergeführt. Während der letzten drei Jahre haben wir über 80 Ideen getestet, für die wir jeweils zwischen 10 000 und 250 000 US-Dollar ausgegeben haben. 24 Ideen haben wir weitergeführt, den Rest haben wir abgeschossen. Und natürlich tauchen Hunderte von Ideen auf, die wir abschießen, bevor wir etwas dafür ausgeben."*

Alles klar?

- Seien Sie ehrlich, wenn Sie etwas nicht wissen.
- Entwerfen Sie eng begrenzte, kurze Experimente.
- Maximieren Sie das Verhältnis zwischen Lernen und Investition.
- Holen Sie Ihre Kunden ins Boot.
- Begeistern Sie sich für Ihr Projekt, aber stellen Sie es umgehend ein, wenn Sie auf nicht zu behebende Mängel stoßen.

DAS INNOVATIONS-PORTFOLIO

Betrachten Sie entstehende Geschäftsentwürfe und in der Entwicklung befindliche Experimente als Optionen auf die Zukunft. Die Chance Ihres Unternehmens, neue Vermögenswerte zu schaffen, verhält sich direkt proportional zu der Anzahl der Ideen und Experimente, die es forciert beziehungsweise durchführt. Fragen Sie: Wie vielschichtig ist das Portfolio unkonventioneller Strategiemöglichkeiten in Ihrem Unternehmen? Wie viel Prozent der Unternehmensinitiativen zielen auf eine kontinuierliche Verbesserung und wie viele dienen dem Test möglicher Geschäftskonzept-Innovationen?

Das Innovations-Portfolio besteht eigentlich aus drei unterschiedlichen Portfolios: Das erste ist das Ideen-Portfolio mit soliden, aber unerprobten Geschäftsideen. Das zweite ist das Portfolio an Experimenten: Ideen, die besondere Vorzüge aufweisen, steigen in das Experimente-Portfolio auf, wo sie durch kostengünstige Markttests im Hinblick auf ihre Validität geprüft werden. Das dritte ist das Portfolio der neuen Ventures. Es baut auf Experimenten auf, die vielversprechend genug sind, um Projektstatus zu erlangen. Das Ziel besteht darin, die ursprüngliche Idee in einem größeren Maßstab umzusetzen. Die „Vorstellungs-" und „Entwurfs"-Phasen des Innovationsprozesses füllen das erste Portfolio mit Ideen. Ideen, die das „Experimentier-" und „Prüfungs"-Stadium erreichen, bilden das zweite Portfolio. Und solche, die bis zur „Maßstabsveränderung" weiterentwickelt wurden, sind im dritten Portfolio enthalten. (Siehe dazu die Abbildung: „Das Innovations-Portfolio".)

Während das Topmanagement das Unternehmen häufig als Geschäftsportfolio betrachtet, wendet es die Logik von Portfolio-Investitionen selten auf Experimente im Bereich Geschäftskonzept-Innovation an. Das ist besonders überraschend, weil immer mehr Unternehmen Venture-Fonds einrichten, um in ein Portfolio von Start-up-Unternehmen *außerhalb* des eigenen Hauses zu investieren. Das Investieren in Portfolios zielt darauf ab, das Risiko für das Gesamtportfolio durch eine Streuung der Investi-

DAS INNOVATIONS-PORTFOLIO

tionen zu minimieren. Bei einem diversifizierten Portfolio ist das Risiko, dass das gesamte Portfolio stark an Wert verliert, beträchtlich niedriger als bei einem einzelnen Posten, der in den Keller fällt. Aber allzu oft erwartet das Management, dass *jede* neue Idee eine Goldader erschließt. Eine derartige Erwartung lässt ein Unternehmen zwangsläufig übervorsichtig werden und führt schon bald dazu, dass den Portfolios an Ideen und an Experimenten viele interessante strategische Optionen entzogen werden.

Aber es besteht ein wesentlicher Unterschied zwischen dem Risiko, dass sich eine bestimmte Idee oder ein bestimmtes Experiment nicht auszahlt, und dem Risiko, dass das gesamte Innovations-Portfolio eine große dicke Null hervorbringt. Eine generelle Abneigung gegenüber Investitionen, die auch nur den kleinsten Hinweis auf eine Verlustmöglichkeit enthalten, hat zur Folge, dass ein Unternehmen nie auf etwas stoßen wird, das erstaunliche Gewinnchancen birgt. Eindrucksvolle neue Möglichkeiten beginnen selten mit einer Sicherheitsgarantie von 90 Prozent. Aus diesem Grund ist es wichtig, eine „Idee" oder ein „Experiment" von einem Venture oder einem voll ausgereiften Geschäft zu unterscheiden.

Vielleicht hilft folgende Analogie: Beim Zeugungsakt werden Millionen Spermien „vergeudet". Es werden zahlreiche kleine Schwimmer benötigt, wenn eine Eizelle befruchtet werden soll. Aber wir beklagen nur selten den Verlust von Spermien. Ein Riesengewinn – ein neues Baby – macht Millionen kleiner Fehlschläge – tote Spermien – wieder wett.

Auch wenn wir auf ein erheblich besseres Gewinn-Verlust-Verhältnis als ein angehender Vater hoffen können, ist das Prinzip doch weitgehend das gleiche: Sie müssen bereit sein, viele kleine Verluste hinzunehmen, um die Gelegenheit für einen gigantischen Gewinn zu erhalten. Sie müssen keine großen Risiken eingehen, aber Sie müssen viele Risiken eingehen.

Wenn Sie sich zudem in Erinnerung rufen, dass ein Innovations-Portfolio üblicherweise an das Portfolio der großen, laufenden Geschäfte angebunden ist, reduziert sich dessen Risiko zusätzlich. Heutige Geschäfte gleichen den Anleihen in ein Investmentportfolio – niedrige Gewinne und ein niedriges Risiko. Zu viele Unternehmen agieren wie ängstliche Investoren, die all ihre Ersparnisse in AAA-Bonds stecken und sich scheuen, in den Nasdaq zu investieren. Möglicherweise schlafen sie etwas besser, aber sie werden mickrige Ergebnisse erzielen. Es gibt keine Möglichkeit, zum Wertschöpfungs-Superstar zu werden, ohne zuvor ein Innovations-Portfolio einzurichten und dann in dieses Portfolio zu investieren.

Das Ideen-Portfolio

Ein Ideen-Portfolio ist wirklich ein „Portfolio der Möglichkeiten". Es gibt Hunderte unausgegorener, schlecht durchdachter Ideen, die in den Köpfen Ihrer Kollegen herumspuken. Die meisten kommen nie zur Sprache. Andere sind lediglich belanglose Gesprächsfüller. Nur wenige Unternehmen haben bisher den Versuch unternommen, nicht lineare Ideen explizit als Teil eines Portfolios der Möglichkeiten zu sammeln und weiterzuentwickeln. Darum stehen den rund ein Dutzend Ideen, die es schaffen, die üblichen verknöcherten Genehmigungskanäle zu passieren, Hunderte anderer Ideen gegenüber, die die Köpfe engagierter, aber isolierter Entrepreneurs nie verlassen.

Aus diesem Grund müssen Unternehmen den Verfechtern nicht linearer Innovation die Möglichkeit eröffnen, sich Gehör zu verschaffen, und zugleich dafür sorgen, dass radikale, innovative Ideen katalogisiert werden. Bill Gross führt eine Liste mit rund 1000 E-Commerce-bezogenen Geschäftskonzepten. Er überprüft diese Übersicht regelmäßig: Welche Idee scheint genau *jetzt* reif zu sein? Welche Ideen könnten sich in Verbindung mit anderen Ideen als tragfähig erweisen? Welche Ideen wurden bereits umgesetzt und sollten von der Liste gestrichen werden? – An welche Stelle in *Ihrem* Unternehmen müsste ich mich wenden, um eine Bestandsliste mit potenziellen neuen Geschäftskonzepten zu erhalten?

Man kann sich problemlos eine ganze Reihe von Dingen vorstellen, die ein Unternehmen tun könnte, um sein Ideen-Portfolio zu füllen:

- Ernennen Sie mehrere Leiter für Geschäftsentwicklung, die als Berater angehender Entrepreneurs fungieren. Statt sich bei Investmentbankern anbiedern zu müssen, würden diese Leiter dafür belohnt werden, dass sie interne Innovationsmöglichkeiten aufspüren und fördern.

- Bitten Sie jedes Mitglied des leitenden Managements, einige Tage im Monat engagierte, junge Entrepreneurs aus der Unternehmensperipherie zu coachen. Außerdem sollte jedes Mitglied dazu aufgefordert werden, pro Quartal mindestens eine neue Idee zu fördern.

- Setzen Sie einen Button mit dem Titel „Innovation" auf die interne Homepage Ihres Unternehmens. Jeder, der diesen Knopf anklickt, stößt auf ein einfaches Formular, das es erlaubt, eigene Ideen in ein unternehmensweites „Ideenforum" zu stellen.

All diese Maßnahmen werden durch ein Mitarbeitertraining in den Grundlagen der Geschäftskonzept-Innovation begleitet.

Das Experimente-Portfolio

Vielversprechende Ideen, die das Potenzial haben, steigende Erträge zu erzielen, und von begeisterten Befürwortern überzeugend unterstützt werden, kommen in das Experimente-Portfolio. Ideen, die diese Tests nicht bestehen, werden aus dem Portfolio genommen oder für eine mögliche

Die meisten Experimente werden sich nicht auszah

weitere Entwicklung aufbewahrt. Das Portfolio laufender Experimente enthält Ideen, die zu tragfähigen und schlüssigen Geschäftskonzept-Versionen entwickelt wurden und eine wachsende Zahl von Anhängern anziehen.

Nur wenige Unternehmen machen es den Verfechtern radikaler Innovation leicht, Sponsoren und Teammitglieder mit komplementären Fähigkeiten anzuziehen. Warum lässt man beispielsweise interne Innovatoren nicht mit Bannern im Intranet des Unternehmens werben, damit sie auf diese Weise Mitarbeiter und Ressourcen anlocken können? Außerdem gibt es in den meisten Unternehmen keine ausdrückliche Kennzeichnung oder offizielle Einstufung von Geschäften im Experimentierstadium oder von radikalen, aber noch unentwickelten Ideen, die das Kerngeschäft grundlegend verändern könnten.

Tatsächlich haben viele große Unternehmen eine Abneigung gegen kleine Experimente. Sie glauben, dass man etwas GROSSES machen muss, um spürbare Auswirkungen in der Verlaufslinie der Aktienkurse verzeichnen zu können. Ein typischer Einwand lautet: „Klar, wir können einige kleine Experimente durchführen, aber sehen Sie, wir sind ein 20-Milliarden-Dollar-Unternehmen. Da brauchen wir etwas sehr Großes, um einen materiellen Effekt für unsere Aktionäre zu erzielen."

Dies hilft, die Vorliebe für Mega-Fusionen und andere Investitionen zu erklären, die das ganze Unternehmen aufs Spiel setzen. Das eigentliche Problem besteht allerdings darin, dass das leitende Management allzu oft übersieht, welches Potenzial sich hinter einem kleinen Projekt verbirgt. Führen Sie sich zunächst einmal einen Augenblick lang die gegenwärtige Marktkapitalisierung von Yahoo!, Dell oder The Home Depot vor Augen, und fragen Sie dann: Wie groß waren diese Unternehmen vor ein oder zwei Jahrzehnten? Ich habe vor kurzem die Liste der US-amerikanischen Unternehmen durchgesehen, deren Aktien an der Börse gehandelt werden, und bin auf insgesamt 62 Firmen mit einer Marktkapitalisierung von über zehn Milliarden US-Dollar und derzeitigen Einnahmen von unter 100 Millionen US-Dollar gestoßen. Die meisten dieser Unternehmen wurden vor weniger als fünf Jahren gegründet. Im Zeitalter der Revolution zählt nicht die Verlaufslinie Ihrer Einnahmen, sondern die Größe der Chance, die Sie im Kopf haben.

Die Herausforderung besteht dabei nicht darin, das eine enorme Mega-Geschäft aufzuspüren. Sie besteht darin, genug Eicheln auszusäen, um damit die Chancen zu erhöhen, eine starke Eiche heranwachsen zu lassen. Selbstverständlich können Sie auch losziehen und nach einer Eiche suchen, sie entwurzeln und dann probieren, sie woanders wieder einzupflanzen, aber das ist ein schwieriges und risikoreiches Unterfangen. Jede Unternehmensleitung, die jemals versucht hat, ein übernommenes Großunternehmen zu integrieren, kann ein Lied davon singen. Es ist das Innovations-Portfolio,

es bedeutet aber keineswegs, dass sie wertlos sind.

worüber sich die Geschäftsführung den Kopf zerbrechen sollte, nicht über die Schlange von Investmentbankern, die hechelnd vor der Tür stehen.

Unter 1000 Ideen weist vielleicht eine von zehn Überlegungen die für die Umwandlung in ein Experiment erforderlichen Vorzüge auf. Nachdem Sie zuvor die Frage gestellt haben, ob Ihr Unternehmen über ein Portfolio mit 1000 Ideen verfügt, sollten Sie nun überlegen, ob Ihr Unternehmen ein Portfolio mit 100 laufenden Experimenten besitzt. Wenn dies nicht der Fall ist und es sich um ein größeres Unternehmen handelt, ist seine Zukunft in Gefahr.

Ein Portfolio mit neuartigen Experimenten sollte sowohl die Entwicklungsverschiebungen abdecken, die das gegenwärtige Geschäftsmodell am ehesten zum Kippen bringen können, als auch völlig neue Möglichkeiten eröffnen. Für einen Hersteller von Mobiltelefonen hätte es sich beispielsweise Ende der Neunzigerjahre angeboten, verschiedene Experimente durchzuführen: das Mobiltelefon als Ersatz für Festanschlüsse in Großunternehmen, das Handy als schickes Modeaccessoire oder als unverzichtbares Inventar jedes Studentenrucksacks, die Annäherung von Stimme und Daten und die Nutzung des Handys als Instrument zum Surfen im Internet. Im Rahmen von weiteren Experimenten hätten die Möglichkeiten untersucht werden können, sich über das Telefon an Online-Spielen zu beteiligen oder drahtlose Technologie einzusetzen, um alles – von Haushaltsgeräten bis zu Automotoren – mit kommunikativen Fähigkeiten auszustatten.

Die meisten Experimente werden sich nicht auszahlen. Dies bedeutet aber keineswegs, dass sie wertlos sind. Schließlich war Ihre Feuerversicherung im vergangenen Jahr auch dann keine schlechte Investition, wenn Ihr Haus nicht abgebrannt ist. Bill Gross sieht selbst in gescheiterten Experimenten einen Wert:

„Wenn Sie eine Idee rechtzeitig abschießen, können Sie das Wissen, das Sie durch das Experiment gewinnen, auf etwas anderes anwenden. Insofern lernen wir aus jeder Idee etwas. Wir betrachten jedes 250 000-Dollar-Experiment als eine entsprechende Klassifizierung. Wir wollen von dieser Klassifizierung lernen und das Erlernte auf andere Kategorien anwenden. Und wir lieben es, eine Idee abzuschießen, wenn wir daraus etwas lernen können.

Die Leute kommen und preisen uns Ideen an. Manchmal prüfen wir sie und sagen: ‚Oh mein Gott, Sie wissen noch nicht einmal, was Sie nicht wissen. Das, was wir allein durch aussortierte Ideen gelernt haben, könnte Ihnen außerordentlich helfen.' Es gibt so viele Dinge, die wir jetzt vermeiden können, weil wir sie einmal gemacht und sie nicht funktioniert haben. Es ist unglaublich."

Ein Geschäftskonzept, das abgebrochen statt ausgebaut wurde, ist kein Totalverlust. Durch jedes Experiment entsteht ein Lernprozess, der, wenn er bewahrt und mit anderen geteilt wird, die Wahrscheinlichkeit für das Unternehmen erhöhen kann, mit der *nächsten* radikalen Idee ins Schwarze zu treffen.

Das Venture-Portfolio

Im Experimentierstadium besteht das Ziel darin, die Markt- und Technologierisiken zu identifizieren und zu reduzieren: Weckt das Geschäftskonzept ein hinreichend großes Kundeninteresse? Ist es technisch machbar? Wenn die Gewinnmöglichkeiten groß genug und die technischen Hürden nicht unüberwindbar sind, rückt die Idee ins Venture-Stadium vor.

Im Venture-Stadium konzentriert sich der Lernprozess auf die Durchführbarkeit des Gewinn- und des Betriebsmodells, nicht auf das Geschäftskonzept selbst. Die Frage lautet daher nicht, ob das Geschäftskonzept neue Einnahmequellen erschließen wird, sondern ob sie sich auf ökonomische Art und Weise erschließen lassen: Können wir das Umsetzungsrisiko meistern? Können wir das Wettbewerbsrisiko vermeiden, dass unsere Innovation schon bald nachgeahmt wird? Dies ist auch das Stadium, in dem man eine ernsthafte Suche nach strategischen Partnern beginnt, die sich an den Risiken beteiligen und komplementäre Fähigkeiten einbringen könnten.

Es gibt drei primäre Faktoren, die bei der Entscheidung, ob man sich Partner sucht beziehungsweise wie viele von ihnen beteiligt werden, zu berücksichtigen sind:

- *Finanzielle Verpflichtungen:* Wenn eine Ausweitung der Geschäftsidee große, unwiderrufliche Verpflichtungen erfordert, könnten Partner benötigt werden.
- *Umfang der erforderlichen Fähigkeiten oder Mittel:* Wenn ein Unternehmen intern nicht über alle entscheidenden Fähigkeiten verfügt, braucht es Partner.
- *Größe des strategischen Fensters:* Wenn das Vorkaufsrecht mit einem hohen Risiko verbunden ist, könnten Partner benötigt werden, um eine beschleunigte Marktdurchdringung zu unterstützen.

An diesem Punkt kann es gut sein, dass die ursprünglichen Sponsoren den Weg frei machen müssen für Venture-Manager, die über entsprechende Erfahrungen beim Aufbau von Geschäftsbereichen verfügen. Nachdem die Qualität des Geschäftskonzepts bereits überprüft wurde, ist es nun die Qualität des Venture-Teams, die zum ausschlaggebenden Faktor wird.

In diesem Stadium ist ferner zu diskutieren, ob die Geschäftsinnovation einem bereits im Unternehmen vorhandenen Bereich eingegliedert, als eigenständiger Geschäftsbereich aufgebaut, das Wissensgut einem anderen

Unternehmen in Lizenzform überlassen oder das Venture als unabhängige Einheit ausgegliedert werden soll. Um hierüber eine fundierte Entscheidung treffen zu können, müssen mindestens vier zentrale Kriterien berücksichtigt werden:

- Die *Passgenauigkeit* zwischen dem Venture und den langfristigen strategischen Zielen des Unternehmens. Wenn ein Venture eindeutig von den langfristigen Ambitionen eines Unternehmens abweicht, sollte es ausgegliedert werden, damit die Zeit des Managements Projekten vorbehalten bleibt, die stärker mit diesen Zielen übereinstimmen. Wenn ein Venture nicht ausgegliedert wird, bekommt es möglicherweise nicht die Zuwendung und Aufmerksamkeit, die zur Realisierung des ihm innewohnenden Potenzials erforderlich sind.

- Die *Abhängigkeit* des Venture *von den Fähigkeiten und Kompetenzen der Firma.* Wenn ein Venture beträchtlich von der Unterstützung durch bestehende Fähigkeiten und Kompetenzen profitieren könnte, sollte es möglicherweise nicht ausgegliedert werden. Falls es als unabhängiger Bereich organisiert ist, sollte es einen besonderen Zugang zu diesen Kompetenzen und Fähigkeiten erhalten.

- Die Möglichkeit, dass das Venture zur *Plattform für andere Unternehmungen dieser Art* wird. Einige Ventures sind Selbstzweck, andere sind Stufen auf dem Weg zu weiteren Risikogeschäften. Wenn ein Venture verspricht, ein breites neues Feld an Möglichkeiten zu eröffnen, kann dies ein Grund für seinen Verbleib im Unternehmen sein.

- Das *Potenzial* des Venture, andere Geschäfte im Portfolio erheblich zu übertreffen. In wachsendem Maß gliedern Unternehmen Ventures aus, die von der Wall Street tendenziell unterbewertet werden – gleichsam gefangen in einer Muttergesellschaft, innerhalb derer sie lediglich eine mittelmäßige Performance erzielen können.

Ausgliederungen sind ein zunehmend beliebter Weg, aus neuen Ventures und schnell wachsenden Geschäftsbereichen mit außerordentlich hohem Gewinnpotenzial Shareholder Value freizusetzen. Das neu gebildete Unternehmen gewinnt die Freiheit, eine eigene Unternehmenskultur aufzubauen, kann seine eigene Strategie verfolgen und seine hoch bewerteten Aktien für Übernahmen und die Motivation von Mitarbeitern per Aktienoptionen einsetzen – etwas, das für die Anziehung spärlich gestreuter Talente häufig von entscheidender Bedeutung ist. Diese Logik liegt den Entscheidungen von Barnes & Noble, Microsoft und Dutzenden anderer Unternehmen zu Grunde, ihre Internet-Ventures auszugliedern.

Häufig weisen neue Ventures keine hohe Passgenauigkeit zu den langfristigen Zielen einer Gesellschaft auf, sind nur teilweise von deren vorhandenen Fähigkeiten und Kompetenzen abhängig und bilden auch nicht die Plattform für eine große Anzahl neuer Möglichkeiten. Daher sollten wir nicht überrascht sein, wenn die Mehrheit der Ventures als Spin-offs oder als Lizenzgeschäfte und nicht als neue Geschäftseinheiten enden.

Gelegentlich sind neue Geschäftskonzepte eng genug an das bestehende Geschäft geknüpft, sodass es nicht sinnvoll wäre, diese neuen Geschäftsfelder vollständig auszugliedern. Dies war bei Enron der Fall. Enrons erfolgreiche Umorientierung vom Gas- zum Energiehandel, von dort zum Online-Energiehandel und zum Energie-Outsourcing bis zum Breitbandgeschäft basiert auf seiner Fähigkeit, ein breites Inventar an gemeinsamen Kernkompetenzen zu nutzen. Interessant ist, dass Enron einem neuen Venture zwar üblicherweise ein eigenes organisatorisches Dach zuweist, dort aber gleichzeitig lauter Mitarbeiter unterbringt, die die Gene der spezifischen „Enron-Kompetenz" in sich tragen. Zudem wird ein Geschäft, sobald es einen entsprechenden Umfang erreicht hat, häufig wieder in einen bereits existierenden Geschäftsbereich eingegliedert. Dadurch bekommt das neue genetische Material, das in der Experimentier- und Ausbauphase entwickelt wurde, die Möglichkeit, den alten Geschäftsbereich mit neuen Ideen zu durchdringen.

Die Ansicht, dass man innerhalb eines alten Geschäftsmodells kein neues Geschäftskonzept umsetzen kann, mag zutreffend sein, stellt aber zugleich eine Vereinfachung dar: Eine neue Unternehmung muss sich möglicherweise Kompetenzen, Systeme oder Infrastruktur aus dem übrigen Unternehmen borgen. Diese Art von „Ausleihe" hat es Enron tatsächlich erlaubt, seine neuen Geschäftsbereiche blitzschnell auszubauen. Über diesen Vorteil verfügt ein unabhängiges Start-up-Unternehmen einfach nicht. Zu einem späteren Zeitpunkt könnte die Notwendigkeit, den Kunden gegenüber einheitlich aufzutreten, oder die Möglichkeit, von einer gemeinsamen Kostenaufteilung zu profitieren, für die Wiedereingliederung eines zuvor unabhängig agierenden Geschäftsfelds sprechen. Folgendes erklärt der Präsident von Enron über dessen Schritt vom Gas- zum Energiehandel (Strom):

> „Als wir den Entschluss fassten, in den Energiehandel einzusteigen, haben wir die beteiligten Mitarbeiter in ein anderes Stockwerk ziehen lassen. Sobald das Geschäft groß genug wurde, haben wir es mit unserem Gasgeschäft zu einem einzigen Bereich verbunden, weil beide die gleichen Kernkompetenzen ausgebildet hatten und die gleichen Systeme verwendeten. Wir wollten ähnliche Vertragsstrukturen, um keine Kontrollprobleme zu riskieren. Wenn das neue Geschäft nicht auf den gleichen Kernkompetenzen basiert hätte, hätten wir es nicht wieder eingegliedert. Ein anderes Argument für eine Wiedereingliederung ist die Aussicht, die Austauschbarkeit der Fähigkeiten zu wahren. Wenn eine neue Unternehmung ausgegrenzt bleibt, töten Sie den internen Markt für Ideen ab. Das alte Unternehmen hat keine Möglichkeit, vom neuen Unternehmen etwas zu lernen."

Denken Sie über *Ausdehnungen* ebenso nach wie über Ausgliederungen

Ein Geschäft auszugliedern, ist einfach – man muss ihm nur genug Unabhängigkeit geben, damit es wachsen kann. Es ist dagegen ein weit schwierigerer Balanceakt, ihm gleichzeitig die Maximierung erprobter Kompetenzen zu ermöglichen. Und eine Wiedereingliederung ist eine noch heiklere Sache. Aber genau dieses Vermögen, Fähigkeiten an junge Unternehmenseinheiten zu exportieren und dann behutsam einzelne Bereiche zu verbinden, um Größenvorteile zu nutzen, macht den potenziellen Vorteil von Großunternehmen gegenüber Start-ups aus.

Manchmal besteht das Ziel einer Geschäftskonzept-Innovation nicht darin, völlig neue Geschäftsbereiche aufzubauen, sondern bereits bestehende neu zu erfinden. Unternehmen sind zu oft der Meinung, internes Unternehmertum richte sich ausschließlich auf neue Geschäftsfelder – auf solche, die häufig weit vom Kerngeschäft des Unternehmens entfernt liegen. Wichtiger ist für viele allerdings die Frage, wie man ein langsam zerfallendes Kerngeschäft verändern kann. Während beispielsweise das Forschungszentrum von Xerox in Palo Alto eine ganze Anzahl von erfolgreichen Unternehmen mit Entrepreneur-Charakter hervorgebracht hat, kränkelte das Kerngeschäft von Xerox jahrelang mit mäßigen Wachstumsraten vor sich hin. Ein interner Brutkasten, der neue Unternehmungen hervorbringt, das Kerngeschäft aber weiter vor sich hin siechen lässt, wird unvermeidlich und ganz zu Recht nur als eine Jahrmarktsbude betrachtet.

Aus diesem Grund ist es wichtig, über *Ausdehnungen* ebenso nachzudenken wie über Ausgliederungen. Eine Idee, die über die Kraft verfügt, die Wirtschaftlichkeit eines bestehenden Geschäfts radikal zu verbessern, sollte nicht in irgendeinem neuen Venture-Bereich gefangengehalten, sondern zu einer unternehmensweiten Initiative ausgedehnt werden. Ein Unternehmen, das sich zur neuen Innovationsagenda bekennt, sollte ebenso wie Shell Dutzende von regelverändernden Ventures *innerhalb* bestehender Geschäftsbereiche entstehen lassen – eine radikal neue Preispolitik hier, ein unkonventionelles Vertriebsmodell dort und so weiter.

Während es also möglicherweise empfehlenswert ist, Ventures mit einem hohen Erfolgspotenzial, das auf völlig neuen Geschäftskonzepten basiert, in einem Brutkasten für neue Unternehmungen hochzupäppeln, sollten sich erfolgreiche Ventures mit der Kraft, das Kerngeschäft zu verändern, innerhalb dieses Geschäftsbereichs ausdehnen können.

Es gibt keinen eindeutigen Mechanismus, um ein Risikounternehmen in einen Geschäftsbereich zu verwandeln. Die meisten von Schwabs Innovationen waren eher Ausdehnungen als Ausgliederungen, die dessen Brokerage-Kerngeschäft gestärkt und neu geprägt haben. Im Gegensatz dazu münden viele der Experimente von GE Capital auf Verkaufsstand-Niveau in neuen Geschäftseinheiten.

Lassen Sie uns das Gesagte zusammenfassen. Um von einer Möglichkeit zu einem Experiment zu werden, *muss* eine Idee als solides, in sich stimmiges Geschäftskonzept beschrieben werden können – mit einem attraktiven Wertschöpfungsvorschlag, einer glaubwürdigen Geschichte über das Wertschöpfungspotenzial und einem klaren Verständnis darüber, wie die unterschiedlichen Komponenten des Geschäftskonzepts zusammenpassen und sich gegenseitig verstärken werden.

Damit ein Experiment zu einem Venture werden kann, *muss* es bereits echte Begeisterung bei Kunden ausgelöst haben und technisch machbar sein (zumindest im kleinen Maßstab). Und damit ein Venture schließlich das Innovations-Portfolio verlassen und zu einem eigenen Unternehmen werden oder sich innerhalb eines bestehenden Geschäftsbereichs ausdehnen kann, *muss* es ein solides Gewinnmodell sowie unanfechtbare Beweise dafür vorlegen können, dass es tatsächlich Werte zu schaffen vermag und das ihm zu Grunde liegende Geschäftskonzept ausbaufähig ist.

Werfen Sie nun einen genauen Blick auf die unterschiedlichen Innovations-Portfolios Ihres Unternehmens. Wie viele *Ideen* hat Ihr Unternehmen auf seiner Innovationsbank? Sind es Tausende? Wie viele regelbrechende *Experimente* werden augenblicklich in Ihrem gesamten Unternehmen durchgeführt? Sind es Hunderte? Wie viele *Ventures* werden momentan gefördert? Sind es Dutzende? Und wie viele große *neue Unternehmungen* werden in diesem Augenblick aufgebaut? Können Sie auch nur eines oder zwei nennen?

Bilden Sie die Größe jedes Portfolios ab (vergleichen Sie dazu die Abbildung: „Darstellung Ihres Innovations-Portfolios"), und es wird sofort deutlich, ob Ihr Unternehmen in genug Optionen auf die Zukunft investiert. Kippen Sie das Diagramm um 90 Grad nach rechts, und Sie haben einen Trichter. Wenn ein Unternehmen nicht gelernt hat, wie es den Trichter oben füllt, wird unten nicht viel herauskommen. Um zu unserer bereits erwähnten Analogie zurückzukehren: Welche Spermaquote hat Ihr Unternehmen? Sie werden kein hervorragendes neues Geschäftsfeld aufbauen können, ohne sich zuvor auf Hunderte unsinniger Ideen, gescheiterter Experimente und aufgegebener Ventures einzulassen.

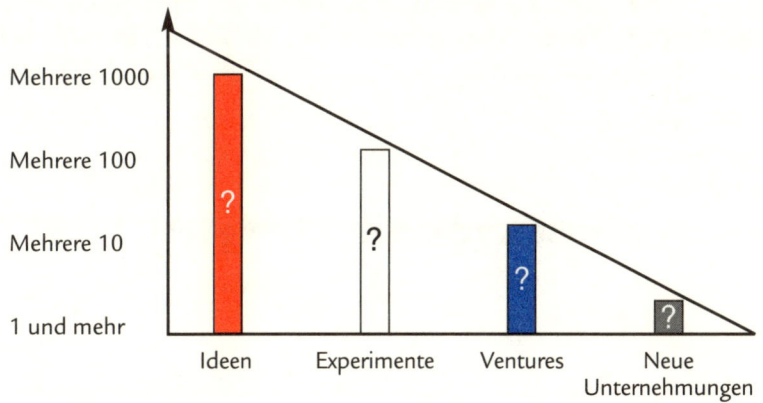

VON DER RADIKALEN INNOVATION ZUR UNTERNEHMENSSTRATEGIE

Welche Auswirkung hat all dies auf die Unternehmensstrategie? Ja, welche Auswirkung hat dies auf die grundsätzliche Vorstellung von einem „Unternehmen"? Wird eine Unternehmensstrategie im Zeitalter der Revolution mehr sein als die Summe einiger Dutzend oder einiger Hundert lose miteinander verbundener Experimente und Ventures? Werden Unternehmen mehr sein als eine Anzahl von Bottom-up-Projekten, die durch ein gemeinsames Dach vereint sind? Wird irgendeine Kombination aus internen Märkten, Devertikalisierung, Wertschöpfungsnetzwerken und selbst organisierten Teams den Begriff des Konzerns auf körperlose Einheiten geistigen Eigentums reduzieren, die frei in irgendeiner Art virtuellem Innovationsnetzwerk herumschweben? Während all diese Dinge zweifellos das monolithische Erscheinungsbild von Unternehmen relativieren werden, wird dadurch weder die Notwendigkeit einer übergeordneten Strategie infrage gestellt, noch werden Größen- und Mengenvorteile abgeschafft.

Größe ist weiterhin wichtig

In der New Economy ist Größe genauso wichtig wie in der Old Economy. Die frühen Gewinner der New Economy sind keine winzigen, fadenscheinigen virtuellen Unternehmen. Sie mögen Hunderte strategischer Partnerschaften haben, aber jedes Unternehmen ist um eine Reihe von Kernaktivitäten und Fähigkeiten aufgebaut, für die Größe fraglos wichtig ist. Wenn Sie sich Microsoft, AOL, Cisco oder Amazon.com ansehen, müssen Sie zu der Überzeugung gelangen, dass Größen- und Verbundvorteile auch in der New Economy eine wichtige Rolle spielen. Einst gab es Hunderte von Automobilherstellern, heute gibt es nur noch eine Hand voll. In der New Economy wird es genauso sein. Den meisten Start-up-Unternehmen aus dem Silicon Valley gelingt es nicht, die Größen- und Verbundvorteile voll für sich auszuschöpfen. Sie enden als Übernahmefutter für die Unternehmen, denen dies gelungen ist. Mirabilis, Hotmail, Broad-

> Größe wird immer wichtig sein.

cast.com, Netscape und Hunderte anderer Internet-Start-ups sind bereits geschluckt worden. Weiteren wird es bald ebenso ergehen.

Selbstverständlich kommt es nicht auf Größe per se an. Größe ist die konsequente Folge des Einsatzes von Gewinnverstärkern, die auf steigenden Renditen sowie Netzwerk- und Lerneffekten basieren. Wenn diese genutzt werden, wächst ein Unternehmen zwangsläufig, und kleinere, auf Nachahmung setzende Wettbewerber bleiben schon bald weit zurück.

Viele Vertreter der Informations- und Computerbranche haben den Zusammenbruch von Großunternehmen vorausgesagt. Sie haben Unrecht. Größe wird immer wichtig sein. Tatsächlich war Ende 1999 die Hälfte der Marktkapitalisierung der S&P-500-Unternehmen auf lediglich 32 Unternehmen zurückzuführen. Eine häufig verwendete Analogie liefert die Filmindustrie, in der sich für ein Projekt Teams aus Autoren, Produzenten, Regisseuren und Schauspielern bilden und nach Abschluss des Films wieder auflösen. Aber der beständigste Faktor des Filmgeschäfts ist die Macht der großen Studios. Sie sind die Sammelbecken für eine unendliche Fülle an Projektmanagement-Wissen. Trotz gelegentlicher „Flops" sind sie sehr erfahren in der Aufbereitung von Geschichten, und sie verfügen über die weltweiten Kontakte, die für die internationale Vermarktung von Filmen erforderlich sind. Und wie jeder Kulturminister in Europa weiß, sind es die Studios, die Hollywood seine globale Hegemonie im Filmgeschäft verliehen haben.

Sie werden keinen italienischen oder französischen Filmemacher darüber jammern hören, dass die Kollegen nicht kreativ genug sind. Sie werden sie darüber klagen hören, dass sie mit der Größe und dem Potenzial US-amerikanischer Studios nicht mithalten können. Selbstverständlich ist ein Markt mit 250 Millionen Kunden nützlich, aber ein Markt dieser Größenordnung bietet keinen speziellen Vorteil, es sei denn, bei dessen Bedienung kommen Größenvorteile zum Tragen. Interessanterweise bestehen selbst hochgradig flexible, projektorientierte Unternehmen wie Bechtel, Andersen Consulting oder Schlumberger aus weit mehr als einer Ansammlung einzelner Projekte. Wenn sie nicht mehr wären als das, würden sie keine milliardenschweren Unternehmen sein.

Also gut, Unternehmen werden möglicherweise mehr wie Filmstudios werden und sich auf freie Auftragnehmer stützen, für jedes neue Venture Fremdmittel besorgen und kurzlebige Projektteams einrichten. Aber irgendwo in diesem schönen neuen Modell werden Größe und Menge noch immer wichtig sein – denn wenn sie das nicht wären, befänden Sie sich wieder in einem reibungslos funktionierenden Kapitalismus, in dem es für niemanden einen Anreiz gäbe, in etwas Neues zu investieren. Insgesamt könnten Unternehmen kleiner werden. Schließlich betreffen Größen- und Verbundvorteile deren Aktivitäten, nicht die Organisation als solche. Aber im Zeitalter der Revolution wird Größe alles andere als irrelevant sein.

Ohne Größen- und Verbundvorteile ist es denn auch schwer vorstellbar, wie ein Unternehmen die Früchte einer radikalen Innovation genießen könnte. Wenn ein attraktives Start-up-Unternehmen verkauft wird, machen seine Gründer natürlich einen großen Gewinn. Aber dadurch wird das Problem der Schaffung von Größen- und Verbundvorteilen lediglich auf das Übernahmeunternehmen verschoben. Und wenn es dem Übernahmeunternehmen nicht gelingt, dieses Problem zu lösen, wird es sein investiertes Geld auch nicht wieder zurückbekommen (was, nebenbei bemerkt, ziemlich häufig der Fall ist).

Konsistenz ist wichtig

Sie können keinen Größen- und Verbundvorteil ohne Konsistenz erzielen, ohne die Dinge durchgängig und immer wieder auf eine vernünftige, folgerichtige Art zu tun. Ohne kumulative Lernprozesse können Sie keine Kompetenzen entwickeln, die nur schwer nachzuahmen sind. Ebenso ist es unmöglich, Konsistenz und Kumulation ohne ein gewisses Maß an Koordinierung der Projekte oder Geschäfte zu erreichen. Konsistenz erfordert eine Reihe wechselseitiger Übereinstimmungen darüber, was man tun und lassen sollte, was ein Unternehmen ausmacht und was nicht.

Ohne eine übergeordnete Strategie wird ein Unternehmen einem riesigen Gewächshaus gleichen, in dem Tausende von Trieben aus dem Boden schießen, von denen aber nur wenige die für eine einträgliche Ernte erfor-

INNOVATION IST NICHT DIE GANZE GESCHICHTE, ABER SIE IST DIE GANZ GROSSE GESCHICHTE.

derliche Größe erreichen. Darum ist Innovation nicht die *ganze* Geschichte, aber sie ist die ganz *große* Geschichte – denn die meisten Unternehmen haben das mit der Größe und dem Umfang bereits kapiert und müssen nun damit beginnen, neue Samen in die Erde zu stecken.

Im Zeitalter der Revolution besteht die Herausforderung darin, radikale Innovation mit disziplinierter Umsetzung zu vereinen – die Effizienz der Fertigungsprozesse bei Toyota mit der radikalen Innovation des Silicon Valley zu verbinden, die richtige Mischung aus Sorgfalt und Neugier zu finden. Um ein ergrauter Revolutionär zu werden, muss ein Unternehmen die Fähigkeit zu systematischem Handeln *und* Spontaneität, zu Fantasie *und* brutaler Effizienz haben; es muss im höchsten Maß zielorientiert *und* anpassungsfähig sein.

Öl und Wasser, Kreide und Käse – derartige Mischungen lassen sich ohne eine neue Art der Synthese nicht herstellen. Ich möchte Sie darauf hinweisen, dass ich bei meiner Argumentation für die Vorteile von Menge und Größe nie Worte wie Hierarchie, Kontrolle und Plan verwendet habe. Das sind Begriffe aus dem Industriezeitalter. Stattdessen spreche ich von Konsistenz, Kumulation, Grenzen und Fokus. Erinnern Sie sich daran, dass das Ziel darin besteht, „spontane Ordnung" zu schaffen. Doch wie entsteht diese Ordnung? Sie muss einem Strom radikaler Innovation entspringen, der zu fließen beginnt, sobald Sie Innovation zu einer im gesamten Unternehmen verbreiteten Fähigkeit werden lassen.

Die Strategie finden

In jedem Ideenfluss offenbart sich irgendein tiefer liegendes Muster. Der Trick besteht darin, nach Mustern zu suchen, nach konsistenten Formen und kumulativen Vorgehensweisen, die über alle Ideen, Experimente und Ventures hinweg Größen- und Verbundvorteile erschließen. Solche Muster haben viele Erscheinungsformen:

- *Treue gegenüber einem Standard*, wie zum Beispiel die Treue von Microsoft gegenüber dem Betriebssystem Windows, das sowohl innerhalb als auch außerhalb des Unternehmens Hunderte von kleinen, auf dem Windows-Standard aufbauenden Innovationen hervorgebracht hat.
- *Eine großflächig verteilte Kernkompetenz*, wie die auf kumulativem Lernen basierende Kompetenz von GE Capital im Bereich des Risikomanagements und der Strukturierung von Geschäften.
- *Eine Reihe von Werten, die mit einer Marke verbunden sind*, sich vielseitig umsetzen lassen und dadurch Verbundvorteile hervorbringen, wie es bei Virgin und Disney der Fall ist.

- *Eine gemeinsame Kundenbasis*, die man am besten durch Koordinierung bedienen kann. Nach dieser Logik hat Amazon.com gehandelt, als es eine breite Vielfalt von „Läden im Laden" schuf, statt jeden Laden zu einer völlig unabhängigen Einheit zu machen.

Diese Muster liefern die *Logik eines Unternehmens*. Sie liefern das verbindende Gewebe, durch das ein Unternehmen mehr wird als eine Ansammlung einzelner Projekte. Die Feststellung, dass ein Unternehmen mehr sein muss als die Summe seiner Teile, ist nicht neu. Neu ist jedoch, in welcher Weise die Summierung vollzogen wird. Dies kann nicht mit irgendeiner großartigen Erklärung aus der Chefetage darüber beginnen, „in welchem Geschäft wir sind". Eine solche Summierung kann auch nicht von einer Gruppe von Bereichsleitern stammen, die ein gemeinsames Leitbild erarbeiten. Und sie sollte sicherlich auch nicht als panikartige Reaktion auf die Forderung von Aktienanalysten nach einer wasserdichten Strategie entstehen. Stattdessen muss sie aus dem Strom an Innovationen herausgefiltert werden, der aus den fruchtbaren Gedanken einzelner Mitarbeiter durch das gesamte Unternehmen fließt.

Leitende Manager können zwar nicht länger die einzige Quelle für neue Geschäftskonzepte sein, aber es gehört zu ihren Aufgaben, den Flickenteppich radikaler Innovation von einer höheren Warte aus zu überblicken, um die interessanten und wertschöpfenden Muster entdecken zu können. Ein bestimmtes Set an Möglichkeiten, das es erlaubt, eine spezielle Art von Größen- und Verbundvorteilen herauszubilden, wird das Unternehmen in die eine Richtung drängen; ein weiteres Set an Möglichkeiten, das andersartige Synergiepotenziale enthält, wird das Unternehmen in eine andere Richtung leiten.

Bei Cisco ist es weniger eine spezielle Technologie als vielmehr das Kundenmanagement, das unzählige Mengen von Produkten in Kundenlösungen verwandelt und die vorherrschenden Argumente dafür liefert, in welche Bereiche das Unternehmen einsteigt und in welche nicht. Daher überrascht es nicht, dass es Cisco weit leichter fällt, eine neue Technologie zu übernehmen als etwas an seiner Kundenausrichtung zu verändern. (Da die Netzwerke zunehmend bis in die privaten Haushalte hineinreichen, wird es interessant sein zu beobachten, ob Cisco dort ebenso große Gewinne verzeichnen können wird wie bisher mit den Fortune-500-Unternehmen.) Im Gegensatz dazu hat sich Microsoft stets auf den Windows-Standard festgelegt. Microsofts Innovationen – von Windows CE, Internet Explorer und Microsoft Office bis zu Windows NT – stützen sich alle auf eine gemeinsame Grundarchitektur. Auf Windows basierende Produkte sind über eine fast unendliche Zahl von Kanälen für ein breites Kundenspektrum verfügbar. Microsoft ist hinsichtlich seiner Vertriebskanäle und Kunden tatsächlich ebenso agnostisch, wie es Cisco in Sachen Technologie ist.

Die Beispiele Cisco und Microsoft veranschaulichen einen entscheidenden Punkt: Während die Erzeugung von Ideen keinen Beschränkungen unterworfen werden sollte, ist ein Unternehmen gezwungen, Entscheidungen darüber zu fällen, worauf es seine Energien konzentrieren will. Wichtig ist allerdings, dass derartige Entscheidungen nicht die Möglichkeit spontaner Innovationen ausschließen. Aus diesem Grund braucht jedes Unternehmen gut funktionierende interne Innovationsmärkte, die entstehende Ideen mit entsprechenden Ressourcen versorgen und voranbringen, sodass sie das Experimentierstadium passieren können. An irgendeinem Punkt benötigen auch die aussichtsreichsten Experimente große Geldspritzen. An dieser Stelle muss das leitende Management eine Auswahl darüber treffen, welche Muster es verstärken und welche es abschwächen will.

Diese Entscheidungen müssen auf einer unangreifbaren und klar zum Ausdruck gebrachten Logik aufbauen: „Wir werden weitere Wertschöpfungsmöglichkeiten erschließen, indem wir diese spezielle Größen- und Beziehungsdimension nutzen, während die Nutzung irgendeiner anderen Dimension weniger interessant für uns ist." Im Lauf der Zeit werden diese Entscheidungen den Innovationsprozess beeinflussen. Und zwar – wie gesagt – nicht dadurch, dass das Topmanagement irgendwelche Arten von Innovation verbietet. *Nichts* ist verboten. Vielmehr beginnen die Revolutionsanwärter schrittweise zu erkennen, dass sie durch die Nutzung gemeinsamer Fähigkeiten und Kompetenzen oder durch den Zugang zu einer großen Kundenbasis Größen- und Verbundvorteile gewinnen, die ihren Ideen zusätzlichen Auftrieb verleihen.

In jedem Ideenfluss offenbart sich irgendein tiefer liegendes Muster.

Selbstverständlich können diejenigen, die sich in andere Richtungen bewegen möchten, dies immer noch tun, und es wird Mechanismen geben – Lizenzen, Spin-offs und Allianzen –, die auch eine Wertschöpfung durch Ideen ermöglichen, die nicht zu der sich abzeichnenden Unternehmensstrategie passen. Gelegentlich werden solche Ideen „jenseits der Grenzen" derart überzeugend und wertvoll sein, dass sie das Unternehmen zwingen, die Substanz seiner Strategie neu zu definieren. Dies war bei GE der Fall, das inzwischen niemand mehr als „Industrie"-Unternehmen betrachtet. In diesem Sinn *findet* das Topmanagement eher eine Strategie, als dass es sie *entwickelt*.

Natürlich gibt es bereits tief verwurzelte Muster, die über die Art der Strategieentwicklung in Ihrem Unternehmen bestimmen. – Ich habe diese Muster als Orthodoxien bezeichnet. Aber bei ihnen handelt es sich um Muster des Überkommenen, nicht um Muster des Möglichen. Nehmen Sie also bitte nichts von dem, was ich eben gesagt habe, als Entschuldigung dafür, die Definition Ihrer gegenwärtigen Unternehmensstrategie einfach in Beton zu gießen. Führen Sie sich vor Augen, dass eine Unternehmensstrategie *aus einem Strom von Innovationen destilliert* werden muss. Wenn es Ihnen nach wie vor an einem Strom nicht linearer Geschäftskonzepte sowie seltsamer und wunderbarer Experimente mangelt, dann müssen Sie genau hier ansetzen. Bauen Sie keinen Staudamm, bevor Sie keinen Zufluss haben.

SIND SIE BEREIT FÜR DIE REVOLUTION?

Ist Ihr Unternehmen auf das Zeitalter der Revolution vorbereitet? Hat es sich unwiderruflich dazu verpflichtet, die Komponenten der neuen Innovationslösung aufzubauen? Hat sein Topmanagement damit aufgehört, Strategien „entwickeln" zu wollen, und ist es bereit, sie zu „finden"? Beantworten Sie folgende Fragen, um dies herauszufinden:

- Wurden den einzelnen Mitarbeitern das nötige Training und die erforderlichen Instrumente zur Verfügung gestellt, um Innovationsträger für Geschäftskonzepte zu werden?

- Orientieren sich die Maßstäbe in Ihrem Unternehmen ebenso stark an Innovation und Wertschöpfung wie an Optimierung und Wertbewahrung?

- Unterstützt Ihr IT-System einen unternehmensweiten elektronischen Marktplatz für Innovation?

- Hat sich Ihr Unternehmen darauf verpflichtet, seine zentralen Managementprozesse völlig neu zu entwerfen, um sie innovationsfreundlicher zu machen?

- Dreht sich das „Innovationsrad" in Ihrem Unternehmen schnell oder wird dessen Tempo durch die Geschwindigkeit der Quartalsabläufe und der jährlichen Prozesse gebremst?

- Wissen Entrepreneur-Anwärter, wie man auf der Grundlage radikaler Ideen Experimente aufbaut?

- Gibt es formale Verfahren, durch die das Lernen aus Innovationsexperimenten bewahrt und überwacht werden kann?

- Stehen in Ihrem Unternehmen die besten Mitarbeiter für die besten neuen Ideen zur Verfügung, selbst wenn sich diese Ideen noch im Frühstadium ihrer Entwicklung befinden?

- Existiert in Ihrem Unternehmen explizit ein Ideen-Portfolio, ein Experimente-Portfolio und ein Venture-Portfolio?

- Ist Ihr Unternehmen flexibel genug, um institutionell das richtige Dach für vielversprechende Ventures zu entwickeln?

- Trauen Sie es *Ihrem* Unternehmen zu, die Verantwortung für die Umwandlung der bestehenden Agenda zu übernehmen?

Verzweifeln Sie nicht, wenn Sie häufiger mit „Nein" als mit „Ja" geantwortet haben. Von 100 Unternehmen gibt es nicht eines, das sich bereits ganz und gar der Aufgabe verschrieben hat, die neue Innovationslösung umzusetzen. Worauf es ankommt, ist das, was Sie als Nächstes tun werden.

Sind Sie bereit, sich zur neuen Innovationsagenda zu bekennen?

DIE NEUE INNOVATIONSAGENDA

Kontinuierliche Verbesserung	und	nichtlineare Innovation
Produkt- und Prozessinnovation	und	Geschäftskonzept-Innovation
„Freisetzung" von Werten	und	Wertschöpfung
Glück	und	Fähigkeit
Visionäre	und	Aktivisten
Wissenschaftler, normale Mitarbeiter	und	Silicon Valley

Sind Sie bereit, mit der Arbeit an der neuen Innovationslösung zu beginnen? (Vergleichen Sie dazu die Abbildung: „Die Innovationslösung".)

Sie können jetzt anfangen und sich an die Spitze stellen, oder Sie können warten und an einem Gefecht der Nachhut teilnehmen. Was wird geschehen?

DIE INNOVATIONSLÖSUNG

ENTWICKLUNGSREGELN FÜR EINE RADIKALE INNOVATION

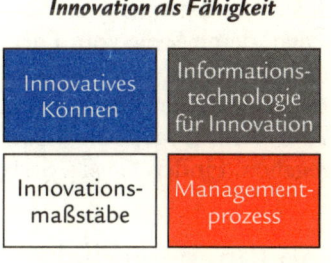

AKTIVISMUS

SIND *SIE* EIN REVOLUTIONÄR?

Es spielt keine Rolle, ob Sie der Boss oder ein armer Schlucker in einem winzig kleinen Büro sind. Es ist gleichgültig, ob Sie mit einer Gulfstream V fliegen oder mit einem Stadtbus fahren. Es ist egal, ob Sie über eine Legion von Anhängern befehlen oder nur über Ihren PalmPilot. Alles, worauf es ankommt, ist, ob Ihnen wirklich daran gelegen ist, von dem Ort aufzubrechen, an dem Sie sich befinden.

Beantworten Sie also folgende Fragen: Ist Ihnen Ihre Integrität wichtig genug, um die Wahrheit zu sagen und die kleinen Lügen in Frage zu stellen, die die Zukunft Ihres Unternehmens gefährden? Ist Ihnen die Zukunft hinreichend wichtig, um das Vorangegangene zu hinterfragen und den Finger in die Wunde der Tradition zu legen? Liegt Ihnen genug an Ihren Kollegen, um ihnen dabei zu helfen, die Tretmühle des Fortschritts zu verlassen? Bedeuten Ihnen die herrlichen Veränderungen, die Sie in dieser Welt bewirken könnten, so viel, dass Sie es versuchen und sie mit Ihrem bloßen Herzen verändern werden? Ist es Ihnen so wichtig, in den 80 Prozent Ihres Lebens, die Sie der Arbeit widmen, einen Sinn und eine Bedeutung zu finden, dass Sie in Ihrem Unternehmen eine entsprechende Bewegung ins Leben rufen? Liegt Ihnen so viel an dem kreativen Impuls, der in der Brust jedes Menschen schlummert, dass Sie jedem dabei helfen, zur Revolutionärin oder zum Revolutionär zu werden? Ist Ihr Wunsch, etwas Wundervolles und Überraschendes für die Kunden zu tun, so groß, dass Sie Ihre bequeme Stellung aufs Spiel setzen?

Los, sagen Sie schon: Liegt Ihnen genug daran, die Revolution anzuführen?

Ich habe dieses Buch mit einer einfachen Beobachtung begonnen: Zum ersten Mal in der Geschichte ist unser Erbe nicht länger unser Schicksal. Unsere Träume sind nicht länger Fantasien, sondern Möglichkeiten. Kein menschliches Wesen, das je gelebt hat, würde nicht gern in unserer heutigen Zeit leben – genau in diesem Augenblick, der so voller Verheißung ist.

Unter all Ihren Vorfahren, unter den unzähligen Generationen, die keine Hoffnung auf Fortschritt hatten, unter all jenen, deren Seele vom Fortschritt betrogen wurde, sind Sie es, der (oder die) jetzt an der Schwelle zu einem neuen Zeitalter steht – dem Zeitalter der Revolution. Sie können sich unglaublich glücklich preisen. Schwanken Sie nicht. Zögern Sie nicht. Ihnen wurde diese Chance aus gutem Grund gegeben. Finden Sie sie. Stellen Sie sich an die Spitze der Revolution.

> Alles, worauf es ankommt, ist, ob Ihnen wirklich daran liegt, von dem Ort aufzubrechen, an dem Sie sich befinden.

ANMERKUNGEN

1. Das Ende des Fortschritts

1 Ross Sorkin, Andrew, „Internet Stock Fever Spreads to Britain as Freeserve Surges", in: *The New York Times on the Web*, 27. Juli 1999, www.nytimes.com.
2 Cavanaugh, Katherine, „Bandwidth's New Bargaineers", in: *Technology Review – MIT's Magazine of Innovation*, November/Dezember 1998.
3 Patterson, Simon u. Clark, Gordon, „Net Firms Show How to Balance Risk and Reward", in: *Sunday Times (London)*, 31. Oktober 1999, Beilage 3.
4 „Competion 2000", eine unveröffentlichte Umfrage, die von MCI gesponsert und vom The Gallup Institut durchgeführt wurde.
5 Hamel, Gary u. Prahalad, Coimbatore K., „Competing for the Future", Boston 1994 (dt.: Wettlauf um die Zukunft, Wien 1995).
6 „P&G to Slash 15 000 Jobs, Shut 10 Plants", in: *Wall Street Journal*, 10. Juni 1999.
7 Cowell, Alan, „Drastic Cuts Are in Store for Unilever", in: *San Jose Mercury News*, 23. Februar 2000.
8 ConAgra Products, unter: www.conagra.com/product.html.
9 Moran, Susan, „The Candyman", in: *Business 2.0*, Juni 1999, S. 66–67.
10 Handy, Charles, *The Alchemists*, London 1999.

2. Steigende Erwartungen, sinkende Renditen

1 Deogun, Nikhil u. Lipin, Steven, „When the Big Deal Turns Bad", in: *Wall Street Journal*, 8. Dezember 1999.
2 Vgl.: „Addicted to Mergers?", in: *Business Week*, 6. Dezember 1999, S. 85.
3 Berechnungen durch Strategos.
4 Williams, Tish, „WorldCom's Big Bluffer", in: *Upside Today*, 14. Juli 1999; www.upside.com/texis/mvm/daily_tish?id=37649f420.
5 Solomon, Jolie, „When Cool Gets Cold", in: *Newsweek*, 30. März 1998, S. 37.
6 Markoff, John, „Silicon Valley Accelerates to Web Speed", in: *International Herald Tribune*, 4. Juni 1996.
7 „Primetime Network Ratings and Shares", Nielsen Media Research, 2000.
8 Zitiert nach: Carter, Bill, „As Their Dominance Erodes. Networks Plan Big Changes", in: *New York Times*, 11. Mai 1998.

3. Geschäftskonzept-Innovation

1 Wilson, Marianne, „Say Chic – C'est Sephora", in: *Chain Store Age*, Juli 1998, S. 134.
2 Quick, Rebecca, „New Web Sites Let Kids Shop, Like, Without Credit Cards", in: *Wall Street Journal*, 14. Juni 1999.
3 Templin, Neal, „Electronic Kiosk Checks in Guests at More Hotels", in: *Wall Street Journal*, 16. Februar 1999.
4 Deger, Renee, „Hitting the Jackpot", in: *The Recorder/Cal Law*, 6. Januar 2000; www.lawnewsnetwork.com/stories/A12840-2000Jan5.html.
5 Maney, Kevin, „Media Deal Will Change How Musicians Peddle Their Products", in: *USA Today*, 19. Januar 2000.
6 Coleman, Calmietta Y. u. Beck, Ernest, „Retailers from U.S. and Europe Form Internet Supply Exchange", in: *Wall Street Journal*, Interactive Edition, 3. April 2000; www.interactive.wsj.com/archive.
7 Henig, Peter D., „And Now, EcoNets", in: *Red Herring*, Februar 2000, S. 96–108.
8 Siklos, Richard u. Barrett, Amy, „The Net-Phone-TV-Cable Monster", in: *Business Week*, 10. Mai 1999, S. 32.
9 Interview mit Gordon Moore, in: *PC Magazine*, 25. März 1997, S. 236.
10 United Rentals, www.unitedrentals.com, 23. August 1999.
11 Hiltzik, Michael A., „Dealers of Lightning: Xerox PARC and the Dawn of the Computer Age", New York 1999.

4. Seien Sie Ihr eigener Visionär

1 Vgl.: „Garbage In, Garbage Out", in: *The Economist*, 3. Juni 1995, S. 70.
2 Warner, Fara u. White, Joseph B., „New From Japan: Bar Stools on Wheels", in: *Wall Street Journal*, 25. Oktober 1999.
3 Vgl.: Kavanagh, Michael, „Porn Will Continue to Dominate Web Revenue", in: *Marketing Week*, 27. Mai 1999, S. 43.
4 Diese Unterscheidungen wurden mit freundlicher Genehmigung von Elsevier Science übernommen aus: Krogh, Georg von u. Roos, Johan, „Conversation Management", in: *European Management Journal*, Bd. 13, 1995, S. 393.

5. Unternehmensrebellen

1 Meyerson, Debra E. u. Scully, Maureen A., „Tempered Radicalism and the Politics of Ambivalence and Change", in: *Organizational Science*, 6, Nr. 5, September–Oktober 1995, S. 585-600.
2 Guth, Robert A., „Inside Sony's Trojan Horse", in: *Wall Street Journal*, 25. Februar 2000.

6. Los, revoltieren Sie!

1 Alinsky, Saul D., „Rules for Radicals": *A Practical Primer for Realistic Radicals*, New York 1989 (dt.: „Die Stunde der Radikalen", Berlin und München 1974).
2 Rogers, Mary Beth, „Cold Anger": *A Story of Faith and Power Politics*, Denton, TX, 1990, S. 88.

7. Ergraute Revolutionäre

1 Schonfeld, Erick, „Schwab Puts It All Online", in: *Fortune*, 7. Dezember 1998, S. 94.
2 Nocera, Joseph, „Cooking with Cisco", in: *Fortune*, 25. Dezember 1995, S. 114.
3 Drexhage, Glenn, „How Cisco Bought Its Way to the Top", in: *Corporate Finance*, Juni 1998, S. 21.
4 Nee, Eric, „Interview with John Chambers of Cisco Systems, Inc.", in: *Upside Magazine*, 30. Juni 1996, S. 54.
5 Kupfer, Andrew, „The Real King of the Internet", in: *Fortune*, 7. September 1998, S. 84.

8. Innovationsregeln entwickeln

1 Waldrop, M. Mitchell, „Complexitiy": *The Emerging Science at the Edge of Order and Chaos*, New York 1992, S. 241f.
2 Vgl.: Frankl, Viktor E., „Man's Search for Meaning", New York 1984, (dt. „Der Mensch vor der Frage nach dem Sinn", München [8] 1996), S. 17.
3 Stevens, Tim, „Breaking Up Is Profitable Too", in: *Industry Week*, 21. Juni 1999, S. 28-34.
4 Krantz, Matt, „Online Worker's Windfall Could Flatten Investors", in: *USA Today*, 26. Oktober 1999.
5 Boudette, Neal E., „How a Software Titan Missed the Internet Revolution", in: *Wall Street Journal*, 18. Januar 2000.

9. Die neue Innovationslösung

1 Kerr, Steve, „On the Folly of Rewarding A, While Hoping for B", in: *Academy of Management Journal*, 18 (Dezember 1975), S. 769-783.

Danksagung

Mögliche Mängel dieses Buches gehen ausschließlich auf mich zurück, seine möglichen Stärken dagegen sind im in hohem Maß den großzügigen Beiträgen anderer zu verdanken. In weiten Teilen ist das vorliegende Buch ein Produkt dessen, was meine Kollegen bei Strategos und ich von den vielen Tausend Einzelpersonen gelernt haben, mit denen wir im Rahmen unserer weltweiten Innovationspraxis zusammenarbeiten durften.

Ich bin Linda Yates, meiner Mitbegründerin von Strategos, zu Dank verpflichtet, weil sie mich dazu ermutigte, ein Buch zu schreiben, das sich nicht nur an leitende Manager und Unternehmenschefs wendet, sondern an jeden Einzelnen im Unternehmen, der sich seinen kreativen Geist und seine intellektuelle Neugier bewahrt hat.

Peter Skarzynski, der CEO von Strategos, schulterte einen unverhältnismäßig großen Teil der Führungspflichten, als ich mir frei nahm, um dieses Buch zu schreiben. Hierfür danke ich ihm. Ich bin ihm und seinen Kollegen außerdem dankbar, weil sie so überzeugend bewiesen haben, dass die im vorliegenden Buch beschriebenen Prinzipien tatsächlich revolutionäre Leidenschaften entzünden und regelverletzende Strategien hervorbringen können, und zwar in Unternehmen jeder Größe und Form.

Professor Peter Williamson vom INSEAD, der Gründer des Strategos Institute, war mir eine wichtige Hilfe bei der Entwicklung mehrerer zentraler Grundthemen dieses Buches. Mark Bonchek und Robert Chapman Wood, Mitglieder des schöpferischen Forschungsteams am Institut, haben dankenswerterweise dabei geholfen, die Idee der „Innovationsstile" zu präzisieren und viele der Innovationshindernisse zu beleuchten, die in großen Unternehmen bestehen. Ebenso haben Pierre Loewe und David Crosswhite einen wichtigen Beitrag zu dem am Institut herrschenden Innovationsverständnis und damit auch zu meiner eigenen Sichtweise geleistet.

Peter Birkeland war ein Jahr lang mein persönlicher Forschungsmitarbeiter. Er hat sich den Weg durch eine Flut von Finanzdaten gebahnt, um nachdrücklich die sinkenden Renditen dokumentieren zu können, die durch Kostensenkung, Reengineering und andere inkrementelle Verbesserungsprogramme erreicht wurden. Michael Hickcox, ein außergewöhnlich fähiger Forscher, hat viele der Anekdoten erarbeitet, die im vorliegenden Buch immer wieder zur Beweisführung verwendet werden.

Liisa Valikangas und Amy Muller, die ebenfalls am Strategos Institute arbeiten, haben mich auf vielfältige Weise informiert und hinterfragt. Ihr Erfolg bei der Entwicklung von Instrumenten und Methoden für „strategische Aktivisten" hat mich zusätzlich in meiner Überzeugung bestärkt, dass so genannte normale Angestellte tatsächlich selbst das größte und engstirnigste Unternehmen umkrempeln können.

Ellen Pruyne, Forscherin an der Harvard Business School, unterstützte mich dabei, wichtige Parallelen zwischen politischem und unternehmerischem Handeln zu erkennen.

Erick Schonfeld ließ sich sechs Monate lang von seinen journalistischen Pflichten bei *Fortune* beurlauben, um mir bei der Vorbereitung der Hauptabschnitte des Manuskripts zu helfen. Bei der Dokumentation der Erfolge, die im wirklichen Leben durch Unternehmensaktivisten erreicht wurden, sowie bei der Beschreibung der Praktiken jener Unternehmen, die das Geheimnis permanenter Innovation aufgedeckt zu haben scheinen, spielte er als Forschungspartner, Resonanzboden und Autor eine entscheidende Rolle. Seine Begeisterung, Sorgfalt und Professionalität waren ein Segen.

Es gibt zahlreiche Personen, die mir erlaubt haben, sie in ihren vielfältigen Beschäftigungen zu unterbrechen, um mir die Möglichkeit zu geben, die Problematik revolutionärer Strategieentwicklung besser zu verstehen. Faith Popcorn, Jim Barksdale, Andy Bechtolsheim, Jim Clark, John Seely Brown, Marc Andreessen, Bill Gross, Alan Kay, John Naisbitt, Nick Negroponte und Jim Taylor vermittelten mir einen genaueren Eindruck davon, welche Voraussetzungen ein Visionär, Ketzer und Dauerrevolutionär erfüllen muss. Mutige Aktivisten wie John Patrick, David Grossman, Ken Kutaragi und Georges Dupont-Roc nahmen sich die Zeit, mir die notwendigen Erfordernisse zu erläutern, um große, komplexe Unternehmen zu verändern, in denen man *nicht* der Chef ist. Und Manager von Cisco, GE Capital, Charles Schwab, Enron, Disney, Virgin und Shell halfen mir dabei, einige der Geheimnisse permanenter Innovation zu lüften.

Marjorie Williams von Harvard Business School Press bewies in ihrer Funktion als Lektorin eine außergewöhnliche Geschicklichkeit. Sie straffte das Manuskript auf vielfältige Weise. Zu Beginn dieses Projekts bat ich das HBS-Press-Team, mir dabei zu helfen, ein Buch zu schaffen, das nicht wie einer dieser typischen bombastischen Wirtschaftswälzer aussehen würde. Das Maß, in dem uns dies gelungen ist, ist zum Großteil dem hervorragenden, von Mike Fender und Anton Marc entworfenen Herstellungsprogramm der HBS-Press zu verdanken. Dank gebührt auch Carol Franco, der Direktorin von HBS-Press, die alle Verlagsmitarbeiter so begeistert und vorbehaltlos auf den Erfolg dieses Buches einschwor. Es mag der Hinweis genügen, dass ich es als ein unschätzbares Privileg betrachte, mit dem HBS-Press-Team zusammenarbeiten zu dürfen, zu dem auch Chuck Dresner, Genoveva Llosa, Katie Mascaro, Sarah McConville, Greg Mroczek, Barbara Roth, Gayle Treadwell und Leslie Zheutlin gehören.

Mehr als allen anderen ist die Existenz dieses Buches jedoch Grace Reim zu verdanken. Zusätzlich zu ihren beträchtlichen Verpflichtungen innerhalb des Stratego Institute übernahm sie bereitwillig die Aufgabe als Projektmanagerin für eine Sache, die sich als eine zwei Jahre dauernde, weltumspannende Unternehmung erweisen sollte. Der Umfang ihrer Mitwirkung ist kaum zu bemessen – angefangen mit der Übernahme unzähliger Aufgaben, damit ich Zeit zum Forschen und Schreiben fand, über die Organisation zahlreicher Interviews und die Verhandlung mit Agenten und Verlegern bis hin zu den Aufmunterungen, die sie mir zukommen ließ, wenn ich den Faden verlor und die Aufgabe kaum zu bewältigen schien. Ihre außerordentliche Kompetenz und ihr unermüdliches Engagement haben dieses Buch ermöglicht. Ich werde für immer in ihrer Schuld stehen.

Register

3Com 126, 269
3M 53, 310
ABC, Inc. 70
Adams, Samuel Hopkins 180
Adobe Systems 51, 55
Advanced Micro Devices (AMD) 129
Adventist Health System 105
Aerospatiale Matra 111
Agilent 53, 310
Airbus Industrie 111
Akamai 47
Akers, John 47
Aktienindizes 71
Aktienmärkte 63
Aktienoptionen 46, 51, 54, 58f., 182f., 313, 350
Aktienpreis 54, 225, 260
Aktienrückkäufe 31, 50, 54–56, 59, 68
Aktionär(e) 25, 31, 37, 45, 48, 53f., 68, 115, 181, 215, 230, 234, 262, 271, 313, 347
Aktivismus s. Aktivisten
Aktivisten 36–38, 40f., 179–182, 184, 196, 205, 215, 219–223, 229–231, 234f., 238f., 243, 262, 317, 321, 323, 325–327, 337, 339f., 361
Albertson's 52
Alcatel 275
Alinsky, Saul 231f.
AllAdvantage.com 27
Allen, Paul 80
Allen, Robert 47
Allstate 55
Amara, Roy 155
Amazon.com 9, 20, 29, 31f., 40, 46–48, 79, 91, 94f., 245f., 275, 290, 332, 354, 357
AMD s. Advanced Micro Devices
Amelio, Gil 47
America Online s. AOL

America West Airlines 128
American Airlines (AMR) 51, 55, 66, 116, 128, 283
American Express 121
Ameritech 59f.
Amnesty International 180
Amoco 57, 62
AMR s. American Airlines
Andersen Consulting 20, 183, 313, 355
Andreessen, Marc 159, 167
Angleichung 90, 130, 132, 178f., 226, 274, 292, 309; s. a. Harmonisierung
Anheuser-Busch 291
Animal Planet 70
Anlageberater s. Finanzdienstleister u. Brokerbranche
Anlagegeschäft s. Finanzdienstleister u. Brokerbranche
Anliegen 195, 200, 211, 215, 222f., 225, 228f., 231–234, 237f., 260, 286–288, 316
Annäherung s. schrittweise Annäherung
Anschutz, Philip 95
Anthony, Susan B. 179
AOL (America Online) 18, 20, 27, 46f., 122, 126f., 245, 354
Apple Computer 16, 20, 33, 47, 92, 125, 135, 298
Applied Materials 33
Ariba 17, 20, 47, 314
Aristoteles 156
Armstrong, C. Michael 65, 127
Arnault, Bernard 132
Arthur, W. Brian 119f.
Ascend Communications 272
AST Research 46
AT&T 47, 53, 59–62, 65, 67, 94, 126f., 255, 310
ATM (Asynchronous Transfer Mode) 271f.

Aufrichtigkeit/aufrichtig s. Ehrlichkeit
Ausdehnung 62, 297, 352
Ausführung und Support 99–102
Ausgliederung s. Auslagerung
Auslagerung s. Outsourcing
Aussperren der Konkurrenten 119, 124
Autodesk 55
Automobilbranche s. Automobilindustrie
Automobilindustrie 36, 96
AutoNation 167

B. Dalton 17
Bandbreite 94, 225, 246, 255–257, 298, 315
Bank/Banken s. Bankgeschäft
Bankgeschäft 165, 170, 186
Barnes & Noble 94f., 350
Bay Networks 269
Bear, Stearns 55
Beastie Boys 106
Bechtel 19, 100, 131, 355
Bechtolsheim, Andy 272–274
Bell Atlantic 59
Bell Labs 39
Benenson, Peter 180
Bereich s. Wettbewerbsbereich
Bertelsmann 16
Bescheidenheit/bescheiden s. Demut
Best Buy 64
Best Practice(s) 24, 36, 63, 68, 132, 136, 292
Beteiligung 14, 106, 114, 305, 313f., 335
betriebliche Beweglichkeit 133
Betriebsergebnisse 203
Beweglichkeit s. betriebliche Beweglichkeit
Bewegung 38, 180–182, 215, 219f., 227, 229, 362
Beziehungsdynamik 99, 104f.
Bezos, Jeff, 32, 290
Bloomingdale's 84

BMW 103f., 131
Body Shop, The 32, 34, 147, 290
Boeing 39, 106, 111, 129, 206
Boston Consulting Group 123
Boston Scientific Group 125
BP Amoco, Plc. 57, 62
Brady, Sarah 180
BrainReserve 156, 160
Branche, Definiton 63f., 329, 333
Branche, Grenzen 7, 71
Branchenrevolutionär 20, 26f., 30f., 33, 73, 88, 119, 130, 132, 137, 142, 145f., 150, 157, 162, 244, 322, 331
Branson, Richard 98, 290, 295, 310
Break-even 134
Breitband 61, 126, 142, 204, 255f.
Breitbandgeschäft 252, 256, 298, 351
Breitbandtechnologie 246
Brennstoffzellen 39
Brent Spar 211, 231
Bridge Communications 269
British Aerospace 111
Broadcast.com 117
Broker s. Brokerbranche
Brokerbranche 260
Brown, John Seely 161, 169
Brown, Linda Carol 180
Brutkasten/Brutkästen 114, 236f., 307, 352
Building Industry Association 96
Bündnis(se) 109, 111f., 226–229
Burgmans, Antony 25
Business Schools 7, 34, 78, 80–83, 91, 285
Butterfield & Butterfield 20

Cable & Wireless, Plc. 62
Cable News Network s. CNN
Cadillac 131
Callcenter 150, 264f.
Calloway, Eli 149
Cambridge University 83, 120
Canavino, Jim 187f.

Carrefour 112
CarsDirect.com 145
CASA 111
Caterpillar 322
CD-ROM 193, 201, 204
CEOs 23f., 29, 58f., 62f.
Chambers, John 267f., 270, 273–275
Chanel 85, 87
Charles Schwab & Co. 10, 26, 31, 47, 49, 61, 245, 258–267, 276, 282–284, 286–288, 314, 341, 352
Charney, Howard 109, 273
Chevrolet 169
Chief Executive Officers s. CEOs
Chief Information Officers s. CIOs
Christian Dior 132
Chruschtschow, Nikita 239
Chrysler 16, 59, 64, 97, 98, 111
Churchill, Winston 208
CIOs (Chief Information Officers) 29
Cisco Systems 19, 33, 40, 47–49, 67, 70, 109, 121, 126, 133, 245f., 267–276, 298, 354, 358
Citigroup 15, 57
Clark, Jim 226, 290,
Clausewitz, Karl von 126
Clemmons, Lynda 251f.
Clorox 28
CMGI 40, 47, 114f., 307
CNN (Cable News Network) 32, 290
Coca-Cola 7, 39, 47, 53
COLT Telecom Group, Inc. 47
Comedy Central 69
Commodore 46
Compaq Computer 17, 25, 30, 33, 47, 53, 69, 183, 197
Computer Associates 17
Computer s. Computerbranche
Computerbranche 33, 355
ConAgra, Inc. 34
Conexant 310
Continental Airlines 128
Cooper Industries 55

Cooper Tire & Rubber 53
Cornell University 184
Costco 332
Crescendo Communications 270
CSC 184
Customer-Relationship 29, 45
Cyber-Business-School 78, 80, 136

DaimlerChrysler 15, 59, 64, 111
Darwin, Charles 157
Data General 113
Daten, exakte 101, 171, 220f.
Dayton Hudson 64; s.a. Target Corporation
De Beers 127
DEC s. Digital Equipment Corporation
Dell Computer 25, 29–33, 46f., 63f., 95, 111, 113, 115, 133f., 197, 246, 335f., 347
Dell, Michael 30, 32
Delta Air Lines 55, 64, 66, 119, 128
Deltar 311
Deluxe Corp. 55
Deming, W. Edward 8f., 36
Demokratie 38, 180f., 222
Demut/demütig 30, 143, 228
Denken, lineares 32
Denken, nichtlineares 24, 96, 300, 346
Denken, unkonventionelles 162
Deregulierung 7, 15, 128, 156, 247, 252, 255
Dienstleistung(en) 25f., 49, 51, 64, 77, 91, 93, 100, 105, 108, 110, 112, 117, 122–124, 130, 136, 163, 184, 196, 267, 276, 284, 288, 329f., 338
Differenzierung 64–67, 77, 83, 92f., 110f., 117, 310
Differenzierungsbasis 89, 92f., 163
Digital Equipment Corporation (DEC) 30, 33, 113, 117, 183, 189
digitale Technologie 16, 197, 244
Dilbert 10, 14, 36, 38

Dillard's 64
Dior s. Christian Dior 132
DirecTV 27
Disney s. Walt Disney Company
Disney, Roy 288
Dixons 18
Dogmen 165, 177, 261
Dom Perignon 132
Double-Stuf-Oreo-Phänomen 28
DoughNET.com 92
Dow Chemical 55
Dow Jones & Co. 60
Dow-Jones-Index, Industriewerte 9, 116, 155
Downsizing 14, 24, 51f., 55; s. a. Rationalisierung
Drexler, Mickey 32, 332
Duke Energy 53, 256
Duke University 82
Dun & Bradstreet 56
DuPont 16, 55
Dupont-Roc, Georges 206–215, 220, 223f., 228f., 231, 233, 235f.
Durchlaufzeiten 321
Duste, Bob 260, 262, 264

E*TRADE 61, 79, 259, 265
Eastman Kodak 7, 17, 47, 51
eBay 9, 20, 31, 35, 47, 94, 121, 144, 290, 294
Ebbers, Bernard 65
Echtzeit 39, 78, 94, 124, 199, 246, 334
EcoNets 114f.
eCRUSH 154
EDS (Electronic Data System) 183f., 252
EES (Enron Energy Services) 253–255, 315
Effizienz 23f., 31, 49–52, 60, 68, 72, 89f., 96, 115, 130f., 164, 169, 178, 244, 246, 251, 283, 294, 298, 328, 330, 335f., 338, 357; s. a. Rationalisierung

Ehrlichkeit 73, 238
Einblick s. Information und Einblick
Einbinden/Einbindung 228
Einfühlungsvermögen 288, 311
Einkünfte s. Einnahmen
Einmaligkeit 97, 117
Einnahmen 18, 34, 51–53, 61, 65, 67f., 108, 124f., 157, 184, 202f., 252, 254, 260f., 265, 269, 271, 283, 308–311, 315, 347
Einzelhandel 17–19, 47, 53, 61, 86, 94f., 108, 112, 130, 237, 252, 264, 290, 331–333
Einzelhändler s. Einzelhandel
Elan (Firma) 149
Electronic Data System s. EDS
E-Mail 37, 100, 102, 151, 154, 185, 187, 221, 228, 230, 273, 334
Emerson, Ralph Waldo 38
Energie 8, 83, 131, 150, 178, 180, 206–212, 227f., 233, 246, 248, 251–254, 275, 313, 324, 330, 332f., 358
Energien, alternative 209, 220, 237, 254
Energie-Outsourcing 252–254, 256, 311, 315, 351
Energiequellen, regenerative 206–208, 210–215, 221–223, 229, 237
Enron 10, 94f., 113, 246–258, 267, 276, 284, 294, 298f., 304, 312, 314f., 351
Enron Communications 255f.
Enron Energy Services s. EES
EnronOnline 246, 249–252, 255
Entdeckungen s. überraschende Entdeckungen
Entfusionierung(en) 31, 53, 56, 310, 331
Entrepreneur(s) 245, 249, 252, 257, 273, 276, 293, 301, 311–315, 329, 337, 340, 343, 346, 352, 360
Erfolg(e) 8, 21–23, 30, 34f., 41, 61, 63, 70–72, 82, 94, 98, 109f., 118, 120, 122, 126f., 130, 135f.,

157, 159, 177, 181, 194f., 197, 200, 205, 212, 215, 234f., 237f., 246, 252, 254, 257f., 263, 266, 268, 276f., 285, 289, 293, 297–299, 302, 306, 311f., 337, 352
Ericsson 112, 197
ERP s. Ressourcenplanung
Erreichbarkeit, permanente 151
Erstemissionen 299
Ertrag/Erträge 20, 46, 48–51, 68, 72, 115, 203, 213, 222, 271, 297, 346; s. a. Rendite
Estée Lauder 84, 87
Estrin, Judy 273
Ethernet 271f.
Experimente-Portfolio 344, 346, 360
Exxon 57, 256

Fähigkeiten, strategische/systemimmanente s. systemimmanente/strategische Fähigkeiten
Fantasie 20–22, 40, 72, 102, 146, 168, 172, 197, 226, 303, 323, 332f., 341, 357; s. a. Vorstellungskraft
Farrell, W. James 312
Federated Department Stores 64
FedEx 29
Feedback 122, 342
Feedbackeffekte 120, 122f.
Fernsehen 70, 117, 156, 204, 258
Fidelity 26, 261f.
Financial Engineering 50, 53, 56
Finanzdienstleister s. Finanzdienstleistungsbranche
Finanzdienstleistungsbranche 258, 261
Flexibilität, strategische 119, 132–134, 144
Fluggesellschaften 64–66, 73, 90, 106, 111, 116, 128
Fokus s. Fokussierung
Fokussierung 130f., 133, 143, 171, 213, 292, 312, 342, 357

Ford Motor Co. 131, 167
Ford, Henry 288
Form (Unterscheidung von Form und Funktion) 170f.
Fortschritts, Zeitalter des 13–15, 21f., 30, 36, 114, 322
Fortune Brands 56
Four Seasons Hotels and Resorts, Inc. 118
Fragen, dumme 167
Frankl, Viktor 289
Freeserve 18, 20
Fujitsu 183
Fukuyama, Francis 21
Funktion (Unterscheidung von Form und Funktion) 170f.
Furchtlosigkeit s. Mut
Fusion(en) 20, 50, 57, 59f., 62f., 68, 128, 130f., 246, 304, 306, 322, 330f., 347
Fuya-Jo 148

Galilei, Galileo 157
GameChanger (Verfahren) 300, 302, 304
Gandhi, Mahatma 37
Gap, Inc. 31f., 47f., 64, 70, 332f.
Gashandel 249, 252, 314
Gates, Bill 22f., 32, 127, 184, 190, 297
Gatorade 127
GE Capital 171, 245, 257f., 267, 282–285, 289, 293f., 304, 308, 309, 341, 352, 357
GE s. General Electric
General Electric (GE) 15, 46, 53, 106, 111, 129, 258, 267, 285f., 308, 359
General Mills 59
General Motors (GM) 30, 47, 51, 55, 64, 107, 114, 131, 134, 152, 167, 237, 291, 303
Gerstner, Lou 183f., 188–190, 196, 229f., 232
Geschäftsbereich, Definition 284–286

Geschäftskonzept(e) 18, 22, 26–28, 30, 35f., 40, 46, 52, 58, 62f., 72f., 77f., 83f., 86–91, 93–95, 99, 104, 107, 111, 113, 115–120, 122, 125–127, 129–136, 145, 150, 163, 177–179, 211f., 220, 222, 234, 236, 246f., 255f., 259f., 263, 265, 268, 271, 275, 281, 286f., 290, 292, 294f., 297, 305, 307, 313f., 322, 324, 327, 329, 331, 334f., 339–341, 343, 346–349, 351–353, 358–360
Geschäftskonzept-Innovation 75, 78, 84, 87f., 90f., 94f., 101, 105, 108f., 119, 141f., 167, 171f., 176–179, 219f., 252, 258, 267, 287, 290, 293, 317, 322, 324–328, 330, 334, 336, 338f., 344, 346, 352, 361
Geschäftsmodell 10, 18, 26–31, 33, 39, 49f., 52–54, 63f., 66, 68–72, 77–80, 83, 84, 86–90, 93, 95, 97, 104, 109, 113, 115–124, 130, 133–136, 143f., 150f., 163, 170, 177–179, 219, 225, 234f., 237, 245, 252, 260, 264, 265, 272, 274, 276, 287, 294, 296–298, 301, 303f., 309, 311, 316, 324, 327, 336–339, 341, 348, 351
Gesundheitswesen 105, 150, 166, 290
Get-Connected 187f., 224, 237
Gewinn 10, 24, 37, 49, 51–53, 60, 62f., 65, 67–69, 84, 115–120, 132, 134, 183, 196, 201, 213, 221, 224f., 251, 254, 259–261, 265f., 271, 282f., 286, 299, 308, 315, 317, 336, 340f., 345, 356, 358
Gewinnspanne 24, 28, 51f., 61, 65f., 116, 125, 202, 225f., 253
Gewinnschwelle 133–135
Gewinnverstärker 115, 117–119, 135, 163, 355
Gibson, William 153

Gillette 28
Givenchy 132
Glasfaserkabel 94f., 246, 255
Glasfasertechnik s. Glasfaserkabel
Glaubenslehre(n) 165, 169, 177, 193, 233, 266, 291; s. a. Orthodoxien
Global Crossing 19
GlobalNetXchange 112
GM s. General Motors
Goldman Sachs 315
Goldwyn, Samuel 143
Gorbatschwow-Syndrom 230
GoTo.com 145
Granite Construction, Inc. 131
Granite Systems 272
Green, Judson 286
Greenpeace 180, 211
Gross, Bill 145, 346, 348
Größe s. Größenvorteil
Größenvorteil(e) 50, 60, 62, 109, 120, 130f., 312, 352, 355
Grossman, David 183–196, 215, 220–222, 229, 233–235
Grove, Andy 32
GTE 59
Gucci 132
Guidant Corp. 125f.

Handy, Charles 40
Harley-Davidson 48, 70, 104
Harmonisierung 323; s. a. Ausrichtung
Harper, Mike 34
Harvard Business School 8, 20, 313
Hasbro 53
Havel, Václav 37, 179
Healtheon 290
Healthy Choice 35
Herkules 55
Hermes 325
Hershey Foods 55
Hertz 130, 168
Hewlett-Packard (HP) 33, 53, 90, 111, 197, 310, 312

Hiltzik, Michael 136
Hitachi 198
Holiday Inn 93
Home Depot 9, 18, 31, 48f., 83, 108, 331f., 347
Homepage 187–189, 346
Honda 67, 148
Honma, Yoshiki 148
Hotmail.com 26f., 100, 296, 305, 354
HP s. Hewlett-Packard
HTML 127, 233
Hughes 27
Huizenga, Wayne 167
Humankapital 178, 205

i2 Technologies 17
IBM Corporation 16, 33, 37f., 47, 51, 55, 113, 183–196, 204, 221, 227–229, 232–238, 252
iCanBuy.com 92
ICG 114, 307
idealab! 145, 341f.
Ideenkapitalist(en) 313
Ideen-Portfolio 344–346, 360
Iger, Robert A. 70
IKEA 21, 26, 28, 144
Illinois Tool Works (ITW) 310–312
iMac 92
Imation 53, 310
infiltrieren/Infiltration 188, 194, 235–238
Information und Einblick 99, 102
Informationstechnologie 28f., 146, 207, 253, 323, 326, 334; s. a. IT-Bereich
inkrementell(Wachstum) 330, 337
Innovation 9f., 18, 22, 24, 26, 28–30, 38f., 46, 49, 52, 60, 77, 79, 82–84, 87, 105, 119, 142, 145, 149, 177f., 196, 237, 239, 245f., 257f., 261–265, 268, 270f., 273, 275–277, 282, 292f., 304, 310–317, 321–327, 328–331, 333–336, 338–342, 346, 349, 352, 356–362

Innovation, nichtlineare s. nichtlineare Innovation
Innovation, radikale 10, 52, 300, 314, 321, 325, 328, 334f., 340, 357
Innovationsagenda 40f., 50, 59, 245, 274, 317, 322, 352, 360f.
Innovationsansatz 36, 257, 271, 273, 275, 277, 300
Innovationsexperimente 360
Innovationsfähigkeit/innovationsfähig 10, 247, 275, 316, 323, 327f.
Innovationsinstrumente 334
Innovationslösung 319, 326, 339, 360f.
Innovationsnetzwerk 334, 354
Innovations-Portfolio 343–345, 347, 353
Innovationsrad s. Rad der Innovation
Innovationsregeln 277, 279, 282, 284, 286, 289, 292, 295, 297, 304, 309, 312, 316, 321, 325–327, 339
Innovationsrendite 324
Innovationsstile 276f.
Innovationssystem 38–40, 78, 87
innovative Geschäftskonzepte s. Geschäftskonzepte
Innovationsträger 9, 39f., 49, 65, 84, 297, 314, 335, 339, 360; s.a. Innovatoren
Innovator(en) 22, 28, 49, 106, 119, 135, 247, 275, 347
Insourcing 275
Instinet 27
Institute for the Future 155
Integration der Versorgungskette s. Supply-Chain-Management
integrieren/Integration 17, 29, 62, 163, 203, 235, 237, 271, 273, 347
Intel 32f., 111, 113, 119, 129, 183, 198, 204, 236, 255, 268, 275
International Data Corporation 170
Internet 15–21, 25–28, 35–37, 78, 83, 91, 99f., 102, 108, 112, 121,

127, 154, 157, 159, 170, 184–196, 204, 221, 224, 227–229, 233, 237, 244, 249, 255, 260, 263–268, 276, 281, 284f., 307, 342, 348
Intranet 37, 187, 228, 302, 334, 347
Iomega 155, 160
Isolieren 235–238
IT-Bereich 252f., 334f.
ITN 117
ITT Industries 55
ITW s. Illionois Tool Works
Ives, Jonathan 92
Ivester, Douglas 47

J. Sainsbury, Plc. 112
J. C. Penney 17, 30, 47, 64f., 331f.
Jacobs, Brad 130
JDS Uniphase 47
Jobs, Steve 33
Johnson & Johnson 125
Juran, Joseph M. 8f., 36
Jurvetson, Steve 296

Kaizen s. kontinuierliche Verbesserung
Kannibalisierung 288, 333; s. a. Selbstausschlachtung
Kasparow, Gary 192, 196
Kay, Alan 146, 164
Kaypro 46
KB Toys 17
Kellogg 39
Kelly, Florence 180
Kernkompetenz(en) 8, 34, 93f., 102, 110, 163, 246, 248, 257, 269f., 276, 285, 304, 321, 330, 351, 357
Kernprozess(e) 93, 95–99, 163, 338
Kernstrategie 51, 62, 88f., 97, 107, 244
Ketzer 146, 162, 164, 167, 179, 219, 339
Kevlar 39
King, Martin Luther 37, 180, 226
Kitchin, Louise 249–252, 295

Kmart 17, 112, 331f.
Knight-Ridder 55
Kodak 7, 17, 45
Ko-Entwickler 341f.
Kohnstamm, Abby 185f.
Komplexitätstheorie 281
Konfiguration 89, 97–99
Konkurrenten, Aussperren der s. Aussperren der Konkurrenten
Können 326–328
Konsistenz 356f.
kontinuierliche Verbesserung 14, 16, 23f., 26, 29, 40, 324, 343f., 361
Konvergenz 62, 65, 72
Kosmetikbranche 84–87, 147, 290
Kostendeckung 134f.
Kostenreduktion s. Rationalisierung
Kostenvorteile 67, 113
Kovacevich, Richard 170
Kreditkartengeschäft 65
Kroger 112
Krug 132
Kultur 160, 169, 188, 233, 255, 267, 274, 276, 285, 305
Kumulation 356f.
Kunden, Beziehung zum 102, 104, 163
Kundennutzen 89, 95, 103, 107f., 115
Kundenschnittstelle s. Schnittstelle zum Kunden
Kunst 69, 144, 146, 154, 161, 268
Kutaragi, Ken 196–205, 215, 223, 229f., 233, 235

Lancôme 84f.
Lay, Kenneth 247, 256f.
LCD (Liquid Cristal Displays) 197
Leemon, Dan 261
Lennon, John 182
Lerneffekt(e) 120, 123, 355
Lernen 10, 22, 40, 68, 79, 122, 145f., 150, 156, 158, 161, 163f., 169f., 172, 176, 179, 181, 215,

220, 233, 245, 276, 287, 289f.,
  301, 308, 341, 343, 348, 351,
  357, 360
Lernprozess 114, 192, 215, 309,
  327, 348f., 356
Level 3 Communications 19f., 59f.
Lieferant(en) 17, 70, 84, 109–113,
  123, 163, 255, 343, 335
Limited, The 55
Liz Claiborne 55
Lobbyarbeit 37, 232
Lockheed 111
London Business School 7f., 82
Louis Vuitton 132
Lucas, George 204
Lucent Technologies 47, 53, 269,
  272, 275, 310
Luftfahrtbranche 64, 66, 73, 90,
  116, 290
Luftfahrtgeschäft s. Luftfahrtbranche
Luftverkehrsgesellschaften s.
  Fluggesellschaften
Lyons, Jeff 260, 262
Lyons, Susanne 262f.

Macy's 84
Maier, Hermann 149
Managementkomitee(s) 291
Managementprozess 326,
  335–338, 360
Mandela, Nelson 36, 179
Manifest 10, 187, 223–226, 228
Mannesmann 20
Marks & Spencer 112
Marktanteil 50, 52, 60f., 126, 128,
  207f., 273, 284f., 311, 336f.
Marktfeld(er) 124, 126
Marktkapitalisierung 30, 56, 183,
  260, 267, 299, 315, 330f., 347,
  355
Marktumfang s. Produkt-/Markt-
  umfang
Marktwert 47, 55f., 299, 329f., 332
Marriott International 51
Maruyama, Shigeo 200f., 229

Maslow, Abraham 39
Maßstäbe 47, 67, 80, 92, 125,
  326, 328f., 333, 360
Maßstabsveränderung 339, 344
MasterCard 92, 121
Matchmaker.com 154
Matsushita 196
May Department Stores 64
Maytag 55
McCallum, Gordon 285
McCracken, Ed 226
McDonald's Corporation 25, 118
McDonnell Douglas 111
McGonigle, John 260–262
MCI WorldCom 61, 63, 65
Megatrends 150
Mengen s. Mengenvorteile
Mengenvorteile 354
mentales Modell 163f., 177–179
Merck 53
Mergers and Acquisitions s. Fusio-
  nen und Übernahmen
Meritokratie 262, 267, 294
Merrill Lynch 48, 72, 244, 258,
  260, 265, 287
Metro AG 112
Michigan Business School 82
Microsoft 22, 27, 30, 32f., 47, 80,
  100, 110, 113, 119f., 126–129,
  135, 171, 183f., 189, 199, 204,
  236, 267, 275, 297, 305, 350,
  354, 357f.
Midwest Express Airlines 116
Mission 286
Mitarbeitertraining 292, 346
Mitgefühl 282
Mitsubishi 15
Mobil 57
Mobiltelefongeschäft 16, 109, 197
Modebranche 132
Moët & Chandon 132
Monsanto 305
Monster.com 27
Moore, Gordon 129
Morita, Akio 199

Morizono, Masahiko 199
Morrison Knudsen 131
Motorola 16, 112, 197, 244, 303, 305
MP3 27
MSX 199–201, 233
MTV 69f.
Murdoch, Rupert 32
Musikbranche 27
Mut 29, 39, 69f., 72f., 148, 180, 183, 199, 203, 233, 238f., 243, 261, 287, 299, 309, 317, 333
Nabisco s. RJR Nabisco
Naisbitt, John 150, 159, 168, 170
Nasdaq 9, 27, 49, 354
NCR 60–62
NEC 198
Nescafé 19
Nestlé 19, 39
NetZero 145
Netzwerk(e) 53, 81, 114, 150, 195f., 228–231, 235, 249, 256, 266, 272, 275, 301, 358
Netzwerkeffekte 60, 120–122, 145, 355
Neueinsteiger 23, 30, 32, 60f., 176, 293, 331f.
New Economy 8, 10, 19, 46, 48f., 83, 114, 245, 268, 275, 303, 309, 354
Newcomer 20, 244, 290, 292, 316; s. a. Neueinsteiger
News Corp 32
nichtlineare Entwicklung 23–25
nichtlineare Innovation 24f., 40, 283f., 324f., 331, 339, 361
nichtlineare Weiterentwicklung s. nichtlineare Entwicklung
Nike 16, 69
Nintendo 197–202, 205, 235
Nissan 17, 67
Nokia 10, 16, 62, 109, 112, 197, 305
Nonfood-Einzelhandel 331
Nordstrom 55

Nortel Networks 269, 275
Northrop-Grumman 51
Northwest Airlines 66, 87, 128
Northwestern Business School 82
Norwest 57
Nostradamus 142
Novell 17, 60, 69

Ogha, Norio 200–202, 230
Old Economy 9, 83, 298, 354
Old Navy 28, 65, 332f.
Olympische Spiele 185, 191f., 194, 196
Omidyar, Pierre 35, 290, 294
Online-Broker 259
Online-Energiehandel 351
Online-Erreichbarkeit 187
Online-Handel 61, 72, 244, 249f., 288
Online-Händler s. Online-Handel
operatives Modell 177f.
Oracle 17
Orchard Supply 108
Ordnung, neue industrielle 15–20, 38
Ordnung, spontane 281, 357
Organisationspyramide 176
Orthodoxie(n) 165f., 266f., 292, 311, 327, 333f., 359; s. a. Glaubenslehre(n)
Osborn 46
Outsourcing 14, 50, 54, 64, 150, 246, 253
Oxford University 83, 120, 142

P&G s. Procter & Gamble
Pai, Lou 252–254, 258, 311
Paine, Thomas 37, 223, 228, 239
PaineWebber 258
PalmPilot 125, 297, 361
Palo Alto, Forschungszentrum (Xerox) 136, 146, 161, 236, 352
Partner 109–111, 113, 163, 309, 349
Passgenauigkeit 89, 115, 118, 350

Patrick, John 183, 186–196, 215, 220f., 224, 228, 231–238
Peripherie 291f., 316
persönliche Vermögensbildung 248, 312–316
Performance 48, 58f., 65, 153, 162, 171, 225, 350
Petchey, Ailsa 294
Peugeot 67
Pez 35
Pfeiffer, Eckhard 30, 47
Pfizer 49
Pfründebesitzer 17, 21, 30, 40, 59, 61, 112, 130, 146, 243–245, 277, 285, 313, 323, 331f.
PG&E 55, 256
Phantomaktien 252, 298f., 315
Phantomoptionen 335
Pharmacia 59
Phelps, Dodge 55
Philip Morris 56, 129
Pixar 153
Plattform-Teams 97, 98
Plattner, Hasso 313f.
PlayStation 37, 197, 202–204, 224, 235
politisches Modell 178f.
Popcorn, Faith 156, 160
Portfolio 101, 133, 306f., 309, 336, 343–350, 353
Pottruck, David 258f., 264–266, 288
Prada 132
Pragmatismus 138
Prahalad, C. K. 24
Praktiken, beste s. Best Practice
Pratt & Whitney 106
Preis-Leistungs-Verhältnis 90
Preisstruktur 99, 105–107, 253
Prince 149
Procter & Gamble (P&G) 7, 19, 24f., 39
Produktivität 24, 82, 204, 210
Produkt-/Marktumfang 89, 91f.
Progressive Insurance 48
Pro-Kopf-Wertschöpfung 299

Prototyp(en) 158, 232, 249, 267, 296, 335, 342

Quaker Oats Co. 60
QUALCOMM 53
Qualität 8–10, 13, 35f., 67, 118, 168f., 225, 294, 316, 322, 324f., 328, 340, 349
Qualitätsbewegung 8, 35f., 325
Quereinsteiger s. Neueinsteiger
Quick & Reilly 260
Quickeninsurance.com 103
Quotesmith.com 72, 103
Qwest 19, 60, 95

R. R. Donnelley & Sons 55
Rad der Innovation 339–342, 360
Rationalisierung 25f., 50–52, 151, 255, 313
Rebell(en) 19, 65, 173, 176, 196, 226, 229, 231, 233, 239, 275, 292, 338
Red Hat 40
Reebok 55
Reengineering 14, 16, 23, 25, 29, 45, 50, 97, 336
Revlon 147
Regeln 18, 28, 60, 78, 85, 87, 142, 150, 179, 195, 219, 239, 258, 282, 285, 316, 321, 334, 341; s. a. Innovationsregeln
Regelbrecher 67, 257f., 283, 314
Rendite(n) 24f., 47–49, 55, 70, 87, 261, 296, 306; s.a. Ertrag/Erträge
Renditen, wachsende/sinkende s. wachsende/sinkende Renditen
Ressourcenallokation 303f.
Ressourcenanziehung 303f.
Ressourcenplanung (ERP) 24, 29, 45, 50–52, 64, 303
Revolution, Bereitschaft zur (Revolution, bereit sein zur) 10, 41, 239, 256, 323f., 327, 360
Revolution, Zeitalter der 15, 17, 21–24, 29–31, 35f., 38, 40f.,

61f., 70, 73, 79, 134, 141, 144,
  146, 162, 164, 181, 223, 239,
  243, 282, 289, 298, 305, 313f.,
  317, 325–327, 341, 347, 354f.,
  357, 360, 362
Revolutionär 18–21, 30–33,
  38–41, 130, 141, 145, 147, 152,
  154, 167, 169, 177, 223, 233,
  235, 241, 247, 256f., 267–269,
  275–277, 284, 286f., 290, 293,
  301, 304f., 309, 312–316, 323,
  325, 337f., 341, 357, 361f.;
  s. a. Branchenrevolutionär
Revolutionäre, ergraute 243, 245,
  257, 267, 269, 275, 282, 292,
  314, 316
revolutionsbereit s. Revolutions-
  bereitschaft
revolutionsfähig s. Revolutions-
  bereitschaft
Revson, Charlie 147
Reynolds, Craig 282
Rice, Ken 246–249, 252, 255f.
RISC 129
Risiko, Bereitschaft zum s.
  Risikobereitschaft
Risikobereitschaft/Risiko, bereit sein
  zum 304f., 308
risikofeindlich 327, 338
Risikofreude s. Risikobereitschaft
Risikokapital 159, 300, 303, 315
Risikokapitalgeber 17, 295–298,
  305–307, 315
Risikokapitalfonds 258, 293, 306
RJR Nabisco 28
RocketCash.com 92
Rockwell International 310
Roddick, Anita 32, 34, 290
Rogers, Mary Beth 232
Rolls-Royce 35, 106, 325
Romer, Paul 119
Rousseau, Jean-Jacques 177
Router 70, 268–270
Routine 95, 159–162, 172, 272
Royal Dutch/Shell 19, 153, 206,
  209–215, 220, 227–233, 237,
  300–302, 304, 352
Rückkauf 54–56; s.a. Aktienrück-
  käufe
Rundfunk 258, 285
Ryder System 55

S&P 500 58f., 64, 70f., 260, 267,
  310
S&P-500-Unternehmen 48, 51,
  54f., 355
Safeway 112
Saffo, Paul 155
Saks Fifth Avenue 84
Salomon Smith Barney 315
SAP 17, 244, 313f.
Sarnoff Labs 39
SBC 59f.
Scheid, Steve 262
Schlumberger 153, 355
Schlüsselposition(en) 124, 126f., 257
Schnittstelle zum Kunden 88f., 91,
  99–102, 107, 271
schrittweise Annäherung 340f.
Schulmeyer, Gerhard 291
Schultz, Howard 32, 161
Schumpeter, Joseph 17
Schwab, Charles 259–262, 264; s.
  a. Charles Schwab & Co.
Schwungrad-Effekt 120
Sears, Roebuck 17f., 30, 51, 64,
  67, 83, 112, 134, 303, 331f.
Sega 197
Selbstausschlachtung 259, 285; s.
  a. Kannibalisierung
Sephora 9, 85–87, 144
Sharp 123
Shaw, Art 261, 266
Shell s. Royal Dutch/Shell
Sheriff, John 249–251
Siebel Systems 17
Siemens 47, 275
Siemens Nixdorf 291
Silicon Graphics 153, 204f., 226,
  298